JN032521

世界史探究
授業の実況中継

［中世ヨーロッパ・中国・ルネサンス・大航海時代・
宗教改革・主権国家体制・イギリス革命］

2

?   ジャンヌ＝ダルク

ティムール

リシュリュー   オットー1世

インノケンティウス3世

語学春秋社

はしがき ——新課程準拠版の発刊にあたって

『世界史講義の実況中継』が世に出たのは、**1990年**のことでした。河合塾における授業を**カセットテープに録音**して、それを文字におこして授業を再現するという方針に貫かれた本書は、これまでに250万人以上の読者（≒受講者）を持つことが出来ました。

そして今回、**新課程の世界史教科書**に準じた入試が行われることに対応して、内容と装いを一新した『世界史探究授業の実況中継』を発刊することになりました。

今回の改訂のポイントは、以下の2点です。すなわち、

① **新課程の7種類の世界史探究の教科書**（2023年4月段階で既刊のもの）に準拠して、教科書に掲載されているすべての時代とすべての地域、さらには**文化史を含むすべての分野を網羅**したこと。

② 時代や地域の配列は、原則として**山川出版社『詳説世界史―世界史探究』**などに従ったこと。

これによって、教科書との連動性を高め、これまで以上に高校の授業のサポートに活用できるようにしました。

しかし、わが『実況中継』の基本方針は不変です。すなわち、

◎授業中の「緊張感」をできるだけ再現すること。そして、

◎授業中の「脱線」をできるだけ再現すること。

この2点です。では次に本書の使い方について。

ここは
変わらん！

(1) 各回全体を通して読んでください。歴史には流れがあります。よって、断片的に読むよりも、各回を通して読んだ方が理解は深まります。ときには、声を出して音読してください。そうすれば、教室の僕の声が聞こえてくるはずです。

また、本文中の赤字・太字は重要な用語や記述を表します。

(2) 別冊の「授業プリント」は、授業のエッセンスをまとめたものです。重要な知識をスピーディーにチェックできます。

(3) 授業を受け終わったら（本書を読んだら）、できるだけ早く問題演習を行ってください。

(4) 別冊所収の「世界史年表」に沿った音声授業を無料でダウンロードできま

す。各巻の授業内容のアウトラインを，僕が解説したものです。青木って，こんな声なのです。きっと復習のよい手がかりになると思いますから，何度も聴いて活用してください。（ダウンロード方法は別冊 p.ⅱ をご参照ください）

さて，この**第2巻**では，以下の3つが中心テーマです。

① 中世から近代に向かうヨーロッパ世界
② 10世紀以降の**中国（宋～清）**
③ 15世紀以降のイスラーム世界

とくに①では，現在まで続く**近代的な国際関係**，すなわち「主権国家体制」の成立を学習します。また，「立憲主義」や「議会主権」など，多くの国々で採用されている近代政治システムの原型ができあがったのも，この時代です。さらには，国家に「**主権**」があるように，「人間にも“人権”が存在する」という考え方も，この時代のヨーロッパに成立しました。

また16世紀には，**アジア**，**アフリカ**，**ラテンアメリカ**，そして**ヨーロッパ**が，恒常的な交易関係によって結びつけられました。これによって，真の意味で「世界史」が成立しました。それ以来，世界の各地域は現在にいたるまで，濃密な関係性を持ち続けてきました。

というわけで，この第2巻であつかう部分は，「今」を理解するのに不可欠な時代なのです。

世界史を理解できれば，世界が理解できます。頑張りましょう。

この本は様々な皆さんの協力を得て発刊にいたりました。なかでも，多くの写真を快く提供して頂いた，河合塾世界史講師の植村光雄先生に感謝申し上げます。また僕のたび重なる加筆・修正にも，嫌な顔一つせずに対応してくれた語学春秋社編集部の藤原和則君に，第1巻に続いて感謝いたします。

2024年1月
　　グレゴリオ聖歌を聴きながら

青木裕司

授業の内容（目次）

第 24 回	**西ヨーロッパ世界の形成** ………………………………	1
	①民族大移動期のヨーロッパ ………………………	2
	②フランク王国の発展と分裂 ………………………	10
	③ノルマン人の活動 …………………………………	21
	④ビザンツ（東ローマ）帝国の歴史 ………………	26
第 25 回	**西ヨーロッパの封建制度と荘園制** ………………………	29
	①西ヨーロッパの封建社会 …………………………	29
	②荘園制 ………………………………………………	34
第 26 回	**西ヨーロッパ世界の変質・十字軍・中世都市** …………	40
	①中世西ヨーロッパ世界の変容 ……………………	40
	②十字軍の遠征（11 世紀〜 13 世紀） ……………	42
	③中世都市の発達 ……………………………………	49
第 27 回	**ビザンツ帝国と東ヨーロッパ世界** ……………………	58
	①ビザンツ帝国（6 世紀〜 15 世紀） ……………	58
	②東ヨーロッパの情勢 ………………………………	63
第 28 回	**西ヨーロッパ封建社会の崩壊** …………………………	68
	中世封建社会の崩壊 …………………………………	68
第 29 回	**中世各国史とローマ=カトリック教会** ………………	76
	①中世イギリス史 ……………………………………	76
	②中世フランス史 ……………………………………	83
	③中世ドイツ史（およびカトリック教会） ………	89
	④中世イタリア史 ……………………………………	99
第 30 回	**中世ヨーロッパの文化** …………………………………	101
	①中世の神学 …………………………………………	101
	②大学・教育 …………………………………………	109
	③文芸 …………………………………………………	114
	④教会の建築様式 ……………………………………	115
第 31 回	**アジア諸地域の諸国と宋王朝** …………………………	120
	①アジア諸地域の国々 ………………………………	120
	②宋（北宋） …………………………………………	127
	③宋の混乱・滅亡 ……………………………………	131
	④宋代の社会・経済 …………………………………	136
	⑤宋代の文化 …………………………………………	140

第 32 回　**モンゴル帝国と元** ……………………………………………… **147**
　　①モンゴル民族の統一と征服活動 ……………………… 148
　　②モンゴル人の中国支配 ………………………………… 152
　　③東西交流の活発化とモンゴル人支配の終焉 ………… 156

第 33 回　**明の治世と明を中心とした交易** ……………………… **162**
　　①明の成立・発展 ………………………………………… 163
　　②明の衰退・滅亡 ………………………………………… 172
　　③明代の社会・経済 ……………………………………… 176
　　④大交易時代の東アジア・東南アジア ………………… 178
　　⑤イエズス会宣教師の来航 ……………………………… 184
　　⑥明清の文化 ……………………………………………… 186

第 34 回　**ヨーロッパの海洋進出とアメリカ大陸の変容** ……………… **192**
　　①海洋進出の背景・動機 ………………………………… 192
　　②ポルトガルの動向 ……………………………………… 195
　　③スペインの動向 ………………………………………… 199
　　④ヨーロッパの海洋進出の結果・影響 ………………… 206

第 35 回　**イスラーム世界の諸帝国（14 世紀〜 18 世紀）** …………… **215**
　　①ティムール朝（ティムール帝国） …………………… 215
　　②ムガル帝国（ムガル朝） ……………………………… 217
　　③サファヴィー朝 ………………………………………… 223
　　④オスマン帝国（オスマン朝） ………………………… 225

第 36 回　**清朝の興亡** ………………………………………………… **234**
　　①清の成立・発展 ………………………………………… 234
　　②清の社会・経済 ………………………………………… 242

第 37 回　**ルネサンス** ………………………………………………… **247**
　　①イタリア＝ルネサンスの展開 ………………………… 248
　　②イタリア＝ルネサンスの終焉 ………………………… 259
　　③諸国のルネサンス ……………………………………… 262
　　④ルネサンス期の科学・技術 …………………………… 267

第 38 回　**宗教改革** …………………………………………………… **271**
　　① 16 世紀前半のヨーロッパ …………………………… 271
　　②ルター登場 ……………………………………………… 274
　　③ドイツの動揺 …………………………………………… 277
　　④スイスの宗教改革 ……………………………………… 282
　　⑤イギリスの宗教改革 …………………………………… 285
　　⑥対抗宗教改革（反宗教改革） ………………………… 290

第 39 回　**主権国家体制・16 世紀のスペイン・オランダの独立**……292
　　　①主権国家，主権国家体制とは何か……………………292
　　　②絶対主義，絶対王政とは何か？……………………296
　　　③スペイン………………………………………………301
　　　④オランダの独立………………………………………305

第 40 回　**イギリスとフランスの情勢**……………………310
　　　①イギリス………………………………………………310
　　　②フランス………………………………………………313

第 41 回　**三十年戦争，ドイツ・北欧，ロシア・東欧**……323
　　　①三十年戦争(1618 ～ 1648)…………………………324
　　　②プロイセン王国の台頭………………………………332
　　　③オーストリア…………………………………………338
　　　④ロシアの発展…………………………………………341

第 42 回　**ピューリタン革命と名誉革命**……………………348
　　　①ピューリタン革命の前史……………………………348
　　　②ピューリタン革命の展開……………………………353
　　　③王政復古と名誉革命…………………………………358
　　　④イギリス議会政治の発展……………………………365

第 43 回　**ヨーロッパ諸国の海外進出と植民地抗争**……………369
　　　①オランダの覇権………………………………………369
　　　②英仏の植民地抗争……………………………………375
　　　③大西洋三角貿易(17 世紀・18 世紀)………………379

第 44 回　**17・18 世紀のヨーロッパ文化**……………………385
　　　①哲学思想………………………………………………385
　　　②政治思想………………………………………………395
　　　③経済思想………………………………………………403
　　　④自然科学………………………………………………407
　　　⑤文学……………………………………………………411
　　　⑥美術……………………………………………………413

索　引……………………………………………………………418

西ヨーロッパ世界の形成

ヨーロッパ世界の形成(1)

今回から7回，中世ヨーロッパについてお話しします。で，今回は中世における西ヨーロッパ世界の形成についてです。

■ 中世ヨーロッパ史(前半，11世紀まで)の概観

4・5世紀から約**1000年間**を「**中世**」と言います。まずは，前半の中世史，世紀で言うと**11世紀**あたりまでを概観しておきましょう。

▶地中海世界から北西ヨーロッパへ

地中海世界を支配していた**ローマ帝国**は，3世紀以降，急速に衰退_{すいたい}していきました(→第1巻, p.276)。その衰退を促進_{そくしん}したのが，**ササン朝ペルシア**

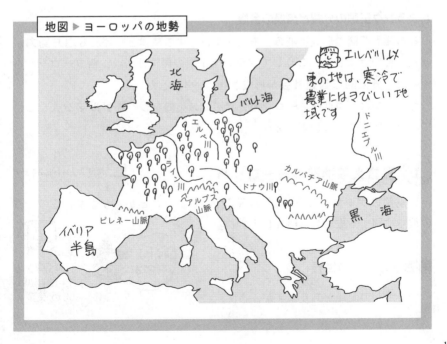

地図 ▶ ヨーロッパの地勢

エルベ川以東の地は、寒冷で農業にはきびしい地域です

北海 / バルト海 / エルベ川 / ライン川 / アルプス山脈 / ピレネー山脈 / ドナウ川 / カルパチア山脈 / ドニエプル川 / 黒海 / イベリア半島

の侵入や，4世紀後半に始まる**ゲルマン人の民族大移動**でした。

そして7世紀に入ると**イスラーム教徒の地中海進出**が活発化し，ヨーロッパ勢力による**地中海商業は決定的に衰退**しました。これを大きな契機（けいき）として，ヨーロッパ史の重心は，**地中海世界**から，アルプス・ピレネー山脈を越えて**北西ヨーロッパ**に移りました。今日の**フランスやドイツを中心**とした地域ですね。

▶フランク王国の台頭

じゃあ，なぜ，それまでのフランスやドイツは歴史の中心ではなかったのか？　原因は**森林の存在**でした。鬱蒼（うっそう）とした森林が，**農業生産や商業の発展を阻害**（そがい）していたのです。

しかし，7世紀以降，耕地の拡大のために森林が伐採（ばっさい）されて，各地に**農業生産の拠点**（きょてん）が築かれていきました。この拠点を「**荘園**（しょうえん）」と言います。この荘園の形成がもっともさかんだったのは，北西ヨーロッパでもっとも肥沃（ひよく）な**北フランス**でした。この地域の圧倒的な生産力を背景にして，ここを拠点としていた**フランク王国のカロリング家**が台頭（たいとう）し，ヨーロッパの大勢力に発展していきました。全盛期は**8世紀末**に登場した**カール大帝**の時代です。

▶フランク王国の分裂と諸侯の台頭

その後も荘園の形成は進み，それを基盤とする**諸侯**（しょこう）と呼ばれる**地方勢力**が成長していきました。こうしてフランク王権の優位は崩（くず）れ，西ヨーロッパを中心に，**分権的な封建社会**が形成されていきました。

では最初に，中世西ヨーロッパ世界形成の契機をつくる**ゲルマン人**について，見ていくことにしましょう。

① 民族大移動期のヨーロッパ

📖 別冊プリント p.24 参照

移動前のゲルマン人を「**古ゲルマン人**（こ）」と言うことがあります。そのころの彼らに関する史料から紹介します。

🏴 古ゲルマンの世界

いくつかの記録がありますが，まず，

ホントです

ハロウィンももとは，ケルト人の祭です

Q BC1世紀にガリアに遠征し，『ガリア戦記』を著したのはだれか？
——カエサル

ガリアとは，だいたい今のフランスと考えて結構です。では，もう1つ。

Q AD1世紀に，古ゲルマン研究の重要史料とされる『ゲルマニア』という小著を残した歴史家は？
——タキトゥス

それらを参考にすると，彼らは**バルト海沿岸**に住んでいましたが，先住の**ケルト人**を駆逐しながら拡大し，紀元前後にはローマ帝国と境を接するあたりまで南下していたようです。

彼らは**キウィタス**と呼ばれる数十の部族集団を形成し，首長を中心とした**戦士の集団**を形成していました。寒冷な自然環境などのせいで，食糧供給が不足しがちだったために，戦争が絶えなかったためですね。

彼らの社会には**貴族**と**平民**という2つの身分があり，重要事項は両身分が参加する**民会**と呼ばれる最高機関で決していました。

のちには大挙してローマ帝国領内に侵入する彼らですが，当初ローマとの関係は，おおむね平和的なものでした。たとえば，**官吏**として任用されたり，農園で働く**コロヌス**となったり，またもっとも有名なのは**傭兵**として活躍したゲルマン人でした。あとから出てくる**オドアケル**みたいにね。

■ 民族大移動の契機

しかし，**4世紀の後半**になって，この関係は崩れます。それは**ゲルマン人の民族大移動**が始まったからでした。なぜ彼らは移動を決意したのか？

> **ゲルマン人の移動の契機はフン人だった。**

契機は**フン人**の西征でした。**アジア系の遊牧民**と思われるフン人が，中央アジアからヨーロッパに侵入し，ゲルマン人の東ゴート人を征服し，**西ゴート人**をも圧迫したのです。これがきっかけでした。**375年**に西ゴート人は**移動を開始**し，**376年**には**ドナウ川**を越えてローマ帝国の領域に侵入しま

した。さらにそれから2年後の378年には，ローマ軍を**アドリアノープル**
の戦いで破りました。

◤ 大移動の原因

　以上は移動開始の直接的な「**契機**」です。ではゲルマン人の移動の根本的な
「**原因**」は何かと言うと，**人口の増加**に対して**耕地が不足**し，食糧を供給で
きなくなったことにあります。要するにローマ帝国の北側の地では食えなく
なったのですね。

◤ フン人のその後

　一方，フン人のその後はというと，5世紀の半ばには**大王アッティラ**が登
場しました。彼は**パンノニア平原**——今のハンガリーにあたるところに大帝
国を築き，さらに西征しますが，**451年**に北フランスの**カタラウヌムの戦**
いで敗北してしまいました。迎え撃ったのは西ローマとゲルマン人の連合軍
です。その2年後にアッティラは死に，彼の大帝国も崩壊しました。

地図 ▶ 5世紀半ばのヨーロッパ・北アフリカ

4

◤西ローマ帝国の滅亡

　そしてそれから20年あまり後に，ゲルマン人の傭兵隊長オドアケルによって，西ローマ皇帝が廃位され，ここに**西ローマ帝国は滅亡**しました。ときに476年のことです。

　476年は確かに重要な年号ですが，この段階では，すでに西ローマ帝国の領内に複数

オドアケル
貨幣の肖像
（434?〜493）

の**ゲルマン人王国**ができていましたから，オドアケルは西ローマ帝国に"とどめを刺した"という感じです。

◤東ゲルマン人の興亡

　次にゲルマン人の各部族の活動をまとめておきましょう。

▶西ゴート

　まず最初にローマ帝国内に移動を開始した**西ゴート人**について。彼らの移動前の居住地は，**ドナウ川**下流北岸の地，**ダキア**です。ダキアは現在の**ルーマニア**ですね。五賢帝の1人トラヤヌス帝の時代にローマ領になりましたが，

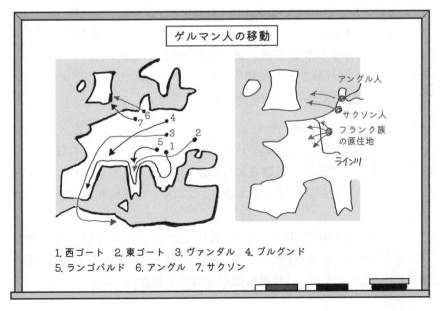

ゲルマン人の移動

1. 西ゴート　2. 東ゴート　3. ヴァンダル　4. ブルグンド
5. ランゴバルド　6. アングル　7. サクソン

3世紀後半に異民族に奪われていたところです。西ゴート人の最終建国地は**イベリア半島**でした。首都は**トレド**に置かれましたが，**711年にウマイヤ朝に滅ぼされて**しまいました。

▶東ゴートとヴァンダル

次に**東ゴート人**。彼らは先述のように，一時フン人に制圧されましたが，アッティラの死後独立を回復しました。

Q 東ゴート人の最盛期の君主で，「大王」と呼ばれたのはだれか？

——テオドリック

テオドリックは**東ローマ帝国皇帝の命令**を受けて，オドアケルの王国を倒しました。その後，イタリアに**東ゴート王国を建国**しました。首都は**ラヴェンナ**です。

ん？　なんで東ローマの皇帝の「命令」に従ったのかって？　それはこのあとすぐに説明するから，ちょっと待っててね。

続いて**ヴァンダル人**。ヴァンダル人のキャッチ・フレーズと言えば**“最長の移動”**でしょう。彼らは**イベリア半島**を経て**北アフリカ**まで動きました。現在でも南スペインを「アンダルシア」と言いますが，これはヴァンダルにその語源があります。

テオドリック大王
（位473?〜526）

しかしこの**ヴァンダル王国**も**東ゴート王国**も，6世紀半ばにビザンツ（東ローマ）帝国の攻撃を受けて滅んでしまいます。当時のビザンツ皇帝は**ユスティニアヌス帝**です。

▶ブルグンドとランゴバルド

ブルグンド（ブルグント）人については，今のフランス東南部に建国して，**6世紀にフランク王国に滅ぼされた**ことを押さえておきましょう。赤ワインの産地で知られる**ブルゴーニュ地方**，この地名もブルグンドにちなんだものです。

そして**ランゴバルド（ロンバルド）人**は，ビザンツ帝国を破って**北イタリア**に建国しました。彼らの民族名も，やはり「ロンバルディア」という地名の起源です。彼らの「特色」は**移動開始が6世紀と遅かった**こと。

ここで，諸国の興亡がめまぐるしい**イタリアの覇権の推移**をまとめておきましょう。

①西ローマ帝国（〜476）➡② オドアケルの王国 (476〜493)
➡③ 東ゴート王国 (493〜555)
➡④東ローマ（ビザンツ）帝国（555〜568）
➡⑤ ランゴバルド王国 (568〜774)　　　＊ 　 はゲルマン人の国家

▶東ゲルマン人の諸国は短命

　以上の諸族を，まとめて**東ゲルマン人**と呼ぶことがあります。いずれも原住地を捨てて長距離の移動を行ったため**短命なものが多い**ようです。また，多くが**異端のアリウス派**を信仰していたことも，被支配者たる**旧ローマ帝国の住民との対立**を引き起こし，これまた“短命”の理由と考えられます。

■ 西ゲルマン人の活動

　これに対して，以下の4つの部族は**西ゲルマン人**と呼ばれます。
　まず，**アングロ＝サクソン人**。アングル人（注：語尾が「ロ」から「ル」に変化）とサクソン人は，もともとは別の部族なのですが，文化・慣習が似ており，早くから合流・混住がなされていたようで，アングロ＝サクソン人と総称します。彼らは，**ジュート人**と同様に**ブリタニア**（イギリス南部）に移住し，複数の国をつくりました。
　これは全部で7つあり，これを**七王国**と言います。英語では**ヘプターキー**。それを829年に統一したのが，**ウェセックス王のエグバート**でした。これが，10世紀の後半ころから**イングランド王国**と呼ばれる国家の起源です。
　最後は**フランク人**。原住地は**ライン川東岸**（右岸）の地域です。彼らについても，このあとくわしくお話しします。

■ ゲルマン諸国はビザンツ帝国に従属していた

　フランク王国による統一の前に，ゲルマン諸国家全体について，概括しておきましょう。

彼らはおもに旧西ローマ帝国領内に建国しましたが，その王権は不安定で，彼らの多くは**ビザンツ（東ローマ）皇帝に王位を承認**されることで自らの安泰_{たい}を図_{はか}ろうとしました。その意味で，**ゲルマン諸国はビザンツ帝国に従属していた**と言えます（→下の黒板）。だから，テオドリックもビザンツ皇帝の「命令」に従って，オドアケルを倒したのです。

■ 民族大移動期のローマ=カトリック教会

さてこの動揺する西部ヨーロッパにあって，ひたすら布教に尽力_{じんりょく}していた組織があります。それが**ローマ=カトリック教会**でした。

とくに「**大教皇**」と呼ばれる**グレゴリウス1世**のときには，アングロ=サクソン人やランゴバルド人などの**ゲルマン人への布教**が活発に行われました。これは**6世紀末**ころのことです。

グレゴリウス1世
（位590〜604）

▶カトリック聖職者たちの努力

教皇の指導のもと，聖職者たちは**キリスト教の布教**によって暴_{あば}れている**ゲルマン人**たちのハートをつかみ，彼らを大人しくさせようとしたのです。また**聖職者**たちは，不安に震_{ふる}える人々に向かって，心の平安が得られるように，神の教えを説いてまわったのでした。こうして，今日の西ヨーロッパの

人々は，**ローマ=カトリック教会の努力に**よって，何とか心折れずに過ごすことができきたのです。

また，キリスト教の教義確立のために尽力した学者たちを**教父**と言いますが，「**最大の教父**」と言われる**アウグスティヌス**が活躍したのも，大移動期の4・5世紀でした。

それから，教義の統一を図るために公会議も開かれましたね（→第1巻，p.300）。

4〜8Cの西ヨーロッパ

あいつぐアジア系民族の侵入やゲルマン民族移動の混乱期。人々は心の平安を得ようとキリスト教に救いを求めるようになる。こうして教会の権威が高まった。

◤ 修道院の創建

また西部ヨーロッパで最初の**修道院**ができたのは，**6世紀前半**でした。その修道院は，**モンテ=カシノ修道院**。ベネディクトゥスが創建しました。

ところで，修道院と教会とはどこが違うか知ってる？いずれも信徒が集うところと

Ora, et labora.
祈り, 働け

まっそういうことじゃ

「働け」って食べ物は自分で作れって意味ですか？

ベネディクトゥス
（480?〜547?）

いう点では同じですね。ただし，修道院は**いわば「自習室」**です。キリスト教の。**静かな環境**のなかで共同生活をして，自分と神を見つめる……，そんな空間なのです。

で，修道院は，静けさを求めて，カシノ山のてっぺんや森のなかに入っていくのです。モンテ=カシノって，カシノ=マウンテンのことですからね。しかし，そこで1つ問題が起きる。それは食料の確保。これは基本的には**自給**しなくてはならない。そこで「祈り，働け」という**ベネディクト派の標語（モットー）**が必要なのだ，と僕は解釈しています。それからベネディクト修道会には73条の**戒律（会則）**がありました。有名なのは「**清貧・純潔・服従**」という条項ですね。

食料が自給できるので，修道院はいろんなところに創建されました。これによって修道院は，**異教徒に対する**布教や，辺境開発の前進基地となった

のでした。

それから修道院の文化史的な意義としては，**古典の写本**などを通じて，**古典文化の保存**に努めたことを覚えておきましょう。

《注》　6世紀のビザンツ帝国の歴史については，p.27を参照。

② フランク王国の発展と分裂 📖 別冊プリント p.26 参照

🔖 フランク王国の成立

さて，多くのゲルマン人国家のなかで，**フランク王国**が8世紀に西ヨーロッパを統一することになります。彼らの「成功」の秘訣（ひけつ）はどの辺にあったのでしょうか？

まず，フランク王国の成立についてですが，フランク人は**5世紀の末**にメロヴィング家のもとに統一されました。

Ｑ フランク王国の建国者はだれか？　　　　　　　　——クローヴィス

🔖 クローヴィスの改宗

彼は**496年**に**アタナシウス派**への改宗を行いました。その目的は，

多数派とは仲良くしないとネ♡

ガリアの旧ローマ帝国系住民との融和（ゆうわ）をはかりたい，言いかえると「同じ神様を信仰してんだから，仲良くしようや」，

ということですね。ほかのゲルマン諸国の王たちが，**アリウス派**の信仰に"固執（こしつ）"し，被支配者との対立があったのとは大違いです。

またこの改宗によって，フランク王国は**ローマ＝カトリック教会**との友好の芽を育（はぐく）むこともできました。動揺する人々の心を支えていた西ヨーロッパ地域**最高の権威**と，フランク王国という**実力者**が協調することによって，王国の支配はより安定性を増すことになったわけです。

■ カロリング家の伸張

フランク王国は，6世紀半ばに**ガリア東部**を支配していたブルグンド王国を滅ぼし，ほぼ今日の**フランス全土**を手にしました。

そして，8世紀になると，王家メロヴィング家に代わって，**カロリング家**が頭角を現してきました。彼らは農業生産力が高い**ライン・ロワール川の河間地帯**を支配していました。

とくに8世紀の前半に登場した**カール=マルテル**は，宮宰として王国の実権を握っていました。宮宰とはマヨル=ドムスの訳語で「内政の長」という意味です。「宰」の字は，台所で包丁を振るっている人物の姿だそうで，その意味では，もともとは王家の家計を預かるものでした。

Q カール=マルテルの指揮下，イベリア半島から侵入したウマイヤ朝を撃破した戦いは？──トゥール・ポワティエ間の戦い

そして，

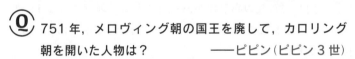

2人とも
イケメン
ですね

カール=マルテル

Q 751年，メロヴィング朝の国王を廃して，カロリング朝を開いた人物は？　　──ピピン（ピピン3世）

ピピンはカール=マルテルの息子です。

ピピン（3世）

■ 苦境にあったローマ教皇──ビザンツ皇帝との対立

この"クーデタ"は，時のローマ教皇によって承認されました。この王位奪取を，ローマ教皇はなぜ承認したのでしょうか？

結論から言うと，当時のローマ教皇は**頼りになる俗権との提携の必要**に迫られていたのでした。

当時のローマ教皇は，本当に苦しい状況にありました。まず**ビザンツ（東ローマ）帝国との対立**が激化していました。契機は**ビザンツ皇帝レオン3世**が，**聖像禁止令（聖画像禁止令）**を出したことにあります。信仰の対象として，イエスなどの**聖像**を拝んではならないという命令です。

これはローマ=カトリック教会にとっては死活問題でした。というのも，聖

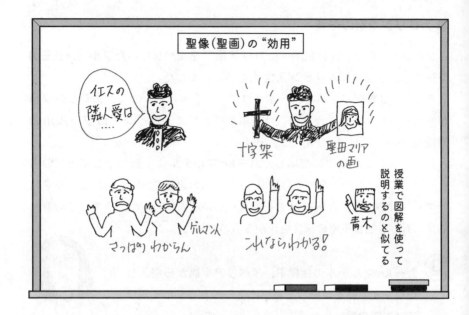

聖像（聖画）の"効用"

イエスの隣人愛は……

十字架　聖母マリアの画

さっぱりわからん　ゲルマン人

これならわかる！

青木

授業で図解を使って説明するのと似てる

像は**ゲルマン人に対する布教**の際に絶対に必要だったからです。それは，なぜか？

　まずゲルマン人に対して布教の必要性があったことは，理解できます。彼らは，西ヨーロッパで大暴れしています。よってできれば，「キリスト教の力で彼らのハートをコントロールしたい」。

　しかしながら，キリスト教の本質は「**愛（隣人愛）**」です。しかし「愛」は抽象的なものであり，形がありません。それを言葉だけで伝えるというのは，大変なことです。そこで"聖像の登場"となるのです。

　十字架に架けられたイエスの像を見せながら，愛について語ったほうが分かりやすいですよね。で，「これを使うな！」というのが聖像禁止令。そりゃ，ローマ=カトリック教会としては反発しますよ。

　さらに加えて，ローマ教皇は**ランゴバルド人**の脅威にも直面していました。当時ランゴバルド王国は**北イタリア**を支配し，南下の気配を示していました。

📙 教皇領の始まり

　ローマ教皇には，こうした危機に対処する軍事力はありません。かくして，フランク王国に実力ある君主が登場したときに，ローマ教皇はこれを承認す

ることにしたのです。彼らに守ってもらうためにね。

　こうした恩顧に報いるために，ピピンは**ランゴバルドを討ち**，さらには
ラヴェンナ地方を教皇に寄進しました。「寄進」とは，教会に，日本史ならば
仏教寺院や神社に，土地やものを寄付することを言います。このラヴェンナ
地方こそ，**ローマ教皇領の始まり**となったところです。

■ カール大帝の外征

　ピピンのあとには，その子，**カール**（**カール大帝**）が登場しました。彼の
時代に西ヨーロッパは，ほぼ統一されることになります。

　カールは北イタリアの脅威**ランゴバルド王国を滅ぼし**，北ドイツの**ザク
セン**（サクソン）**人の領域を征服**しました。**ザクセン人は異教を信仰**してい
ました。「異教」とは，この場合はキリスト教以外の宗教を指します。ちなみに，
キリスト教に改宗する以前のゲルマン人の多くは自然崇拝でした。

　一方カールは，東方から侵攻してきた**アヴァール人の撃退**にも成功し，さ
らには，ピレネー山脈の南にいた**後ウマイヤ朝**とも戦い，今の**バルセロナ**を
中心とした地域を奪還しました。

　こうしてカールは，現在の**フランス・ドイツ**それに，**イタリア北部**の地域

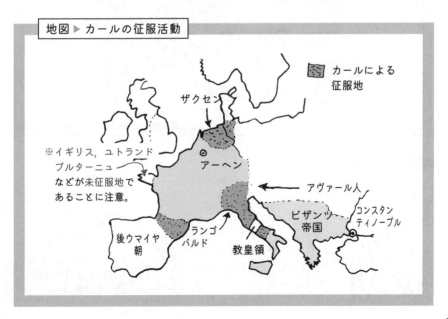

地図 ▶ カールの征服活動

を支配することになりました。――広いですよ，そりゃ。交通が発達していない当時，**中央集権的**な支配を行うというのは，大変なことでした。

◼ カールの内政

そこでカールは，全国を**伯管区**(**州**)に分割し，各地の有力者を**伯**(**管区長**)に任命しました。そして，しばしば**巡察使**(ミッシ=ドミニキ)を派遣して彼らを監督させる一方，みずから手兵を率いて巡察することもありました。当時の宮廷は，「**移動する宮廷**」だったのです。交通が発達していない当時の西ヨーロッパにあっては，このあたりが「集権的支配」の実態です。それでも従来に比べたら，世情は安定しました。

カール大帝の支配の実態

◼ 文化の振興

また，カールは学術振興にも努めました。

私はブリタニアから招かれ，首都アーヘンで神学を講じました。私はだれでしょう？

わたしは，左の人物の弟子のアインハルトです。『カール大帝伝』を書きました。

14

　答えは**アルクイン**です。またアルクインの弟子**アインハルト**は，『カール大帝伝』を著しました。

　ローマ字の**小文字**もこの時代に発明されました。小文字は，それまでの大文字に比べて小さく……当たり前か(笑)，まあ小さい方が**羊皮紙**にたくさん書くことができました。羊皮紙は文字通り羊の皮で，大変高価でした。ですから1ページに，たくさん詰め込む必要があったのです。

　また世情が安定してきたので，人々には文字を学習し，本を読む余裕ができてきました。そうした需要に応えるために**本の作製がさかん**となります。作成方法は**写本**です。要するに書き写すのですね。そしてこれまでよりも本の値段を安価にするために，文字数を増やしたのでした。これが小文字が生まれた背景ですね。

　こんな努力もあって，カールの時代には，忘れられかけていたローマ時代の**ラテン文化が復興**しました。これを「**カロリング=ルネサンス**」と言います。

📖 カールの戴冠

　そして800年，カールは**西ローマ皇帝**として戴冠されました。

> **Q** カールに帝冠を授け，西ローマ帝国の復活を宣言したローマ教皇は？
>
> ——**レオ3世**

▶皇帝と国王の違い

　さて，皇帝と言えば，**世界の支配者**，もしくはそれをめざす人。これに対し，**国王は，特定の地域や特定の民族の首長**に過ぎません。

　800年の戴冠の段階で，カールは今日の西ヨーロッパの広大な地域を支配しており，その配下にはフランク人のみならずさまざまな民族がいました。よって，「いつまでも"フランク人の親分(=国王)"という認識じゃまずいよ」ということをレオ3世は言いたかったようです。

どう違うんじゃ??
西ローマ皇帝の帝冠
フランク王国の王冠
カール大帝

Q カールの戴冠の歴史的な意義は何か？

これは，しばしば論述問題のネタにもなるところです。

教科書的には，「**西ヨーロッパ地域が政治的・宗教的にビザンツ（東ローマ）帝国から自立し，まとまった1つの世界となった**」てなことが書いてあります。言葉をかえれば，「**中世西ヨーロッパ世界の成立**」とも表現できます。

それまでの西ヨーロッパ地域は，政治的にも宗教的にも**ビザンツ帝国の従属下**にありました。だって**ゲルマン諸国**はビザンツ皇帝による権威づけを欲していましたし，**ローマ=カトリック教会**も西ローマ帝国滅亡後，なにかとビザンツ帝国から干渉を受けていましたね。聖像禁止令なんか，その典型ですね。

しかし，フランク王国という強国が「西ローマ帝国」となり，カールが皇帝になることで，そうした**ビザンツ帝国に対する従属にも終止符が打たれる**ことになったのです。

📕 西ヨーロッパ文化の3要素

また文化的には，**カールの戴冠**と**西ローマ帝国の復活**は，西ヨーロッパを母体として，**古典古代の文化**，とりわけ**ラテン文化（ローマ文化）**と，宗教的には**ローマ=カトリック**，それに**ゲルマン文化**が融合して，西ヨーロッパ文化が育まれる"舞台"を築くことになりました。

西ヨーロッパ文化の3要素

①ラテン文化(ローマ文化)
②ローマ=カトリック
③ゲルマン文化

融合 → 西ヨーロッパ文化

　それから，ヨーロッパ史で古典古代と言ったら，普通はギリシア・ローマの時代を指すのですが，中世の西ヨーロッパでは，少なくとも11世紀まではギリシア文化の影響は希薄です。ですから，ここで言う古典古代の文化とは，ラテン文化(ローマ文化)のことと思ってください。

▧ フランク王国分裂の要因

　しかし，せっかく統一を果たしたにもかかわらず，カールの帝国はこのあと分裂に向かっていきました。

　理由は2つ。その1つは，そもそも統一を維持し続けるのは困難だったということです。あれだけの広大な領地の支配は，森林の存在にともなう当時の交通事情からして土台無理な話でした。その無理な支配を，カールは力量があったものだから，何とかやっていけたようです。しかし，彼の子孫には不可能でした。……要するに，無能だったということでしょうね，結局(笑)。

"無能だった" とは失礼な！

ルートヴィヒ1世 (カールの息子)

▧ 分割相続——ゲルマンの慣習

　分裂のもう1つの理由は，ゲルマンの慣習である分割相続にともなう相続争いです。長いあいだ牧畜を生業としていたフランク人には，財産を子供に分割して相続する制度がありました。だって，財産といえば家畜でしょう。家畜は増えますから，子どもたちに分割相続させてもよかったのです。また農業を始めて以降も，人口に比べて土地が潤沢にあったので，分割相続が可能だったという説もあります。

　言っときますが，ふつうの農民は分割相続なんてしませんよ。だって財産は土地ですからね。土地を分割して相続させたら，土地が細分化されて生産の効率が落ちてしまいます。だから，農民は長子相続，すなわち長男に

17

全部相続させるのですね。で，次男坊以下は，長男にこきつかわれる労働力という位置づけなのです。農業社会では，この長子相続が一般的でした。

▚ 帝国の領土分割

　カール大帝には複数の男子がいましたが，早死にしたため，生き残ったルートヴィヒ1世が全土を継承しました。そのルートヴィヒには3人の男子がおり，領土を3分しようとしたのです。これに長子ロタールは不満で，弟たちとの相続争いが起きました。

　結局，ロタール（1世）は帝号とイタリア王国および中部フランクを，ルートヴィヒ（2世）は東フランク王国を，カール（2世）は西フランク王国を得て，国土は3分されたのでした。

▚ ヴェルダン条約＆メルセン条約

　この国土を3分する約束をヴェルダン条約（843年）と言います。さらにロタールの死後，870年にはメルセン条約が結ばれ，ロタールの王国の北半分が，東西フランク王国によって分割されてしまいます。

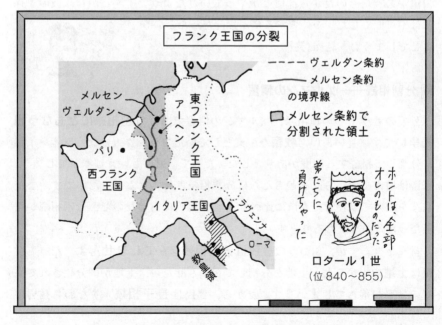

フランク王国の分裂

- ----- ヴェルダン条約
- ───── メルセン条約の境界線
- ▨ メルセン条約で分割された領土

メルセン
ヴェルダン
パリ
西フランク王国
東フランク王国
アーヘン
イタリア王国
ラヴェンナ
ローマ
教皇領

ホントは、全部オレのものだった
弟たちに負けちゃった

ロタール1世
（位840〜855）

この分割された地域（図の赤で塗った部分）の一部が後の**ロレーヌ地方**の起源です。ドイツ語ではロートリンゲンですが。これは「ロタールの領地」を意味します。まあ「領有は放棄（ほうき）するけど，名前だけは残しといてくれ」ということなのでしょう。実際問題として，イタリアに根拠地を置く国が，アルプス山脈の北側をも支配するというのは無理だったのでしょう。

こうして**今日のフランス・ドイツ・イタリアの原型**ができあがりました。一方，フランク王国の領域には，今日のイギリスや**南イタリア**，それに**イベリア半島**の大部分や**北欧**が入っていないことにも注意！

このあと，フランス・ドイツ・イタリアという3つの領域は，それぞれ独自の歴史を歩んでいくことになります。

▶西フランク王国（フランス）

まず**西フランク王国**（以下**フランス**）から見てまいりましょう。

ここでは，**10世紀の末にカロリング朝の血筋（ちすじ）が断絶（だんぜつ）**しました。**断絶**というのは，王位の継承者が死に絶（た）えてしまうことです。今と違って，子供たちの生存率が低かった当時にはよくあったことです。

中世の数字は残っていないのですが，17世紀段階でも，乳幼児の死亡率は70％という高率です。70％といえば3人に2人以上，要するに「ほとんど死んじゃう」と言っていい数字ですよ。さて，

国王といっても大した力はないよ

ユーグ=カペー
（位987〜996）

Ｑ カロリング家断絶後，ほかの諸侯（しょこう）に推（お）されて国王となったのはだれか？　　　──ユーグ=カペー

彼はパリ伯でした。すなわち**パリ**付近と**オルレアン**の領主だったカペー家のユーグ=カペーを初代国王として**カペー朝**が成立したのです。

▶中フランク王国（イタリア）

中フランク王国（以下**イタリア**）は帝位を継承しましたが，状況は悲惨（ひさん）でした。海岸地帯では**イスラーム教徒**や**ノルマン人**の侵攻・略奪が続き，また**マジャール人**や**ビザンツ帝国**，それに北方からは**東フランク王国**からも侵入されました。このような混乱のなかで，**9世紀の末にカロリング朝が断絶**しました。

▶東フランク王国（ドイツ）

東フランク王国（以下ドイツ）でも，911年にカロリング朝の血統が絶えました。すると，ドイツの有力諸侯たちは，選挙王政を始めました。文字通り，選挙で国王を決定したわけです。

■ 中世初期のヨーロッパの王権

ここで中世初期の王権についてひとこと。「国王」と言うと，通常はフランスのルイ14世のように，強力な権力で支配する君主をイメージしがちですが，中世の王権はそんなものではありません。

ひとことで言うなら，「国王は戦時の指導者」。これは古代のギリシア・ローマに登場する王と同様です。何か大きな戦争があるときに，皆（みな）を従えて戦争指導を託（たく）された人，というのが実態でした。

だから，国王自身が大領土を持った有力者である必要はないのですね。問題は"けんかの指図（さしず）が上手かどうか"ということなのです。

■ 神聖ローマ帝国の成立

ドイツで最初に選挙で選ばれたのは，フランケン公コンラート1世，次がザクセン公ハインリヒ1世でした。しかしハインリヒは，王位を自分の子に世襲（せしゅう）させました。こうして王位にはオットー1世がつきました。彼は東方から侵入したマジャール人を，アウクスブルク近郊のレヒフェルトの戦い（955年）で撃破します。

さらに，オットー1世は，ローマ教皇の求めに応じて混乱のイタリアに遠征しました。そして，962年，ローマ教皇ヨハネス12世によってローマ皇帝として戴冠されました。これが「神聖ローマ帝国の成立」と言われる事態です。

■ 「神聖ローマ帝国」の実態

ただし，「ローマ帝国」とは言っても，オットーの支配領域はドイツです。しかもドイツ全土を支配しているわけでもありません。各地には有力な諸侯がいますしね。要するに神聖ローマ皇帝とは，かつてのローマ皇帝や同

時代のビザンツ皇帝のように，**圧倒的な支配権を持つ権力者ではなかった**のです。これが神聖ローマ皇帝の実態でした。

　しかしそうは言うものの，西ヨーロッパ世界は，フランク王国の分裂以来混乱していて，混乱を収拾できるような頼りになる世俗権力もいなかったのでした。そこに**オットー１世**の登場です。カール大帝に比べるとかなり見劣りはしますが，それでもこの人を"世界の支配者"に認定して頑張ってもらおう……。そんなところでしょうか。

教皇ヨハネス 12 世
（位 955〜964）

オットー１世
（帝位 962〜973）

▌イタリアへの介入

　オットー１世もやる気満々でした。皇帝となった彼は，しばしば**イタリアに侵入し**，そこを支配しようとしました。

　そりゃあ「ローマ皇帝」だからね。世界の支配者としては，まずはイタリア・ローマを押さえたいですよね。これは，日本の戦国時代の大名が，京都をめざす気持ちと通底するな。

　で，このイタリアに対する積極的な介入を**イタリア政策**と言います。しかしこれによって，皇帝がドイツを留守がちにしたため，**ドイツの分裂状態**はその後も続くことになりました。

③ ノルマン人の活動

別冊プリント p.29 参照

　さて，8 世紀の末ころから**ノルマン人の活動が活発化**し，ヨーロッパ全体に大きな影響を与えることになります。

　ノルマン人はゲルマン人の一派で，「ノルマン」とは「北方人」という意味です。次に彼らの原住地ですが，これは**スカンディナヴィア半島**の南部から，

ノルマン人の
原住地

北海

バルト海

ノヴゴロド
ノヴゴロド国

デーン朝

神聖ローマ帝国

キエフ
キエフ公国

ドニエプル川

ノルマンディー
公国

フランス

コンスタンティノープル

パレルモ

両シチリア王国

ビザンツ帝国

デンマークがあるユトランド半島にかけての地域です。

そこの入江に住んでいたので，**入江の民**という意味の“**ヴァイキング**”という呼称もあります。

📘 ノルマン人の活動

そしてそこから，ほぼヨーロッパ全域に向けて移動を展開します。移動の原因は，ゲルマン人の場合と同じく**人口増加**とそれにともなう**耕地の不足**などです。彼らはいろいろな地域に移動をしていますから，地域ごとに活動をまとめておきましょう。

《注》 この後登場するウクライナに関する地名は，2023 年発行の教科書の記述に準拠します。

▶ロシアに向かったノルマン人

まず9世紀には，ノルマン人の一派**ルーシ（ルス）**が，**首長リューリック（リューリク，ルーリック）**に率いられて**ノヴゴロド国**を建国し，先住の**東スラヴ系**の**ロシア人**や**ウクライナ人**を支配しました。しかしルーシ自体は少数だったので，ほどなくしてスラブ人たちと同化してしまいます。ちなみに首都の**ノヴゴロド**は，高価な商品である**毛皮の交易**で知られた町でした。

さらにノヴゴロド国の一部は，ドニエプル川を南下し，**キエフ公国（キエフ=ルーシ）**を建国しました。

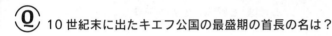

Q 10世紀末に出たキエフ公国の最盛期の首長の名は？

—— ウラディミル1世です。

彼は**ギリシア正教を国教化**したことでも知られています。彼は**ビザンツ皇帝の妹アンナ**と結婚し，ビザンツ皇帝の権威を背景に，**ビザンツ風の皇帝専制体制の強化**を図りました。

スラヴ人に対するギリシア正教会の布教活動は，すでに9世紀に始まっています。その際に，宣教師たちは**スラヴ語**を表記するために，**文字**をつくりました。それまでのスラヴ人（東スラヴ人）たちには，**文字がなかった**のです。

Q このときつくられた文字を，著名な伝道師の名にちなんで何文字と言うか？

—— キリル文字

「著名な伝道師」とは**キュリロス**のことでした。彼は兄の**メトディオス**とともにスラヴ語を表記するために**グラゴール文字**を考案しました。その後，**ギリシア文字**をもとに考案されたのが**キリル文字**とされています。このキリル文字は，現在の**ロシア文字**のもとになっています。

キリル文字は、私が作った文字ではありません
キュリロス

▶イングランドへ

9世紀には，イングランドもノルマン人の攻撃にさらされました。それを撃退したことで知られる**アングロ=サクソン人の王**が，9世紀末に登場した**アルフレッド大王**です。

しかし**1016年**には，ついにノルマン人の一派デーン人によって，イングランドは征服されてしまいます。これがイングランドにおける**デーン朝の成立**と呼ばれる事態です。

Q デーン朝を開いた首長の名は？　　——クヌート（カヌート）

彼はその後**デンマーク・ノルウェー**の国王にもなって，北海沿岸に大王国を築きました。これを「北海帝国」と呼ぶことがあります。

クヌート
(990?~1035)

▶西フランク（フランス）へ

西フランク王国の大西洋岸も，ノルマン人の侵攻に苦しみましたが，ついに**911年**，西フランク国王シャルル3世は，**ノルマン人の首長ロロ**に，王国の一部の支配を認めました。こうして成立したのが**ノルマンディー公国**です。この国は，ノルマン人進出の新たな出撃基地になったことでも重要です。

▶ノルマンの征服

すなわち，1042年にイングランドの**デーン朝**が**アングロ=サクソン人**に滅ぼされたのを見て，ノルマンディー公国の**ウィリアム**（フランス語では**ギヨーム**）が**イングランド侵攻**を断行しました。そしてヘイスティングズの戦いでアングロ=サクソン人を破り，**1066年**にはイングランドにノルマン朝を開きました。この事態を「**ノルマン・コンクェスト**」（**ノルマンの征服**）と言います。

ルッジェーロ2世
（位1130〜54）

▶地中海へ

またノルマンディー公国の一部の勢力は、**ロベール=ギスカール**に率いられて地中海に侵出しました。そして、**ビザンツ帝国**やイスラーム勢力と戦いながら、**南イタリア**に根拠地を築く一方で、**イスラーム勢力**の支配下にあった**シチリア島**にも侵出しました。

そして12世紀の前半には、ロベールの甥であった**ルッジェーロ2世**が、南イタリア・シチリアを併せて**両シチリア王国**（**ノルマン=シチリア王国**）を建国しました。首都はパレルモ。

▶北欧諸国

一方、原住地に残ったノルマン人は、それぞれ部族ごとに、**ノルウェー王国**、**スウェーデン王国**、**デンマーク王国**を建てました。またウラル地方から移住してきた**ウラル語系の**フィン人は、バルト海の北東沿岸部に移り住みましたが、12世紀末には、**スウェーデンに併合**されました。

注目すべきは、10世紀前半にデンマークを統一した**ハーラル王**。あだ名は「青歯王」です。あだ名の由来は諸説ありますが、彼はこの後ノルウェーをも平和的に統合しました。

これにちなんでできたのが、「Bluetooth」というパソコンと携帯電話をつなぐ通信システムです。これはスウェーデンのエリクソン社や

ハーラル王
（位958?〜985?）

フィンランドのノキア社などが構築したものです。「ハーラル王のように、このシステムで平和的に国境線を越えよう」ということらしいです。ロゴの「❊」は、ハーラル王のHと青のBを、古代ルーン文字（ゲルマン人の文字）の「✳」と「ᛒ」で表したものです。

◾ ノルマン人の移動の社会的影響

ノルマン人の移動が中世西ヨーロッパ世界に与えた影響についても、確認しておきましょう。

彼らの民族移動は、東方からやってきたマジャール人や、さらにはイスラーム教徒などとともに、**ヨーロッパ全域に大きな動揺**をもたらしました。と

くに9・10世紀がそうですね。**ノルマン人**と**ウラル語系のマジャール人**などの活動を，「**第2次民族大移動**」と記している教科書もあります。

そしてこの動揺に対処するために，西ヨーロッパに**封建社会が成立**していくことになります。これが，**ノルマン人の民族移動の意義**といえるでしょう。では，なぜノルマン人の移動が封建社会を成立させたのか？

さらには，そもそも，**封建社会とは何なのか？** これは，第25回の授業でお話ししましょう。

④ ビザンツ(東ローマ)帝国の歴史

📖 別冊プリント p.30 参照

続いて，ヨーロッパ・地中海世界の東部に目を転じてみましょう。そこには，ビザンツ(東ローマ)帝国が存続していました。

📕 ビザンツ帝国は，なぜ1000年も続いたのか？

ビザンツ(東ローマ)帝国は，東西分裂後に**100年で滅びた西ローマ帝国**とは違い，**1000年間存続**した帝国でした。まずは，その理由からお話ししましょう(注：以下「ビザンツ帝国」と表記)。

結論から言うとね，**強かった**のよ，ビザンツ帝国って(笑)。

その強さの基盤は**経済力**でした。とくに**首都コンスタンティノープル**はヨーロッパ最大の貿易都市で，**オアシスの道**や**海の道**を通じて，豊かな**アジアとの交易**で繁栄しました。

また地中海の商業活動も繁栄を続け，その結果として**貨幣経済も衰えま**せんでした。実際，ローマ帝国時代の金貨である**ソリドゥス金貨**は，ビザンツ帝国でも「**ノミスマ**」と呼ばれて鋳造され続け，流通していたのです。ちなみに「ノミスマ」とは，ギリシア語で貨幣を意味するようです。

📕 強い皇帝権力

またその経済力を背景にして，**皇帝権力も強力**でした。皇帝は軍隊・官僚を統率するだけではなく，地上における神の代理人として**ギリシア正教会も支配**しました。要するに，ビザンツ皇帝は，**聖俗両権**を掌握していたのです。これはしばしば「**皇帝教皇主義**」と表現されます。

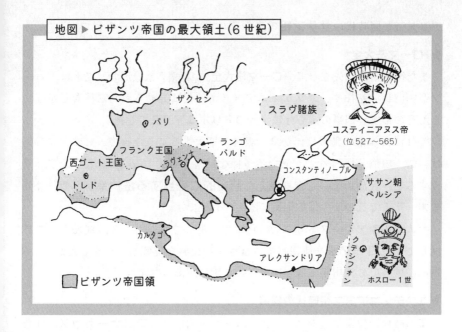

地図 ▶ ビザンツ帝国の最大領土（6 世紀）

ザクセン
パリ
スラヴ諸族
フランク王国
ランゴバルド
ユスティニアヌス帝
（位 527〜565）
西ゴート王国
ラヴェンナ
コンスタンティノーブル
トレド
サ サ ン 朝 ペルシア
カルタゴ
クテシフォン
アレクサンドリア
ホスロー1世
☐ ビザンツ帝国領

　この点は西ヨーロッパ世界とは大きく異なりますね。だって西ヨーロッパでは，世俗（せぞく）の権力である**皇帝・国王**と，**教会組織のトップであるローマ教皇が二元的に存在**していましたからね。また，フランク王国の分裂後，西ヨーロッパでは諸侯（貴族）が台頭して分権化が進みました。しかし，ビザンツ皇帝の権力は 11 世紀あたりまで強力で，西ヨーロッパに比べると，中央集権体制は維持されたようです。

　以上，お話しした西ヨーロッパとビザンツ帝国の対比は，論述でねらわれるところですね。

　ではこのあと，全盛期のビザンツ帝国についてお話ししましょう。

■ ユスティニアヌス帝の時代：6 世紀

　全盛期は **6 世紀**，なんと言っても**ユスティニアヌス帝**の時代ですね。彼の時代には，**西地中海世界の征服**が試みられました。すなわち，**ヴァンダル王国**を滅ぼして**北アフリカとスペイン南部**を，**東ゴート王国**を滅ぼして**イタリア**を，支配下においたのです。

　また最大のライバルは，東方の**ササン朝ペルシア**でしょう。ユスティニ

アヌス帝と同時代の**ササン朝ペルシア**の君主は，ホスロー1世です。

▶『ローマ法大全』

　また征服活動に先立って，『ローマ法大全』が編纂されました。これは旧ローマ帝国時代の法律や，ユスティニアヌス帝時代に発せられた法律などを収集したものです。編纂の中心は法学者のトリボニアヌスでした。

　では法典編纂の動機は何か？　版図が拡大するにあたって，ビザンツ帝国は言語・風俗・慣習などが異なる多様な民族を支配することになります。そうすると，民族の違いなどを越えて**普遍的に妥当する法体系**が必要になります。そこでこの法令集の編纂に臨んだわけです。

　カエサルやアウグストゥスの時代には，誰にでも通用する**万民法**として機能していた**ローマ法**を駆使してさまざまな民族を支配していましたから，6世紀の世界でも通用するはずだ，という確信があったようです。

▶ユスティニアヌス帝時代の経済

　帝の時代の農業生産システムは，ローマ帝国以来の**コロナートゥス**。すなわち**コロヌス**と呼ばれた**小作人**を使役する**大土地所有制**が主流でした（→第1巻，p.284）。

　また先ほども言ったように，地中海の西部と異なり，**対アジア貿易**や**地中海貿易**もさかんでした。さらに中国から蚕卵（カイコの卵）を得て，絹織物業も始まりました。

　このあとのビザンツ帝国については，別の回でお話ししましょう（→p.58）。

©青木

ユスティニアヌス帝と従臣たち
ラヴェンナの聖ヴィターレ聖堂のモザイク画。中央がユスティニアヌス帝。その左に軍人と官僚，右に聖職者を従えている。まさしく「皇帝教皇主義」を体現したような絵だ。

西ヨーロッパの封建制度と荘園制

ヨーロッパ世界の形成（2）

第25回

　今回は，初めに**西ヨーロッパの封建社会の成立**からお話ししましょう。

　まず「封建社会」とは「封建制度（封建制）によって結びつけられた人間の集団（社会）」とでもなりましょうか。では封建制度とは何か？

1 西ヨーロッパの封建社会

📖 別冊プリント p.31 参照

　結論から言っておきましょう。

　封建制度とは，中世西ヨーロッパに成立した，**国王・諸侯間，あるいは諸侯間，さらには諸侯・騎士間など**に成立した**主従関係**のことを言います。また，都市も諸侯などと封建制度によって結びつけられることがあったようです。

　ちなみに諸侯とは，各地にいる実力者で，武装して，荘園と言われる土地を支配している**領主**のことを言います。

　ではこの主従関係は，何によって結ばれるのでしょうか？

　まず主君となったものは家臣に対して**土地**を与えます。この土地のことを**封土**と言います。また土地そのものを与えない場合には**土地所有権についての保障**を与えます。日本史の教科書には，鎌倉時代以降「本領安堵」という言葉が出てきますが，自分の土地の所有権が不安定なときに，より強力な権力・権威によって承認してもらうことによって，ホッと「安堵」するということですね。

　これに対して，家臣は主君に対して**軍役義務**を負います。

封建制度の目的

　では，何の目的でこういう関係が成立したのでしょうか？　結論から言えば，おのおの，自分の**所領を外敵から守るための策**なのですね。

外敵とは，**ノルマン人**やイスラーム教徒，それに**マジャール人**などですね。それから領主どうしの，領地などをめぐる争いも絶えませんでした。この争いを「**私闘**」と言います。このような危機に対処するためには，領主間で同盟を結ぶしかありません。

そして，同盟を結んだら，軍事的な指揮命令系統をはっきりさせる必要が出てきます。要するに，だれが命令を出し，だれがそれに従うかについて明確にしておく必要があるのです。このとき，命令を出すほうが**主君**，そして命令されるほうが**家臣**になるのだ，と思って結構です。

◤ 西ヨーロッパの封建制度の起源

この西ヨーロッパの封建制度には，2つの起源がありました。1つは帝政**ローマ帝国**に起源を持つ**恩貸地制**，もう1つは**ゲルマン世界**にあった**従士制**という主従関係の制度です。

西ヨーロッパ封建制度の起源

① 恩貸地制（ローマ）	② 従士制（ゲルマン世界）

おもしろいのは，同じヨーロッパの主従関係の制度なのに，その内容が異

なっていることです。

▶恩貸地制

恩貸地制は，自分が所有している土地を有力者に預けて，有力者からあらためて土地を寄贈されるという制度です。その目的は，自分の土地を有力者の保護下におくことによって，自分の土地所有権を安定させようとするものでした。一方，土地を預けた人々は，有力者に対してさまざま奉仕活動を行いました。そのなかには軍役もありましたが，それとは限りません。

農業社会のローマでは，土地をめぐる争いが絶えず，非力な人々は「土地を誰かに取られるのではないか！」という不安が大きかったようです。これが，恩貸地制が広がった背景です。

▶従士制

これに対して従士制のほうは，家臣の義務といえば軍役で，それに対する見返りは土地ではない場合が多かったようです。たとえば軍馬や武器なんかね。ゲルマン社会は，ローマに比べれば農業社会の伝統は浅く，その

分だけ「土地がもっとも重要な財産だ」という観念は乏しかったのです。

また食糧生産が振るわなかったことから，食い物をめぐる戦争が絶えませんでした。だから軍役が重要になるわけです。

封建制成立の背景については，教科書にはくわしくはのっていません。

■ フランク王国で成立

これら内容の異なる制度が合体したのは8世紀ころだと言われています。場所はフランク王国，とくにカロリング朝の時代です。動機は多くの騎士，

とくに**重装騎兵**を確保するためでした。

　騎士が必要な背景としては，王国内部で起こる**内紛**，さらには征服戦争，そしてイベリア半島から侵入しそうなイスラーム教徒の存在などが考えられます。

　また，当初は一代限りであった主従関係も，年をふるなかで段々と**世襲制**に変わっていきました。

◢ 西ヨーロッパの封建制度の特色

　実は，この封建制に似た主従関係は，世界のいたるところに登場します。たとえば**中国の周**にも**封建制**ってありましたよね。あれとはどう違うのでしょうか？

▶双務的契約関係

　周の封建制では，主従が何らかの**血縁によって結ばれていました**。これに対して，西ヨーロッパのそれは，**双務的契約**によって関係が成立します。「双務的」というのは，「お互いに義務を持つ」ということですね。

　確かに主君と家臣の関係は，上下の関係なのですが，もし主君の側に**契約違反があれば，この主従関係は家臣のほうから解消できる**のです。もちろん家臣の側も同じことです。"土地くれないんだったら，あんたは主君じゃねえよ"，"戦争のときに戦わないんなら，土地はやらねえよ"という関係なのです。

▶複数の家臣，複数の主君

　またこの主従関係は，単線的なものではなく，1人の諸侯や騎士が**複数の主君をもったり**，またみずからが主君になったりする**重層的**なものでした。

　たとえば，「青木」という諸侯ですが，彼は自分の所領と一族のことが心配でなりません。心配の種は**ノルマン人**や**マジャール人**，あるいはムスリムの侵攻です。そこで青木は，同じくノルマン人などに対してビビッているほかの領主と**封建制度による主従関係**を結ぶのでした。

　ほんとはもっと強力な力を持っている国王(or 皇帝)なんかに守ってもらいたいんだけど，なんといっても国王は遠くにいますからね。"いざ"ってときに頼りにならないんだよ。

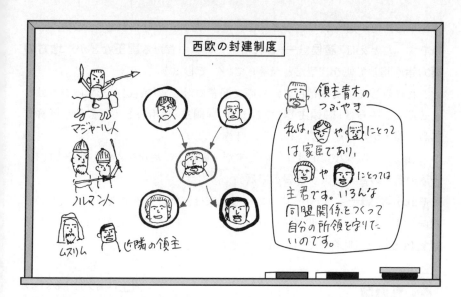

▶不輸不入の権

　こういうわけで，諸侯は国王（皇帝）にはほとんど何のお世話も受けてはいません。ですから，大きな戦争のとき以外は，国王の命令に服することもなかったわけです。自己の所領内では，諸侯が領民に対する課税権・司法権を行使し，国王（皇帝）による課税や役人の立ち入りを拒むことができました。これをあわせて不輸不入権，ドイツ語ではインムニテートと言います。

■「諸侯・領主・貴族」の違い？

　さて，諸侯（領主）は荘園と呼ばれる土地を支配していました。そこで働く農民は農奴と呼ばれ，さまざまな拘束のもとに生活していました。ここからは，この荘園の内部を見ていきましょう。

　その前に，気になる言葉について説明しとくか。それは，「諸侯」・「領主」・「貴族」という３つの言葉です。ときどき，「この３つってどう違うんですか？」という質問を受けます。で，結論から言うと，一緒です。

　何が同じかと言うと，武装し，騎士として土地と農奴などの領民を支配している地方の実力者という点，これは同じなのです。とりあえずは，こう理解しておいてください。入試では，諸侯・領主・貴族の区別をしなければならないケースはまずありません。

じゃあ，何が違うかというと，これは，"だれから呼ばれるか"という点なのです。たとえば「諸侯」──これは中央の権力者たる**国王**などが，**地方の実力者**を指して使う言葉だと理解していいでしょう。

これに対して，**農奴**(のうど)は自分たちの支配者に対して「諸侯」なんて呼び方はしませんよ。やっぱ「**御領主様**」でしょう。「**領主**」はもっとも一般的な呼称ですね。国王からもそう呼ばれたり，自称(じしょう)したり。

「貴族」も，明確な規定はないのですが，武装して治安を守り土地を支配し，一族の名誉(めいよ)のために戦う世襲(せしゅう)の階層。

それから「**騎士**」という言葉。これは本来は，馬に乗って戦闘する人という意味です。しかし，中世ヨーロッパでは，諸侯(大貴族，大領主)に仕える**下級貴族**という意味合いでも使用されます。注意しとこう。

② 荘園制

📖 別冊プリント p.31 参照

🔖 荘園の耕地

じゃあ，続いて**荘園**の説明にまいりますか。今から説明するのは，8世紀に成立した**古典荘園**と呼ばれるものです。

まず荘園の耕地としては，**領主直営地**(りょうしゅちょくえいち)と農奴の世襲的な耕作権が認められた**農民保有地**(のうみんほゆうち)とがありました。また**牧草地**や**沼沢**(しょうたく)，**森林**などがあり，これらは農民がさまざまな目的で共同で利用するのですが，これは**入会地**(いりあいち)(共有地，共同利用地)と呼ばれました。

🔖 荘園の耕作──開放耕地制

領主直営地にしても農民保有地にしても，耕地は細長い形をしていました。これは**地条**(ちじょう)と言い，おのおのの耕地は隣接(りんせつ)して並んでいました。大体長さが200メートルくらい，幅(はば)は4〜5メートルくらい。

これは重量のある**有輪犁**(すき)による耕作に適した形なのです。数十キロある重い犁は，簡単には方向転換できません。だから，いったん耕地に突っ込んだら，そのままガァーッと耕せるところまでいっちゃうんです。200メートルって，1日で耕せる長さなのですね。

また，地条と地条のあいだには垣根(かきね)なんてありません。だって，じゃまだ

ろう。このような耕地のありようを**開放耕地制**と言います。なお耕作は基本的に**共同耕作**で，荘園に住んでいる農奴が総出で行います。生産力が低かった当時，家族単位での自立した農業生産は無理ですから。

有輪犂　これで土を耕す　モォーッ　牛　地条

■ 耕地の利用法——三圃制

また耕地は**春耕地・秋耕地**・それに**休耕地**に3分されました。ポイントは，**3年に1度は休耕**の時期が巡ってくることです。休耕地を設けて，**地力の回復**を図るのです。この農法を**三圃制**と言います。

アジアでは必要ありませんよ。地力が豊かだから。

ヨーロッパの土地というのは，アジアに比べるとはるかに土地が痩せているのです。だからインターバル（休耕の時期）が必要なわけ。

ただし，三圃制が普及するのは，**11世紀**以降です。

普及は11世紀から

■ 農奴の生活

さて働くのは**農奴**です。「**奴隷**」とは違います。奴隷と違い，農奴には**家族の形成や道具の保有**が認められています。農奴の起源の1つは，古代末期に登場した移動を禁止された**コロヌス**。さらには解放された奴隷などです。

また荘園には，若干の職人も住んでいました。彼らは領主によって**外敵から守られ**ながら，農作業などの労働をします。そして支配者たる領主によって，さまざまな負担を強いられました。

▶賦役と貢納

まず**領主直営地**での労働。これは**賦役**と言います。週あたり，3～4日はこれですね。ここで収穫されたものは，全部領主のものになります。注意し

ておいてほしいのは，次のこと。

賦役とは？

賦役は収穫物ではなく，直営地における労働を指す。

そして週の残った日々，農奴は自分たちの保有地を耕して，ここで獲れた穀物（こくもつ）や，その他の生産物——たとえば自分たちで飼っている鶏（にわとり）の卵とか何か——の一部を領主に差し出します。これを貢納（こうのう）と言います。そして残ったもので農奴たちは生活するのです。

▶その他のさまざまな負担

領主は，農奴の結婚にも干渉（かんしょう）しました。ちなみに，農奴間の結婚は，やや遠距離にある農奴の家のあいだで行われることが多かったようです。同じ荘園内の農奴同士って，何らかの血縁関係にある場合が多いですから。

で，ほかの領主が支配する荘園からお嫁（よめ）さんをもらった場合，農奴はその領主に労働力移動の補償（ほしょう）を支払わなければなりません。この負担を結婚税と言います。「農奴のくせに結婚なんかして生意気だ，税をとってやる」という税ではないのです。領主もそこまで意地悪ではない（笑）。

また農奴が死亡した場合には，その相続人に遺産が残されますが，これに対する税を死亡税と言います。今の相続税ですね。この相続税って税率高いよな。なんせ"不労所得（ふろうしょとく）"だから。

さらに領主は，領内に設置した水車やパン焼きかまどを農奴に使用させ，強制的に使用料をとりました。これを使用強制と言います。農奴が自分で勝手に水車などをつくってはなりませんでした。では，

Ｑ 農奴などの領民が教会に納めていた全収入の10％程度の負担はなんと呼ばれたか？

——十分の一税

36

■ 経済外的強制

　以上は，いずれも経済的な負担ですが，それ以外にも領民は，領主の支配に服しました。これを総称して**経済外的強制**と申します。

　その最たるものが**領主裁判権**です。要するに荘園内のルールは領主が決めるということですね。領主は司法権も掌握していたのです。

　領主裁判権以外の経済外的強制——受験には要らないけど，「初夜権」というものもあったようです。これは，農奴が結婚する際に，領主が新妻の初夜を奪ってしまうという特権

です。**モーツァルト**の歌劇『**フィガロの結婚**』に，これを行使しようとする貴族アルマヴィーヴァ伯爵が登場しますよね……。反応がないなあ。少しはクラシックも聴きなさい！（笑）

■ 中世西ヨーロッパ世界のイメージ（〜 10・11 世紀）

　では，最後にこの時代の全体的なイメージ，もしくは特徴について，確認しておこうと思います。

▶分権的な社会

　まず政治的な状況なのですが，これはひとことで言えば**分権的社会**だったということ。

　この点は今の**日本**などとは大違いですね。今の日本なんて，**史上まれに見る中央集権国家**ですよ。だって，東京の中央政府が，地方財政の半分くらいコントロールできるんでしょう!?　こんなに強い中央政府を持った国なんてめったにないですよ。

　で，中世ヨーロッパですが，**中央集権が難しかった**大きな原因の 1 つは，**交通の未発達**にあると思います。そして交通の発達を阻害する大きな原因は，西ヨーロッパ全体に広がる**森林の存在**。そこにいる盗賊や狼も恐かったねぇ。そう言えば，中世を舞台にした童話には，狼が出てくるものが多いですね，『赤ズキンちゃん』とかね。

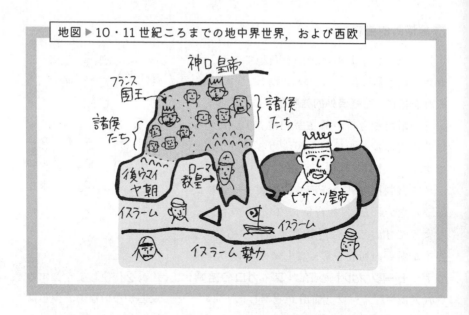

地図 ▶ 10・11世紀ころまでの地中界世界，および西欧

　　国王や皇帝は名目的な存在で，大きな戦争のときに指導者として立ち現れてくるくらいでした。

▶商業が振るわない社会

　　そして経済的な特徴は，**商業が振るわない**ということ。じゃ生活に必要なものをどうやって手に入れるかというと，これは**自給自足するか，極めて近距離での物々交換**しかないのですね。はっきり言って，貨幣は必要ありません。

　　このような経済活動を**現物経済**，もしくは**自然経済**と言います。

　　ついでですが，そもそも，「経済」って何？　これは人間が生きるために必要なもの（生活物資）を手に入れるために行うところの，

　　"**つくる ➡ 運ぶ（分配する） ➡ 消費する**"　　「経済」って，結局はこういうこと。

という一連の過程，これを「経済」と言います。

　　で，現物経済と対比される言葉に，「貨幣経済」というのがあります。貨幣経済は，交換の際に，**物と物との直接交換ではなく，貨幣があいだをと**

りもって交換が行われるケースを言います。その前提は，ものを**売ってく
れる人（商人）**がいるということ。

　ところが中世前半の西ヨーロッパには，この「商品を売ってくれる人」自体
が**まばらにしか存在しない**のです。そしてそれは，**農業生産が振るわない**
ために，**人に売る物そのものが乏しい**からなのです。また，仮にそれがあっ
たにしても，**交通の未発達**がそれを阻害してしまうのです。

　われわれは，必要な物を他人から買うことによって生きていますよね。こ
れに対して中世の西欧は，全然違う世界なのです。

　地中海沿岸地域についても，ローマ帝国時代のような貿易は振るいません。
これについては，7世紀以来，**イスラーム教徒**によって地中海を押さえられ
ているという理由が考えられます。

▶単純な社会構造

　というわけで，産業はほぼ自給自足的な農業のみ。よって生産者は**農奴（農
民）**だけです。そしてそれを支配する**王侯貴族（領主）**がいます。もう1種類
存在する人々は，みんなの心を癒やす役目の**聖職者**。

　というわけで，中世の西欧って，11世紀ころまでは，これら**3種類の人
間しか存在しない**のです。社会が非常にシンプルなんですね。ついでに言
うと，**読み書きの能力は聖職者にしかありません**から，**文化的な活動も聖
職者中心**，そして**キリスト教中心**になってしまいますね。

　諸君，要するに，**中世の西欧って，現代とは正反対の世界**なのです。だ
からこそ勉強していて面白いし，ある意味では現代を理解するための出発点
とも言っていいと思います。

　以上，中世前半の西ヨーロッパについてお話ししました。この世界が，11
世紀以降に変容していきます。それについては次回。

第26回

西ヨーロッパ世界の変質・十字軍・中世都市

ヨーロッパ世界の変容と展開(1)

① 中世西ヨーロッパ世界の変容

別冊プリント p.34 参照

■ 中世社会変容の概観

　11世紀後半あたりを境にして，西ヨーロッパの中世史を前期と後期に分けることがあります。じゃあ11世紀以降，何が変わったのか？　これについて，政治・経済・文化などの点から概観してみましょう。

　まず政治的には，封建的，分権的な社会が，統一に向かっていきます。その主体は国王ですね。とくにフランスなどでこの動きは活発です。

　ついで経済的には，商業ルネサンス(商業の復活)という事態が起こります。前にも言ったとおり(→ p.38)，中世の西ヨーロッパ世界は，"売ったり買ったり"という行為が不振でした。必要なものがあれば荘園内で自給自足する，そういう世界でした。

　ところが，11世紀ころから，農業生産力の発展によって余剰生産物が生まれ，これを売り買いすることなどを通じて，商業が復活したのです。その活動拠点が，新たに発展した中世都市にほかなりません。その都市を活動拠点として，市民(商人，手工業者)が台頭しました。

　また，取引きを仲立ちするものとして，貨幣も流通するようになりました。要するに欲しいものをお金で買えるような世界が再登場したのです。生活に必要なものを，貨幣を仲立ちにして獲得して生きていく，これを貨幣経済と言います。そしてこの貨幣の登場・普及によって交易の規模は拡大し，遠隔地商業もより活発化したのでした。

　さらに文化的に見ると，11世紀までの西ヨーロッパ文化はキリスト教一色でした。しかもそれらはラテン語で表記され，西ヨーロッパのどこへいっても，同一の普遍的な文化でした。担い手はキリスト教の聖職者たちです。彼らしか読み書きできなかったからね。

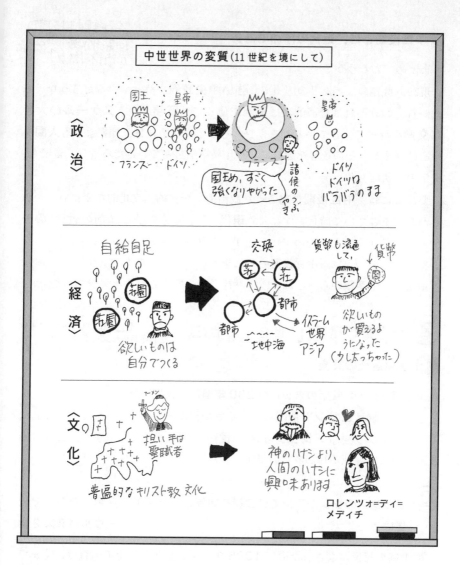

　ところが，各地で経済が発展し，人々に文化を育む「余裕」が生まれると，**都市の市民を担い手として**，あるいは支持者として，その**地域や民族独自の文化**が生まれてきます。これを**国民文化**と言うのですが，この動きは**イタリアで最初に起こりました**。またその文化は，**人間を描く文化**でした。これを「**ルネサンス**」と言うのです。

■ 中世後期とは，近代の序曲である

まとめておこうか。

現在，世界のほとんどの国って，**強い中央政府**を持っているだろう!?　それから，われわれは経済的には**貨幣**を使って，**貿易**という**スケールの大きな交換**を行って生きているだろう!?　そして文化的には，神様よりも**人間**を中心に据えて，その色恋を題材にした作品を楽しんでいるだろう!?　音楽も，文学も，映画もね。

要するにね，**中世後期**に起こった政治的・経済的・文化的な変化って，われわれが生きている時代，すなわち**現代**（そしてそのチョイ前の**近代**）の**モデル**になる出来事だったのです。だから勉強する価値があるわけだ。

では，その"大事な"中世後期の時代を今から見ていきましょう。

最初に，**十字軍**から。これは，中世社会が転換する大きな契機でした。

② 十字軍の遠征（11 世紀〜 13 世紀）

別冊プリント p.34 参照

■ 十字軍遠征の契機

十字軍は，**11 世紀**の末から約 **200 年間**行われました。

遠征の契機（けいき）は**ビザンツ帝国**に対する**セルジューク朝**の圧迫（あっぱく）でした。これに対してビザンツ皇帝**アレクシオス 1 世**が，西欧に救援（きゅうえん）を依頼し，これに応えるかたちで遠征が行われたのです。

Q フランスの<u>クレルモン</u>で公会議を開催し，十字軍を提唱（ていしょう）したローマ教皇は？

—— ウルバヌス 2 世

第 1 回の遠征がなされたのは 1096 年です。しかし以上の内容はあくまでも「契機」でしかなく，「原因」ではありません。

■ 十字軍遠征の原因

遠征の根本的な原因は，**11 世紀**における**農業生産力の発展**と，それにともなう**人口の増大**にありました。

それまでの西ヨーロッパは，農業も振るわず，商業もダメ。地中海も**イスラーム教徒やビザンツ帝国**に押さえられていました。だから7世紀に，聖地イェルサレムがイスラーム教徒の支配下に入ったときには何の反撃ができなかったのです。

ところが11世紀になって，「**中世における農業革命**」とも言うべき事態が起こって，**農業生産が拡大**し，**人口も増加**し，西ヨーロッパは外に向かって膨張(ぼうちょう)していこうとしていたのです。

その膨張の1本のベクトルは**イベリア半島を南下**しました。

Q イベリア半島で，キリスト教徒がイスラーム教徒からその地を奪回(だっかい)しようとした運動をなんと言うか？

——**レコンキスタ**（国土回復運動，国土再征服運動）

またヨーロッパ北部では，**ドイツ騎士団**を先頭に，**エルベ川**を越えて東方植民活動が展開されました。そうした「膨張」のなかで，もっとも規模が大きかったものが，西アジアのイスラーム世界に対して展開された十字軍でした。

■ 遠征の動機

では，この200年にもおよぶ遠征には，どういう動機があったのでしょうか。

まず**ローマ教皇**ですが，当時のローマ教皇は**ドイツ国王（神聖ローマ皇帝）**とのあいだに叙任権闘争(じょにんけんとうそう)を抱(かか)えていました（→ p.91）。

叙任権闘争とは，**高位聖職者の任命権をめぐる教皇と国王（皇帝）の争い**のことです。で，それを有利に進めるため，あるいは**東西教会の統一**のイニシアチブを握(にぎ)るために，教皇主導で何かでかいことを行おうという野心がありました。このために十字軍はうってつけのイベントだったのです。

一方，各国の**国王**や**封建諸侯**には，豊かな**西アジアの土地や財宝**(ざいほう)を獲得したいという欲望があり，また**イタリア**などの商人たちには，**イスラーム商人に代わって地中海貿易の覇権**(はけん)を握りたいとの野望もありました。

■ 宗教的情熱の高まり

また，**聖地巡礼**(じゅんれい)の気運も高まっていました。当時の**三大巡礼地**と言えば，

ローマとスペイン北部の**サンティアゴ=デ=コンポステラ**，そして**イェルサレム**でした。「しかしイェルサレムはイスラーム教徒の支配地。じゃあ遠征だ！」ということでしょう。

▊遠征の経過

では，具体的に**7回**にわたる遠征の概要を見てみましょう。

とくに頻出なのは1，3，4の3回かなあ。年号は**第1回遠征の1096年**が頻出かな。そして第4回遠征の**1202年**を覚えておきましょう。

▶第1回遠征

では，第1回から見ていきましょう。参加者は覚えなくてよろしい。結果については，当初の目的であった**聖地イェルサレムの奪回**(回復)**に成功**したことを覚えてください。そしてここを中心に**イェルサレム王国**が建てられました。その際に，十字軍の将兵はムスリムやユダヤ教徒の虐殺を行い，財宝の略奪も行いました。

それからイェルサレム王国以外にも十字軍が建てた国家はあり，北から**エデッサ伯領・アンティオキア公領・トリポリ伯領**がそうでした。

地図▶十字軍の経路①（第1・3回）

ちなみにそれまでイェルサレムを支配していたのはエジプトのファーティマ朝でした。セルジューク朝ではありません。

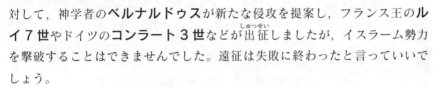

▶第2回十字軍

　そして12世紀の半ば，イスラーム軍が十字軍の拠点の**エデッサ**を攻略（こうりゃく）しました。これに対して，神学者の**ベルナルドゥス**が新たな侵攻を提案し，フランス王の**ルイ7世**やドイツの**コンラート3世**などが出征（しゅっせい）しましたが，イスラーム勢力を撃破することはできませんでした。遠征は失敗に終わったと言っていいでしょう。

　しかし，この遠征では**フランス・ドイツの君主が自ら参戦**し，また**イギリス（イングランド）**でも，**君主を中心とした国家**が形成されつつありました。山川出版社『新世界史』では，このような君主とその一族を中心とする中世国家のことを「**君主国（モナルキア）**」という言葉で紹介しています。

▶第3回遠征

　次は第3回。これは中世史を代表するオールスター総出演の遠征ですね。"獅子心王"とあだ名される**イギリス国王リチャード1世**，**バルバロッサ（赤髯王）**というあだ名で知られる**神聖ローマ皇帝フリードリヒ1世**，そして**フランス国王フィリップ2世**の面々です。

このライオンが縦に3匹並んだものがリチャード1世の旗印。"3 Lions"という。そしてこの旗印は，フットボールのイングランドナショナルチームのシンボルでもある。これをひっさげて，中東地域でゲームやることに，いささか抵抗を感じるのは，僕だけ？

　一方，イスラーム教徒のほうにも**アイユーブ朝**の**サラディン**が登場し，彼によってイェルサレムは1187年に征服されました。

　これで危機に瀕（ひん）した**イェルサレム王国**を救援するのが，**第3回**十字軍の動機でした。そして遠征の結果ですが，結局イェルサレムの奪還（だっかん）は果（は）たせませんでした。しかし，サラディンはキリスト教徒によるイェルサレム巡礼の権利は認めました。このあたりが人気のある所以（ゆえん）かな。

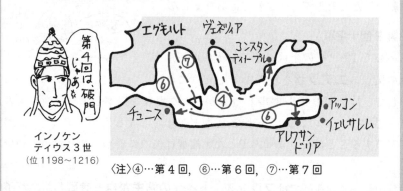

地図▶十字軍の経路②（第4・6・7回）

第4回は、じゃあ、破門

インノケンティウス3世
（位 1198～1216）

→ エグモルト　ヴェネツィア
コンスタンティノープル
⑦
⑥
④
④
⑥
チュニス
アッコン
イエルサレム
アレクサンドリア

〈注〉④…第4回，⑥…第6回，⑦…第7回

▶第4～7回遠征

　そして **1202 年**に開始されたのが**第4回**の遠征で，これは**イスラーム教徒と戦ったものではありません**でした。この遠征はなんと，北イタリアの都市ヴェネツィアの誘導で**ビザンツ帝国**を襲い，地中海貿易における商敵コンスタンティノープルを攻撃してしまうのです。これに怒った時のローマ教皇**インノケンティウス3世**は遠征軍全体を**破門**してしまいます。

　しかし，それも効果はなく，コンスタンティノープルを占領した第4回十字軍の連中は，ここにラテン帝国なるものをでっちあげます。けれども，これでビザンツ帝国が完全に滅びたわけではなくて，ビザンツの残党は小アジア半島に逃亡し，そこに**ニケーア帝国**をつくり，その後 1261 年にコンスタンティノープル奪回が果たされます。

　また第4回十字軍のあとに，純粋な宗教的情熱から**少年十字軍**も実施されました。これは文字通り少年・少女の十字軍なのですが，遠征途上で商人に奴隷として売り飛ばされるという悲惨な結末に終わりました。

　第5回は，**神聖ローマ皇帝フリードリヒ2世**が行いました。彼は**シチリア**に居住し，ラテン語やアラビア語も堪能でした。パレルモの宮廷にはイスラーム教徒も参集し，フリードリヒ2世はイスラーム世界の

神聖ローマ皇帝

イエルサレムのためには死ねぬ

フリードリヒ2世
（在位1215～50）

学問を偏見なく受け入れました。要するに，彼にとってイスラーム教徒は「敵」ではなかったのです。しかし，教皇から再三にわたって遠征の要請がありました。それで当時イェルサレムを支配していたアイユーブ朝のスルタンと交渉し，無血で**イェルサレム入城**を果たしました。

第6回，第7回は**フランス国王ルイ9世**がほぼ単独でやった遠征です。

とくに7回目では，ルイ9世が北アフリカの**チュニス**を攻撃しますが，彼自身がここで死んでしまいました。その後も，キリスト教勢力とエジプトの**マムルーク朝**との戦いが続きました。では，

Q 十字軍活動の完全な終結は何年か？ ——1291年

十字軍最後の拠点であったシリアの**アッコン**が**陥落した年**ですね。こうして200年間におよぶ十字軍遠征は，**ヨーロッパ勢力の敗北**によって終わりを告げるわけです。

▉ 十字軍の影響

次に遠征の影響です。政治・経済・文化の順に見ていきましょう。

▶政治的な影響

まず政治的影響から。

当初，十字軍はイスラーム教徒に対して優勢でした。イェルサレムも奪還したしね。それで精神的指導者だった**ローマ教皇の権威は上昇**しました。しかし**最終的な遠征の失敗**によって，**ローマ教皇の権威は失墜**してしまいます。また遠征に参加した**封建諸侯や騎士たちも没落**しました。目的であった土地も手に入んなかったしね。

それとは逆に，**国王権力は伸張**しました。たしかに国王も遠征に参加して，土地が得られなかったという点では諸侯と同じで，ダメージは受けているのですが，封建諸侯たちに比べて力はありましたから，回復が早かったのです。

▶経済的な影響

次に経済的な影響です。これは，**地中海**を舞台とした**東方貿易(レヴァント貿易)**が活発化し，とりわけその担い手であった北イタリアの諸都市が

繁栄に向かっていったことが挙げられます。レヴァントとは，**地中海東岸の**地域で，現在の**シリア・レバノン・イスラエル**の海岸地帯です。ここでイタリア商人たちは**ムスリム商人**を相手に交易を行いました。

　西アジアやエジプトに土地を獲得できなかったという点では，十字軍の遠征活動は失敗だったと思います。しかし，遠征の経路，とくに**地中海の制海権**に関しては**ヨーロッパ勢力の方が優勢**だったようです。その"証拠"というわけではありませんが，十字軍遠征の経路に注目です（→ p.44，地図）。

　第1・2回はいずれも陸路でしたが，12世紀末に行われた**第3回の遠征**は，**陸路と海路を併用**しています。そして**第4回以降は海路が中心**です。

　7世紀にイスラーム教徒が進出して以降，地中海は「アラブの海」と呼ばれていました。「キリスト教徒は板きれ1枚浮かべることができない」と言われていたところに，交易ルートを押さえることができたわけですから，十字軍遠征は**商人にとっては100％の成功だった**と言えます。

▶文化的な影響

　最後は文化的な影響です。ただし十字軍の文化的影響

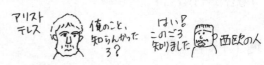

は，直接的な影響というよりは，間接的，もしくは派生的影響と言った方が正確ですね。

　十字軍は，イスラーム教徒との戦争でした。しかしその結果，ヨーロッパはイスラーム世界への感心を高めました……だって相手に勝つためには，相手の事を知らないといけないだろっ?! そして，自分たちにはないものをイスラーム世界から積極的に吸収しようとしたのです。

■ アラビア語文献のラテン語への翻訳活動

　とくに，**イベリア半島のトレド**や，**シチリアのパレルモ**では，アラビア語で書かれた**イスラーム科学などの文献**や，アラビア語に翻訳された**ギリシアの文献**が，さかんにラテン語に翻訳されました。とくに人間についてさまざまな角度から探求したアリストテレスの諸学問は，**神中心**だった西ヨーロッパに新鮮な影響を与えました。

　「**人間について探求しよう！**」，「**人間を中心に，物事を考えていこう！**」。

■ 12世紀ルネサンス

「人間中心主義（ヒューマニズム）」とは，ルネサンスの基調となる考え方です。ルネサンスといえば，**14世紀以降**に**イタリア**を先頭に花開く文化運動です。しかし，このような考え方は，すでに十字軍の遠征が本格化した**12世紀ころ**から，西ヨーロッパに影響を与えていたのですね。

というわけで「**12世紀ルネサンス**」という言葉があります。言い出したのは，アメリカの歴史学者**ハスキンズ**です。

ルネサンスは，ダンテに始まるわけではない

ハスキンズ　プンスカ　ダンテ

■ 騎士修道会（宗教騎士団）

それから，これは十字軍の「影響」と言うよりも，「副産物」と言ったほうがいいのですが，**騎士修道会**も創建されました。いずれも十字軍派遣の過程で，シリア・パレスチナへの**巡礼活動の保護**や，**イェルサレム王国**などのキリスト教国家を防衛するためにつくられた武装集団です。代表的なものを3つあげときます。いずれも12世紀にローマ教皇によって公認されました。

まず**ヨハネ騎士団**。これは十字軍が西アジアから撤退した後に，キプロス島・ロードス島を経て，最後は**マルタ島**に拠点を移しました。

続いて**テンプル騎士団**。1291年に西アジアから撤退するまで，イスラーム教徒と激戦を展開しました。その後は，西ヨーロッパで多くの所領を経営し，莫大な資産を有していたようですが，これに目を付けた**フランス国王フィリップ4世**によって解散させられました。

最後は**ドイツ騎士団**。**第3回**十字軍の際に，十字軍最後の拠点となる**アッコン**の近くで結成されました。そして十字軍活動の終了後は，**エルベ川越えの東方植民活動**の先頭に立ちました。

③ 中世都市の発達

📖 別冊プリント p.36 参照

■ 中世都市の成立

十字軍の遠征がヨーロッパの交易活動に刺激を与えたことはすでにお話ししましたが，これも含めて，とくに**11世紀以降**，西ヨーロッパに「**商業ル**

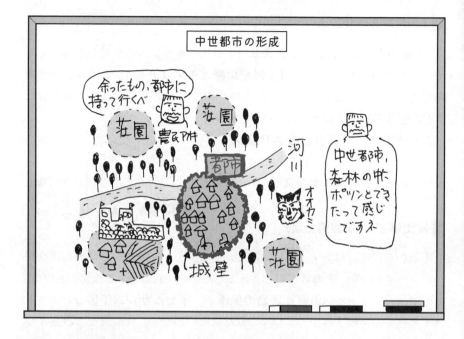

中世都市の形成

余ったもの、都市に持って行くべ　農民A所

荘園　荘園　荘園

河川　オオカミ

都市　城壁

中世都市、森林の中にポツンとできたって感じですね

ネサンス（**商業の復活**）」という事態が起こり，その交易活動の拠点として**都市が発達**していきました。そういう意味では，中世に発展した都市の多くは，**軍事都市**や**宗教都市**ではなく，経済都市だったと言うことができます。

▶ヨーロッパ内陸部の都市

　その成立の過程はさまざまですが，**アルプス以北の内陸部**では，荘園の**余剰生産物**などを取引きする**定期市から発展**していったものが多いようです。たとえば，領主の城塞の近くや河川の流域などの交通の便が良いところに，みんなが集える定期市が開かれ，その経済活動を**城壁**によって防衛しました。これが都市の成立の典型的なパターンですね。

▶地中海沿岸の都市

　また地中海沿岸では，イスラーム教徒の後退を受けて，ヨーロッパ人による商業活動が復活し，人口が増加した都市も増えました。よって地中海域の都市については，「成立」というよりも「復活」といったほうが正確ですね。

　内陸の中世都市は，人口**1万人以下**の小規模なものがほとんどでした。こりゃしょうがないですね。だって食料の供給地は近隣の荘園（農村）ですからね。交通がイマイチ発達していない当時，遠距離から食料をもってくるのは

不可能。よって近隣の荘園が養えるくらいの都市人口しか許されなかったわけです。

■ ギルドの形成

さて，都市に住んでいる「市民」は，基本的には商工業者でした。そして，彼らは相互扶助などのために組合をつくりました。これがギルドです。

相互扶助以外にもギルド結成の目的はありました。それが生産の制限です。なにせ交通の便が悪いし，人口も少ないので，調子に乗ってつくっちゃうと，すぐに過剰生産になって在庫品だらけになり，共倒れになってしまいますからね。そういうわけで，だれもが職人になれないように，職人の数には制限があり，また職人の技術も秘匿されるのが普通でした。

ギルドは，経済力があった商人たちによってまず形成され，職人（手工業者）はそれに隷属させられていました。また市政を行う市参事会も，当初は商人ギルドが牛耳っていました。

しかし，時代が進むにつれて，職人たちも結束し，商人の支配から自らを解放するにいたりました。これをツンフト闘争と言います。

ツンフトとは，ドイツ語で手工業者のギルドのことで，この闘争がとくにドイツの諸都市で激しかったので，この名がつきました。ちなみに「ギルド」は英語ですね。手工業者のギルドのことを同職ギルドと言う場合もあります。闘争に勝利した手工業者の親方たちは，市政にも参加するようになります。

■ 徒弟制度

また，職人たちの世界には徒弟制度というシステムがありました。これは親方（マスター，マイスター）を頂点にして，職人，徒弟と続く上下関係のことで，職人・徒弟は親方に隷属していました。

親方　職人　徒弟
ハーイ
ハーイ
いつもワシの側にいて
ワシの技（ワザ）を
盗めよ🏃

……というと，なんだかひどい制度のように聞こえますが，そうではありません。読み書きの能力を持った人が少なく，学校というシステムが存在しない社会では，技術を伝授する方法はこれしかないのです。

すなわち，職人や徒弟は，親方に生活の

面倒を見てもらいながら，親方のすぐそばで，親方の仕事を見つめながら修行に励む。親方から学ぶものは，技術だけではなく，仕事に打ち込む親方の緊張感，熱情，そして仕事への尊敬等々。

マニュアル本を見て技術を習得する現代と比べて，どっちがいいものをつくれるでしょうか？

■ 都市の自治

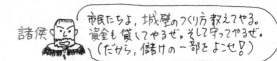

さて経済活動の拠点である都市は，**近隣の諸侯**たちにとって絶好の"獲物"でした。彼らは「守ってやる」「城壁づくりを手伝ってやる」なんてことを言いながら，しばしば**都市に重税**をかけようとしました。

これに対して都市は武装して戦い，あるいは"手切れ金"を払って，自治を勝ち取ってゆきました。この動きを**コミューン運動**と言います。コミューンとはフランス語で，市民が相互扶助のために誓約を結んでつくった組織のことを言います。北フランスでとくに活発に展開されたので，こういう名称となりました。

またドイツでは，都市の自治を守るために，ドイツ最高の権力者である皇帝と結ぶこともありました。皇帝によって**自治の特許状**を与えられた都市を**帝国都市**と言い，のちには皇帝の力からも自立して**自由都市**と言われるようになりました。

さらにイタリアでは，**司教**などの権力者たちとの戦いを経て，貴族や市民が都市の自治権を確立しました。この**自治都市**のことをイタリアでは**コムーネ**と言います。

▶都市の自由，その限界

また領主(諸侯)支配下の農奴たちは，都市に逃れてきて1年と1日たつと，農奴身分から解放されました。そのあたりから，「**都市の空気は(人を)自由**

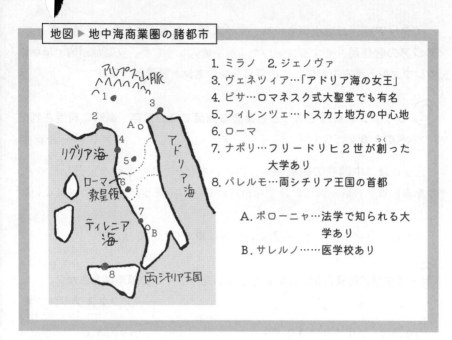

地図 ▶ 地中海商業圏の諸都市

1. ミラノ　2. ジェノヴァ
3. ヴェネツィア…「アドリア海の女王」
4. ピサ…ロマネスク式大聖堂でも有名
5. フィレンツェ…トスカナ地方の中心地
6. ローマ
7. ナポリ…フリードリヒ2世が創った
　　　　　大学あり
8. パレルモ…両シチリア王国の首都

A. ボローニャ…法学で知られる大
　　　　　　　学あり
B. サレルノ……医学校あり

にする」という諺も生まれました。

　ただしだよ，都市の自由というのは，あくまでも**外部の権力に対する都市全体の自由**であって，都市の内部で，住民が平等でかつ自由であったわけではありません。手工業者（職人）の世界には**徒弟制度**があるし，大商人は中小の商人を隷属的に支配していますからね。近代的な**個人の自由はなかった**のです。

　では，次に都市の交易活動を見てまいりましょう。

1人ひとりが自由だったわけじゃありません

📘 地中海商業圏

　まずはイタリアの都市の確認から。アルプス山脈のすぐ南に内陸の商業都市ミラノがあります。そしてリグリア海に面した海港都市にジェノヴァ，そのライバルがアドリア海に面したヴェネツィアです。あだ名は「**アドリア海の女王**」ですね。また半島北部の内陸都市としてフィレンツェ。この4つは必須です。あとピサも重要ですね。ここは**ガリレオ**の生地でもあります。

　また，南部には，ティレニア海に面した**ナポリ**や，シチリアの**パレルモ**がありますね。

イタリア商人は地中海で活動し，**イスラーム商人**などとの交易によって，**アジアの奢侈品**，要するにぜいたく品を輸入しました。交易地が地中海東岸のレヴァント地方なので，この貿易をレヴァント貿易というのです。

Ⓠ レヴァント貿易でもっとも重要な商品で肉の保存・調味に利用されたものと言えば？
　　　　　　　　　　　　　　　　　　　　　　——香辛料

　ほかには，**中国産の絹織物**や，いろいろなところでとれる**宝石**などです。ちなみに香辛料は，肉の保存や味付けのほかに，薬としても利用されていました。

　これらの商品を買い付けるための対価は銀でした。では，

Ⓠ イタリアの商人に，この銀を供給した南ドイツの都市はどこか？
　　　　　　　　　　　　　　　　　　——アウクスブルクです。

　ちなみに，キリスト教徒とイスラーム教徒が，十字軍でガンガン戦っているときには，**ユダヤ人商人**が両者を仲介したようです。貿易は，いずれの勢力にとっても儲けになりますからね。戦争は戦争，貿易は貿易ということなのですね。

　このような交易が行われていたエリアを，**地中海商業圏**と言います。

◣ 北ヨーロッパ商業圏——ハンザ同盟

　一方，北海やバルト海を中心として，**北ヨーロッパ（北海・バルト海）商業圏**が存在しました。

　ここで頑張っていたのが**ハンザ同盟**の加盟諸都市です。**中世都市**は，1つひとつの都市の規模が小さく，**近隣の諸侯**などから利益を収奪されることもありました。このような危険から自分たちを守るために，都市はしばしば団結します。そのもっとも典型的な例が**ハンザ同盟**でした。

Q ハンザ同盟の盟主となったバルト海沿岸のドイツの都市は？

——リューベック

ここを中心に 100 以上の都市が結集しました。ちなみに"ハンザ"とは,「集団」「仲間」を意味する言葉で,都市の名前ではありません。

《注》 「ハンザ同盟」という言葉だと,「集団」を意味する言葉が重複するという判断から,実教出版の教科書では「ハンザ(ハンザ同盟)」,東京書籍では「都市ハンザ(ハンザ同盟)」と記している。

で,この同盟は共通の**度量衡**や**取引法**を定めて交易し,また,利益防衛のためには国王や諸侯とも戦いました。

事実ハンザ同盟は,**デンマーク**と何回も戦争をやって,おおむね優勢のうちに戦いを終えています。

一方デンマークは,**ノルウェー**や**スウェーデン**と 1397 年に**カルマル同盟**を結んで,ハンザ同盟に対抗することになりました。この同盟の盟主はデンマーク。当時のデンマーク女王は**マルグレーテ**でした。(解説は次ページにつづく)

北欧の著名人（政治家・国王を除く）

- **デンマーク：ベーリング**(18C)…探検家。ベーリング海峡を発見。
  キェルケゴール(19C)…哲学者。"実存主義の祖"。
  アンデルセン(19C)…文学者。「アンデルセン童話集」。
  トムセン(19〜20C)…突厥文字の研究。
- **スウェーデン：リンネ**(18世紀)…博物学者。動植物の分類法を確立
  ノーベル(19C)…ダイナマイトの発明者。ノーベル賞を設立。
  ヘディン(19〜20C)…中央アジアの探検。
  アンダーソン(20C)…北京原人の発見者の一人。彩陶文化の研究。
- **ノルウェー：イプセン**(19C)…文学者。戯曲『人形の家』。
  グリーグ(19C)…音楽家。劇付き音楽『ペール=ギュント』。
- **フィンランド：シベリウス**(20C)…音楽家。交響詩『フィンランディア』。

「ホルベアの時代も良い曲だよ！」グリーグ

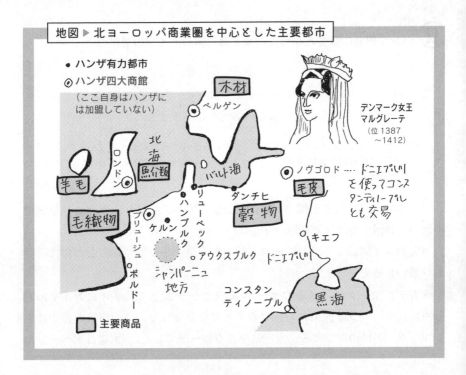

地図 ▶ 北ヨーロッパ商業圏を中心とした主要都市

- ハンザ有力都市
- ◎ ハンザ四大商館
  (ここ自身はハンザには加盟していない)

木材
ベルゲン

デンマーク女王
マルグレーテ
(位 1387
〜1412)

北海
羊毛
ロンドン
魚介類
バルト海

毛織物
ブリュージュ
ボルドー
ハンブルク
ケルン
リューベック
ダンチヒ
穀物
アウクスブルク
シャンパーニュ地方

毛皮
ノヴゴロド …… ドニエプル川を使ってコンスタンティノープルとも交易

ドニエプル川
キエフ

コンスタンティノープル
黒海

▢ 主要商品

　ハンザ同盟は，バルト海や北海を舞台に活躍し，各地に**商館**をおいて交易しました。とくに，**ロンドン，フランドルのブリュージュ，ロシアのノヴゴロド，それにノルウェーのベルゲン**に設置されたものは「**四大商館**」と言われます。

　取引品は，**フランドル産の毛織物，東欧の穀物（こくもつ），ノヴゴロドを集積地とする毛皮，スカンディナヴィアの木材，そして北海やバルト海の海域でとれる魚介類**です。その代表は**塩漬（しお）けのニシン**でした。

　地中海域で取引きされる**奢侈品（しゃし）**と比べると，こっちは毛皮を除くと**日用品が中心**ですね。これらは単価が安く，大量に取引きされました。で，ついた名前が「**かさばるもの**」。"かさ（容積）が張るもの"という意味です。

主要な貿易品

- ●**地中海商業圏**（イタリア商人）………奢侈品（香辛料ほか）
- ●**北ヨーロッパ商業圏**（ハンザ同盟）…日用品（毛織物ほか）

このような生活必需品を取引きしていたことも，商人たちの結束を強めた
一因です。お互いの生活に必要なもの，なくてはならないものを，日常的に
取引きするためには，信頼関係が不可欠ですからね。

　これに比べるとイタリアは違うよね。彼らの商業はアジア相手の**投機的**な
もので，ほかのイタリア商人を出し抜くことにエネルギーは注がれます。

　イタリアにも**ロンバルディア同盟**ができてるじゃないかって言う人もいる
かもしれません。確かに 12 世紀にできましたね，**ミラノ**を中心にね。でも
これは，ドイツから侵略してくる**神聖ローマ皇帝**の**イタリア政策に対抗**す
るためのもので，ハンザ同盟のように交易の利益を共同で防衛するという性
格は希薄です。実際，ロンバルディア同盟は，1176 年には**レニャーノの戦
い**で皇帝**フリードリヒ 1 世**の軍を破っています。

　以上，ヨーロッパの 2 つの商業圏についてでした。

Ｑ 定期的に大市が開催され，この 2 つの商業圏を結ぶ役割を果たした北
　フランスの地方は？
　　　　　　　　　　　　　　　　　　　　——シャンパーニュ地方

　シャンパーニュはフランスの地方名で，年に 6 回，6 つの都市で順にマー
ケットが開かれました。

　では次回は，ビザンツ帝国と東ヨーロッパ世界について見てまいりましょ
う。

第27回

ビザンツ帝国と
東ヨーロッパ世界

ヨーロッパ世界の変容と展開(2)

この回では，**6世紀後半以降のビザンツ帝国**と，**東ヨーロッパ**について
お話しします。ではまずはビザンツ帝国から。

① ビザンツ帝国(6世紀〜15世紀)　　📖 別冊プリント p.39 参照

ビザンツ帝国は，**6世紀のユスティニアヌス帝**の時代(位 527 〜 565)に
全盛期を迎えました。しかし，帝の死後，帝国は縮小に向かいました。

帝国の縮小

まず，6世紀の後半には，**ランゴバルド人**が**イタリア**を奪いました。さら
に7世紀に入ると，バルカン半島には**セルビア人**のような**スラヴ人**も移動し
てきました。**トルコ系のブルガール人**もバルカン半島で建国しました。こ
れを**第1次ブルガリア帝国**と言います。また，**ササン朝ペルシア**や**イス
ラーム教徒のアラブ人**も，シリアやエジプトに侵攻してきました。

こうして，帝国の領土は**バルカン半島・小アジア半島(アナトリア)**が中心
となり，文化的には**イタリアの喪失**によって**ラテン文化の要素**が薄まり，
ギリシア文化の要素が濃さを増していくことになりました。

《注》皇帝ヘラクレイオス1世が本当に言ったわけではありません。

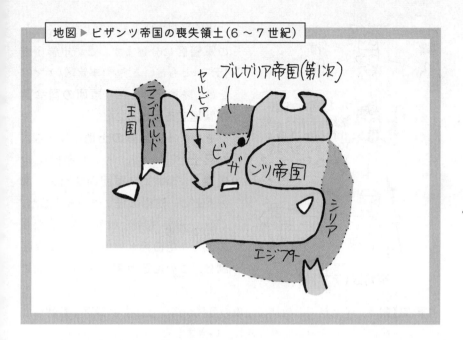

地図 ▶ ビザンツ帝国の喪失領土（6～7世紀）

▶ビザンツ帝国？　それとも東ローマ帝国？

　実はこうなった後の帝国を「ビザンツ帝国」と言うのです。すなわち，住んでいる人たちはギリシア人中心，さらには言語もギリシア語が中心。こうなった後の帝国を，コンスタンティノープルの旧名**ビザンティオン**にちなんで，「ビザンツ帝国」と呼ぶようになりました。

📖 帝国の危機──軍管区制（テマ制）

　さて，7世紀には**ササン朝**によって**シリア・エジプト**を奪われました。そしていったんは奪回したものの，今度は**イスラーム教徒**の攻撃によって，再び両地域を失ってしまいます。

　この事態は，帝国に**軍事的危機**をもたらしました。そこに登場したのが，皇帝**ヘラクレイオス1世**です。

Q　ヘラクレイオス1世の時代に施行（しこう）されたという説がある軍事システム，軍政制度をなんと言うか？

──軍管区制（ぐんかんくせい）（テマ制）

軍管区（テマ）制

軍管区制では，まず領土をいくつかの**軍管区**に分けます。この軍管区を「テマ」とも言います。「**軍管区（テマ）**」とは，その名のとおり**軍団の司令官が管理する区域**のこと。

そこには，**世襲**（せしゅう）**の土地を与えられた兵士**が配置され，彼らは**平時には農耕**を，戦時には**軍団司令官**の指揮のもとに，**防衛の任**にあたりました。このように，農耕と戦争を行う人たちのことを**屯田兵**（とんでんへい）と言います。**軍管区制**は，この**屯田兵制を内包**（ないほう）**した**システムですね。

軍管区制は，イスラーム教徒の侵攻の危機が高かった**小アジア**で最初に施行され，後にほかの帝国領に導入されていきました。

この制度が完成したのは **10 世紀**でした。この制度は**自作農の数を増加**させ，**皇帝がそれを掌握**（しょうあく）することによって**中央集権化**が進みました。

しかし，それ以降になると各地の**司令官が自立**の傾向を強め，結果としては**帝国の分裂の原因**となりました。

ウマイヤ朝には苦労させられた。
レオン3世

聖像禁止令

さて，7 世紀以後もイスラーム教徒の侵攻は止むことはなく，8 世紀の初頭には，**ウマイヤ朝の海軍**によって，首都コンスタンティノープルが攻撃を受けました。しかし，このときは**ギリシア火**と呼ばれた火炎放射器によって撃退することができました。

Q 8 世紀初めにイスラーム勢力を撃退し，小アジアの大半を回復したビザンツ皇帝は？　　　　　　　　——レオン 3 世

彼は **726 年**に**聖像禁止令**（せいぞう）（聖画像禁止令）を出したことで知られています。聖像（聖画像）とは，イエスやマリア，それに聖人などを描いた聖像・聖

画のことで，カタカナでは「イコン」と言います。キリスト教では本来，聖画像のような偶像を信仰の対象とすることは禁じられていました。そのことから，小アジアなどでは，聖画像崇拝を嫌う人々が，**偶像崇拝を厳禁するイスラーム教に改宗**するという事態も起こっていたようです。ビザンツ帝国は，こうした事態に対処する必要に迫られていたのです。

この聖像禁止令の発布を契機に，ビザンツ帝国領内では**聖像破壊運動（イコノクラスム）**が活発化しました。またこの法令は，大きな余波を引き起こしました。それは**東西教会の対立**でした。

▶東西教会の対立

ローマ教会が，ゲルマン人への布教の際に聖画像を必要としていたことは，以前説明しましたよね（→ p.11 ～ 12）。よってこの法令は必然的に，ビザンツ皇帝やその統率下にある**ギリシア正教会とローマ教会との対立**を激化させたのです。

そして 1054 年には，**ローマ教皇レオ 9 世とコンスタンティノープル総主教**がお互いを**破門**することで，**東西の教会は完全に分裂**してしまいました。

なお，聖像禁止令は 843 年に最終的に解除され，その後，**聖画像（イコン）**の制作がさかんに行われるようになりました。

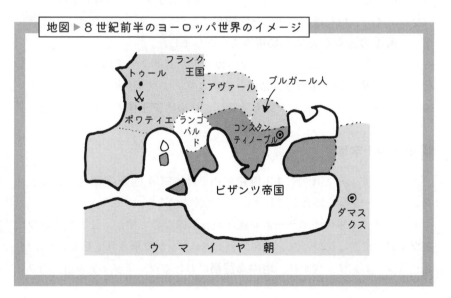

地図 ▶ 8 世紀前半のヨーロッパ世界のイメージ

■ マケドニア朝の隆盛

9世紀の後半には，**マケドニア朝**が成立し，**バシレイオス1世**のような皇帝が登場しました。彼はシリアやクレタ島に攻勢をかけました。

しかし帝の死後まもなく，バルカン半島を中心に**第1次ブルガリア帝国**が領土を拡大し，ビザンツ帝国に朝貢を課すほどに発展します。けれども，この国は内部分裂によって衰退し，11世紀初めにはビザンツ帝国に併合されてしまいました。

■ セルジューク朝の侵入とプロノイア制の成立

しかし，1071年にイスラーム王朝の**セルジューク朝**が，**マンジケルトの戦い**でビザンツ帝国軍を破り，**小アジア半島（アナトリア）を占領**しました。

ビザンツ帝国では，セルジューク朝のさらなる侵入に対処するために，軍団を拡充する必要性が高まりました。そこで，11世紀の末に導入されたのが**プロノイア制**でした。

これは，ビザンツ皇帝が地方有力者の貴族に対して**軍役義務**を課し，それと引き替えに「**プロノイア**」と呼ばれた**国有地の管理権**と徴税権を認めるというものでした。まっ，西ヨーロッパ封建制のビザンツ帝国版ですね。

プロノイアの権利は，当初は**一代限り**でしたが，段々と**世襲**されるようになり，**帝国の分裂を進める結果**をもたらしました。

そして12世紀の末には，再びブルガリアがビザンツ帝国から自立しました。これは**第2次ブルガリア帝国**と言います。また12世紀には，ビザンツ帝国に服属していたセルビア人も独立して**セルビア王国**を建設しました。

■ 第4回十字軍

さらにビザンツ帝国は，**13世紀**初めには，**第4回十字軍**に首都コンスタンティノープルを奪われてしまいました。

十字軍は，本来はイスラーム教徒と戦う軍隊なのですが，このときは**ヴェネツィア**の企図に従い，コンスタンティノープルが攻撃されてしまいました。コンスタンティノープルは，**地中海貿易**におけるヴェネツィアの最大のライ

バルだったのです。

Q 第4回十字軍の征服者たちが，コンスタンティノープルを中心とした
地域にでっちあげた国は？　　　　　　　　──ラテン帝国

　ビザンツ帝国の残党は小アジアの**ニケーア**に移って，**ニケーア帝国**を建て，コンスタンティノープル回復をめざしました。これは13世紀後半に果たされましたが，この段階のビザンツ帝国は，ダーダネルス・ボスフォラス海峡の沿岸を支配する小国家になってしまいました。

▓ ビザンツ帝国の滅亡

　そして1453年には，ついに**オスマン帝国**によってビザンツ帝国は滅ぼされてしまいます。当時のスルタンは**メフメト2世**。

Q メフメト2世は，占領し，首都としたコンスタンティノープルをどう改名したか？
　　　　　　──イスタンブル

1453年のバルカン・小アジア半島

　かくして1000年間の歴史を誇るビザンツ帝国は滅亡したのでした。

② 東ヨーロッパの情勢
📖 別冊プリント p.40 参照

▓ 東欧の諸国──東スラヴ人と西スラヴ人の国々

　最後に東ヨーロッパ（東欧）に建国された諸国を概観しておきましょう。

　東欧と言えば，多くの国をつくったのは**スラヴ人**です。彼らの原住地は，**ドニエプル川**の流域から，**カルパチア山脈**の山麓でした。そして4世紀に，東西に分裂し，その一部が**バルカン半島**の西岸に移住しました。こうして**西スラヴ人**，**東スラヴ人**，そして**南スラヴ人**が形成されたのです。

地図 ▶ スラブ人の分裂

ドニエプル川，カルパチア山脈，そして，エルベ，ドナウという2つの川の位置も覚えておこう！

ドニエプル川

エルベ川

西スラヴ人

スラヴ人の原住地

カルパチア山脈

ドナウ川

南スラヴ人

黒海

▶モンゴル人の支配

　このなかで東スラヴ人と言えば，**ロシア人やウクライナ人**です。彼らは，9世紀以降侵入してきた**ノルマン人**に支配されました。しかし同化も進んで，**キエフ公国**などの中心となりましたね（→ p.23）。

　このキエフ公国も13世紀半ばには，**モンゴル人**の首長**バトゥ**が建国した**キプチャク=ハン国**の支配下に入りました。以来200年間にわたってモンゴル人の支配は続きます。これをロシア人などは，「**タタールのくびき**」と呼びました。くびきとは，牛馬に馬車など引かせるために首根っこを押さえつけるための道具です。

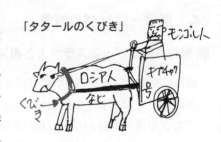

「タタールのくびき」

64

▶モスクワ大公国

しかし 15 世紀には，キプチャク=ハン国支配下の**モスクワ大公国**が台頭し，
1480 年に独立しました。これを達成した君主は**イヴァン 3 世**。彼は皇帝を
意味する「**ツァーリ**」という称号を用いました。論拠は，**1453 年に滅亡し
たビザンツ帝国の最後の皇帝の姪ソフィアと結婚**していたことでした。

イヴァン 3 世
(位 1462~1505)

皇后ソフィア
(1455?~1503)

かくして，モスクワは
「**第 3 のローマ**」と呼ば
れるようになりました。

この後，モスクワ大公
国は，**イヴァン 4 世**の
もとで大発展しますが，
それは，また後でお話し
しましょう(→ p.343)。

🔖 西スラヴ人の国家とハンガリー王国

続いて，西スラヴ人の活動を見ていきましょう。彼らがスラヴ人のなかで
最初に国家を建設しました。また西スラヴ人は，宗教については，キリス
ト教のなかでも**カトリック**を受容しました。

▶チェック人

まず，**西スラヴ系のチェック人とスロヴァキア人**が，**9 世紀前半**に建
国したのが**モラヴィア王国**。まだ原始信仰であったこの国は 10 世紀にマ
ジャール人に滅ぼされます。しかし，王国の西半分は生き残り，**チェック人**
による王国が維持されました。これが**ベーメン(ボヘミア)王国**です。

そして **11 世紀**には，西隣の**神聖ローマ帝国に併合**されてしまいます。
要するに**ドイツ人の支配下**に入ったわけです。

また，ウラル語系の**マジャール人**は **10 世紀末**には**ハンガリー王国**を建
てました。受容したのは**カトリック**。トルコ系のブルガリアとともに，どち
らも**スラヴじゃないぞ**。

▶ポーランド

西スラヴ系のポーランド人も，**10 世紀後半**に**ポーランド王国**をつくり

第27回 ビザンツ帝国と東ヨーロッパ世界

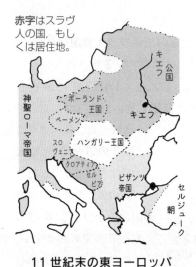

赤字はスラヴ人の国，もしくは居住地。

11世紀末の東ヨーロッパ

ました。そして**14世紀前半**には，**カジミェシュ（カシミール）大王**のもとで繁栄しました。ポーランド最古の大学である**クラクフ大学**が創建されたのも，彼の時代です。モデルはイタリアのボローニャ大学だったとか。

　やがて14世紀後半になると**ドイツ騎士団の進出**に対抗して，**リトアニアと連合**し，**1386年**には**リトアニア=ポーランド王国が成立**しました。支配王朝は**ヤゲウォ（ヤゲロー）朝**です。首都は**クラクフ**。この国は，当時のヨーロッパで**最大領土**を誇り，その所領は現在の**ウクライナ西部**にまでおよんでいました。

▐ 南スラヴ人

▶スロヴェニア人とクロアティア人

　南スラヴ人は**バルカン半島の西岸**を中心に居住しました。なかでも，もっとも北方に住んでいたのが**スロヴェニア人**や**クロアティア人**です。彼らは，**東フランク王国**や**神聖ローマ帝国**，そして**オーストリア**などの**ドイツ人国家**の強い影響下におかれました。そのなかで，**スロヴェニア人**は第一次世界大戦が終結するまで，ドイツ人国家やハンガリーの支配下におかれました。

　その南の**クロアティア人**は，10世紀に王国をつくることができたのですが，12世紀には**ハンガリー王国**の支配下に入りました。宗教は，スロヴェニア人・クロアティア人ともに**カトリックを受容**しました。これはドイツ人やハンガリーの影響ですね

▶セルビア人

　また，それより南にいた**セルビア人**はビザンツ帝国の影響によって，宗教は**ギリシア正教を受容**しました。セルビア人は12世紀に王国を建設し，14世紀にはバルカン半島で領土を広げ，「**大セルビア王国**」と呼ばれるようになりました。しかし，14世紀末に**オスマン帝国**の攻撃を受け，1389年

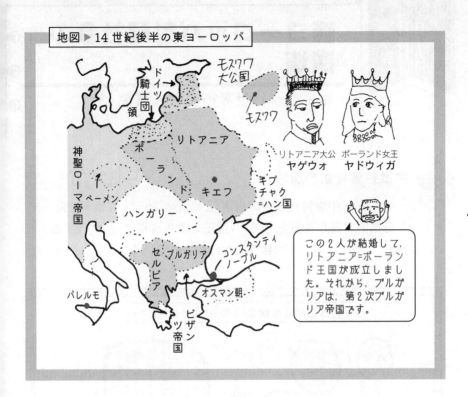

地図 ▶ 14 世紀後半の東ヨーロッパ

モスクワ大公国
モスクワ
ドイツ騎士団領
リトアニア
ポーランド
神聖ローマ帝国
ベーメン
ハンガリー
キエフ
キプチャク=ハン国
セルビア
ブルガリア
コンスタンティノープル
パレルモ
オスマン朝
ビザンツ帝国

リトアニア大公 ヤゲウォ
ポーランド女王 ヤドウィガ

この2人が結婚して，リトアニア=ポーランド王国が成立しました。それから，ブルガリアは，第2次ブルガリア帝国です。

のコソヴォの戦いで敗北し，**領土の南半（コソヴォ地方）を喪失**しました。そこには，セルビアの西隣にいた**アルバニア系の人々**が移住してきました。このことは，20世紀の末に起こる**民族対立**の背景となります。それについては第4巻でお話しすることにしましょう。

　では，次回は西ヨーロッパ中世史の後半です。

西ヨーロッパ封建社会の崩壊

ヨーロッパ世界の変容と展開(3)

● 中世封建社会の崩壊

📖 別冊プリント p.43 参照

　まず，そもそも「**中世封建社会の崩壊**」とは何なのか？　結論から言うと，政治的な**分権的状況が克服**されて，「**国王による集権化**」が進行することを言います。言いかえると，**封建諸侯が打倒されていく**ことを言うのです。

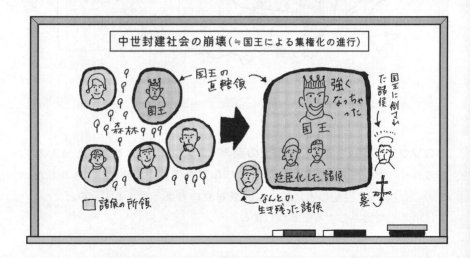

中世封建社会の崩壊(≒国王による集権化の進行)

国王の直轄領　国王　森林　□諸侯の所領

強くなっちゃった　国王　廷臣化した諸侯　国王に倒された諸侯　墓　なんとか生き残った諸侯

　その封建諸侯の経済基盤たる荘園のなかで，どのような事態が進行していったのでしょうか？

　まあ，これも結論から言うと，**荘園制は崩壊**に向かっていきました。と言っても，これは農村がメチャクチャになるということではありません。

　で，ここで言う「荘園制」とは，荘園における**領主(諸侯)・農奴**間の，**支配・被支配体制**のことを指します。ですから，これが「崩壊」するということは，**農奴が領主の支配から解放される**ことをいうのです。よって「荘園制の崩

壊」は「領主制（or 農奴制）の崩壊」と同じことだと考えて結構です。

　さて，領主によって移動の自由を奪われ，結婚にすら干渉されていた農奴たちが，いかにして解放されたのか？

　ではまいりましょう。

◾ 中世における農業革命

　まず 11，12 世紀に農業生産が上昇しました。これが荘園制崩壊の始まりでした。

農業生産を上昇させた技術・道具

| ３つとも重要です！ | ①三圃制　②重量有輪犁などの鉄製農具　③水車 |

　それを支えた技術と道具が３つあり，１つは三圃制の普及です。２つ目が重量有輪犁，これは前に説明したね（→ p.34）。そして，重量有輪犁以外の鉄製農具と水車の導入も生産力を上昇させました。

◾ 大開墾時代

　三圃制は，これも前に説明しましたね（→ p.35）。三圃制は８世紀ころにライン・ロワール河間地方で始まったのですが，この農法が 11 世紀以降に西ヨーロッパに普及していきました。

　また鉄製農具ですが，重量有輪犁はその代表です。また鉄製の鎌は，たいへん丈夫で収穫の効率を上げ，やはり丈夫な鉄製の斧（オノ）は森林の伐採に役立ちました。

　さらに水車の動力は，麦の粉ひき臼を回すことに利用され，これは粉ひき労働から農奴たちを解放しました。こうして，彼らは"ひま"になりました。そしてこの"ひま"を農奴らは開墾にあてたのです。

　こうしてヨーロッパは，12・13 世紀の「大開墾時代」を迎えます。大開墾運動の先頭には，しばしばシトー修道会の修道士が立ちました。シトー修道会は，11 世紀の末にフランスに生まれたベネディクト修道会に属する修

道会です。第2回十字軍を提唱した**ベルナルドゥス**も，シトー会の一員でした。

　さて，このように農業生産力が発展し，それにともなって**商工業生産も発展**しました。するとその結果として，荘園内部にも交換手段としてあるものが浸透し始めます。これが**貨幣**でした。

　ここからですよ，大事なのは今からの5分間です。

◣古典荘園から純粋荘園へ

　荘園内部に貨幣が浸透し始めたころ，これと並行して，**荘園の構造も変化**していきました。

　結論から言えば，**古典荘園から純粋荘園（地代荘園）に変わり**，それとともに**地代の支払い方法も変わった**のです。じゃあ純粋荘園とはどんな荘園でしょうか？

　従来の荘園，すなわち古典荘園には，**領主の直営地**と**農民の保有地**がありましたね。

　農奴たちは週に2日ないし3日直営地で働きます。これを賦役と言いました。けれども本当は働かないでサボるんです。理由は簡単。だって直営地で

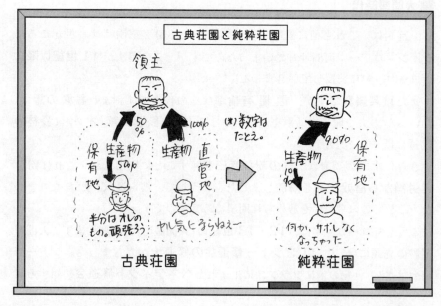

取れたものって，100%領主のものになってしまうでしょう。だから，一所懸命働こうが働くまいが，あるいは直営地が豊作だろうが不作だろうが，農奴たちの生活には関係ないんですよ。だから生産意欲がわかないんです。

　教科書や用語集では，"直営地の労働は能率が悪かった……"的な表現をしていますが，実態は"能率が悪い"というよりは，"ヤル気が起きなかった"と言ったほうが的確だと思います。

　さて直営地でサボれるだけサボった農奴たちは，保有地では必死で働きます。だって，こっちの生産物の半分くらいは農奴の手元に残りますからね。働いたら働いた分だけ，農奴の生活は楽になります。だから一所懸命にやる。

　そのことに領主が気付きました。直営地の生産が伸びなくて，保有地の生産だけが上がっていくことにね。

　そこで領主は，**直営地の運営をやめて，これを農奴の保有地に変えてしまいます**。こうして**領主直営地は消滅**し，それにともなって**賦役という形の地代支払いもなくなりました**。こうして構造が"シンプル"になった荘園を**純粋荘園**，もしくは**地代荘園**といいます。

　"純粋"っていうよりは，構造が単純になったわけだから，「単純」荘園とか，「簡素」荘園とか言ったほうがベターな気がします。でも入試で答えに書いちゃダメだよ。

収穫の90%よこせ　→　現金で90万よこせ

貨幣経済の浸透

　そして領主は農奴たちにこう言います。「君たち，収穫全体の90％をわしにくれ。残りの10％はお前たちのものにしていい」。

　このようにして，たとえば100袋の小麦が取れるとするならば，領主に90袋，農民たちに10袋残ることになるわけです。

　そこに**貨幣経済が浸透**してきました。

　こうなると，領主は**貨幣の形で地代を徴収**するようになりました。これを**貨幣地代**と言います。……そりゃ貨幣のかたちがいいだろ。だって**貨幣**のすごいところって，何とでも交換できることですよね。貨幣こそ，領主の物欲を満たしてくれるものだったのです。

　さて100袋の小麦は100万円に姿を変え，90万が領主に，10万円は農奴の手元に残りました。この10万円は，農奴にある**可能性**を与えました。

その可能性とは富の蓄積の可能性でした。貨幣って，何年間も貯めることができるのです。

それがちょうど100万円貯まったころ，領主は経済的に困窮していました。十字軍遠征は失敗する，贅沢は覚えてしまうという状況で，お金がいくらあっても足りないときでした。

■ 独立自営農民の登場

さてこんななか，領主は農奴に向かって，「解放金として100万円くれるんだったら，君たちを農奴身分から自由にしてやろう」。そこで農奴のなかで富の蓄積に成功した人は，領主の館に行き，解放金を叩きつけて，自由を獲得するのでした。

この過程を農奴解放（農民解放）と言います。

解放された農民は，領主に定額の貨幣地代を支払い，耕地を保有して農業を営むこととなりました。これを独立自営農民と言います。独立自営農民と領主のあいだには，土地の貸借関係しかなく，領主は領主裁判権の行使や移動の自由の制限などのような人格的な支配はなくなりました。アパートの家主と借り手のような関係ですね。

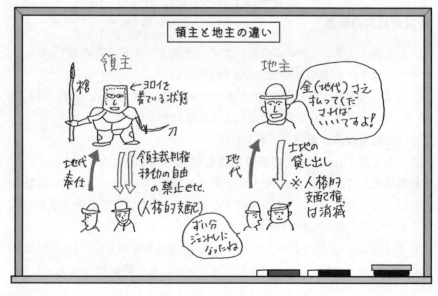

こうして「領主」は，単に土地を所有し，それを農民に貸し出して地代を取るだけの「地主」に変化していったのです。

独立自営農民は貨幣経済が普及していた**イギリスに最初に登場した**といわれ，イギリスでは**ヨーマン**と呼ばれました。"young man"が転化したものといわれます。

ちなみに「**耕地の保有**」というのは，農民が伝統的に，先祖代々耕作権を保持している状態を言います。しかし，**所有しているわけではありません**。土地は，あくまでも領主のものです。

それから，「貨幣経済がイギリスで普及していた」理由ですか？　その一因は，イギリスが**フランドルへ大量の羊毛を輸出**し，その代金として**貨幣が大量に流入**していたからです。ちなみに大量の貨幣はイギリスにインフレーションを引き起こし，農民が負担する**定額の貨幣地代を軽減**する効果をもたらし，**農民解放を一層進める結果**となりました。

▐ ペストの流行

さらに**14世紀の半ば**から，ヨーロッパ全域で**ペストが大流行**しました。ペストは**黒死病**とも呼ばれる感染症で，これによってイギリスやフランスでは**人口の3分の1が失われた**と言われます。

ペストは多くの農民の命も奪いました。そこで領主は生き残った農民を，これまでよりも大事に扱わざるを得なくなりました。こうして**ペストは農民の待遇改善**にも"**寄与**"したのでした。具体的には，**地代を軽減**したりして，農民たちが栄養を摂れるようにしてやったのです。

▐ 封建反動が起こる

その一方で，領主のなかには，ペストによる農民人口の減少にパニクってしまい，「働き手である農民を絶対に手放したくない！　もっとこき使いたい！」と考える者も出てきました。

そのような領主たちは，農民に対する**身分的な束縛を復活**させました。たとえば**移動の自由**を奪ったりしてね。さらに，かつての古典荘園のように**領主直営地も復活**させて，農民に**賦役**を行わせようとしました。

このような領主の動きを**封建反動**と言います。

📖 農民の反乱

しかし封建反動は，農民たちの武装闘争によって撃破されていきました。
たとえば14世紀の半ばから末にかけて，1358年には**フランスでジャック
リーの乱**が，1381年には**イギリスでワット＝タイラーの乱**という農民反
乱が起きました。

Q ワット＝タイラーの乱で活躍した説教師は？　　　　──ジョン＝ボール

「**アダム**が耕し**イヴ**が紡いだとき，だれが貴族であったか」という言葉
は有名ですね。

このような**大農民反乱**によって，領主の**封建反動**のもくろみは粉砕され，
領主は**農民には自立されて，彼らの経済基盤は崩れていく**のでした。

📖 王権の伸長

こうして弱体化したときに**国王による攻撃**を食らって，封建諸侯たちは粉
砕されていくわけです。**政治的統一**をめざす王権。これと結託する勢力が大
商人ですが，彼らが王権に期待するものは何か？　それは**市場の統一**と商
業ルートの治安の安定ですね。

さて，諸侯のなかには地方の支配者として，なんとか生き延びた者もいた
でしょう。また地主として経済的支配を続けた者もいました。

74

一方，攻撃されて死んじゃった諸侯・騎士もいましたし，政治的力を奪われて，国王に仕える廷臣になる者もいました。

◤ 火砲・火薬の普及

さて，国王による集権化と諸侯・騎士の没落を促進した事態がありました。それは火砲（大砲）や火薬の普及でした。

中世後期に普及し始めた**火砲**や**火薬**は，諸侯や騎士が支配する**城塞に対する攻撃を容易**にしました。また，**一騎打ち**をやっていた騎士の軍事的価値を低下させ，彼らの**没落を促進**したことも忘れないように。

以上，封建社会の崩壊過程を見てきましたが，次回は各国の政治史を見ていきましょう。それからカトリック教会の歴史についても折に触れて述べていきたいと思います。

第29回

中世各国史とローマ=カトリック教会

ヨーロッパ世界の変容と展開（4）

今回は，**中世の各国史**と**ローマ=カトリック教会**について勉強しましょう。

① 中世イギリス史

📖 別冊プリント p.45 参照

じゃあ，まず，イギリスから。

1066 年のノルマン朝の成立までは，も
うお話ししましたね（→ p.23 ～ 24）。そこ
までのイギリス史のポイントは，**9 世紀前
半のエグバートによる七王国統一**，**11 世
紀初頭のクヌートによるデーン朝の成立**

と，**11 世紀半ばのデーン朝滅亡**，そして**アングロ=サクソン朝の復活**あた
りですね。

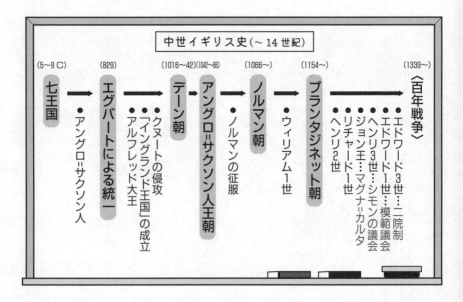

中世イギリス史（～ 14 世紀）

(5～9 C)	(829)	(1016～42)(1042～66)	(1066～)	(1154～)	(1339～)

- 七王国
  - アングロ=サクソン人
- エグバート
  - エグバートによる統一
- デーン朝
  - クヌートの侵攻
  - 「イングランド王国」の成立
  - アルフレッド大王
- アングロ=サクソン人王朝
- ノルマン朝
  - ノルマンの征服
  - ウィリアム1世
- プランタジネット朝
  - ヘンリ2世
  - リチャード1世
  - ジョン王…マグナ=カルタ
  - ヘンリ3世…シモンの議会
- 〈百年戦争〉
  - エドワード1世…模範議会
  - エドワード3世…二院制

▉ ノルマン朝の時代（11世紀～12世紀）

Q <u>1066年，イギリス（イングランド）を征服し，ノルマン朝を樹立した</u>
<u>人物は？</u>　　　　　　　　——ノルマンディー公ウィリアム

　ウィリアム（フランス語でギヨーム）は，ノルマン人騎士を率いてアングロ
=サクソン朝を滅ぼしました。これが「ノルマンの征服」という事態ですね。
ウィリアムは，イングランド国王**ウィリアム1世**となります（注：以下，とくに
区別が必要な場合を除いて，イングランドをイギリスと表記する）。

　こうしてフランスの大諸侯が**フランスに領土を保持しつつ，イギリスの**
国王にもなりました。**ノルマン朝**も，次の**プランタジネット朝**もそういう
王朝なのです。たとえて言うなら，フランス国という"大企業の重役"が，イ
ギリス国という"中小企業の社長"も兼ねる，というところでしょうか。

　ノルマン朝では，**アングロ=サクソン人諸侯**の支配地の多くが没収され
て，**ノルマン人騎士**に分配されました。そしてそのノルマン人騎士やほかの
諸侯と国王とは，フランスから導入された封建制度で結ばれました。

　王権は強かったようですね。だってノルマン朝は，フランスの大諸侯出身
ですよ。それに比べて，土地がやせていて農業生産力の小さいイギリスには
大した勢力はいませんでした。だから強く見えたのです。

プランタジネット朝成立時の領土（1154）

□ 支配領土

A ノルマンディ
B アンジュー

まあな！

ヘンリ2世
（位1154～1189）

領土，
広いっすね

■ プランタジネット朝

しかし **12世紀の半ば**に，この**ノルマン朝も断絶**しました。では，

Q ノルマン朝のあとをついで，1154年に成立した王朝は？

——プランタジネット朝

初代の国王は**ヘンリ2世**です。ノルマン朝と同じく，この王家もフランスの大諸侯で，アンジューやノルマンディーを含めて，フランスの西半分を支配していました（→ p.77の地図参照）。

▶マグナ=カルタ

2代目の国王は**リチャード1世**。そしてその弟が「欠地王」と呼ばれたジョン王です。彼はフランス国王**フィリップ2世**と争って，**ノルマンディー**やロワール川流域の**アンジュー地方**など，フランスの領土のほとんどを失いました。またローマ教皇**インノケンティウス3世**と争って**破門**されたりと，失態が続きました。

しかも，フランス国王などとの戦争にかかった費用を，**勝手な課税**によって諸侯や聖職者から調達しようとしたのです。

Q これに反発した貴族や聖職者たちが結束して，1215年にジョン王に認めさせた文書をなんと言うか？　　——**マグナ=カルタ**です。

マグナ=カルタはイギリスの憲法のようなものです。日本語では**大憲章**と訳します。この文章では**国王が課税する際には，高位聖職者と大貴族の会議の承認を必要とする**ことなどが定められました。

表現をかえれば，**国王による恣意的な**（好き勝手な）**課税の禁止**，となりますね。

こうして，**マグナ=カルタ（大憲章）**という基本法典に従って，国王が政治を行うという政治慣行が誕生しました。

©青木

マグナ=カルタ
（大英図書館所蔵）

マグナ=カルタ

ジョン王

どうせ俺は無能だよ

（位 1199〜1216）

これを立憲王政と言います。イギリスでは 800 年前に，憲法に従って政治をするという立憲政治の基礎ができたのです。

▶シモンの議会

しかし文書に書かれたルールだけでは王の政治はコントロールできないということが，すぐに判明しました。

というのも，ジョン王の息子のヘンリ 3 世がジョン王と同じように専制政治をやってしまうんです。

マグナ=カルタという文章で王権を制限できないんだから，機関をつくるしかない。

シモン=ド＝モンフォール（1208?〜1265）

怒った貴族はシモン=ド=モンフォールの下に団結して，国王に反抗します。そして，従来の聖職者・大貴族から成る「封臣会議」に，騎士（下級貴族）と都市代表を加えた会議体を形成しました。これが「シモンの議会」です。

このシモンの議会は，イギリス議会の起源とされます。また，新たに加えられた部分は，後世の庶民院（下院）の起源となりました。

▶模範議会

そして 30 年後の 1295 年には模範議会が開催されました。この議会には各州 2 名の騎士と 2 名の都市代表が召集され，これ以降議会が開催されるときのモデルとなったので，模範議会と呼ばれたのです。

このときの国王はエドワード 1 世です。この国王のときにイングランドは西隣のウェールズに対する圧力を強めました。ここはスコットランドやアイルランドと同じくケルト系の人々が多いところです。

そして 14 世紀の前半，エドワード 3 世（位 1327 〜 1377）のときに，上院と下院が分離して，二院制になりました。

- ●ジョン王…………マグナ=カルタ承認（1215）
- ●ヘンリ 3 世………シモンの議会（1265）
- ●エドワード 1 世…模範議会（1295）
- ●エドワード 3 世…二院制に分離（14 世紀前半）

順番そのものも入試に出ます

こうして，13 〜 14 世紀のあいだに，イギリスの立憲政治と議会制度の基礎ができあがっていったのでした。

■ 百年戦争

さて，**エドワード3世**の治世時には**百年戦争**が勃発しました。イギリス
とフランスが，なぜ100年間も戦争をしてしまったのか？

これは**フランドル地方とギュイエンヌ地方をめぐる対立**が原因でした。
フランドルといえば**毛織物産業**の中心地。一方，ギュイエンヌ（ギエンヌ）地
方は，当時は**イギリス国王の領土**でフランスの南西部に位置し，**ワインの
積出港ボルドー**を中心とした地域です。いずれの地域にも，フランス国王が
勢力をおよぼそうとしていました。これが**英仏対立**の背景です。戦争の経過
は，フランス史のところでお話ししましょう（→ p.88）。

▶百年戦争がイギリスに与えた経済的影響

この百年戦争は，思わぬ結果をイギリスに引き起こしました。それは**毛織
物業の発達**という事態です。

従来イギリスは**羊毛を生産**し，それを**フランドルに輸出**していました。
イギリスは**原料の供給国**だったのですね。ところが，百年戦争による混乱の
影響で，輸出に支障をきたすようになりました。また戦乱を避けて**フランド
ルから多数の毛織物職人が渡英**してきました。こうしてイギリスは，原料
をつくる**羊毛業**とともに，製品をつくる**毛織物業**も展開されるようになって
いったのです。

そうだ，これに関連して，大事なことを1つ説明しておこう。

■ ジェントリ──農村の新たな実力者

さっき，**シモンの議会**のところで言ったけど，新たに議会に集められたの
は「都市代表と騎士」だったよね。ここで言う「**都市代表**」とは市民のこと。

さらに，「市民」というのは都市に住んでいる商工業者のことです。それに
対して「**騎士**」とは，本来は馬に乗って戦争に行く人のことを言いますが，イ
ギリス史に登場する場合は**下級貴族**，言葉をかえると**中小の貴族**，すなわ
ちあまり土地を持っていない貧乏貴族のことを指すと考えてください。

そして彼らのなかには，貧乏がいやで，金儲けに専念しようという連中が
出てきます。その彼らが目をつけたのが**羊毛産業**でした。小麦をつくろうと
しても，イギリスは地力が弱く，なかなか育たないですからね。

そこで彼らは**牧羊場を経営**し，これがズバリ当たって，裕福になる連中が登場しました。また，金儲けがうまくいった彼らは，戦争には行かなくなります。彼らは**軍役免除金**（軍役代納金）というお金を払って，国王や上級の貴族に対する軍役義務を回避しようとしたのでした。軍役免除金という言葉は，**マグナ=カルタ**のなかにも出てくるよ。

すいぶん
ジェントルに(優しく) なったネ

　ま，こうして騎士としての**軍事的性格を失って，地主に純化**していった連中を中心に，**ジェントリ**という階層が形成されていくことになりました。ジェントリを，日本語では「**郷紳**」と訳すことがあります。彼らは農村の新たな実力者となり，**下院に進出**して市民とともに大きな発言力を得ていくことになるのです。

📖 バラ戦争（1455 ～ 1485）

　さて，百年戦争は **1453 年**に**終結**しました。イギリスは，**カレー**という町を残してヨーロッパ大陸から撃退されたのです。

　そしてその直後の **1455 年**に始まるのが，バラ戦争ですね。終わったのが **1485 年**。これは王位継承をめぐる**大貴族の内乱**でした。

　バラ戦争は，赤バラをシンボルとされた**ランカスター家**と，白バラをシンボルとされた**ヨーク家**の対立を軸に展開しました。なお両家のバラの色は，19 世紀に生まれた想像の産物だそうです。

　さて，この戦争には**多くの大貴族が巻き込まれました**。その理由ですが，当時の大貴族たちは，百年戦争から帰ったばかり。フランスに領土や利権を獲得することはできず，みずから率いていった騎士・兵士たちも得るものなく帰って来ました。要するにみんな ムカ ついていたワケね。だから王位継承に直接関心がない連中も，バラ戦争の勃発とともに，なんとなく戦闘に巻き込まれて，領土の争奪を行った，という感じです。

まあそれはいいとして，入試に出るのは**バラ戦争の影響**です。

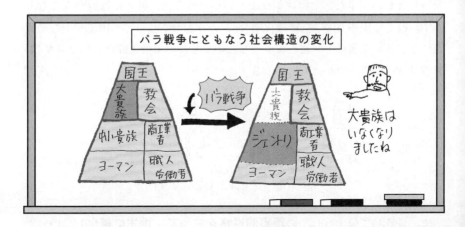

バラ戦争にともなう社会構造の変化

大貴族はいなくなりましたね

▶バラ戦争の影響

　当時のイギリスの社会構造の変化について，上に図解してみました。

　すぐにわかるのは，バラ戦争の結果**大貴族（諸侯）の多く**が没落していることですね。そりゃ30年も内乱やれば，そうなるわね。

　そして大貴族の没落とは対照的に，勢力を伸張させたのがジェントリ。一方，地方の実力者だった諸侯の勢力が弱体化したこともあって，**国王権力は相対的に強力**になりました。

📖 ヘンリ7世——テューダー朝成立

　バラ戦争を終結させ，頂点に立ったのは，**テューダー家**でした。そのテューダー朝を開いたのが**ヘンリ7世**です。彼はボズワースの戦いでヨーク家の**リチャード3世**を打ち破りました。リチャード3世は<u>陰惨（いんさん）な国王</u>としてシェークスピアの史劇（しげき）にも描かれてますね。

　ヘンリ7世は貴族勢力を抑え，集権化を進めました。

　このあとテューダー朝は，ますます強力になっていきますが，それについてはいずれまた。

失礼な
リチャード3世

ヘンリ7世

私を描いた作品とシェークスピアは残さなかった！なぜだ？

② 中世フランス史

📕 カペー朝の国王たち

続いて，フランス。ここでは**王権の盛衰**がテーマになります。

カロリング朝断絶後，**10 世紀末**から 14 世紀まで続く**カペー朝**。その最初の王，**ユーグ=カペー**が即位した当時は，王権はそんなに強いとは言えませんでした。しかし，12 世紀末以降どんどん強くなり，**14 世紀の初め**にピークを迎えます。では，国王の治世を具体的にお話ししましょう。

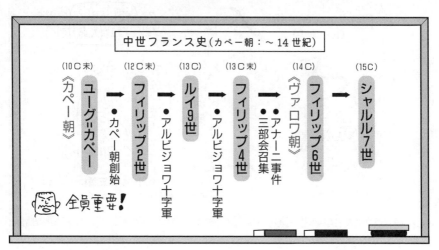

まずは **12 世紀末**に登場する**フィリップ 2 世**。彼がジョン王から領土を奪ったことは，さっき話しましたね。

そして **13 世紀**に登場したのが**ルイ 9世**です。ルイ 9 世は，その敬虔な信仰から，教会によって「聖人」に列せられました。そのため**聖王ルイ**（サン・ルイ）と呼ばれます。

フィリップ2世
(位 1180～1223)

またルイ 9 世は，単独で**第 6 回，第 7 回十字軍**を率いる一方で，**アルビジョワ派という異端**に対して征服を進めました。

これを**アルビジョワ十字軍**(1209 ～ 1229)と言って，すでに**フィリップ2 世**のときから始まっています。アルビジョワ派と言えば，イランに生まれ

たマ二教の影響を受けたグループでした。**カタリ派**という別名もありますが、これは英語で"pure"を意味する言葉です。フランス全体ではカタリ派ですが、とくに**南仏**で活動していた人々を、拠点の**アルビ**という都市にちなんでアルビジョワ派と言うのです。

　彼らを征服することで、南フランスに**国王の直轄領が拡大**されました。このアルビジョワ十字軍は、**王権の伸長**にとって重要な事項です。

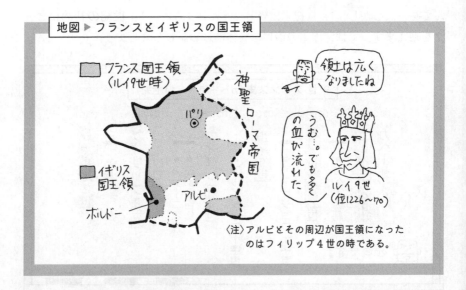

地図 ▶ フランスとイギリスの国王領

　フランス国王領（ルイ9世時）

　イギリス国王領

パリ

神聖ローマ帝国

アルビ

ボルドー

領土は広くなりましたね

うむ…。でも多くの血が流れた

ルイ9世（位1226～70）

〈注〉アルビとその周辺が国王領になったのはフィリップ4世の時である。

■ フィリップ4世と教皇の対決

Q カペー朝最盛期の国王はだれか？　　　　　　　　──フィリップ4世

　彼は国内カトリック教会を支配しようと考えます。そのために行ったのが、**1298年の教会課税**でした。

　これに"対して時のローマ教皇が反旗を翻します。「フランス国内であろうとも、教会の支配者は私である」と主張した当時のローマ教皇

いろいろ大変でしたね

ボニファティウス8世
（位1294～1303）

フィリップ4世
（位1285～1314）
あだ名は"美顔王"

84

は，ボニファティウス8世。

　彼はフィリップ4世を**破門**しようとします。「破門」はキリスト教世界からの追放を意味し，そうなると，フィリップ4世やその一族は，教会からの典礼を受けられなくなります。

　たとえば，子供が産まれたときの洗礼や，死んだときの葬儀も教会ではできなくなるわけで，神への信仰が人々の心を支配していた時代に，これはたまらない不安でした。この「破門」こそ，教皇の"伝家の宝刀"だったのです。

▐ 三部会の召集

　しかし，フィリップ4世は，教皇の"破門攻撃"に対決する姿勢をとりました。すなわち，

Ⓠ 1302年，聖職者・貴族・市民の代表を召集して開いた身分制議会の
　　名称は？　　　　　　　　　　　　　　　　　　　——三部会

　開催の目的は国内の各階層の支持を取りつけ，教皇に対抗するためでした。
　身分制議会とは，その名のとおり，各身分の代表を召集して開催する議会のことです。近代の議会のように，主権を持つ国民の代表者が集まる会議ではありません。あくまでも国王にとっての**協賛機関**に過ぎません。「協賛機関」——便利な表現ですね。

　しかし，イギリスの場合は**羊毛業・毛織物業の発展**にともなって，**ジェントリや市民が着実に台頭**していき，彼らが結集する下院（庶民院）は大きな力を持つようになりました。結果として，下院は課税や立法に関する**協賛権**を獲得して，**王権を財政面・法律制定の面から抑制**するようになりました。

　イギリスの下院は、だんだんと国王に対する発言権を強めていきます。

▐ アナーニ事件

　そして1303年，フィリップ4世は有名な事件を引き起こしました。

Ⓠ フィリップ4世の部下が，**ローマ教皇ボニファティウス8世を捕えて
　幽閉した事件**をなんと呼ぶか？　　　　　　　——アナーニ事件

アナーニは，ローマの少し南にある小さ
な町ですが，ここの城に幽閉されたのです。
その後教皇は解放されるのですが，彼は屈
辱（くつじょく）のうちに憤死してしまうのでした。

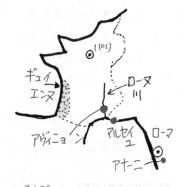

📕 教皇のバビロン捕囚とシスマ

そののち，**1309年にフィリップ4世は**
ローマ教皇庁そのものをアヴィニョンという
町に移してしまいます。これが「**教皇のバビロン捕囚**（ほしゅう）」と言われる事態です。
古代の「バビロン捕囚」になぞらえたものですね。アヴィニョンは**ローヌ川**の
下流域の都市です。

こうして約70年間，教皇庁はフランス王権の影響下に置かれました。し
かし1377年に**教皇庁は再びローマに帰還**（きかん）**し，1378年にウルバヌス6世**
という教皇が立ちました。これには，フランスと百年戦争を戦っていたイギ
リス国王などの後押しがあったようです。また当時のフランス王権も，**百年**
戦争やジャックリーの乱などによって動揺（どうよう）していました。

しかしながら教皇庁のローマ帰還は，フランスとしては寂しいハナシです。
というので，クレメンス7世という教皇が，フランス人の支持のもとにアヴィ
ニョンに立ってしまいました。

こうしてカトリック教会は，2人のリーダーを持ち，その下で信者たちが
右往左往（うおうさおう）するという混乱に陥（おちい）りました。

Ⓠ このローマとアヴィニョンに教皇が2人存在するというカトリック教
会の混乱をなんと言うか？——**教会大分裂**（きょうかいだいぶんれつ）（**シスマ，大シスマ**）

📕 コンスタンツ公会議

このシスマ（1378〜1417）を収拾（しゅうしゅう）したのが，**1414年に始まるコンスタ**
ンツ公会議です。コンスタンツはライン川の上流にある都市です。

会議参加者によって新たな教皇が選出され，シスマという混乱に終止符が
打たれました。

また，この会議で**異端**とされたのが，イギリスの**ウィクリフ**。さらに，

Q 会議に**召喚**されて異端とされ，火
刑に処せられた改革者は？

――フス

フスは，ウィクリフの影響を受けたベー
メン（ボヘミア，現在の**チェコ**）の宗教改
革者です。

ウィクリフ　　**フス**
(1320?〜1384)　(1370?〜1415)

では，彼らの何が問題だったか？　それは彼らの「**聖書中心主義**」という主
張でした。「**福音主義**」と言いかえてもいいですが，これは"神の教えは聖書に
記してあるのだから，聖書を信仰の基盤とすればよい"という議論です。

そしてだれもが聖書を読めるように，ウィクリフは**聖書の英語訳**を，フス
は**チェコ語訳**を行いました。

さて，この福音主義は，突き詰めていけば，"**教会なんて要らない**"とい
う議論に行き着きます。これは，**教皇や教会の権威を否定**するものであり，
また**教会の財産をも否定**するものでした。これにカチンときたわけですね，
教皇庁は。

■ ヴァロワ朝の成立

さて，ハナシをフランスに戻しましょう。**フィリップ4世**が死んでしば
らくした後，カペー朝の男系の血筋は断絶しました。それで新たにカペー家
の親戚筋にあたるヴァロワ家のフィリップが，**フィリップ6世**として王位に
つきました。これが**ヴァロワ朝の成立**です。彼はフィリップ4世の甥でした。

ところがこれに対して，イギリスの**エドワード3世**がフランスの王位継承権
を主張しました。論拠は，彼のお母さんが，フィリップ4世の娘だったことです。
そして，フランスに侵入してきました。これが**百年戦争(1339〜1453)の始
まり**です。エドワード3世の政治経済的な意図は先述のとおりです(→ p.80)。

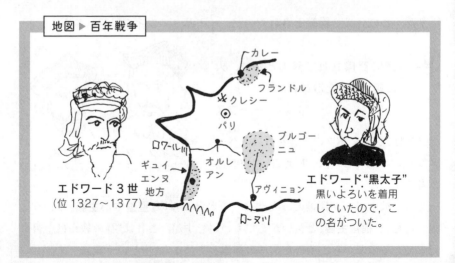

地図 ▶ 百年戦争

カレー
フランドル
クレシー
パリ
ロワール川
ギュイ
エンヌ
地方
オルレ
アン
ブルゴー
ニュ
アヴィニョン
ローヌ川

エドワード3世
(位 1327〜1377)

エドワード"黒太子"
黒いよろいを着用
していたので，こ
の名がついた。

◼ 百年戦争とフランス王権の伸長

　戦況はフランスが劣勢でした。1346年の**クレシー
の戦い**やポワティエの戦い(1356年)では，エドワー
ド3世の息子**エドワード黒太子**率いる**長弓隊**がフラ
ンス軍を撃破しました。

　またフランス東南部を支配する大諸侯**ブルゴーニュ
公**を中心とする人々は，フランス国王に対抗するため
に**イギリスと同盟**しました。彼らのことをブルゴー
ニュ派と言います。こうして**フランスは内乱状態**に
もなってしまったのです。

　しかし，15世紀になって農民の娘ジャンヌ=ダルク
が登場し，彼女はパリの南方に位置する都市**オルレア
ン**を包囲していたイギリス軍を破り，**国王シャルル7世**を助けました。
1429年のことです。その後フランス軍は反撃に転じます。

　結局フランスは，ドーヴァー海峡に臨む**カレー**以外
の地からイギリスをたたき出すことに成功しました。

長弓
刀や槍と違って，さほ
ど訓練しなくても使え
る"飛び道具"。ヨーマ
ンたちが傭兵として隊
を構成した。

ジャンヌ
=ダルク
(1412
〜31)

Q 百年戦争が終結したのは何年か？　——1453年

ビザンツ帝国の滅亡と同じ年号です。

さて，確かにフランスは勝ちましたが，百年戦争当時のフランスは惨憺（さんたん）たる状態でした。戦場はフランスでしたし，**ペストは流行**するわ，大農民反乱のジャックリーの乱は起こるわ，といったありさまでした。

この混乱は，地方の実力者だった**封建諸侯の没落**を促進し，このことは**統一をめざす国王**にとっては好都合でした。一方で，都市で商工業を行っていた**市民層**は，混乱の収拾とその後の**市場統一**などを国王に期待しました。両者の関係は緊密化（きんみつか）し，**国内の統一**が進められていきました。

� 常備軍の創設

その典型的（てんけいてき）な例は国王シャルル7世と，大商人**ジャック=クール**の関係ですね。クールのサポートなどによって，国王はフランスで初めて**常備軍（じょうびぐん）を創設**しました。「常備軍」，文字どおり「常に備えられた軍隊」です。

それまでの軍隊といえば，**封建制度に基づく軍隊**でした。すなわち，**土地（封土）を与え，引きかえに軍役を要求する。軍役の日数は決まっていました**。家臣たちは，年がら年中，国王などのために軍役を果たす義務はなかったのです。こんな軍隊では，長期にわたる戦争には対応しにくいですね。

一方，軍隊を“常備”する方法は，**貨幣**をばらまいて集めるという方法が取られました。要するに**傭兵（ようへい）**だったのです。

また，国王の手足として**徴税（ちょうぜい）**などを行う**官僚制も整備**され，フランスでは着々と**中央集権体制が強化**されていくのでした。

③ 中世ドイツ史（およびカトリック教会） 📖 別冊プリント p.48 参照

続いてドイツ。**962年の神聖ローマ帝国の成立**についてはすでにお話ししました。「ローマ帝国」とは言っても実際には“ドイツ王国”です。

フランス中世史は，**王権の伸張**がポイントでした。これに対して，中世ドイツ史の特色は，

ドイツは皇帝権力が弱体で，国家の統一がなかなか進展しない

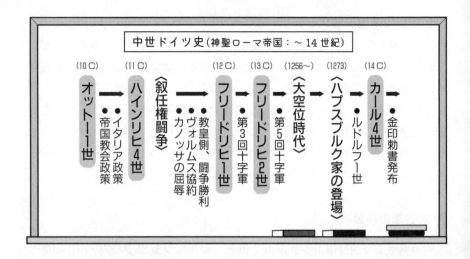

中世ドイツ史（神聖ローマ帝国：〜14世紀）

(10 C)	(11 C)		(12 C)	(13 C)	(1256〜)	(1273)	(14 C)
オットー1世	**ハインリヒ4世**	**〈叙任権闘争〉**	**フリードリヒ1世**	**フリードリヒ2世**	**〈大空位時代〉**	**〈ハプスブルク家の登場〉**	**カール4世**
・イタリア政策 ・帝国教会政策		・教皇側、闘争勝利 ・ヴォルムス協約 ・カノッサの屈辱	・第3回十字軍	・第5回十字軍		・ルドルフ1世	・金印勅書発布

ということ。原因としては，**大諸侯の力が強かった**ことがあげられます。じゃあ，なぜ大諸侯の力が強いかって？ ……んーと，難しいなあ。

ドイツでは，フランスなんかに比べると，**血縁（けつえん）**に基づいた諸侯の結束が強く，一族を統率（とうそつ）する大諸侯の力が強くなったのです。

これに対してフランスはというと，ドイツに比べて，急速に開発が進み，経済が発展した結果，血縁的関係よりも，地域に根づいた**地縁的関係（ちえん）**のほうが強くなり，その分だけ，血縁的結束は弱くなります。こんなところかなあ。これ以上はいいよ。

きちんと説明している教科書はないですネ

📖 帝国教会政策

オットー1世に始まる**ザクセン朝**の歴代皇帝は，**イタリア政策**を行って，ドイツをおろそかにしていました（→ p.21）。それで**ドイツの統一が進まない**……。教科書にもそう書いてあるんですが，ドイツ統一のために，何もしなかったわけではありません。

じゃあ何をしたかというと，ドイツ領内の**教会・修道院を支配下**において**諸侯に対抗**し，統一を進めようとしたのです。

まずは，教会を支配しよう

オットー1世
（王位 936〜973
帝位 962〜973）

■ 叙任権とは何か？

　具体的には，教会や修道院に**土地を寄進**する一方で，**大司教・司教や修道院長の任免権**を握ってこれらを支配下におき，国内の世俗の大諸侯を牽制しようとしました。これを帝国教会政策と言います。それから，大司教など**高位聖職者の任免権**のことを**叙任権**，もしくは**聖職叙任権**と言います。

　ちなみに教会・修道院の**聖職者**は，共通語である**ラテン語の"読み書き"**ができますから，皇帝にとっては**官僚**の役割も期待できました。そんなところからも皇帝は教会・修道院を支配下におきたかったのです。

■ 叙任権闘争

　この叙任権をめぐって，ドイツでは**皇帝(国王)**と**教皇**のあいだに争いが起こりました。これを叙任権闘争と言います。とくに闘争が激しく展開されたのは**11世紀**後半から**12世紀**前半の時代でした。ドイツの皇帝がザリエル家から輩出されていた時代です。

　とくに後には皇帝位につくことになる**ドイツ国王ハインリヒ4世**のときに，大きなトラブルが起きました。

Q 叙任権を国王から取り戻そうとして，国王とトラブった教皇は？

——**グレゴリウス7世**

▶教会の腐敗

　グレゴリウス7世は，当時の**教会の腐敗**を改めたいと考えていました。「教会の腐敗」——具体的には，**聖職売買**がその代表でしょう。当時の教会はそれぞれ所領を持ち，大きな利権をともなっていました。教会の司教にでもなれば，一生遊んで暮らせる……。かくして，高位聖職者になることは栄達の方法と見られるようになり，果てはその地位が売買の対象になってしまったのです。

　そんななか，聖職者としての素養が無い連中，言いかえると**ラテン語**の読み書きもできず，**聖書**もろくすっぽ読んでいないような連中が，司教や修道院長になることがありました。これを「**俗人叙任**」と言います。

　このような風潮が**教会の腐敗の原因**だとグレゴリウス7世は考えました。

そしてこれを正すには，皇帝（国王）という世俗権力の手にある叙任権を，教皇の手に取り戻すことがその第一歩だと判断したわけです。

ちなみにすでに**10世紀**から教会の腐敗に対して，**教会刷新運動**（浄化・改革運動）は起こっていました。

Q 教会刷新運動の拠点となった東フランスのベネディクト派の修道院は？
――**クリュニー修道院**です。

▇ カノッサの屈辱とヴォルムス協約

対立が深まるなか，教皇グレゴリウス7世はドイツ国王ハインリヒ4世を**破門**にしました。これは国王と敵対していた**ドイツ諸侯**にとっても好都合でした。諸侯は国王の破門を契機に結束し，破門が解かれない場合には国王を廃位すると宣言しました。

《注》　この当時のハインリヒ4世はドイツ国王（位 1056～1105/06）で，皇帝位についたのは，1084年のことである。なお世界史探究の教科書では，実教出版（2023年版）のみが「皇帝」としている。

統一を志向する**国王**と，**各地の実力者**である**ドイツ諸侯**，両者の対立は

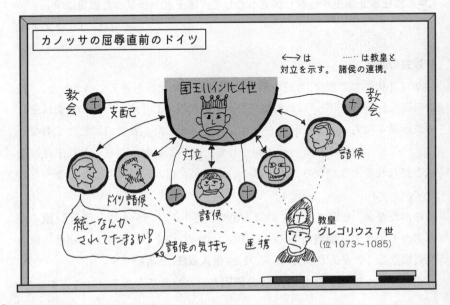

宿命的なものと言っていいでしょう。

　ハインリヒ4世は恐怖し，**北イタリア**の**カノッサ**の城門の前で，雪の中3日間にわたって教皇に許しを請いました。これを**カノッサの屈辱**と言います。屈辱を味わったのは皇帝のほうですね。**1077年**の話です。そして，

Q 1122年，皇帝・教皇のあいだで結ばれ，叙任権闘争を一応終結させた協約は？
　　　　　　　　　　　　　　　　　　　——ヴォルムス協約

　協約の内容はかなり複雑ですが，重要なのはその結果で，この協約によって**"皇帝は叙任権（厳密にはその一部）を失い，教皇の権威が高まった"**と総括しておきましょう。

▇ 中世のローマ=カトリック教会

▶教皇権の全盛期

　この**叙任権闘争**を勝利のうちに終え，さらにはそれと並行して，1096年の**第1回十字軍**というビッグ・プロジェクトを主宰することで，**教皇権は全盛期**に向かいます。
　では，全盛期のカトリック教会の状況に触れておきましょう。

Q 12世紀末に登場し，第4回十字軍を提唱した全盛期の教皇といえば？
　　　　　　　　　　　　　　　　　——インノケンティウス3世

　彼は**フランス国王フィリップ2世**や，**イギリス国王ジョン王**を**破門**したりして，教皇権はまさに絶頂期にありました。
　で，ときどきこれに関して根本的な質問を受けるんですね。すなわち，

Q なんで教皇って,皇帝・国王のような世俗の君主より強かったんですか？

　答えになるかどうか恐縮ですが，これは教皇が強かったというより，国王も含めて，**世俗の権力がみーんな弱かった**と考えたほうが適切だと思います。世俗の権力がみーんな大した力を持っていなかった。

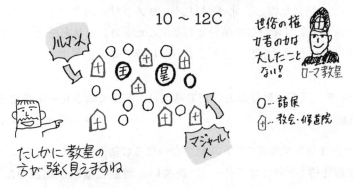

一方，ローマ=カトリック教会はヨーロッパじゅうにネットワークを持ち，しかも聖職者は文字が書けますから，さまざまな情報も教会に集まり，管理されます。そしてなんと言っても，古代以来培ってきた伝統と権威。こういうものを背景に，教会が強く見えた……。これが実体でしょう。

▶「神の平和」運動

中世のヨーロッパ各地には地域を支配する**封建諸侯**が多数存在していました。彼らは自分の所領を守るために，あるいはこれを拡大するために武装し，そして近隣の貴族と領地をめぐって争いました。これは「私闘」と呼ばれ，**ノルマン人の侵攻**などとともに，ヨーロッパを混乱させる原因となりました。また領主間の争いによって，教会の財産なども侵害されることがあったようです。このときに，あい争う人々のあいだに入って平和をもたらす役割を果たしたのが教会でした。

このように，教会が中心となって，平和を築こうとする運動を「神の平和」運動と言います。

▶教皇庁の確立

こうした活動もあって，カトリック教会の権威はますます高まり，13世紀の初頭には教皇を頂点とする**階層制組織**が確立していきました。

Q カトリック教会の階層制組織を，ドイツ語でなんと言うか？

——ヒエラルヒーです。

また教皇のもとにさまざまな省庁が設置されて，教皇庁という組織の基礎も確立しました。

▶托鉢修道会

それから**托鉢修道会**についても，ひとこと説明しておきましょう。13世紀には，従来の人里離れた"自習室"たる修道院（→ p.9）に加えて，**布教活動に積極的な修道会**が誕生しました。

Q イタリアのアッシジを拠点とする修道会を何と言うか？

——**フランチェスコ修道会**

創建者はもちろん**フランチェスコ**。またスペイン人の**ドミニコ**も，**ドミニコ修道会**を結成しました。

いずれの修道会も，**財産所有を否定**して**清貧**をかかげながら，**都市や農村**に行って，**市民や農民**に神の教えを説きました。彼らの意義は？と問われたら，「**民衆への布教に尽力した**」とすればよいでしょう。

聖フランチェスコ
(1181? ～ 1226)

ローマ教皇も**アルビジョワ派**などのような**異端に対抗**するために，彼らの"布教力"を利用しようとして，**修道会の公認**に踏み切りました。

ちなみに「托鉢」とは，説教した相手に「お鉢」を「託して」食を乞うことを意味します。歩き回っているので，ほかの修道会みたいに食料の自給なんかできないので，食べものは恵んでもらうしかないんですね。

だからこそ托鉢修道会の人たちは，必死で説教したと思いますよ。だって話を聞いてくれなかったら，ご飯は食べられませんからね。仕事で疲れた市民や農民たちの足を止めさせ，短い時間で説教し，なおかつ納得させることを迫られた彼らは，たぶん"しゃべりのプロ"だったのではないでしょうか。

▶教皇権の凋落

しかし高まった教皇の権威も，14世紀に入ると明らかに凋落していきます。主たる原因は，**国王の伸張**ですね。とくに**フランスのフィリップ4世**には，痛い目にあわされましたよね（→ p.49）。教皇や教会に頼らなくても，国王は自己の領域の治安を保てるようになりましたからね。

国王権力の伸張（フランスの場合）

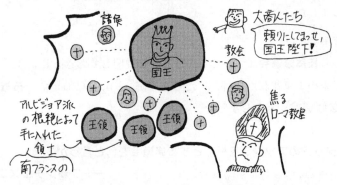

ここで，教皇権の盛衰をグラフでまとめておきましょう。

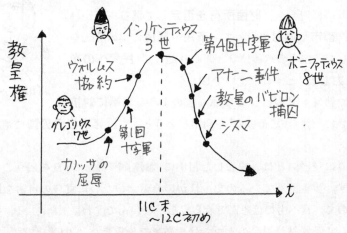

教皇権の盛衰

📕 ドイツの大空位時代

さて話をドイツに戻しましょう。

第3回十字軍に参加した皇帝フリードリヒ1世と，**第5回十字軍**を展開したフリードリヒ2世は，いずれも**シュタウフェン朝**の皇帝です。

フリードリヒ2世は13世紀前半に即位しましたが，治世の大半を**シチリア**で過ごし，ドイツの支配には興味がなかったようです。シチリアは金になるからね，地中海貿易なんかで。

その彼が死んだ後，ドイツは**大空位時代**という事態となりました。

大空位時代とは皇帝（国王）がまったくいなかったというわけではなく，自称皇帝（国王）が複数登場してドイツが混乱した時代を言います。**1256年**（一説では1254年）から**1273年**までのあいだです。

■ ハプスブルク家の登場

そして1273年には，諸侯によって**ルドルフ1世**が皇帝に選出され，大空位時代は終わりました。このルドルフこそ，**ハプスブルク家出身**の初代皇帝です。後にヨーロッパ随一の名家となるあのハプスブルク家も，これがドイツ政治史への初登場でした。

ついで14世紀の神聖ローマ帝国で覚えておいてほしいのが**金印勅書**と言われるものです。これは神聖ローマ皇帝の選挙について規定したものですが，

Ｑ 1356年に金印勅書を発布した皇帝はだれか？　　──カール4世

ルクセンブルク家出身の人物です。この勅書によって，皇帝を選び出す権限は7人の**選帝侯**に与えられることになりました。目的は**帝位（王位）をめぐる対立と混乱に終止符をうつ**ためですね。

7人の選帝侯

> **俗権代表**………ファルツ，ザクセン，ベーメン（ボヘミア），
> 　　　　　　　　ブランデンブルクの各諸侯
> **聖職者代表**…マインツ，トリール，ケルンの各大司教

これが7人の選帝侯の内訳です。世俗の権力代表が4人，そして聖職者代表として3人の大司教です。

ちなみにカール4世は，神聖ローマ皇帝になる前は**ベーメン国王**でした。その彼は，**プラハ大学**を創建して学術の振興に尽力しました。

カール4世
（帝位 1355〜78）

以上，中世ドイツ史でした。最後にこの部分の総括をしておこう。

結局，中世ドイツにおいては，**皇帝権は振るわず，不統一の状態**が続く一方，各地の支配者である**諸侯**は，その所領をしっかりと支配していきました。彼らの所領を**領邦**と言います。「領邦」，……まあ「国」と呼ぶにはコンパクトな所領ですね。

で，その領邦においては，諸侯たちは諸身分の代表を集めて議会を召集しました。"ミニ三部会"って感じですが，これを**領邦議会**と言います。こうして地方権力が成長していくなかで，ドイツの**分裂傾向**はますます強まるのでした。

この状態に変化が見えてくるのは**15世紀**。すなわちドイツの統一を本気で考える勢力が伸張し始めるのです。その勢力こそ**ハプスブルク家**。15世紀半ばから，帝位も実際上ハプスブルク家の**世襲**になりますからね。まあこの後のことは「宗教改革」のところでお話ししましょう。

■ スイスの情勢

神聖ローマ帝国の領域にあったスイスは，13世紀になって**南ドイツとイタリアを結ぶ交通の要衝**として重要となりました。とくに**ザンクト=ゴットハルト峠**は多くの商人が行き交いました。するとここにハプスブルク家が力をおよぼそうとしてきました。これに対して，**1291年にスイスの3つの州が結束**しました。シュヴィッツ・ウンターヴァルデン・ウリの3州です。これが「**スイス国家の起源**」と位置づけられている事実です。

彼らはその後仲間を増やし，ハプスブルク家やフランスブルゴーニュ家と戦い，**15世紀末には事実上の独立**を勝ち取りました。その兵団は強力で，しばしば外国の王侯たちから**傭兵**として利用されました。そういえば，ローマ教皇庁を警備しているのもスイス人部隊ですね。

ヴァチカンの
スイス人傭兵

④ 中世イタリア史

■ イタリアの分裂

　中世史の最後はイタリア。まっ，**バラバラですね**(笑)。暖かい海に囲まれているもんだから，昔からとにかくいろんな外敵がやって来て大変です（→ p.19）。というわけで，強力な権力も育ちませんでした。

　そのバラバライタリアの**統一**を，**ドイツ人の皇帝**の力を借りてでもやろうとする人々を**皇帝派（ギベリン）**と言いました。神聖ローマ皇帝といえば，**イタリア政策**を展開して，イタリアにしばしば侵攻していましたね。

　そしてこうした動きに反発したのはローマ教皇です。その教皇を中心として，皇帝の侵出に反対の人々は**教皇派（ゲルフ）**と呼ばれました。この対立は，イタリアをいっそう**分裂**させました。では，バラバラ状態を確認しておきましょう。

　北部には，**ヴィスコンティ家**という貴族が支配する**ミラノ公国**。

　一方，**ヴェネツィア**や**ジェノヴァ**，それに**フィレンツェ**には都市を中心に，有力商人が牛耳る**都市共和国**が分立していました。

　とくに**フィレンツェ**は，**金融や毛織物業が発展**した豊かな内陸都市でした。そういえばここでは，**1378 年**に**チョンピの乱**という，史上初の労働者の一揆が起こっています。チョンピとは毛織物労働者のことです。

　そしてイタリア中部には，**ローマ教皇領**。

■ シチリアの覇権

　また南部には，**両シチリア王国**が存立していました。なんせ地中海のど真ん中なので，交易には絶好のロケイション。それで多くの勢力の争奪の的になったのです（覇権の推移については，別冊 p.50 参照）。

　とくに 12 世紀前半には，**ノルマン朝**の**ルッジェーロ 2 世**の支配下に入り，12 世紀末には**シュタウフェン朝**という**ドイツ人**勢力がやってきました。そして**フリードリヒ 2 世**のような君主が，この**シチリア**を拠点にしました。

地図 ▶ 14世紀の地中海域

ヴェネツィア領
ヴェネツィア
ジェノヴァ
フランス
王国
ポルトガル
カスティラ
王国
アラゴン
王国
バレアレス諸島
コルシカ
教皇領
ナスル朝
サルデーニャ
シチリア王国
ナポリ王国
▢ アラゴン領

　13世紀には，**フランスのアンジュー家**の支配下に入ったのですが，シチリアの住民がフランス人支配に反抗して蜂起^{ほうき}しました。時に1282年。晩鐘^{ばんしょう}を契機に蜂起が起こったので，これを「**シチリアの晩鐘**」と言います。これを契機に，フランスのアンジュー家はシチリアから放逐^{ほうちく}され，**南イタリア**だけを支配することになりました。

　かわってシチリアを支配したのは，**スペイン東北部**に根拠地を持つアラゴン家でした。14世紀には，アラゴン家は**バレアレス諸島**をも支配して，地中海西部で大きな勢力を誇^{ほこ}りました。ちなみにバレアレス諸島には，**ミノルカ島**(→ p.376)や，**マヨルカ島**が含まれています。

　スペインとポルトガルについては，彼らの「大航海時代」の前史として取り上げましょう(→ p.192)。

　じゃあ，次回で中世の文化史をやって中世ヨーロッパは終わりにしましょう。

中世ヨーロッパの文化

スコラ学・大学・文芸・建築

 ① 中世の神学　　　　　　　　　📖 別冊プリント p.51 参照

■「中世」という時代

　中世の文化の中心は**神学**でした。「**哲学は神学の下僕**（げ ぼく）」という言葉があります。この言葉は、「神学が、いろいろな学問の上に君臨（くんりん）する」という意味です。確認ですが、ここで言う「哲学」とは、「いろいろな学問」という意味でしたね（→第1巻 p.232）。ではなぜ神学が君臨したのか？

　原因の1つは、「読み書き」ができるのが**聖職者**だけだったことがあげられます。

　ほかの人たちは何してたかって？　**農奴**（のうど）**（農民）**は農作業で忙しいし、**領主（貴族、諸侯）**や**国王**は、**戦争**の準備で精一杯（せいいっぱい）ですよ。

　また、聖職者の興味の対象は『**聖書**』の内容ですから、「文化」の内容も自然とキリスト教、そして**神中心**のものとなったのでした。

　まあ、西ヨーロッパにだってキリスト教以外の「知識」はいろいろあったと思うよ。でも文章化され、内容を吟味（ぎんみ）され、洗練（せんれん）されることはなかったんだ。こうして「神学」が、哲学などほかの学問の上に君臨することとなったのでした。

　じゃあ、その神学から見ていきましょう。

■ 中世神学の始まり

　中世の神学の始まりは8世紀です。**アウグスティヌスの思想**を基盤（き ばん）として、**カール大帝**がイギリス（ブリタニア）から招（まね）いた**アルクイン（アルクィン）**などが、**神学**を講（こう）じ始めました。

　場所は**アーヘン**の**宮廷付属（きゅうてい）の学校**。この学校のことをラテン語で「**スコラ**」と言います。当時の学問は、このような場所や**修道院**や**教会**付属の「スコ

ラ」で展開されました。ここから「**スコラ学**」という言葉が生まれたのです。この「スコラ」こそ，英語のスクール (school) の語源ですね。

「スコラ学」……。定義すれば，**中世キリスト教神学・哲学全体**を指すものとなるでしょう。多くの教科書は，スコラ学のことを，"11・12 世紀以降**にアリストテレス哲学の影響を受けた後の中世神学・哲学**を指す……" と記述していますね。

カール大帝は，**ラテン文化**を中心とする文化の復興を試み，これは後に**カロリング=ルネサンス**と呼ばれました。

■ ギリシア文化の流入

そして 11・12 世紀以降，西ヨーロッパの文化に，外部から大きな刺激が与えられることになります。それは，**ギリシア文化の刺激**でした。とくに**アリストテレスの哲学**の影響は多大なものがあります。

ではまず，その流入の契機と経路から押さえましょう。

ギリシア文化の「輸入元」は，**イスラーム世界**でした。イスラーム世界には，**ササン朝ペルシア**経由で，あるいは**ビザンツ帝国**から，ギリシア文化が入ってきました。そしてそれが，**十字軍やレコンキスタ**という戦争や，**イスラーム商人との交易**を背景とする文化交流によって，西ヨーロッパに流入したのです。

■ ギリシア語文献の翻訳活動

とくに，**シチリアやイベリア半島**はギリシア文化流入の中継地でした。シチリアには，12 世紀前半に**ノルマン人**が支配する**両シチリア王国**が成立し，首都パレルモの王宮には，ノルマン人のみならず，**ギリシア人やアラブ人**など，多くの異民族が活動していました。

この**パレルモ**や，イベリア半島の**トレド**では，12 世紀以降，**アラビア語やギリシア語の文献のラテン語翻訳運動**がさかんに行われました。

翻訳された著作としては，**エウクレイデス**の『**幾何学原本**』，**プトレマイオス**の『**アルマゲスト（天文学大全）**』，それに**イブン=シーナー**の『**医学典範**』があげられます。

また，ムワッビド朝が支配していた南スペインのコルドバでは，**イブン=ル
シュド**が**アリストテレス**の著作に注釈をつけるなどして研究を深めていま
した。そうした研究成果も翻訳され，これを通じて，西ヨーロッパの人々は，
"人間の**理性**"の存在を再認識するようになったのです。"人間には**理性**があ
る。これを使えば何でも解る……"。

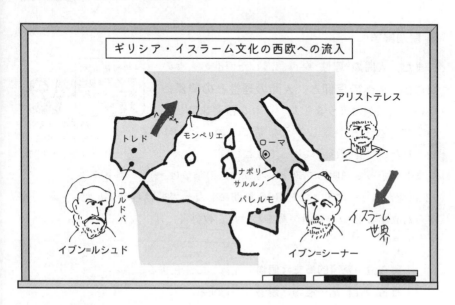

ギリシア・イスラーム文化の西欧への流入

トレド
モンペリエ
ローマ
ナポリ
サルルノ
パレルモ
コルドバ
イブン=ルシュド
アリストテレス
イブン=シーナー
イスラーム世界

▨ スコラ学の発展

　かつてアリストテレスは理性を駆使して「**学び，しかるのちに問う**」作業
を繰り返しながら，**ギリシアの「知識」を体系化**し，さまざまな知識の体系，
すなわち「**学問**」を形づくりましたね（→第1巻 p.238）。
　今度は，西ヨーロッパの人々が，自分たちの雑然とした「知識」を体系化す
る番でした。そして，それをやっちゃったのです。

▨ 12世紀ルネサンス

　こうしてさまざまな**学問の基礎**が確立し，この後西ヨーロッパの学問，そ
れに文芸も大いに発展していくことになります。
　このような文化の隆盛は，**12世紀ルネサンス**と呼ばれています。アメリ

カの歴史学者**ハスキンズ**の言葉でしたね(→ p.49)。20
世紀前半に活躍した人ですが，この議論が出たのは1927
年のことです。それから100年の時を経て，日本の世界
史の教科書に載っているわけですね……。ハスキンズも，
草葉の陰でお喜びのことでしょう(笑)。

（みすず書房）

■普遍論争

また，人間の"理性"を再認識した西欧の人々の
間には，**神への信仰と，人間の理性との関係**に
ついて議論が始まりました。これを**普遍論争**と言
います。なーんか難しそうな話ですね。とくに
我々みたいな"異教徒"にとってはね(笑)。

「12世紀ルネ
サンス」は，
私がつくった
言葉です

ハスキンズ
(1870〜1937)
アメリカの歴史学者。

まあ頑張って説明してみましょう。この論争は，
11世紀から14世紀まで約300年間にわたって続けられました。「論争」だ
から対立する2つの立場があるわけだ。教科書には，大体こんなふうに書い
てあります。

> **実在論**…**普遍的概念**は**個物**に先行して存在する。
> **唯名(名目)論**…**個物**は**普遍**に先行する。

しかしまあ，これだけじゃ何のことかさっぱり分からない。

■実在論と唯名論を具体的に説明すると……

そこで，この教科書の記述を「和文和訳」しましょう。

花を例に説明しましょう。たとえば「**バラ**」や「**サクラ**」は，**個物についた
名前**ですね。そして，それらのまとめた**"普遍的概念"**は「花」です。

で，唯名論では，まず「バラ」や「サクラ」という花々が存在し，それらがま
とめられて「花」という概念ができた，と主張します。

これに対して実在論では，「花」という概念が先にできて，あとから「バラ」
や「サクラ」という花が存在した，と言うのです。補足すると，神の御意志に
よってまず普遍的概念である「花」がつくられ，それに従って「バラ」や「サク
ラ」ができた，というのですね。

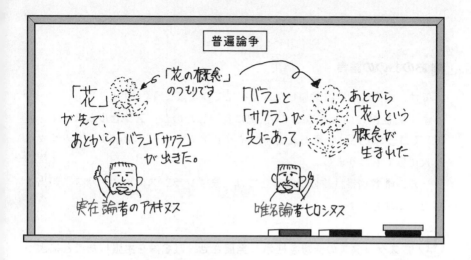

▣ "異教徒アオキ"による普遍論争の解釈

そして，ここからは僕の解釈です。

実在論に対して，唯名論では普遍的概念が個物に先行して存在することを否定します。そしてこのことは，普遍的概念をつくられた**神の存在の否定につながりかねません！**

「花などという普遍的概念など存在せず，バラやサクラを見た人間の理性が"花"という概念をつくったのだ！」とまあ，ここまでは言ってませんが（笑）。

結局，普遍論争って，「神は存在するのか？　それともしないのか？」という問題につながる"危険性"をはらんだテーマだったのです。だから300年間も続いたのでしょう。

こんな危険なテーマをストレートに論じるのは，神中心の中世においては難しい。そこで，このテーマを，別のテーマに置きかえて論じた，と僕は解釈しています。

そしてその別のテーマとは，「神に対して，"信仰か理性か"」。

すなわち，実在論の人々は，「**神は人間の理解のおよぶような存在ではなく**，純粋に**信仰**するのみだ」という発想なのに対し，唯名論の人々は「神についても，人間の**理性**によって理解するのだ」という発想です。この議論に強力な論拠を与えたのは**アリストテレス**ですね。

で，結局この普遍論争は，神に対して「**信仰か，理性か**」という対立を軸

に展開されることになりました。

📕 おのおのの論者

では、実際に論争に参加した人々を見てみましょう。

まず**実在論**の論者として11世紀に登場したのが、**アンセルムス**です。彼は「**スコラ学の父**」と言われます。イタリア人ですが、イギリスのカンタベリ大司教でもありました。

一方、唯名（名目）論の論者としては、まずフランスにロスケリヌスが出ました。ではもう1人、

Q ロスケリヌスの発想を継承（けいしょう）・発展させ、唯名論を主張したことによって異端（いたん）宣告を受けた人は？　　　　　　——アベラール

フランス人で、**パリ大学**の神学教授です。彼は、「ただただ信ずるのみ」という従来の神学を、理性とヒューマニズム（人間中心主義）の立場から批判しました。愛弟子（まなでし）**エロイーズ**との『書簡集（しょかんしゅう）』は有名ですね。

©青木

アンセルムス
（1033〜1109）
1093年にカンタベリー大司教となる。ある程度、理性の価値は認めた。

アベラール
（1079〜1142）
ラテン語風に言うとアベラルドゥス。パリ大学教授。

パリにあるアベラールとエロイーズの墓。並んで葬られている。

📘 トマス=アクィナス

13世紀になると、2つの立場を調停する人物が現れます。それが**トマス=アクィナス**で、「**スコラ学の大成者**」と言われます。

Q 『哲学大全』と並ぶトマス=アクィナスの主著をあげよ。

——『神学大全』

彼の業績について教科書(山川出版社『新世界史(旧々課程版)』)にこういう記述がありました。

> 「彼はその主著『哲学大全』『神学大全』によって，ありのままの自然の理性を信仰の前段階として信仰に奉仕するものであるとし，両者は矛盾しないとしたが，この理性と信仰とを区別したあつかいが，やがて理性は信仰に奉仕するものではないとされ，そこから理性の学の自立がみちびきだされた」

内容が分かるように，波線部の「和文和訳」をしましょう。まず，「自然の理性」とは「人間に本源的(ほんげん)に備(そな)わっている理性」と考えてよいでしょう。トマスはこう言うのです。「理性を通して神をとらえようとする唯名論者たちの態度(たいど)というのは，別に神を分析(ぶんせき)すると

トマス=アクィナス
(1225?～1274)

か否定するとかいうような大それたものではなく，**より深く神を信仰するため**のものなのですよ」。だから「実在論者の皆さん，あんまり怒らないでね」。

これが教科書などでいうところの，トマスによる「両者の立場の調和」の内容です。

彼は南イタリアの海港都市**アマルフィ**の生まれ。そして**ドミニコ派の修道士**でした。彼の先生がドイツ人のアルベルトゥス=マグヌスで，パリ大学教授でした。この先生の手引きでトマスも**パリ大学の神学教授**となります。

■ ドゥンス=スコトゥス

では，トマス=アクィナス以降はどうなるでしょう。彼以降になると，さっきの教科書の引用箇所の後半(実線部分)に該当する事態(がいとう)，すなわち「**理性の学の自立**」が起こります。

第30回　中世ヨーロッパの文化

107

まずイギリスのドゥンス=スコトゥスが「**二重真理説**」を唱え，「**神学と哲学の分離**」，あるいは「**信仰と理性の分離**」を主張しました。ここで言う「哲学」とは**神学以外の諸学問**と考えていいでしょう。要するに，人間の理性が対象とする分野の真理と，神の領域における真理は別物なのだという議論です。スコトゥス自身は実在論の側の学者で，理性では神をとらえることはできない，と主張します。

■ ウィリアム=オブ=オッカム

　ドゥンス=スコトゥスの説を継承したのが，やはりイギリスの**ウィリアム=オブ=オッカム**という人物でした。

映画「バラの名前」でショーン=コネリー演じるウィリアムのモデルは私です

**ウィリアム=オブ
=オッカム**
（1290?～1349?）

　さて，オッカムとスコトゥスは2人ともフランチェスコ修道会の修道士で，オッカムも**哲学と神学の分離**を主張しました。しかし，その動機はスコトゥスとは明らかに異なっているようです。というのも，オッカムは唯名論の立場に立っており，**理性のすごさ**を十分に知っていました。で，これを十二分に活用するためには，**理性を煩わしい神学論争から解放**してやらなければならない……。とまあ，ここまではっきり言ってるわけじゃあないんだけどね。ともあれ，こうして「**理性の学の自立**」が計られたわけだ。理性が活躍する学問……，要するに**近代科学の誕生**だ。

■ ロジャー=ベーコン

オッカム：理性を駆使して，神以外のことを探究しようよ！

　オッカムのこのような主張よりも早く，アリストテレス流の**実験**と**観察**によってそれを実践していたのが，イギリスの**ロジャー=ベーコン**です。彼もオッカムと同じフランチェスコ派の修道士で，近代科学への道を開いた1人です。

実験　観察

**ロジャー=
ベーコン**
（1214?～1294）

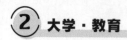

② 大学・教育

別冊プリント p.52 参照

神学に続いて，ここでは中世ヨーロッパの大学や文芸，それに建築物を見ていきましょう。

■ 大学成立の背景

大学は言うまでもなく，研究・教育機関ですよね。しかし，古代末期から10世紀ころまでは，教育の現場は**教会・修道院**や，それに付属した学校に限られていました。

しかし **11世紀**以降，情勢は変わりました。

まず**農業生産が発展**し，それが**商工業や貿易の発展**を促しました。そしてこれは**中世都市の成立**をもたらしたのです。

このようななか，人々の視野は拡大し，外界への興味も刺激されました。また商工業は，**正確な計算能力**や，**技術の革新**を要求します。こうして，人々の，とくに都市に住む人々のあいだで，**より高度な知識への欲求**は高まっていきました。

こうした事情を背景に，**都市を中心に大学が形成**されていったのです。

■ ボローニャ大学型とパリ大学型

さて大学ができる場合にはいくつかのパターンがありました。

まず2つの類型から。

大学の2つの類型

> ボローニャ大学型…学生の組合が中心となって形成。
> パリ大学型…教授の組合が中心。

イタリアの**ボローニャ大学**は，学生の**ギルド**が中心。これに対して**パリ大学**は，"教えたい人たち"のギルドが中心となってできたのです。

これらのギルドのことを，ラテン語で"**ウニウェルシタス**"と言います。もうお気づきの人もいると思いますが，これが"university"の語源ですね。

109

◼ 学問の内容

じゃあ，大学でどういう学問が行われていたのか。

「哲学は神学の下僕」。やはり神学が学問の中心でした。まあ聖職者志望の人も多かったし，これまでの西ヨーロッパの文化といえば，キリスト教関係が中心でしたからね。

で，この神学と，あと3つの学問をやるのが完全な大学の条件と言われ，これを大学4科と言います。

残りの3つとは，まず哲学。……まあこれは"宇宙とは，人間とは何か？"的なことを勉強する今の哲学とは異なり，「一般教養（基礎教養）科目」とイメージしたほうが的確です。

そして残りの2つは，医学と法学でした。

この2つも，もともとは哲学のなかに入れられていたのですが，イスラーム医学の流入や，法学研究の急速な進展のなかで，専門性の高い学問へとグレードアップし，独立した学問領域となったのです。

法学が発展した背景には，都市の形成があります。すなわち都市という，人間がひしめき合って生活する空間が生まれたことによって，人間関係のトラブルが頻発し，それを収める法理論が必要となったのです。

またフランスなどでは国王の権力が伸張し，広い領土の支配を安定させるための法理論に対する「需要」も高まりました。このあたりが背景かな!?

◼ 教養科目（7自由学科）

さて，大学に入ると，まず7つの基礎教養科目を修得しました。これを7自由学科と言いますが，7つの内訳は，

7自由学科

> 下級3学…文法・修辞・弁証法（論理学・対話法）
> 上級4学…算術・幾何学・天文学・音楽

まず下級3学ですが，これは学術用語であるラテン語の読み書きができるようにするためです。ラテン語は当時の西ヨーロッパの共通語でもあり

110

ました。それから，**弁証法**(論理学・対話法)と言うのは，言うなれば討論のやりかたや，考え方を追及する学問のことですね。

それが終わると今度は**上級４学**。これはいずれも**数**に関する学問です。下級・上級あわせて，日本で言うなら「読み書きそろばん」と言うところですか。

それから**音楽**が入ってますね。当時は，宇宙の本質が美しいハーモニーとなって現れるという考え方があり，……僕もモーツァルトの曲を聴いているとそんな気がします。で，音階などを調べることで，宇宙の本質に迫ろうとしたのです。

音楽は宇宙のハーモニーを知るための学問だった。これについては，『のだめカンタービレ』第16巻のp.114〜116に詳しい説明がのっています。

🔖 おもな大学

では，次にどんな大学があったか？　まず，神学で有名なのが，**パリ大学**です。現在パリのカルティエ=ラタン地区にあります。カルティエ=ラタンの「ラタン」はラテン語のことで，文教地区です。

©青木　　　　　　　　　　　　　　　　©青木

ソルボンヌ　13 世紀，聖職者ソルボンが貧しい**パリ大学**の神学生のために，学生寮をつくった。のちにソルボンヌは**パリ大学神学部**の代名詞となった。1968 年の大学改革でパリ大学は解体され，現在のパリ第 1，第 3，第 4 大学がソルボンヌの名前を継承している。(**左**)ソルボンヌの正門。(**右**)その廊下。授業風景の写真を撮りたかったが，そこまでの勇気はなかった。

あとイギリスではオクスフォード大学とケンブリッジ大学です。**オクスフォード大学**がイギリスでは最古。**ロジャー=ベーコン**，**オッカム**，**ウィクリフ**らはここの出身です。それから，

©青木　©青木　©青木

ボローニャ大学　それぞれ，**(左)**ボローニャ大の正門，**(中)**廊下，**(右)**図書館である。「伝統と歴史」を感じさせる大学であった。

Ⓠ 法学で知られる北イタリアの大学は？　——ボローニャ大学

ここは「ヨーロッパ最古の大学」と言われます。

　10世紀にはすでに法学の講義が行われていたそうですが，11世紀から**ローマ法の研究**で知られるようになりました。12世紀には**神聖ローマ皇帝フリードリヒ1世**から**自治の特許状**を授けられ，13世紀にはローマ教皇からも公認されました。

　また13世紀には，**南イタリアにナポリ大学**が設立されました。これは**神聖ローマ皇帝フリードリヒ2世**が設立した大学で，官僚の養成が目的だったようです。という点では，日本の旧帝大の法学部と同じような設立動機なんですね。

フリードリヒ1世　フリードリヒ2世
赤ヒゲ
法律がわかる官僚がたくさん必要です

◾️医学校

Ⓠ 11世紀に南イタリアに創建された医学校は？　——サレルノ大学

　サレルノ大も大学の基礎ができたのは古いのですが，「最古の大学は？」と問われたら，ボローニャ大と答えたほうが無難でしょう。

　同じく**医学校のモンペリエ大学**は南フランスにあります。『**ガルガンチュ**

アとパンタグリュエルの物語』を著した文人**ラブレー**もこの大学の出身でした。

　当時，医学に関してはイスラーム世界がはるかに進んでいました。とくに**イブン=シーナー**の『**医学典範**』がラテン語に翻訳され，重要なテキストとして用いられました。こうして彼の名も**アヴィケンナ（アヴィセンナ）**というラテン名で知られるようになったのです。

Q **ヤゲウォ（ヤゲロー）**朝のカジミェシュ大王が創建したポーランド最古
　　の大学は？　　　　　　　　　　　　　　　——クラクフ大学

　クラクフはヤゲウォ朝の都です。クラクフ大学には有名人がいます。宇宙観を引っ繰り返した男，**コペルニクス**です。

Q **フス**が総長を務めたこともある神聖ローマ帝国領内最古の大学と言え
　　ば？　　　　　　　　　　　　　　　　　　——プラハ大学

　14世紀半ばの設立です。創建者はベーメン王カレル1世で，後の神聖ローマ皇帝**カール4世**。「**金印勅書**」を出した皇帝です。

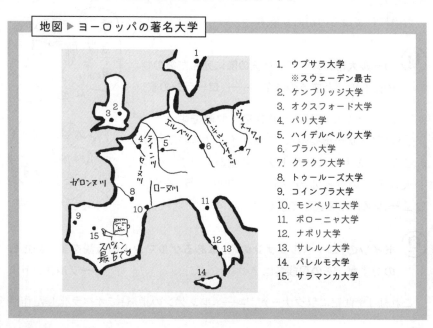

地図 ▶ ヨーロッパの著名大学

1. ウプサラ大学
　※スウェーデン最古
2. ケンブリッジ大学
3. オクスフォード大学
4. パリ大学
5. ハイデルベルク大学
6. プラハ大学
7. クラクフ大学
8. トゥールーズ大学
9. コインブラ大学
10. モンペリエ大学
11. ボローニャ大学
12. ナポリ大学
13. サレルノ大学
14. パレルモ大学
15. サラマンカ大学

次は文芸です。

▧ 叙事詩・武勲詩（騎士道物語）

中世ヨーロッパでは，共通の表現手段であった**ラテン語**が，だんだんと地域の言語と融合して，その**地域独自の言語**を形成していきました。

これを教科書では「**俗語**」と言ってますが，この俗語を使った文芸活動が，**12世紀以降**に活発化していきました。また，**神や聖人を描いた作品ではなく，人間の活動**を描く作品も目立つようになりました。

その背景には，やはり**商工業の発展**にともなう**都市の発達**があったんでしょうね。ラテン語ではなかったというところから，「読者」は必ずしも聖職者ではなかったことがうかがえます。

まず，アイスランドの**民族叙事詩**として知られるのが『**サガ**』，北欧には『**エッダ**』という英雄叙事詩があります。

騎士道物語（騎士道文学）とは，文字どおり「**騎士**」という**人間の活躍**を題材にしたものです。フランス，イギリス，ドイツおのおのに有名なものがあります。

Q カール大帝のスペイン遠征の際に死んだ彼の甥の話を内容とするのは？　──『ローランの歌』

当時スペインにいたのは**後ウマイヤ朝**です。

次に『**アーサー王物語**』，これはイギリスの話だけれども，もともとは**ケルト人**の英雄の話です。ケルト人は現在の**アイルランド**や**スコットランド**や**ウェールズ**の主要民族ですね。

Q ドイツの『**ニーベルンゲンの歌**』はあるゲルマン人の伝説をまとめたものですが，その民族名は？　　　　　　　　──ブルグンド人

これは19世紀に**ワグナー**が『**ニーベルンゲンの指環**』でオペラ化した作品

として有名です。この3作品はいずれも頻出です。要チェック！

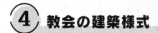 叙情詩

　また，主として恋愛などをうたう**叙情詩**を吟じて各地を放浪する**吟遊詩人**をドイツでは**ミンネジンガー**と言います。では，

Q 吟遊詩人のフランスにおける呼称は何か？　　　——トゥルバドゥール

　では，最後に建築様式をやって中世の文化を終わりにしましょう。

④ 教会の建築様式　　　　　　　　　　　　📖 別冊プリント p.53 参照

🚩 バシリカ式

　プリントには4つの建築様式が書いてあります。
　まず**バシリカ式**。**側廊**が特色ですね。平面図というのは上から見た図。そして図では小さなマルで示されているように柱がずっと並んでいる。この**列柱**も特色といってよいでしょう。かつてのギリシア・ローマ時代の公共建築物の様式を教会にも応用したものです。

ローマの聖マリア=マッジョーレ聖堂。右の写真はその列柱。
©青木

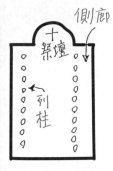

バシリカ式の平面図

🚩 ビザンツ式

　次が，**ビザンツ式**で，6世紀～13世紀に流行りました。上から見ると**ギリシア十字（正十字とも言う）**の形をしています。このほかの特色としては

ドーム。日本語で言うと**円屋根**です。お椀をかぶせたような円屋根がパカッとのっかっているわけですね。また，壁面を飾る**モザイク壁画**も特色ですね。

これには代表的な建築物が3つあります。

1つ目がコンスタンティノープル（現イスタンブル）にある**ハギア（聖）ソフィア聖堂**。これは537年に完成しました。

©植村

聖ヴィターレ聖堂

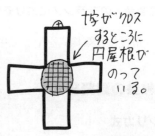

十字がクロス
するところに
←円屋根が
のって
いる。

ビザンツ式の平面図

©青木

聖マルコ聖堂

聖マルコは『福音書』を書いた聖人の1人で，ヴェネツィアの守護聖人である。

イタリアは最高!
また行きたい
ネ

©植村

ヴェネツィアを貫く大運河と，それにかかる**リアルト橋**。"イタリア大好き"の青木だが，その中でも**ヴェネツィア**が最高！　何度行っても（5回も行ってしまった！）この町にはときめきを覚える。

では2つ目の，

Q 聖（サン＝）ヴィターレ聖堂はどこに建てられたか？　　──ラヴェンナ

いずれも**6世紀のユスティニアヌス帝の時代**に創建され，ラヴェンナはその後ビザンツ帝国の西の都になりました。この聖ヴィターレ聖堂には，ユ

116

スティニアヌス帝のモザイクがあります（ユスティニアヌス帝のモザイク画は p.28 参照）。ラヴェンナはかつての東ゴート王国の都でもありました。そして 3 つ目は，**ヴェネツィアの聖マルコ聖堂**ですね。

📖 ロマネスク式

　続いてはロマネスク式。**11・12 世紀**に起こったもので，発祥の地は**北イタリア**です。

　この様式は上から見ると**長十字（ラテン十字）**の形をしており，**重厚，荘重**であり，**「暗い室内」**が特色でしょう。内部が暗いんです。これは力学の研究が進んでいなかったので，**大きな窓がつくれなかったん**です。それで室内が暗くなるんですね。

Ｑ **ロマネスク式の代表的な建築物を 1 つあげよ。**　　　——ピサ大聖堂

　ピサといえば斜塔が有名ですね。ピサ大聖堂はほとんどの教科書に写真が載っていて，あまりにも有名すぎるので，これもナンバー 2 を覚えましょう。それは中部ドイツの**ヴォルムス大聖堂**です。まさに，ここで**1521 年**にカール 5 世とルターが対決をすることになります。

ピサ大聖堂
説明通り窓は小さい。右手が"斜塔"。
17 世紀にガリレオが「落体の実験」を
行う。（中央のジャンバーは筆者）

大学に合格して，
一刻も早く，外国に
行ってみよう。なぜか？
それは猛烈に勉強
したくなるからです！

📖 ゴシック式

　最後に登場するのがゴシック式で，**12 世紀**に**北フランス**に生まれました。その後，ヨーロッパ各地に普及していきました。伸張するカペー朝の**王権**と商工業者の意識を反映し，**高い塔**が特色ですね。「塔のゴシック，壁の

バロック」と言われます。

　ゴシックとは，ゲルマン人の一部族ゴート人に由来します。イタリアの文人から見て，ゴート人(≒ゲルマン人の代名詞)とは，"粗野・野蛮・無秩序"の象徴で，あまり良い意味でなかったようです。

　しかしその建築物は威風堂々。また窓もロマネスク式に比べて大きくなり，そこには色とりどりの**ステンドグラス**がはめ込まれました。

 最初のゴシック建築といわれるフランスの建物は？

——サン=ドニ聖堂

　代表的な建築物と言えば，パリの**ノートルダム大聖堂**と北フランスの**アミアン大聖堂**。これらは前期ゴシックで，直方体の塔が２つあるのが特色です。それに対してドイツの**ケルン大聖堂**やフランスの**シャルトル大聖堂**は後期ゴシックの代表です。とんがった塔(尖塔)が特色です。

　内部構造の特色としては**尖頭アーチ**が知られています。尖頭アーチと尖塔は違うからね。図で描いたほうが分かりやすいな。

©青木　　　　　©青木

(**左**) **サン=ドニ修道院の大聖堂**。パリの北側に位置し，中には歴代フランス国王の墓がある。左の塔は地震で倒れたとのこと。
(**右**) パリの**ノートルダム大聖堂**のステンドグラス。「ノートルダム」とは"我らの貴婦人"の意で，聖母マリアのこと。

118

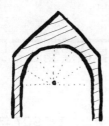
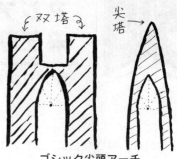

©青木

ピサ大聖堂の半円アーチ　　ロマネスク半円アーチ　　　ゴシック尖頭アーチ

　上にのっているものを支えるためにアーチを用いるわけですが，そのてっ
ぺんがとんがっているので尖頭アーチと言うのです。これに対してロマネス
ク式では，**半円アーチ**で上部を支えます。この半円アーチとビザンツ式の円
屋根を混同しないように。

　以上，中世ヨーロッパの文化についての話でした。

第31回

アジア諸地域の諸国と宋王朝

東アジア世界の展開とモンゴル帝国(1)

今回は，ひさびさにアジアのお話です。まず**907年の唐の滅亡**は，東アジア・北アジア世界の大事件でした。なんせ唐は，広大な領土を持つ「**世界帝国**」でしたからね。今で言うなら中華人民共和国が滅亡するようなもんだよ，……滅亡しないけどね(笑)。

では，まずアジアのいろいろな民族の国家(王朝)について見てまいりましょう。

① アジア諸地域の国々

別冊プリント p.55 参照

■ 唐の滅亡の影響

確認しておきますが，**唐の滅亡**の影響は大きかったですね。

というのも，唐が滅亡したことで，その政治的・文化的影響下にあった**諸国・諸民族の民族的自覚が高まり**，唐の文物を活用しながら独自の発展を見せていったからです。

とりあえず**907年**の唐の滅亡後に，新たに登場した国々をまとめておきましょう。

唐滅亡後に創建された諸国

- ●モンゴル高原：契丹(遼)(916 〜)
- ●朝鮮：高麗(918 〜)
- ●雲南：大理(937 〜)
- ●ベトナム：李朝大越国(1004 〜)

■ 契丹(遼)

まず，モンゴル高原で台頭したのが，**モンゴル系の契丹(キタイ)**でした。その前のモンゴル高原と言えば，**トルコ系のウイグル**が力を持っていまし

たが，9世紀半ばに**トルコ系のキルギス**に攻撃されて，ウイグル人の多くは**中央アジア東部**に移っていきました。

さて契丹人が**916年**に建国した国を「**契丹（大契丹国）**」と言います。また中国風の国名を「**遼**」と言うようにもなりました。契丹人は，この2つの国名を使い分けていたようです。

Q この契丹人の国家の建国者はだれか？
　　　　　　　　　——耶律阿保機ですね。

耶律阿保機

では，その10年後の**926年**に，

Q 遼が滅ぼしたツングース系民族の国は？
　　　　　　　　　　　　　　　——渤海です。

これで遼は**中国東北地方**を支配下におきました。

そして936年には，**五代**の1国である**後晋の建国を援助**した見返りに，中国本土の**燕雲十六州**を獲得しました。

946年にはその**後晋**を滅ぼし，11世紀の初めには，**宋の真宗と遼の聖宗**が平和条約を結びました。宋は燕雲十六州の奪還のために，それまでずっと遼と戦っていたのでした（→ p.124 の地図を参照）。

Q 宋と遼が1004年に結んだ平和条約は？
　　　　　　　　　　　　　　　——澶淵の盟

これは読み方が難しい。重要な内容をまとめると，

> 遼は宋の皇帝を兄として兄弟の契りを結び，歳幣を受領する。
> また国境は現状維持とし，燕雲十六州は遼の領有のままとする。

「**歳幣**」とは贈りもののこと。この場合は，宋に侵入しないことの代償としてもらう“お土産”と解釈していいでしょう。その内容は，**銀と絹**でしたが，それらの一部は，**ウイグル人商人**によって**イスラーム世界**に転売されました。

また「宋が兄」で「遼が弟」ですから，宋ー遼の関係は**冊封関係ではなく**，

「家人の礼」が適用されたものと言えます（→第1巻, p.140）。

　しかし，遼は1125年に宋と金に挟撃されて滅んでしまいました。モンゴル高原から姿を消した彼らの一部は，耶律大石に率いられて中央アジアに移動し，トルコ系イスラーム王朝のカラハン（カラ=ハン）朝を滅ぼして，西遼（カラ=キタイ）を建国します。

■ 征服王朝

ウィットフォーゲル
(1896～1988)

　さて遼は「征服王朝」の最初のものと言われます。征服王朝という言葉はウィットフォーゲルというドイツ系アメリカ人の歴史学者の造語です。その定義は，

征服王朝とは？

> 　自らの故地（もともと所有・支配していた土地）と民族的独自性を維持しつつ，中国本土をも支配した王朝。

この定義にあてはまる征服王朝は，中国の歴史上，次の4つだけです。

征服王朝

① 遼…根拠地はモンゴル高原，燕雲十六州をも支配。
② 金… 〃 　中国東北地方，中国華北地方をも支配。
③ 元… 〃 　モンゴル高原，中国全土をも支配。
④ 清… 〃 　中国東北地方，中国全土をも支配。

> 他にもありそうだけど，条件を満たすのは，この4王朝だけです。

　第1巻の第8回で勉強した鮮卑系拓跋氏の北魏は，征服王朝には入れません。彼らの多くは，故地のモンゴル高原を捨てますし，漢化政策なんかやって，その民族性も自ら放棄してしまいますからね。しかし中国本土を支配した王朝ではあります。この北魏のような王朝は，「浸透王朝」と言います。

　さて，遼という征服王朝は，二重統治体制という政治体制をとりました。

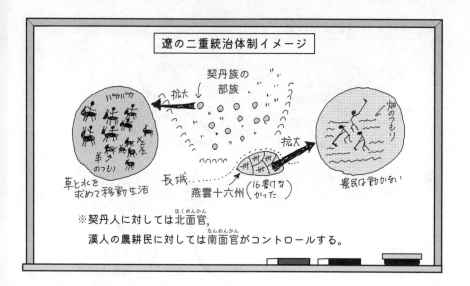

遼の二重統治体制イメージ

契丹族の部族

拡大 ← パッカパッカ 草と水を求めて移動生活

長城 燕雲十六州（16書けなかった）

拡大 → 畑のつもり 農民は動かない

※契丹人に対しては北面官、漢人の農耕民に対しては南面官がコントロールする。

その内容ですが，

Q 契丹をはじめとする遊牧民に対しては部族を単位として支配しました。その支配システムをなんと言うか？ ——部族制

Q では，漢民族を中心とする農耕民に対してとった，土地を単位とした支配システムは？ ——州県制

すなわち遼の支配領域には，**絶えず移動する遊牧民**もいれば，農耕民のように**定住して生活**している民族もいる。二重統治とは，そうした**民族の違い**，**生活スタイルの違い**に応じて，**2種類の支配体制**をとりましたよ，ということなんです。

次に宗教としては**仏教が隆盛**でした。文字は**契丹文字**を持っていますが，現在まで解読はあまり進んでいません。**漢字とウイグル文字の影響**を受けているようですが。

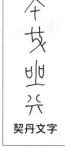

契丹文字

上の黒板に，遼の二重統治体制を図解しておきましたので，ああ，こんなイメージか，と思っていただければ結構です。

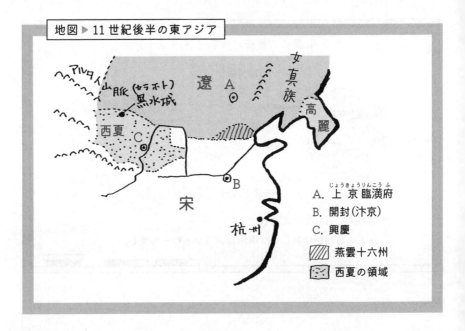

地図 ▶ 11世紀後半の東アジア

アルタイ山脈（ｶﾗﾎﾄ）黒水城

遼　A

女真族

高麗

西夏　C

宋

杭州

B

A. 上京臨潢府（じょうきょうりんこうふ）
B. 開封（汴京）
C. 興慶

▨ 燕雲十六州

▨ 西夏の領域

▌ 西夏（大夏）

続いて，11世紀にできたのは**西夏**（せいか）。自称だと**大夏**（たいか）という国号ですね。

Ｑ 西夏（大夏）を建国した民族の名前は？　　　　　　　　——タングート人

民族系統は**チベット系**です。漢字で"**党項**（とうこう）"と書きますね。これはタングートの当て字です。では，

Ｑ 西夏の建国者はだれか？　　　　　　——**李元昊**（りげんこう）

受験生は"昊"の字をよくまちがえます。練習しないと絶対に
書けない字です。

　西夏は宋をしばしば攻撃して，**1044年**には**慶暦**（けいれき）**の和約**（わやく）を結び，**銀・絹・
茶**といった**歳幣**（さいへい）を受け取ることになりました。ただし，西夏は宋の皇帝に対
しては**臣下の礼**（しんかのれい）をとりました。要するに**冊封**（さくほう）されたのです。この点は，**家人
の礼**が適用された**遼**とは違いますね。

　西夏の首都は**興慶**（こうけい）。20世紀の前半に，ロシアのコズロフやイギリスのス

タインの探険で有名となった遺跡があります。それが「黒水城」で，**カラホト**と読みます。映画化もされた小説『敦煌』にも出てきますね。原作者は，井上靖ですね。

文字は，**漢字**にならった**西夏文字**をつくりました。この文字の解読もまだ途上のようです。

西夏文字
西夏文字で「大安二年」を表すとこうなる。

📕金

一方，半農半猟生活の**ツングース系ジュルチン**が，1115 年に**中国東北地方**につくった国が**金**です。ジュルチンを漢字では**女真**と表現します。

Q 金を建国した人物はだれか？ ——**完顔阿骨打**

昔々，私がまだ高校生のころ初めてこの名前が出てきたとき，びっくりしたんですよ。いったい何てやつなんだ！"**完璧**な顔でアーッと言いながら，骨を打つ"(爆笑)。あとから調べたらなんてことはない。これは要するにワンヤンアグダの当て字なんですね。ちなみに「完顔」は部族名です。

金は建国して 10 年後に**遼を滅ぼし**，その余勢を駆って **1126 年**，華北に侵入して，1127 年に**宋(北宋)を滅ぼ**しました。この事件を**靖康の変**と言います。やったのは 2 代目の金の君主**太宗**。あとで**明の時代に靖難の役**と言うのが出てきますけれど，それと混同しないように。

勝手な想像すな‼

完顔阿骨打

▶金の支配体制

12 世紀の後半には，**海陵王**という君主が登場します。"暴君"として名高い人ですね。南宋を攻撃しますが，中国の南半を統合するまでには至りませんでした。都は燕京。今の**北京**ですが，海陵王がここに遷都して，中都と改名します。

金は漢人を支配する際に，遼と同じように**二重統治体制**をとりました。すなわち漢人に対しては，土地を単位とする州県制で支配したのです。

その一方で，女真族を統率するのに，独特のシステムをとりました。

Q 完顔阿骨打が確立した軍事・行政システムはなんと呼ばれるか？

——猛安・謀克制

　これも漢字だけ見るとすごいですが，単に"ミンガン・ムケ"という原音を漢字で表したにすぎません。どういう内容かと言うと，

猛安・謀克制

> ① 300戸につき100人を徴兵……1謀克（＝1ムケ）
> ② 10謀克……1猛安（＝1ミンガン）

　つまり，300戸の家から100人の兵士を出させる。この100人のまとまりを**1謀克（＝1ムケ）**と言います。その1ムケが10集まったやつを**1猛安（＝1ミンガン）**と言うのです。

　だから"猛安・謀克制"の意味を取ると，"十百制"ということなんですね。

　「戸」とは，女真が移動生活で使う**テント**のこと。要するに「家」ですよね。そこからスムーズに兵士を出させる制度で，いわば**戦争に即応できる体制**とでも言いましょうか。

　こういう体制をとったり，**契丹文字や漢字をもとにして女真文字**という独自の文字をつくったりして，中国に同化されるのを防ごうとした金ではありました。しかし，支配領域も広く，それだけ多くの漢人と接するわけで，同化を止めることはできませんでした。これは遼の場合も同じでした。

　次は，文化面で質問します。

Q 金代に広まった儒仏道を融合した宗教とは？

——全真教

　これは**道教を基礎**とし，**儒教**も，**仏教**の要素を導入した宗教でした。この宗教を生み出したのが，**王重陽**です。道教はもともとは「不老長生」などをめざす現世を重んじする宗教でした。しかし王重陽は，仏教の禅宗の影響を受けて俗世を離れて修養を深めることを強調しました。また儒教の影響から，「忠孝」の精神も重んじたようです。

🔖 大理と高麗，ベトナム

　最後になりましたが，10世紀前半には**雲南地方**にあった**南詔**が滅び，新たに**大理**が**建国**されました。まっ，この国については，次のモンゴルのところでお話ししましょう。それから10世紀初頭に朝鮮に建国された**高麗**と，11世紀初頭にベトナムにできた**李朝**が支配する**大越国**については，第1巻ですでにお話ししましたね（→第1巻，p.177）。

　では続いて，中国王朝の宋について。

② 宋（北宋）　 📖 別冊プリント p.57 参照

　宋（北宋）の建国は**960年**でした。

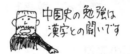

Ⓠ では，建国者はだれか？

—— **趙匡胤**

　趙匡胤は**武人**出身で，都を**開封（汴京）**に置きました。**五代十国**の争乱時代を勝ち抜いた武人です。その趙匡胤の政治の基本方針は，次の2点です。

趙匡胤の政治方針

> ① **武断政治**から**文治主義**への転換
> ② **君主（皇帝）独裁体制**の強化

　彼はこのように政治の基本方針を転換しました。では，まず**文治主義**の説明から。

🔖 文治主義

　100年間の混乱を**収拾**した趙匡胤は，武器を持った人間，すなわち**武人（軍人）**の権限を**封**じていこうと考えました。

　代わりに**文官**，英語では civilian（シビリアン）と言いますが，彼らを政治の中心に**据**えていこうとします。これを**文治主義**と言うのです。

その一方で節度使の権限の縮小を断行しました。具体的には，節度使に欠員が出るたびに，そこに**文官を補充**して，軍人から兵力や財力を奪っていきました。一方，節度使の手を離れた兵士たちは，**皇帝直属の軍隊**として再編成されました。皇帝直属の軍を禁軍と言います。

行政を担当する最高の官庁は，**唐の時代は尚書省**でしたね。では，

Ｑ 宋代，六部を統括して，行政を担当した官庁はどこか？

——中書省

財政担当の役所は三司と言います。宋の財源は，唐以来の**両税法**による税収と，**塩・茶・酒などの専売制**による収入でした。

📖 文民統制の思想

もう１つおもしろいのは**枢密院**という役所。今の日本なら防衛省でしょうか。ここは**軍事を担当**する役所ですが，ここの長官も**文官が担当**したのでした。だいたい軍隊という組織は，戦争という危機的状況のなかで，極めて高度な専門的対応を要求される部署です。

にもかかわらず，趙匡胤は枢密院の長官にも"戦闘のアマチュア"である文官を持ってきた。なぜか？　それは，軍人はどうしても眼前の戦闘の勝利にこだわってしまい，視野が狭くなると思われたからなのです。その結果が**唐末五代の100年間にもおよぶ争乱**なのだ。——趙匡胤はそう考えたんですね。戦争などの指導を行うのは，幅広い学識と視野をもった文官に限る……。

趙匡胤(927〜976)
もとは後周に仕えていた軍人。幼少の後周皇帝から"禅譲"のかたちで帝位をゆずられる。その後，十国のうちの楚・後蜀・南唐を次々と滅ぼして中国統一を進展させた。なお統一完成は次帝太宗（趙匡義）のときで，彼は979年に十国のなかで最後まで生き残った北漢を滅ぼした。

この発想を**文民統制**（シビリアン・コントロール）と言います。この言葉自体は、ピューリタン革命以後のイギリスで生まれたものだと言われています。戦後、アメリカもこの考え方を日本に持ち込みました。でも中国ではすでに 1000 年前に文民統制を確立していたわけですね。

▆ 科挙の整備

一方では、**科挙を整備**して文治政治を支えようとします。文官を長官に持ってきたりするのですから、本当に優秀な人間を選ぶ必要があるわけですね。

宋代以後の科挙は**３段階選抜方式**で実施され、まず最初に行われる試験を「**解試**」あるいは「**州試**」と言いました。この試験は**地方の州**で行われ、そこで初めて問題を包んでいる袋の封印が解かれます。だから、"解試"と言うんです。そこで選ばれた連中が、「**省試**」にいどみ、ここも勝ち抜いた者が、新たに創設された最終試験に臨むわけです。では、

Q 宮殿で行われる皇帝みずからが行う最終試験をなんと言うか？
——殿試と言います。

▆ 君主独裁体制の成立

一方、宋では**君主（皇帝）独裁体制が成立**しました。と言うと、よく「唐までは皇帝独裁じゃなかったんですか？」と質問されます。結論から言うと、独裁ではありませんでした。いただろ？　貴族（門閥貴族）が、地方に。彼らの意向を無視した政治なんて、皇帝でもできませんよ。

ところが、**唐末五代の争乱**によって、**貴族のほとんどは没落**し、新たな農村の支配者は**新興地主の形勢戸**。彼らには、混乱のなかからのし上がっていけるような「**実力**」はありますが、なにせ「成り上がり」なもんだから、「**権威**」というものがありません。「権威」って、一朝一夕に手に入る代物ではありませんからね。

ところがその権威を、割とたやすく……、こんなこと言うと**形勢戸**にぶっ飛ばされそうですが（笑）、手に入れる方法がありました。もうお気づきですね。それは**科挙**です。これに受かって、皇帝に仕える官僚になれば、それな

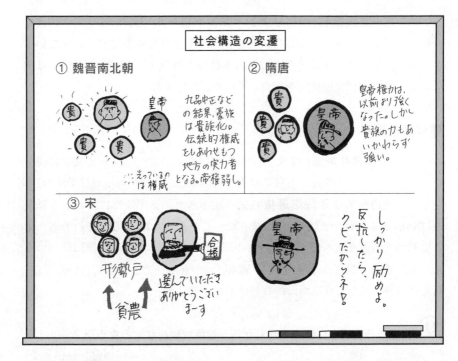

りの権威を身につけることができるわけです。その科挙に合格した**官僚**を出した家は、**官戸**と呼ばれました。

とはいえ、せっかく官僚になれても、解職されたら終わりです。だって官職は、今の日本と同じように**世襲制じゃない**からね。だからめったなことでは皇帝に刀向かったりしないのです。そして何よりも**殿試**の影響が大きかった。最終試験で合格の判断をしてくれた**皇帝**とは一種の**師弟関係**が成立し、また恩義も感じただろうからね。

こうして、皇帝は自分に忠実な**科挙官僚**を従え、皇帝が中心となって意思決定をおこない、官僚に実行させる政治、すなわち**君主独裁政治**を展開するのです。この体制は、宋から**元・明・清**に受け継がれていきます。

📘 読書人階級

さて官僚になると**徭役を免除**され、**税も軽減**されるなどの特権を認められました。しかしこの特権もその官僚**一代限りで世襲はできません**。そこで官僚となった人間は、自分の子供たちに猛勉強させて科挙にチャレンジさ

せるのでした。唐までの門閥貴族だったら「家系・血筋」がものをいうから，息子どもは勉強なんかしなくてよかった。

ところが宋代以降になると今言ったような事情があって，一所懸命に**勉強する社会階層**が登場してくるのです。この階層を**読書人**と言います。そりゃあ，いつも本を読んで勉強しているからね。読書の中心は儒学の経典である「**四書五経**」。そこから彼らは**儒学の素養**を身にまとうことになります。そこを強調して，彼らのことを**士大夫**とも言います。

③ 宋の混乱・滅亡

📖 別冊プリント p.57 参照

11 世紀以降になると，**宋の混乱**がだんだん顕著になっていきます。原因としては，**遼や西夏への巨額な歳幣**が挙げられます。これは大きな負担でした。

また増大する**官僚や兵に対する給費**も，国家財政を圧迫しました。

社会を見てみると，**農民や小商人が疲弊**していました。その原因ですが，まず国家が課す重税は，**自作農**に重くのしかかっていました。また**地主**は**小作人たる佃戸**を，**豪商**は小商人を搾取するし，異民族への歳幣のための負担をも余計に支払わされる。こうして宋王朝の基盤が揺らいだのでした。

📓 王安石の新法──富国強兵策

ここで登場したのが，「新法」で知られる**王安石**です。

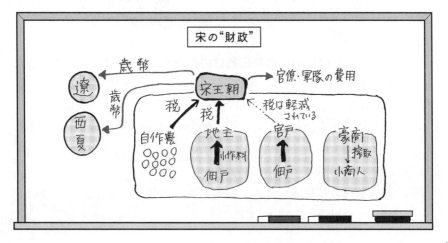

宋の"財政"

彼は**農民・小商人の生活を安定させる**ことがまず第一と考えます。そこで，彼は農民・小商人の税負担を軽減する代わりに，社会の上層部，すなわち**地主や豪商からしっかり税金を取る**ことを決断します。この"弱きを助け，強きをくじく"というのが王安石の「**新法**」の**基本精神**でした。

　では，彼の政策を具体的に見ていきましょう。まず，

Ⓠ 王安石の革新政策をバックアップした皇帝はだれか？
　　　　　　　　　　　　　　　　　　　　　　——**神宗**です。

私も賛成

ロイド＝ジョージ
20世紀初頭のイギリスの蔵相。富裕層に高率の所得税をかけた。

　彼の新法政策の基本方針は，**富国策と強兵策**でした。

▶富国策

　富国策は２本の柱から成っていて，第１の柱が**貧民救済策**です。まずは，**青苗法**によって**農民に低利の融資**を行いました。では，

Ⓠ 小商人に対する低利融資を決めた法律名は？
　　　　　　　　　　　　　　　　　　　　　　　　——**市易法**

　いずれも**低利融資**。農業も商売も**資本（元手）が必要**です。しかし中小農民や小商人にはそれがなく，**地主や豪商に高金利で借りる**しかありませんでした。そこで，新法では，国家が安い金利で，資金を貸してやろうというのです。

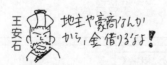

王安石「地主や豪商なんかから，金借りるなよ！」

地主　豪商「余計なことを…」

　第２の柱は**上層の連中への負担転嫁の政策**で，その最たるものとされた法律は**募役法**です。募役法は，労役のかわりに少額の**免役銭**を徴収し，労役にあたる人々に労賃を払って雇用するという法律でした。労賃の不足分については，従来**免役の特権**をもっていた**官戸**や**寺観**に**助役銭**を払わせました。官戸とは官僚を出した家でしたね。「寺観」の"寺"は仏教のお寺のこと，"観"は道教寺院の「道観」からきています。

　それから漢代の**均輸法**も復活してますね。一方，**平準法**のほうは復活してないですね。

波線部は正誤判定問題で狙われるかも!?

王安石
(1021〜1086)

1042年，科挙に4位で合格。40歳で神宗に抜擢される。やっかみも大きかったらしく，「顔を洗わない」とか，「魚釣りのエサを食べる」なんていうウワサを立てられた。

司馬光
(1019〜1086)

50歳のとき，新法に反対して失脚。その後は歴史書『資治通鑑』の執筆に没頭した。66歳で宰相に復活し，新法を次々と廃止したが，その翌年，王安石のあとを追うように死去した。

▶強兵策

続いて強兵策。まず保甲法を通じて，農民10戸を基礎単位として民兵を組織させ，農村の治安の維持にあたらせました。要するに兵農一致の原則ですね。保馬法とは農家に軍馬を飼育させるというものです。平時には農耕での使用が許されました。

こうした努力によって，軍事費を少しでも減らそうとしたのですね。

◤旧法党

さて，新たに負担を求められた地主・豪商は反発し，王安石系の官僚たち（新法党）に対抗して，旧法党と呼ばれる派閥ができました。では，

Q 旧法党の中心人物はだれか？ ──司馬光です。

彼には『資治通鑑』という歴史の作品がありますが，この本は編年体というスタイルを取っています。いま君たちが使っている教科書と一緒で，年代順に歴史を追った作品です。

Q やはり旧法党のメンバーで，『新唐書』という紀伝体の歴史の本を書いたのはだれか？ ──欧陽脩

▶靖康の変

結局この「党争」と呼ばれる派閥対立では，旧法党のほうが勝ってしまいました。ということは，下層民衆の苦しい生活はそのままだったわけですね。王安石が懸念したように，国家の動揺は続き，1126〜1127年の靖康の

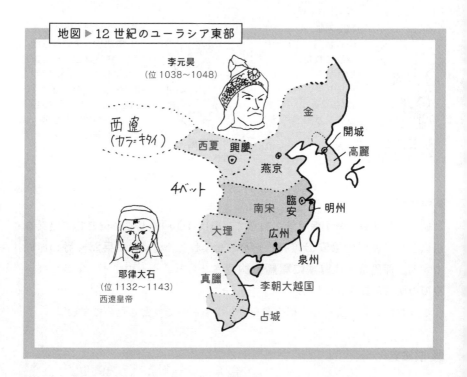

地図 ▶ 12世紀のユーラシア東部

李元昊
（位 1038～1048）

西遼
（カラ゠キタイ）

西夏　興慶

金

開城

高麗

燕京

チベット

南宋　臨安

明州

大理　広州

泉州

耶律大石
（位 1132～1143）
西遼皇帝

真臘

李朝大越国

占城

変において，**女真の金**によって首都の**開封**を占領されてしまいました。「靖康」は当時の元号。「変」とは不愉快な事件，くらいの意味です。

■ 南宋

　靖康の変によって華北が金に奪われました。**上皇の徽宗**——上皇とは"かつて皇帝だった人"ですが——と，**皇帝の欽宗**が金に囚われました。

　一方，宋の残党は**江南**に移り，**1127年**に南宋が成

立しました。これに対して，それまでの宋を「**北宋**」と言うわけ。で，この南宋では徽宗の子だった**康王**（本名は趙構）という人物が皇帝の座につきます。皇帝としては**高宗**ですね。では，

Ｑ　南宋の首都はどこか？

——**臨安**

134

現在の杭州です。

　華北には金がいて，南には南宋です。その南宋の内部においては，「断固金を叩くべし，そして南北を統一すべし」という主戦派と，「金とは，仲よくして，中国の南半分だけでも保持しよう」という和平派の２つの派閥が生まれましたが，結局，高宗に支持された和平派が勝利をおさめました。

Q 敗れた主戦派のリーダーはだれか？ ──岳飛

岳飛
(1103〜1141)

秦檜
(1090〜1155)

　その岳飛を獄死させ，1142年に金と平和条約を結んだ中心人物が秦檜です。"檜"の字は木へんですよ。この平和条約を紹興の和約と言いますが，この和約によって，**南宋は金に対して臣下の礼**をとることになりました。言わば異民族王朝によって"逆冊封"されたわけです。これは，中国史上唯一のできごとでした。

Q この和約で，国境線となった川の名は？ ──淮河です。

　中国を南北に分ける際の目安とされるのは，この淮河です。黄河と長江の間を流れている川で，この川を境にして，農業も**北部の畑作地帯**と**南部の稲作地帯**とに区分されます。

　しかし，この南宋も1279年 (or 1276年)，**元のクビライ（フビライ）**に滅ぼされてしまいました。そのときの最後の戦いを崖山の戦いと言います。

　以上で宋（北宋・南宋）の政治史はオシマイです。

④ 宋代の社会・経済

　大きな発展をした宋・南宋から明清にかけての経済は，論述などでも頻出の分野です。ここでは宋代の経済などについて，説明しましょう。

■ めざましい農業発展

　まず**農業生産**ですが，これはめざましく発展しました。

　とくに**南宋**の時代，金に華北を奪われたことを契機に，多くの漢人（かんじん）が**江南（こうなん）に移動**しました。その人口を養（やしな）うため，またその労働力を使って，**江南の新田開発**がさかんに行われたのです。

　長江（ちょうこう）流域には，**囲田（いでん）や圩田（うでん）**と呼ばれる水田がつくられました。それぞれ湿（しっ）地帯や池，それに河岸（かがん）や湖を**堤防で囲（かこ）って干拓（かんたく）**してつくった田です。ちなみに「圩」とは堤防（ていぼう）のことです。

Ｑ 北宋の時代にベトナムから伝わった，ひでりに強い水稲（すいとう）の品種は？
——**占城稲**（せんじょうとう）

　これが水田地帯に普及（ふきゅう）しました。また，１年のうちに**米と麦など２種類の穀物をつくる二毛作（にもうさく）**や，**１年に２回米をつくる二期作（にきさく）**も本格化しました。

　農業の中心地は**長江下流（かりゅう）**です。

　当時流行った言葉に，「**江浙熟（こうせつじゅく）すれば天下足（た）る**」と言うのがあります。長江下流の**江蘇省，浙江省**（せっこう）の頭文字（かしら）を取って江浙地方と言うんです。あるいは「**蘇湖熟（そこ）すれば天下足る**」とも言いました。ここで言う「蘇湖」とは，江蘇省と浙江省の中心都市である**蘇州（そしゅう）と湖州（こしゅう）**のことです。

Ｑ 一般に，中国の農村地帯で地主に支配される農民，つまり小作人のことをなんと呼ぶか？
——**佃戸**（でんこ）

　一方，**茶の栽培（さいばい）**がさかんになり，**喫茶（きっさ）（飲茶）の習慣**も広がりました。それを受けて**陶磁器生産（とうじき）**なども発展をとげます。では，

Q 江西省に位置し，陶磁器生産の中心地として知られる都市はどこか？
——景徳鎮

都市の発達

▶宋代都市の形成過程

　宋代には，鎮や市と呼ばれる新興都市が形成されました。その成立過程には，2パターンあります。

　まず1つ目のパターン。唐代の後半以来，各地に**民間が設営**する市場ができました。これを草市と言いましたね（→第1巻，p.152）。この草市を中心として**市場町**が生まれ，「市」と呼ばれる都市が生まれました。

　続いて2つ目のパターン。唐代の**節度使**が「鎮」と呼ばれる軍事拠点を築きました。これを中心に発展した都市を，そのまま「鎮」と言います。そして「鎮」にしても「市」にしても，宋代の都市はいずれも**経済活動の拠点**として発展した経済都市だったのです。

▶唐代の都市

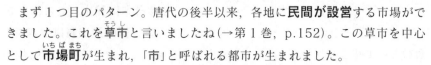

唐・宋の都市の比較は論述の頻出テーマです！

　これに対して唐代の都市は，**政治都市**や**軍事都市**が中心でした。そのため，長安などの都市では，市内は**整然とした区域**に分けられました。これを坊制と言います。また都市のなかには市場も設置されましたが，それは**官営**であり，それ以外の地域での**民間の商業活動は制限**を受けました。これを市制と言いましたよね（→第1巻，p.151）。

▶宋代の都市

　一方，宋代の都市では，**瓦市**と呼ばれる**繁華街**が形成され，**夜間営業**も認められるなど，**規制は緩やか**でした。唐代までのような政治都市なら，行政機関や高級官僚を守るために，夜には門を閉めて**治安を確保**したいところです。が，何せ宋代は**経済都市**。6時で営業終了じゃ，儲かりまへん！

▶行・作の形成

　また行と呼ばれる**商人の組合**や作と呼ばれた**手工業者の組合**もつくられました。中世ヨーロッパにも**ギルド**というのがありましたけど，それと似たようなものです。

ただし，ここで注意！　それは，「行」にはもう1つの意味があるということです。すなわち，この言葉は隋・唐期においては，商工業者の"同業店が集まった地域"の意味で使用されています。注意ね。

これ，ホントに
注意です

◤ 貨幣経済

一方，**商工業の発展は貨幣経済の発展**を促しました。「貨幣経済」とは，生活物資などを，貨幣を仲立ちにした交換によって獲得して生きてゆく——とまあ，そういうシステムのことを指します。

宋ではとくに銅銭がさかんに鋳造され，一部は**日本に輸出**されるほどでした。じゃあ金と銀はというと，中国では昔から**金・銀の産出量は少なく**，貨幣として鋳造されることは，ほとんどありませんでした。これは宋代も同様で，金・銀は**貨幣ではなく地金のまま**交易に用いられました。

さらに，宋の時代には**紙幣**も用いられ，**交子，会子**が発行されました。銅銭やその補完物であった鉄銭は，貨幣価値が低く，なおかつ重かったので，大きな額の取引きになる**遠隔地の交易のときに不便**だったのです。これが紙幣が発行された背景でした。

交子，会子にはいちおう区別があって，**交子は北宋の時代，会子は南宋**になってから発行されたものです。その起源は唐代に発行された飛銭と呼ばれる約束手形でした。

また，先述のように**銅製の宋銭**は，**日本にも大量に輸出**され，これは**日本の貨幣経済を促進**することになりました。

◤ 海外貿易の新傾向

宋代の海外貿易には，唐代のそれと比べて，新たな展開がありました。それは**中国人自身**が，**ジャンク船**という帆船を操って，**南シナ海からインド洋**まで進出したことです。

唐代には，インド洋で**ダウ船**を駆使していた**ムスリム商人**，それに加えて**インド人商人**が中国に来航しました。

ところが，875年に起こった**黄巣の乱**によって，貿易の拠点港だった**広州**が破壊さ

三角帆

ダウ船　　　ジャンク船

138

れてしまいます。このため，
インド洋から来航していた貿
易船は，**マレー半島まで撤**
退してしまいました。

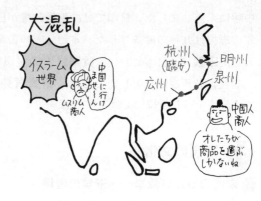

また **10 世紀**になると，中
国にとって"お得意さん"だっ
た**イスラーム世界の分裂・**
混乱が激化したため，ムスリ
ム商人たちの中国来訪が難し
くなりました。

　じゃあというので，**宋代**には，中国人商人がジャンク船に乗って，**南シナ**
海やインド洋まで出向くようになったのです。

▶陶磁の道

　中国商人は**香辛料**などを求めて出帆するのですが，そのときに，東南アジ
アやインド・イスラームの人々が欲しがっていた品物を持っていきました。
それは**陶磁器**です。陶磁器って，重いし壊れるしで，陸路で運ぶのは大変で
すよね。これはやっぱり船で運ぶに限る。とくに**ジャンク船**はすごく頑丈で，
なおかつ大きな船腹を持っているので，陶磁器のような重い商品の運搬に向
いていたのです。

　そんなわけで，中国商人のたどった**東・南シナ海からインド洋**にいたる
交易ルートは，とくに「**陶磁の道**」と呼ばれるようになりました。

▶市舶司の設置

　また**広州**，**泉州**，**明州**(明代には**寧波**)には**貿易管理機関**が置かれ，これ
を**市舶司**と言いました。まあ，今で言うなら税関のような役所ですね。また
市舶司が置かれたのは，宋が初めてではなく，**唐**の時代にすでに設置されて
いました。ただし**広州のみ**にね。

▨ 民間貿易の展開

　一方，宋代の貿易では，**私貿易**，言いかえると**民間貿易が発展**しました。
とくに中国・朝鮮・日本のあいだがさかんで，**朝鮮の高麗船や日本の船**も

中国に来航しました。日本では，**平氏政権**が**日宋貿易**を展開しました。日本側の窓口は九州の**博多**でした。また，宋の書籍や陶磁器とともに，大量に流入した**宋銭**は，日本における**貨幣経済の浸透を促進**しましたね。

宋代に私貿易が発展したことは，**朝貢貿易が中心**だった**唐代**とは対照的ですね。……じゃ続いては文化史ね。

⑤ 宋代の文化

📖 別冊プリント p.60 参照

■ 宋代の新しい儒学——宋学の登場

宋代には，**儒学**に大きな飛躍が見られました。結論から言うと，宋代において**儒学は哲学**となったのでした。哲学とは，世界や人間の本質を追求する学問。じゃあ，それまでの儒学は何だったのでしょうか？

儒学とは

① 孔子〜孟子・荀子：平和の構築などをめざす政治学・道徳
② 漢〜唐：経典の字句の解釈を行う訓詁学

それが宋代には，「**宇宙や人間の本質（＝理）を追求**」する哲学となったのです。背景は，唐の滅亡を契機に，周辺民族が強大化し，**中国人が世界観の変更を迫られた**ことですね。その際に，中国の知識人たちは，儒学の論理を手がかりにしようとしたのです。

このように，**哲学的内容**を追求する儒学を，**宋学**と言います。

■ 宋学の系譜

ワシが宋学の祖じゃ 周敦頤

宋学の基礎をつくったのが**周敦頤**。彼は，仏教の**禅宗**や**老荘思想**，それに**陰陽五行説**などの影響を受けつつ，『**太極図説**』という著書を残しました。「太極」とは，宇宙の根元を意味します。

次いで，**程顥・程頤**の兄弟が登場します。2人合わせて「**二程子**」と言う場合もあります。この2人が**朱熹（朱子）**に与えた影響は大きなものがありました。その影響の中身を含めて，話を続けましょう。

140

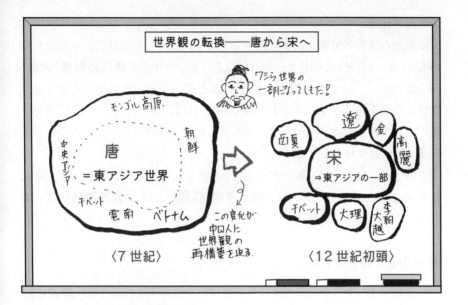

世界観の転換——唐から宋へ

ワシら世界の一部になってしもた！

〈7世紀〉
唐
= 東アジア世界
モンゴル高原
中央アジア
朝鮮
チベット
雲南
ベトナム

この変化が中国人に世界観の再構築を迫る.

〈12世紀初頭〉
宋
⇒ 東アジアの一部
西夏
遼
金
高麗
チベット
大理
李朝
大越

■ 朱子学が追求したもの

　朱熹は南宋の人です。彼によって宋学は大成され，朱子学という呼称が生まれました。

　朱子学は幅広い内容を持った学問で，その対象は世界・宇宙論，自然論，倫理，人間学にまでおよびます。とにかく，壮大なる知の体系です。

▶華夷の別

　この朱子学の内容のなかで，入試で問われやすいのは華夷の別でしょう。これは「俺たち漢民族は世界の"華"，あいつらやっぱり野蛮人（夷）」ということだね。"あいつら"とは中国周辺の異民族のことです。今,不用意に「周辺」と言っちゃったけど，これは訂正するわ。だって，女真人の金は華北をも支配していますからね。例の靖康の変（1126〜1127年）以来ね。で，このことは，中国人の自信をおおいに傷つけたわけだ。

　まあ，これに対する慰めの意図もあったんじゃないかな。そういえば朱熹は熱烈な民族主義者で，1142年の金との和約にもずっと反対していたそうです。

▶大義名分論

　それから**大義名分**論。簡単に内容を言うと，国家・社会には，それぞれの**ポジション(名分)**に応じて，それに見あった果たすべき**責任と義務(大義)**がある，と言うのです。**君主と臣下**，**親と子**，夫婦，兄弟などなど。その責任と義務をおろそかにすると，国家・社会は混乱する。……その結果が靖康の変であり，その結果が金による華北占領を生んだのだ，と，ここまでは朱子(朱熹)は申しておりませんがね。

　このように社会体制の維持と安定化を志向する朱子学の教えは，**君主独裁を正当化**する理論として，**明・清**や**李朝朝鮮国**，それに**江戸幕府**によって**官学化**されました。

📕 朱子学がめざすもの

　朱子たちは，宇宙や人間の本質である「**理**」を追求するためには，**謙虚に勉強**するしかないと主張します。この姿勢を「**居敬窮理**」と言います。また，幅広く人間や外界の本質も探求せよ，と主張しました。これは「**格物致知**」と表現されています。こうした努力を集積して，朱子の学問は壮大な体系となったのですね。ヨーロッパだったら，アリストテレスの学問や，トマス=アクィナスが大成したスコラ学を思い出させます。

📕 四書

　さて，その「**理**」を探求する手立ては**読書を通じて考えること**であり，読書の対象の中心は**四書**でした。

四書

　『論語』，『孟子』，『大学』，『中庸』

142

儒学のテキストといえば**五経**がありましたよね。朱熹は五経を軽んじているわけではありません。しかし哲学探求を志す朱熹としては，諸経典のなかでも哲学的な内容に富んでいるテキストを中心に勉強したいと考えました。

　哲学的な内容に富むのは，『**大学**』と『**中庸**』の２書です。この２つは，もともとは，**五経**の１つである『**礼記**』の一部でした。

　それから『**論語**』は，孔子の言行録ですが，孔子みずからの著作ではありません。そのこともあってか，五経には入っていませんでした。『**孟子**』にいたっては，ながらく危険思想という扱いを受けてきました。そりゃそうだろう，だって『孟子』って支配者にとっちゃ危険思想だもん。ん，忘れた？　『孟子』って「**易姓革命**」を唱えていましたよね。

　朱熹は『**四書集注**』というガイドブックを残しています。あともう一つは『**資治通鑑綱目**』。これは司馬光が著した『**資治通鑑**』のなかで，朱熹が重要だと思う事項をピックアップして再編集したものです。

▉ 陸九淵（象山）

　陸九淵（象山）は，朱熹と同じく**南宋**の人です。教科書などでは，彼は**朱熹の批判者**として登場します。じゃあ，両者のあいだにはどんな相違点があるのでしょうか？

　朱熹は，人間について以下のような説明をします。

　すなわち，人間の**心**のなかには「**性**」と「**情**」が存在する。そして「性」には人間の本質である「**理**」が存在する。これを「**性即理**」と言う。一方，「**情**」は仏教で言う煩悩のようなもので，これが人間の正しい生き方を誤らせてしまう。よって，この「情」を晴らすために，正しい生き方を記載している儒学の**四書**（および**五経**も）を読んで，正しい道を窮めなくてはならない……。まあ，こんな感じかな。

　これに対して，**陸九淵**は，人間の心には「性」や「情」の区別はなく，人間の心は天の**理**（世界の本質）そのものであると主張します。これを「**心即理**」と表現し，この発想は明代の**王陽明**に継承されました。

📗 庶民文化の代表——宋詞

　文芸の分野では，「唐宋八大家」と呼ばれる文章家が活躍しました。うち２人は，唐代の文人で**古文復興**を唱えた**韓愈**と**柳宗元**。あとは北宋の人々です。彼らは，詩のような韻文ではなく，**散文**を得意としていました。

宋代の唐宋八大家

欧陽脩，蘇洵，蘇軾，蘇轍，曾鞏，王安石

欧陽脩

わしはこんな顔じゃよ

　出るのは，『**新唐書**』，『**新五代史**』という紀伝体の史書を表した**欧陽脩**。曹操と孫権・劉備が戦った古戦場近くで遊んだことを謳った『**赤壁賦**』という作品で知られる**蘇軾**，そして新法で知られる**王安石**の３人ですね。それから，注意すべきは王安石のライバル**司馬光**が入っていないことです。
　また宋代には，庶民のあいだに親しまれた韻文がありました。

Q メロディやリズムをつけて歌われた宋代の韻文をなんと言うか？
　　　　　　　　　　　　　　　　　　　　　　——**詞（宋詞）** です。

　ちなみに「詩」は吟じるもので，「詞」は歌うための韻文です。この宋詞は**小説**や**雑劇**とともに，庶民のあいだに流行しました。雑劇とは歌と踊りをまじえた演劇で，今で言うならミュージカルと思えばいいでしょう。このような**庶民文化**の隆盛は，宋代文化の大きな特徴です。

📗 唐・宋の文化比較

　唐代は，陸路・海路ともさかんな**国際交流**を反映して，外国の文化の流入がさかんで，文化も**国際的**になりました。**祆教**（ゾロアスター教）や**イスラーム教**，それに**景教**がはやったりしましたよね。
　また唐代には，**江南**に展開した典雅な文化と，４世紀以来華北を支配した

	特　色	担い手
唐　代	国際的文化	貴　族
宋　代	国粋的文化	士大夫・庶民

遊牧民の質実剛健な文化との融合も見られます。文化の主要な担い手は**貴族**，もしくは貴族出身者を中心とする官僚たちでした。

《注》　帝国書院の教科書では，呉・東晋以来の江南の貴族的な文化と，華北の遊牧民の質実剛健な文化，それに隋・唐の世界性に富んだ文化を総称して「晋唐文化」とする立場をとっている。

これに対して，宋代は**周辺の異民族の台頭**のなかで，中国は守勢にまわりました。その結果，たぶんその反動だと思うのですが，この時代の中国の文化は，**国粋的なもの**——言葉をかえると，**漢民族のすばらしさを強調**するようなものとなりました。そしてそれを確認するためもあって**歴史の研究**が進み，欧陽脩の『**新唐書**』や『**新五代史**』，それに司馬光の**編年体**の史書である『**資治通鑑**』が著されました。

また唐末五代には**貴族が没落**する一方で，**形勢戸**が台頭しました。彼らのなかには**科挙**に挑戦するために日夜勉強（読書）し，**儒教**的な素養を身につけた階層が形成されていきました。これが**読書人**とか**士大夫**と呼ばれる人たちです。

さらに経済の発展のなかで，**都市を中心に商工業者のような「庶民」**も実力をつけました。この士大夫と庶民が宋代の文化の創造者，そして**受容者**となったのです。元代以降もこの傾向は続きます。

🟦 宋代・元代の美術

最後は美術。

北宋の時代には，まず画家の**米芾**が登場します。蘇軾などの文人とともに書家としても知られています。

張澤端　ワシの顔，見たの初めてじゃろう！？

あと**張澤端**という画家は知ってる？　知らなかったとしたら，注意不足ですね。彼には「**清明上河図**」という作品があります。教科書に載ってるだろ!?　宋代の**都市の繁栄**を示す挿し絵としてね。

そして，この時代の画家で最頻出なのが，**皇帝徽宗**です。

絵画が好きだったこの皇帝は，宮廷内に**翰林図画院**を設置しました。教科書には**画院**として載っています。ここには宮廷おかかえの職業画家が，皇帝が好む絵画の作成を行いました。徽宗の好み？　うーん**写実的**な絵だね。

徽宗が描いた「桃鳩図」なんか見ると
そう言えるね。で，そこから，この
画院を中心とした**写実的な画風**を院
体画と言います。

これを代表する画家としては，**馬
遠**と**夏珪**。この画風は，明代に「**北
宗画**」と呼ばれることになります。

そしてもう1つの絵画の流れが，
唐代に始まる**文人画**の系統ですね。文人画とは，写実よりは，自分が描きた
い**理想的な心象風景**を追求する画風のことです。まさしく**士大夫・読書
人**好みと言えるでしょう。この画風は明代に「**南宋画**」と呼ばれました。つ
いでだけど，士大夫好みと言ったら，宋代の**青磁**や**白磁**もそうだね。

あのすっきりした理知的な姿は，唐代のカラフルな**唐三彩**とは対照的です
ね。

……以上かな。以上で，今回は終わります。

第32回

モンゴル帝国と元

東アジア世界の展開とモンゴル帝国(2)

今回は，**モンゴル帝国・元の建国から滅亡まで**をお話しします。

なんと言っても，モンゴルといえば**外征**。そこで初代君主の**チンギス=カン(ハン)**（注：以下「カン」と記す）から，**クビライ(フビライ)**までの領土拡大を概観しておきましょう。

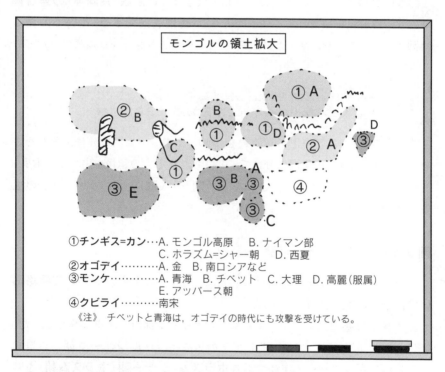

モンゴルの領土拡大

①**チンギス=カン**…A. モンゴル高原　B. ナイマン部
　　　　　　　　　　C. ホラズム=シャー朝　D. 西夏
②**オゴデイ**…………A. 金　B. 南ロシアなど
③**モンケ**……………A. 青海　B. チベット　C. 大理　D. 高麗(服属)
　　　　　　　　　　E. アッバース朝
④**クビライ**…………南宋
　《注》　チベットと青海は，オゴデイの時代にも攻撃を受けている。

どの君主のときにどこを支配したかを，地図を絡めて押さえていきましょう。今回の授業はその肉付けが中心です。

147

① モンゴル民族の統一と征服活動

🔖 チンギス=カン（太祖）

13世紀の初めに，**モンゴル系部族**のみならず，**トルコ系部族**の一部までを含めて，まとめ上げる人物が登場しました。それが**テムジン**でした。

彼は**クリルタイ**と呼ばれる有力者の集会によって，**1206年**，**カン**（ハン，汗）の位につき，**チンギス=カン**と呼ばれるようになりました。彼の下に，モンゴル系・トルコ系の諸族が統合されました。これが**大モンゴル国の成立**，もしくは**モンゴル帝国の成立**と言われる事態です。

国家の実体は，ほかの遊牧民の国家と同じように**部族（共同体）の連合体**であり，農耕民を基盤とする国家のように「**土地を支配する**」という感覚は稀薄でした。このモンゴル人の国家や，共同体のことをモンゴル語で「**ウルス**」と言います。

> 《注》　帝国書院『新詳世界史探究』，実教出版『世界史探究』などでは，大モンゴル国のことを「**大モンゴル=ウルス**」，元を「**大元ウルス**」と表現している。

チンギス=カンは統率下の遊牧民を1000戸ずつの集団に分け，それをさらに100戸・10戸の集団に分けて，1戸あたり1人の騎兵を出させ，軍事・行政の基礎単位としました。これを**千戸制（千人隊）**と言います。女真の**猛安・謀克制**みたいなもんだね。

🔖 チンギス=カンの征服活動

さてチンギス=カンの征服活動の矛先は，もっぱら**中央アジアの交易路沿いの国家・民族**に向けられました。

まず**トルコ系**の族長クチュルク率いる**ナイマン部**の領域を攻撃しました。"部"とは，部族のことです。そしてその後には，**セルジューク朝**から自立した**トルコ系**イスラーム王朝である**ホラズム=シャー朝（ホラズム朝）**を滅ぼしました。そして1227年には**西夏**を滅ぼしました。

チンギス=カンは，次男のチャガタイに支配領域の一部を分け与えました。その後，14世紀初頭にチャガタイの子孫が中央アジアに**チャガタイ=ハン国（チャガタイ=ウルス）**を確立しました。

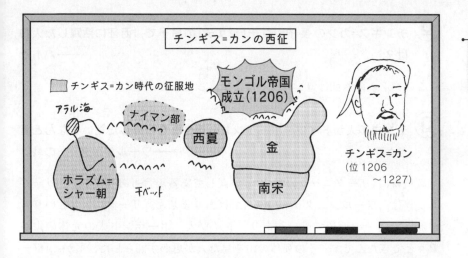

チンギス=カンの西征

チンギス=カン時代の征服地

アラル海

ナイマン部

モンゴル帝国
成立(1206)

西夏

金

南宋

ホラズム=
シャー朝

チベット

チンギス=カン
(位1206
〜1227)

📖 オゴデイ(オゴタイ，太宗)の時代

チンギス=カンの死後，「カアン」という地位についたのは，彼の三男だったオゴデイ(オゴタイ)でした。

さてこの「カアン」という称号ですが，これは**世界の支配者**たる「**皇帝**」を意味するもので，モンゴル人のリー

カン、カアン、
ハン、ハーン
めんどうですね

文句を言うな

オゴデイ="カアン"

ダーを意味する「**カン(ハン)**」より**ランクが上**でした。ただしですよ，山川出版社の記述によると，後の時代には，「カン」は「ハン」と，「カアン」は「ハーン」と発音されるようになったとのこと。……あーめんどい(笑)！

《注》　カアンにあたる地位を，帝国書院の教科書では「大ハーン」，東京書籍と実教出版では「大ハン」と記している。……あーめんどい！

首都はバイカル湖の南に位置する**カラコルム**。オゴデイの時代には**定着農耕地帯にも侵略**が進みました。

で，まず**金**を滅ぼしたのが，**1234年**。覚えやすい年号ですね。そのあとさらに西側に攻撃を展開します。では，

チンギス=カンの長子ジョチ（ジュチ）の息子で，西征に活躍した人物は？

——バトゥ

このバトゥの遠征はヨーロッパにまで達しました。そこで，

Q モンゴル人がドイツ・ポーランドの連合軍を粉砕した戦いをなんと言うか？

——ワールシュタットの戦い

教科書に「リーグニッツの戦い」と併記してある場合もありますが，リーグニッツは，ワールシュタットの別名ではありません。リーグニッツという村があって，その近辺で戦いがあり，ドイツ人，ポーランド人の死体の山が累々とできたんです。その死体の山を見た人が思わず漏らした言葉が，「ワールシュタット（死体の地）だ！」——だから，どちらでもいいんですが，ワールシュタットの戦いのほうが一般的ですね。

その後バトゥは，黒海・カスピ海の北岸地帯に**キプチャク=ハン国**を建国しました。別名**ジョチ=ウルス**。ジョチはバトゥの父親の名前ですね。

短くて悪かったな　グユク

■ モンケ（憲宗）の時代

第3代目にグユクがいるんだけれど，これは在位が短

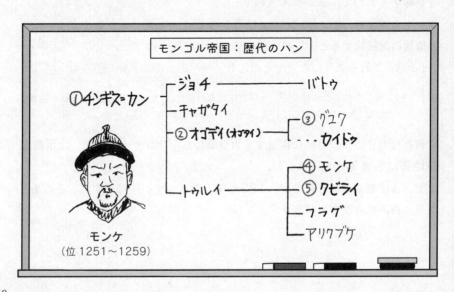

モンゴル帝国：歴代のハン

①チンギス=カン
├ ジョチ ── バトゥ
├ チャガタイ
├ ②オゴデイ（オゴタイ）── ③グユク
│ 　　　　　　　　　　　　　…カイドゥ
└ トゥルイ ── ④モンケ
　　　　　　├ ⑤クビライ
　　　　　　├ フラグ
　　　　　　└ アリクブケ

モンケ
（位1251〜1259）

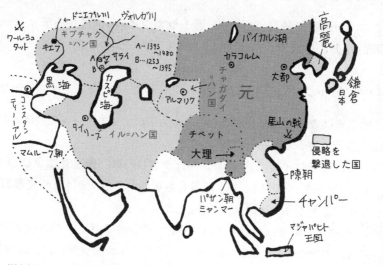

地図 ▶ モンゴル人の支配領域

《注》高麗は，モンゴル帝国および元に冊封された藩属国である。また教科書ではカン国ではなく，ハン国と記している。

いのでほとんど問題になりません。

　次にカアンとなったのが，**モンケ**（憲宗）で，その兄弟に**クビライ（フビライ）**，**フレグ（フラグ）**がいます。いずれもチンギス＝カンの末子トゥルイの子供ですね。

　では，クビライの活動から見てみましょう。

　1254 年にクビライは**大理**を征服しました。大理は**雲南地方**にあった国です。ここには，10 世紀初めまでは**南詔**という国がありました。さらに，青海・チベットや高麗も服属させました。とくに高麗は，1260 年にモンゴル帝国によって「**高麗国王**」として**冊封**されることになりました。

　一方 **1258 年**，フラグの率いる軍隊は西南アジアに遠征し，**アッバース朝**を滅ぼしました。

　こうして，モンゴル帝国建国からわずか 60 年余りで，空前絶後の広さの領域をモンゴル人は支配することになりました。では，各ハン国の位置と首都を確認しておきましょう。まずは**チャガタイ＝ハン国**からです。

Q 中央アジアを支配したこの国の都はどこか？ ——アルマリク

　この国が**東西に分裂**したあと，**西チャガタイ=ハン国からティムール朝（帝国）がおこります**（→ p.215）。次はキプチャク=ハン国。

Q キプチャク=ハン国の首都は？ ——サライ

　この都市は**カスピ海**に注ぎ込むヴォルガ川の流域です。支配地域のなかには**モスクワもキエフ（キーウ）**も入ります。

　そして，最後はイル=ハン国で，都はタブリーズ。創建者は**フレグ**です。そこから「フレグ=ウルス」という国名もあります。この国は**東西交易路**をめぐって**キプチャク=ハン国**と対立しました。

　チンギス=カンの子孫たち，言いかえると**チンギス家**の一門が支配する各ハン国は，**カアン**（大ハン，大ハーン）（モンゴル帝国皇帝）のもとにゆるやかに連合するという形になりました。

② モンゴル人の中国支配　　　📖 別冊プリント p.63 参照

▌クビライの征服活動

　さて，モンケが急死すると，末の弟のアリクブケが帝位（カアン）を継ごうとしました。これに対して，兄のクビライが戦争を起してして勝利しました。この戦いを「アリクブケの乱」と言うことがあります。

　クビライは，1260 年から 34 年間，モンゴル勢力の最盛期を担った君主です。1260 年に，彼はカアンに即位しますけれども，今度は**カイドゥ（ハイドゥ）の乱**が起こりました。

クビライ
（位 1260〜1294）

　これは，チンギス=カンの三男の**オゴデイ**の系列であるカイドゥが，末子である**トゥルイ**の子クビライに対して，反乱を起こしたのです。

　この乱は 30 年あまりにおよび，もともとゆるやかな連合だった**3 ハン国と元**は，政治的には**事実上分裂**しました。しかし，水陸の交易については途絶えることはなかったようです。

　一方でクビライは，支配の力点を**中国本土**に置きました。**1264 年**，クビライは**大都**を都としました。現在の**北京**です。そして **1271 年**に国号を中国風に**元**としました。北京は金に続いて，元の都になったわけですね。

　そして，1276 年には南宋の首都**臨安**が陥落し，その 3 年後の **1279 年**には**南宋**は滅びました。その最後の戦いが，**厓山**の戦いです。（注：南宋滅亡については，**臨安陥落の 1276 年**と，**厓山の戦いの 1279 年**との 2 説ある）

　ちなみにこのとき，**回回砲**という投石機が攻撃に使用されました。これはクビライが，イル＝ハン国から呼んだ技術者につくらせたものです。

　また雲南経由の陸路で，**パガン朝ビルマ**を滅ぼしました。

📕 元寇

　1274 年には，元は**日本**にも攻めてきました。当時の日本は**鎌倉時代**です。

Ⓠ 1274 年の第 1 回目の遠征を日本側ではなんと呼ぶか？

――**文永の役**と言う。

幕府の執権
北条時宗，

「2回も攻めて
来て大変だっ
たー」

　このときはモンゴル軍以外に，服属した**高麗の水軍**も侵攻してきました。**1281 年**には 2 回目の侵攻があり，こちらは**弘安の役**と言います。今度は，滅亡した旧**南宋**の地から徴発された**江南軍**が，モンゴルとともに侵入しました。しかしいずれも，暴風が吹いたこともあって撃退され，この暴風を「**神風**」とする伝説も生まれました。なお 2 回の元の侵攻は「**元寇**」と呼ばれるようになりました。

　日本のほかにも，**ベトナムの大越国**，**チャンパー（占城）**，**ジャワ**に対する侵略は失敗に終わりました。では，

Ⓠ ベトナムの大越国の当時の王朝は？

――**陳朝**です。

　この王朝の時代に考案された**字喃（チュノム，チューノム）**という民族文字は有名ですね。元になったのは**漢字**です。そしてモンゴル人を撃退しつつ建国されたのが，ジャワの**マジャパヒト王国**です。**ヒンドゥー教**の国ですね。

■ 元の中国支配

　海路の遠征にはことごとく失敗した元ですが，中国についてはがっちりと支配しました。まずは中央の行政機構。これは基本的に宋と一緒だね。**中書省が行政**，枢密院が軍事，**御史台が官吏の監察**を担当しました。

　地方行政は，**行中書省**の担当でした。略して**行省**ですが。で，その地方行政機関の長を，**ダルガチ**と言います。

▶交通の整備

　また隋以来の**大運河を補修**するとともに，**江南と大都**をバイパスで結ぶ**新運河も建設**しました。さらには，**沿岸航路**もさかんに利用されるようになりました（→ p.160 の地図参照）。

　そして広大な領土の情報ネットワークのための交通制度，すなわち**駅伝制**が整備されました。モンゴル語では**ジャムチ（站赤）**と言います。この宿駅には，宿舎がありますが，ここに泊まることができたり，駅伝を利用できる通行証を**牌符（牌子）**と言いました。これを持ってると，駅で食料や馬を提供してもらえました。

　公用語は**モンゴル語**ですけれども，使用した文字はいろいろありました。

Ｑ 公文書に主として用いられた文字は何か？　　　　　　——ウイグル文字

　また，ウイグル文字をもとに**モンゴル文字**もつくられました。その後しばらくすると**チベット仏教**の教主**パクパ（パスパ）**がつくった文字で，チベット文字を基にした**パクパ（パスパ）文字**も用いられます。いずれにしても漢

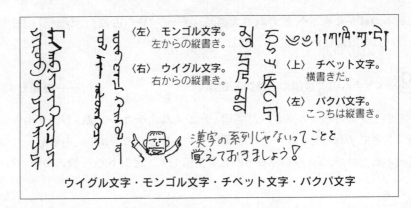

〈左〉　モンゴル文字。
　　　　左からの縦書き。

〈右〉　ウイグル文字。
　　　　右からの縦書き。

〈上〉　チベット文字。
　　　　横書きだ。

〈左〉　パクパ文字。
　　　　こっちは縦書き。

漢字の系列じゃないってことと覚えておきましょう！

ウイグル文字・モンゴル文字・チベット文字・パクパ文字

字が母字ではありませんね。

◾ 元の農村支配

モンゴル人は農村に対してはあまり干渉しませんでした。と言うか，農業にうとかったので，どうやって支配したらいいか分からなかったというのが実情でしょう。というわけで，唐宋以来の地主が**佃戸という小作人**を支配する体制，すなわち**佃戸制は維持**されました。

◾ 元の財政，経済政策

じゃあ元の財政を支えていたのは何だったのでしょうか？　中央政府に関して言えば，財源の80％は塩の専売制による利益です。また**商業税**も大きな財源でした。これは**売上利益に応じて課せられる税**です。

しかし一方で，都市や港，それに関所などで徴収されていた**取引税は撤廃**されました。取引税とは，国家が商売を許可する際に徴収されていた税で，これは新たに商売にチャレンジしようとする人たちにとっては大きな障害でした。だって，儲かってもいないうちから取られる税ですからね。この取引税の撤廃は，**交易を活性化**させる大きな契機になりました。

また金王朝に続いて，**紙幣である交鈔を発行**しました。しかも元の交鈔は**銀との交換が保証**されていたため，信頼性が高いものでした。800年も前に，いわば「銀本位制」にもとづいた紙幣を発行していたなんて，すごいですね。

さらに，交鈔などの使用によって余ることになった**銅銭は日本に輸出**され，宋代に続いて**日本に貨幣経済を浸透させる**結果をもたらしました。日本の貨幣経済って，**宋銭と元の時代の銅銭**の輸入のおかげなのですね。

◾ モンゴル人第一主義って，ほんと？

それから，従来の教科書の多くには，「**モンゴル人第一主義（モンゴル至上主義）**」という言葉が記され，モンゴル人がほかの民族を差別した……，という内容が記載されていました。しかし，これについては，近年見直しがなされているようです。

いろんな教科書の内容を総合すると，モンゴル人は支配者として君臨はし

たようです。そのモンゴル人はチベット仏教などを信仰していました。しかし、**ほかの宗教を弾圧することもほとんどありません**でした。

また、人材登用の面でも、**言語・民族・宗教・出自などにかかわらず、実力本位で登用**したようです。また、「支配層に加わったものはすべて"モンゴル"と総称された」、と記している教科書もありました。

◧ 科挙・儒学への対応

ただし、漢人王朝のように、支配の論理として**儒学の知識を重視しなかったため、科挙は廃止**されました。

しかし、モンゴル人だけでは支配を続けられるはずもなく、やはり漢人の協力は必要であったと見え、14世紀初頭に**科挙は復活**しました。このあたりは柔軟ですね、モンゴル人って！ またそれ以前から、江南では**儒学を教える学校の設立を奨励**したりもしました。この学校を**廟堂**と言います。

◧ さまざまな民族

以上の点を踏まえて、元にいたさまざまな民族を確認しましょう。まず頂点にいるのがモンゴル人です。では、

Ⓠ 西アジアのイスラーム教徒などを中心に、**財務官僚などで活躍**し、"さまざまな種類の人"という意味の人々は？ ──**色目人**です。

色目人にはヨーロッパも入るので、マルコ=ポーロも色目人ですね。
それから、金王朝の支配下にいた人々や、高麗人などは漢人と呼ばれました。だから、**漢人イコール中国人じゃない**ことに注意。
また旧南宋支配下の人々は**南人**と呼ばれました。

③ 東西交流の活発化とモンゴル人支配の終焉　　📖 別冊プリント p.64 参照

◧ 東西交易路の安定化

モンゴルの時代でとくに重要なことは、**東西交流が活発化**したことです。これは巨大な内容を持っています。それまでの世界の歴史のなかで、この

時代ほど陸上交通が活発化した時代はないですからね。たとえば**マルコ＝ポーロ**はヴェネツィアから，**陸路**を中心にやってくるわけでしょう。こんなこと，かつては考えられなかった。

　確かにモンゴル人は，その征服活動のときには徹底した破壊も行いました。だけど，彼らの機動力あふれる騎馬軍団は，**13世紀の東西交易路をまったく安全なものに変えた**のでした。

　昔もシルク＝ロードを通じた交易はあったけど，盗賊によって殺されるかもしれない危険があり，一か八かの勝負だったわけです。しかし今や盗賊は出てこれないのです。

　ちなみにこの状態を，イスラーム教徒やヨーロッパ人たちは「**タタールの平和**」と表現しました。タタールとは，モンゴル人の代名詞ですね。

千客万来の外国人

　こうして，マルコ＝ポーロが元の歴史に登場できたわけですね。彼は13世紀の末に**クビライ**に仕え，帰国後『**世界の記述**』を著しました。『**東方見聞録**』とも言いますね。そのなかに非常に興味深い記述があります。**カンバリク**という地名，これは**大都**のことですね。**キンザイ**というのは**杭州**のことを言います。では，

Q ヴェネツィア出身のマルコ＝ポーロが世界一と言った港は？

———**泉州**です。

これは**ザイトン（ザイトウン）**という名称で書かれています。

マルコ＝ポーロ（1254〜1324）
ヴェネツィア出身。中国に出発したのが1271年だから，ちょうど元と改名した年だ。中央アジアを通って1275年に大都に達する。クビライに仕えた彼は外交上の使命を帯び，1292年，ペルシア・ローマを経て帰国することになる。ヴェネツィアに帰ったのは1295年。

　その安定した交易路にも一時的に危機が訪れました。それは例の**カイドゥの乱**でした。しかし1301年にカイドゥが死んでこの乱が終息すると，各ハ

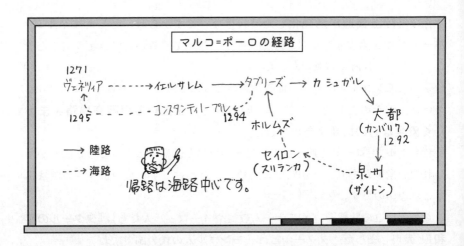

マルコ=ポーロの経路

1271
ヴェネツィア ------→ イェルサレム ——→ タブリーズ → カシュガル
1295 ------→ コンスタンティノープル 1294 ホルムズ → 大都
（カンバリク）
1292
セイロン
（スリランカ） → 泉州
（ザイトン）

——→ 陸路
----→ 海路
帰路は海路中心です。

ン国と元朝は和議を結びました。いずれの国にとっても，いがみあうことで
交易路が寸断されるのはよろしくないですからね。

　この後，モロッコ出身のイスラーム教徒の旅行家 **イブン=バットゥータ** が中
国にやってきたと言われています。彼は『三大陸周遊記』を口述しました。
14世紀半ば。元も滅亡寸前のころ。

　そして宣教師や修道士で，モンゴル帝国・元に来たのはイタリア人の**プ
ラノ=カルピニ**，フランスの**ルブルック**です。では，

Ⓠ **ルブルックを派遣したフランス国王は？**　　　　　　　——ルイ9世

Ⓠ **大司教**として，中国で初めてカトリックを**布教**したイタリア人宣
教師は？　　　　　　　　　　　　　　　　——モンテ=コルヴィノ

　3人とも**フランチェスコ派**の修道士ですね。**プラノ=カルピニ**
は布教と偵察のために**グユク**のもとへ，**ルブルック**は布教と**十**
字軍への協力を求めるために，**カラコルムのモンケ**のもとに派
遣されました。

　一方**モンテ=コルヴィノ**はカトリックの布教が目的です。注意してもら
いたいのは，それまで中国でいうキリスト教とは，**7世紀**に唐代の中国に入っ
てきた**ネストリウス派**のことでした。ネストリウス派のキリスト教のことを

158

景^{けいきょう}教と言いましたね。一方カトリックは**十字教**と呼ばれ，流入したのは**13世紀**で，600年もあとになるんです。

（注記：景にルビ「けいきょう」）

■ **文化・技術の交流**

また往来したのは宣教師や旅行家だけではなく，**文化・技術の交流**も活発に行われました。

まず，インドやイスラーム世界からは，**数学や天文学の知識**が入ってきます。その結果，イスラームの暦^{こよみ}の影響を受けた**郭守敬**^{かくしゅけい}が**授時暦**^{じゅじれき}をつくりました。またイランからもたらされた**コバルト**は，**陶磁器**^{とうじき}の絵づけの際の顔^{がん}料^{りょう}になり，こうして，元代以降，コバルトブルーの色彩^{しきさい}を持つ陶磁器が生産されるようになりました。これを**青花**^{せいか}（**染付**^{そめつけ}）と言います。

一方，元からイル=ハン国には，**中国絵画**の技法が伝わり，イスラーム世界の**細密画**^{さいみつが}（ミニアチュール）に影響を与えました。さらに**火薬・印刷術な**
どの技術もイスラーム世界に伝わり，そこを経て**ヨーロッパにも伝播**^{でんぱ}しました。

■ **13世紀の世界的交易ルート**

ではここで，当時の**世界的な交易ルート**を図解しておきましょう（→次ページ）。

ご覧のように，**草原の道，オアシスの道，海の道**が，**元の新運河や沿岸航路**によって連結されたのが分かりますね。また陸上交易路では，**ジャムチ**
（**駅伝制**）も整備されました。

元代中国の交易都市としては，大運河・新運河の南端に位置する**杭州**^{こうしゅう}をはじめ，**明州**^{めいしゅう}（明代の寧波^{ニンポー}），**泉州**^{せんしゅう}・**広州**^{こうしゅう}が繁栄^{はんえい}しました。ちなみに私がいま住んでいる**博多**も，東アジアの貿易ネットワークの一端^{いったん}を担^{にな}っていました。日本と元は元寇で衝突しましたが，**私貿易は活発**だったのです。

陸上のルートを押さえたモンゴル人は，次に**海の道**の支配を目論^{もくろ}み，ジャワなど東南アジア諸国に侵攻^{しんこう}します。結局，侵攻は失敗に終わり，**モンゴル人が海の道をも支配することはできませんでした**が，交易自体は活性化したようです（注：波線部については，教科書間で諸説あり）。

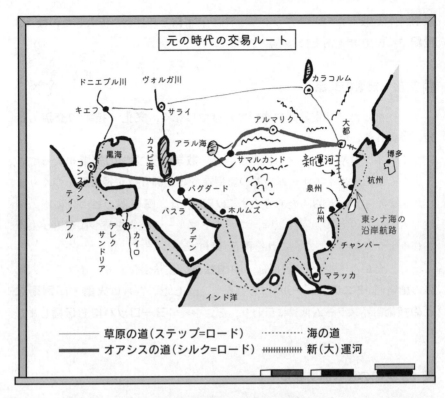

元の時代の交易ルート

ドニエプル川　ヴォルガ川　カラコルム

キエフ　サライ　アルマリク　大都

黒海　カスピ海　アラル海　サマルカンド　新運河　博多

コンスタンティノープル　バグダード　杭州

アレクサンドリア　カイロ　バスラ　ホルムズ　泉州　広州　東シナ海の沿岸航路

アデン　チャンパー

インド洋　マラッカ

―――― 草原の道（ステップ=ロード）　　　‥‥‥‥‥ 海の道
――― オアシスの道（シルク=ロード）　　　ⱳⱳⱳⱳ 新（大）運河

《注》　モンゴル人の活動がユーラシア東西の交流を活発化させたことの「副産物」
　　　　として，黒死病（ペスト）の流行を挙げる教科書もある。黒死病は中央アジア
　　　　から中東・ヨーロッパに広がり，とくに陸上交易ルートを衰退させたという。

■ 元の滅亡――モンゴル人支配の崩壊

　さて，強盛を誇った元も，紙幣である**交鈔の乱発**，そして**チベット仏教に対する浪費**などが経済・財政に混乱をもたらし，衰退へと向かいます。とりわけ仁宗という皇帝のときに浪費が激しかった。

　そして最終的には**白蓮教徒の乱という大農民反乱**が元にとどめを刺しました。**白蓮教**というのは**仏教の一派**です。白蓮教の特色は，**弥勒信仰**です。これは弥勒仏（弥勒菩薩）と呼ばれる救世主が，「**弥勒下生**」，すなわち地上に姿を現して世界を救済する，という信仰です。

　それから，元以外のモンゴル人国家も 14・15 世紀に滅んでいきました。

　キプチャク=ハン国は，15 世紀末に**イヴァン 3 世**率いるモスクワ大公国

に独立され，衰退が決定的となりました。また**チャガタイ＝ハン国**は，14世紀後半に**ティムール朝**に取って代わられました。**イル＝ハン国**も14世紀半ばには分裂状態に陥り，事実上滅亡しました。

こうしてモンゴルの時代は終焉を迎えたのですね。

📕 元代の庶民文化

最後に，元代の文化にも触れておきましょう。

元代には，商業の活発化にともなって**都市**がますます発展して，更なる庶民の台頭を招き，都市を中心に一層**庶民文化**が栄えました。

その代表は，**元曲**でしょう。元曲とは，元の時代にはやった雑劇のことです。そのなかでも，華北で発展したものを**北曲**，江南で発展したものは**南曲**と言いました。

北曲の代表作品は**王実甫**の『**西廂記**』，**馬致遠**の作品『**漢宮秋**』。後者は漢の時代の**王昭君**の史実をもとにした作品です。王昭君は，漢と東匈奴の友好関係樹立のために，呼韓邪単于に嫁いだ女性です。

南曲の代表は『**琵琶記**』。**高明**の作品で，夫婦愛を描いたものでした。

また小説の『**三国志演義**』や『**西遊記**』，それに『**水滸伝**』の原型も元の時代にできて，明の時代に完成したと言われます。

書道では，**趙孟頫**（趙子昂）かなあ。彼は東晋の書聖**王羲之**のスタイルを復活させようとしました。また絵画の分野では，「**元末四大家**」が知られています。それは，**王蒙・倪瓚・呉鎮・黄公望**の4人です。いずれも，**理想的な風景を描く文人画の系統**の人々ですね。

黄公望
(1269～1345)

「富春山居図」黄公望の代表作

写真が使えないので，青木が描きました

次回登場する明は，ひさびさの"中華帝国"と言うことになります。今回はこれまで。

明の治世と明を中心とした交易

大交易・大交流の時代(1)

■ 表題についてのワンコメント
　　——「大交易」「大交流」は，昔からあったのだ！

　「大交易・大交流の時代」とは，山川出版社の教科書『世界史探究』の第9章の表題です。これは，16世紀を中心として，海域世界の交易がより一層活発化した時代のことを言っているようです。

■AD1・2世紀

海の道

■AD8世紀〜

オアシスの道

ムスリム商人

■AD10世紀

中国人商人

　ただね，アジアでは，すでに紀元1世紀以降に東シナ海・南シナ海そしてインド洋で，活発な交易活動が行なわれていました。

　具体的に言うと，1世紀には季節風（モンスーン）を利用した貿易によって，地中海・インド洋がいわゆる「海の道」によって結ばれました。さらに紀元2世紀に，「海の道」は中国（漢帝国）まで繋がりました。

　また8世紀以降になるとムスリム商人が唐を来訪し，10世紀以降には中国人商人がインド洋海域まで進出して，さかんに交易活動を行いました。

　要するにね，豊かなアジアでは昔から交易をやっていたわけです。そこに，やっと16世紀になって，ずーっと貧しかったヨーロッパが（笑），参入してきたのです。これが，貧しいヨーロッパ（笑）が，……しつこいかな？（笑），……ヨーロッパが言うところの「大航海時代」の実態なのです。

以上のことを踏まえたうえで，16世紀を中心とした交易の活発化を主題に，アジアやヨーロッパの動向を見てまいりましょう。

最初はアジア交易の中心であった，中国の**明**の動きです。まずは**明の成立**からですね。

① 明の成立・発展

 別冊プリント p.66 参照

明の前の王朝である元が滅びた直接的な要因は**白蓮教徒の乱**でした。これも唐代の黄巣の乱などと並ぶ大農民反乱ですね。

 白蓮教徒の乱の別名は？　　　　　　　　——**紅巾の乱**

"コウキン"とは言っても，今度は紅の頭巾。後漢帝国を衰亡させることになったのは黄巾の乱でしたね。"紅巾"のほうの指導者の名前が，**朱元璋**。"璋"の字をみんなまちがうんです。これには，王へんがありますよ。

この人物が乱の指導者の1人として頭角を現し，ついには明を築き上げたのです。その明の成立が**1368年**。さて，

 明の都はどこでしょう？　　　　　——**金陵（応天府）**です。

南京でもいいです。朱元璋は即位して**洪武帝（太祖）**となりました。

さて，明は「**江南からおこって中国を統一した史上唯一の王朝**」と言われます。

誤解のないように言っておきますが，江南に成立した王朝はいっぱいありますよ。4世紀の**東晋**や**南朝**4王朝もそうだし，**南宋**もそうです。でも，これらの王朝は中国全土を支配したわけでありません。

では，明に何でそれが可能であったかというと，**長江流域の農業や商工業が本格的に発展し，その強力な経済力に支えられていた**からです。

◼ モンゴル人のその後

ところでモンゴル勢力はその後どうなったか？　彼らは全滅したわけでは

なく，**モンゴル高原に撤退**し，「**北元**」と呼ばれました。そして，クビライ（フビライ）直系のカアンが続きましたが，明の攻撃も続き，1388 年にクビライの血筋も絶えて，北元は滅びました。しかし，モンゴル人そのものがいなくなったわけではありません。

ひさびさの中華帝国

ともあれ，こうして中国にひさしぶりに**漢民族王朝**が生まれました。考えてみれば，907 年の**唐の滅亡**以降，中国全土を支配した漢民族王朝は，**北宋と明**の 2 つしかないのです。

そういう意味からすると，明というのはひさしぶりに登場した「中華帝国」なんですね。さてその中華帝国のリーダー**朱元璋**，**洪武帝**（**太祖**）の，"行政改革"から見ていきましょう。

中央の行政機構

結論から言うと，彼は**皇帝独裁体制**，そして**皇帝親政体制の強化**を図りました。"親政"とは，皇帝みずからが，こまごまとした問題にまで口出しして，主導的に政務をとることを言います。そのために行政機構の改編が行われました。

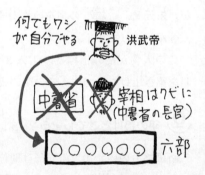

まず，**中書省が廃止**され，さらには中書省の長官だった宰相のポストもなくしました。

そして，**六部を皇帝直轄**にしたのです。これは日本で言えば，天皇陛下が首相をクビにして，厚生労働大臣も農林水産大臣も防衛大臣も行政管理局の局長も兼務するようなものです。朱元璋はそれをやったんです。

朱元璋という人

中国の歴史上，彼ぐらい活力にあふれた人間はいません。一方で彼はパンチのある顔をしていました。似顔絵が残っています。

（右のイラスト参照）こんな顔です（爆笑）。

紅巾の乱のもともとの指導者は**韓山童**，**韓林児**という親子なんだけれども，その部下で郭子興という人物がいた。彼が朱元璋の顔を一目見て，そのあまりのパンチ力に感嘆して言ったんだ。──「乱に入れ」。

だいたいこんな顔の人間は，心はきれいなもんです（笑）。だが，やつは違う。中国の歴史上もっとも陰険で疑り深い皇帝だったと言われています。そのことは彼自身よく知っていたんだろう。だからせめて，国の名前ぐらいは"明"にしたいと（爆笑）。……冗談だからね。

明では，従来の**御史台**の代わりに**都察院**が置かれ，中央の**官吏の監察**をしました。そして軍隊を統率する役所は**五軍都督府**と言います。以上が中央の行政機構。

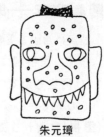

朱元璋
（ホント）

朱元璋
（ウソ）

▨ 官学の朱子学

国家を支えるイデオロギーとなったのが**朱子学**です。朱子学というのは儒学の一派ですが，ここで問題！

Ｑ 南宋の時代に朱子学を完成させた人物は？　　　──**朱熹**（朱子）

朱子学では，「**華夷の別**」，すなわち**漢民族**の文化を理想とし，周辺民族を低く見るという発想をとります。これは中華帝国たる明としては都合がよかったのでしょう。また，朱子学では**大義名分論**に基づいて**君臣関係の絶対化**などを説きます。これは君主支配にとっては都合のよい議論でしたね（→ p.142）。

朱熹

いろいろ利用されてるネ。私の学説！

▨ 一世一元の制

一世一元の制も重要です。皇帝は時間をも支配するということでしょうね。ということで，皇帝の存命中は年号を変えないわけです。朱元璋の時代の年号は「**洪武**」です。明治以降の近代日本もこの制度を踏襲します。

165

▩ 農民支配——里甲制

農民に対する支配はどのようなものだったでしょうか。

まず、里甲制について説明しましょう。明では、納税義務を有する家、**110戸をもって1里**という単位としました。これが支配の基礎単位です。

その110戸のうちの10戸、これは富裕な農家で、彼らは**里全体のリーダー**（里長）になれる資格を持っています。これを**里長戸**と言います。図を描いてみましょうか。

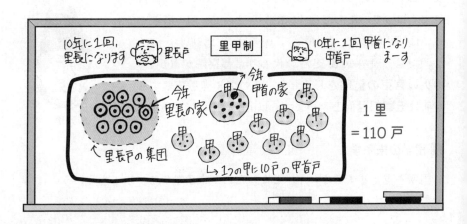

残りの100戸は、10戸ずつの小グループ10個に分けられます。その10戸ずつの1つひとつを**甲**と言います。

各甲を構成する10戸は、甲という小さな単位のリーダー（**甲首**）になれる資格を持った家であるというので、これは**甲首戸**と呼ばれました。

▩ 魚鱗図冊と賦役黄冊

この里や甲という単位を基礎に、土地台帳と租税台帳を作成しました。

Q 土地台帳のことをなんと言うか？
——**魚鱗図冊**

Q 戸籍・租税台帳のことは？
——**賦役黄冊**

魚鱗図冊は，その名のとおり魚の鱗のような図が書いてある冊子です。魚鱗図冊には，だれがどれだけの広さの土地を所有しているか，さらにはそこで働いている**佃戸**(小作人)の氏名なども記されていました。

また**賦役黄冊**には，家族の人数・氏名が記されていました。で，この2つのノートがあれば，農民が所有している**土地の広さ**や，どれだけの**労働力**がいるのか分かります。そうすればその**家の収入も把握できて**，いくら**税金**がとれるかが分かるのです。

一方では，「父母に孝順なれ」，「非為(非行)を為すなかれ」などという6項目の教えをつくり，それを農民に**励行**させました。これを，「**六諭**」といい，**里老人**と呼ばれる里(村落)の長老によって，**六諭**に従った村民の教化がなされました。里老人は里の裁判も担当していました。

📖 兵制

兵制としては，**衛所制**が実施されました。里甲制のもとに統制される**民戸**とは別に，**軍役**を課せられる家を**軍戸**として区別し，任地では原則として自給自足で食料などを調達していました。

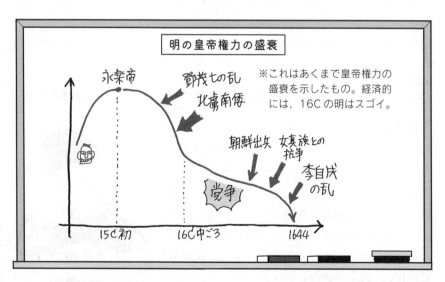

明の皇帝権力の盛衰

※これはあくまで皇帝権力の盛衰を示したもの。経済的には，16Cの明はスゴイ。

永楽帝

鄭成功の乱
北虜南倭

朝鮮出兵　女真族との抗争

李自成の乱

党争

15C初　　16C中ごろ　　1644

▐ 海禁政策

また洪武帝は，**海外貿易**や**海外渡航**に対して**厳しい統制政策**を実施しました。

Q この統制政策をなんと言うか？　　　　　　　　　　——海禁政策（海禁）

これについては，またあとでくわしく解説しましょう（→ p.178）。

▐ 永楽帝——第3代皇帝

明王朝を概観してみると，前ページのグラフのような感じになります。例によって，縦軸で皇帝権力の安定度を表し，横軸に時間をとります。

3代目の**永楽帝（成祖）**という皇帝のときに，明は皇帝権力がもっとも安定した時代を迎えました。

建文帝
（位1398
〜1402）

▐ 靖難の変

永楽帝は第2代皇帝を打倒して皇帝となりました。

Q 打倒された第2代皇帝はだれか？　　　　　　　　　　——建文帝

Q このときのクーデタをなんと呼ぶか？　　　　　　　　——靖難の役（変）

建文帝というのは，永楽帝にとっては兄さんの息子。要するに，甥っこなのね。それを殺しちゃったわけですよ。

原因はどこにあったか？　永楽帝は本名を朱棣といって，洪武帝の第4子であり，ほかの洪武帝の子供と同じく，「王」とされて地域の支配をしていました。朱棣が支配する地域は**北京**のあたりで，**燕王**と呼ばれていました。

しかし**建文帝**にとってはこの王たち，言いかえると"おじさんたち"が邪魔で，つぎつぎと各

永楽帝
（1360〜1424）
クーデタに成功したワリには
チョンマゲな顔である。

全部レンガを積んだものです

紫禁城（故宮）の太和殿
暗殺を恐れた永楽帝は宮殿の周囲にレンガを積んで，テロリストが
トンネルを掘れないようにした（写真参照）。それにしても雪の紫禁
城はすばらしかった……。（1990 年，青木 35 歳のとき）

地の王たちを抑圧したため，反発が広がっていたのです。そしてついに
1399 年，**燕王が挙兵**したのです。ですから，**靖難の役**って，"事件"とい
うよりは「内乱」なのですね。

　こうして権力の座についた永楽帝──廟号は**成祖**ですが，彼は都を北京に
移す一方で，外征に積極的に乗り出しました。

🔖 モンゴル親征

　具体的には北方の**モンゴル勢力に対して親征**を行いました。「親征」とは
君主みずからが兵を率いて戦争に行くことです。永楽帝は，みずから軍隊を
率いて遠征したわけですね。ちなみにモンゴル高原に"親征"をした漢人皇帝
は，永楽帝だけです。

　さらに永楽帝は彼らの襲撃に備えて，秦の始皇帝がつくったものよりもは
るかに強固で，はるかに立派な**万里の長城**をつくりました。北京観光のとき
に訪れる万里の長城は，永楽帝がつくらせたもののほうですよ。

　首都はモンゴル人たちに対抗するという観点もあって，**金陵（南京）**から
北京に移されました。

　また，ベトナムには**陳朝**という王朝がありました。これが滅亡すると，そ
の後の混乱に乗じて，永楽帝は**北部ベトナムも支配**しました。今の**ハノイ**

万里の長城
明代の長城。真ん中の人
物は同僚の植村先生。

を中心としたあたりです。そして，この明の支配を撃退してできたのが黎　朝^{れいちょう}
です。この黎朝はのちに明と冊封^{さくほう}関係を結び朝貢^{ちょうこう}しました。

■ 鄭和/南海大遠征

永楽帝は，1405 年からある人物に南海大遠征^{なんかいだいえんせい}を行わ
せました。

鄭和
(1371〜1434?)
なかなか骨太の顔で
ある。

Ｑ 多い時には 200 隻^{せき}の大艦隊^{かんたい}を率^{ひき}いて南海大遠征を
行った人物は？ ──鄭和^{ていわ}

イスラーム教徒の宦官^{かんがん}です。航海に使ったのは**宝船**^{ほうせん}
と言って，重量は少なくとも 500 トン（1000 トン以上
という説もあり）で長さは 150m，幅 62m，……相当デ
カイぞ。コロンブスの船の 5 倍はあるね。

また，宝船の甲板^{かんぱん}には約 50 センチほどの土を盛^もったらしい。これは野菜
を栽培するためでした。長い航海で，昔の船
乗りが恐れたのが，ビタミンＣ不足による壊^{かい}
血病^{けつびょう}だったんです。

1 回目の遠征では，こんな船を 62 隻^{せき}，乗
員 2 万 7 千人を率いていきました。

鄭和がこんな大艦隊を，そして 2 〜 3 万人
もの人間を連れて行くさまを想像すると爽快^{そうかい}

宝船

170

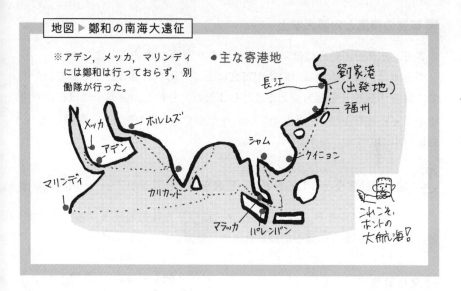

地図 ▶ 鄭和の南海大遠征

※アデン，メッカ，マリンディ
　には鄭和は行っておらず，別
　働隊が行った。

●主な寄港地

長江
劉家港（出発地）
福州
メッカ
ホルムズ
アデン
シャム
クイニョン
マリンディ
カリカット
マラッカ
パレンバン

これこそ，ホントの大航海！

な気分になりますね。

　鄭和の艦隊は，**南シナ海**から**インド洋**に入り，さらに別働隊は，**アフリカ東海岸やアラビア半島**に至りました。

　寄港地として有名なのは，東アフリカの**マリンディ**という港市です。これは現在の**ケニア**にあります。

📙 朝貢貿易の拡大

　さてこの大遠征の目的は，**海禁政策の徹底化**にありました。そして遠征の結果は，明に対する**朝貢貿易の拡大**でした。遠征後，東南アジアやインド洋沿岸の 50 以上の国々が，明に朝貢したと言われます。もっとも，「国」と言っても，**港市国家**といわれる“ポリス”程度の港町もありますけどね。これらの国々って，鄭和の大艦隊にはビビっただろうね。

　新規の朝貢国のなかでもっとも有名なのは，**マレー半島**南部の**マラッカ（ムラカ）王国**でしょう。この王国は，鄭和の艦隊の補給基地となって力を持つようになりました（→第 1 巻 p.190）。

　また，この遠征で東南アジアなどの情勢が中国にもたらされました。このことは，中国人商人の進出や，後に**南洋華僑**と呼ばれることになる中国人の**東南アジアへの移民**に道を開くものともなりました。

■ 宦官の復活と内閣大学士

　さて，永楽帝の時代には，明初とは異なり**宦官**(かんがん)が重用(ちょうよう)されました。

　洪武帝は，漢・唐などの政治が宦官によって乱されたことを知っていたので，宦官の数などを極力抑(おさ)えようとしました。しかし，永楽帝は宦官たちを中心に秘密警察をつくりました。これをなんて言うかと言うと，**東廠**(とうしょう)。まっ，細かい事項ですが。それから，

Q 皇帝の助言役として設置された官職をなんと言うか？　──内閣大学士(ないかくだいがくし)

　アメリカで言うなら，ホワイトハウスにいる大統領補佐官にあたります。後には，彼らが集う**内閣**(ないかく)(つど)が最高の意思決定機関になっていきます。

■ 文化事業

　また，永楽帝は文化事業として**大編纂事**(へんさん)

業を命じました。

　学者たち，とくに**儒学者**(じゅがく)に本を編纂させる目的は何か？　それは，自分に対する**反発を押え込む**ためでした。兄の子供を殺して帝位についた永楽帝に対して，**大義名分**(たいぎめいぶん)を重んじる儒学者(朱子学者)の反発は強かったのです。で，彼らに大きな仕事を与えて，黙(だま)らせたわけです。

　編纂されたのは，『**四書大全**(ししょたいぜん)』・『**五 経 大全**(ごきょうたいぜん)』・『**性理大全**(せいりたいぜん)』・『**永楽大典**(えいらくたいてん)』──みーんな「○○大○」だよね。とくに『永楽大典』なんて 2 万 2877 巻にもおよぶ百科事典です。

② 明の衰退・滅亡

📖 別冊プリント p.67 参照

■ 北虜南倭

　しかし，永楽帝の死後，明の混乱が顕著(けんちょ)となりました。

　混乱の直接の契機(けいき)は**外圧**(がいあつ)です。北からは**北虜**(ほくりょ)と言われる**遊牧民**(ゆうぼくみん)の侵入，そして海岸地帯では**南倭**(なんわ)と言われる**海賊・密貿易者**(かいぞく)(みつぼうえきしゃ)，こういった連中が明の衰退の契機をつくっていくわけです。2 つまとめて北虜南倭。

　ではまず，北虜から。モンゴル高原にいた，モンゴル系の**オイラト(オイ**

172

ラート）と**タタール**などの部族をまとめて**北虜**と言います。

まず15世紀半ばに明を脅かしたのは，**オイラト**（瓦剌）でした。

Ｑ オイラトのリーダー（ハン）はだれか？ ——**エセン**（＝ハン）

モンゴル高原の**西部**にいたオイラトは，**1449年**に**土木の変**という事態を引き起こしました。土木は北京の西方に位置し，**土木堡**と呼ばれる砦がありました。ここでエセンは明に勝利し，**正統帝**（**英宗**）を捕虜にしました。

■ 北虜の侵攻の目的

そして，16世紀半ばにモンゴル高原の**東部**で興隆したのが**タタール**ですね。漢字では「韃靼」です。では，

Ｑ タタールのリーダーはだれか？ ——**アルタン**（＝ハーン，ハン）

1550年に起きたのが**庚戌の変**。これは，タタールの進攻によって**北京**が包囲された事件です。では，彼らは何のために侵攻してきたのでしょうか？

エセン，アルタン，いずれも明の朝貢を前提とする貿易統制に不満で，**明との貿易の拡大**を求めての軍事行動であり，決して，中国本土を支配しようなんて思ってはいませんでした。

結局，アルタンの要求に明は屈し，その結果統制は緩められ，遊牧民の毛皮や馬と，明の**絹織物**などの交易がさかんになりました。ちなみにアルタンは明から**冊封**も受けました。

アルタン 明と仲良くなっちゃった

■ 倭寇の活動

一方で，海岸地方においては**南倭**に苦しみます。倭という名前で分かるように，本来は**日本人の海賊**などが中心ですが，**16世紀**の後期倭寇になると**中国人の密貿易者**の占める割合が大きいようです。

この倭寇に対処するために，明は**勘合貿易**を行ったりするわけですが，これについては，明の経済のところでくわしくお話しします（→ p.178）。

■ 万暦帝の時代

1572 年には，**万暦帝**が 10 歳という若さで即位。廟号は**神宗**。

Q 万暦帝に首輔（首相）として仕えた政治家は？
—— 張居正

張居正は，前皇帝 隆慶帝のときにアルタンと和を結ぶという功績があり，万暦帝の時代にも財政改革などに力を尽くしました。

具体的には，全国に**検地**を行って土地所有状況を調査し，地主などに対する**課税を徹底化**しようとしたのですが，この中央集権的な財政改革には**地方出身の官僚たちの反発**も根強く，改革は十分な効果を上げることはできませんでした。

▶ 万暦帝の三大征

そんなことで，残念ながら"国家予算"の赤字は肥大する一方でした。とくに 1590 年代に，明は 3 つの戦争に直面して，出費を強いられました。

1592 年に，モンゴル系の軍人の反乱が起きました。これがボハイの乱。

また同じ 1592 年から，**豊臣秀吉**の**李朝朝鮮国**に対する侵略。朝鮮国は明に**冊封**されていますから，明は「臣下」を助けるために援軍を派遣したのでした。

そして 1597 年には貴州の少数民族の反乱が起きました。これを播州の乱と言います。

▶ 党争——東林派 vs 非東林派

さらに，宮廷内部では「**党争**」が展開されました。

時期は 17 世紀の前半で，対立したのは，**東林派**と**非東林派**です。東林派のリーダーは**顧憲成**。東林派とは，顧憲成が江蘇省の**無錫**という都市につくった**東林書院**という学校に由来しています。ここには政治に批判的な人士が集まり，その影響を受けたグループが**東林派**と呼ばれました。

そして，この派の人々を大弾圧したのが宦官の**魏忠賢**。この男は中国史上一番の悪人と言われている人物です。……中国一ってことは，世界一の悪人ということです（笑）。

顧憲成
(1550～1612)

■ 明の滅亡

李自成
(1606〜1645)

　また17世紀に入ると，中国東北地方の**女真（女直，ジュシェン，ジュルチン）**が明に圧迫を加え，やがて農民反乱によって明は滅んでしまいました。この農民反乱は，指導者の名前をとって**李自成の乱**と言います。

Q 李自成の乱の起きた場所はどこか？
　　　　　　　　　　──陝西地方

崇禎帝
(位 1628〜1644)

　その農民反乱軍が，都の北京を陥落させ，**1644年**に明は滅びました。北京陥落をまのあたりにして自殺した最後の皇帝は**崇禎帝**でした。廟号は**毅宗**。

　そして，このあと中国の支配者となったのは，農民反乱軍ではなしに，**清という征服王朝**でした。

©青木

崇禎帝（明朝最後の皇帝）が首をつったといわれる木が史蹟となっていた

©青木

北京郊外にある李自成の像

③ 明代の社会・経済

別冊プリント p.69 参照

■明代の産業

　明の時代には，宋代に続いて**経済が大発展**しました。とくに16世紀の明などは，世界のGDPの30%以上を占めていたのではないかという試算もあるくらいです。またそれにともなって，順調に**人口も増加**しました。

　というわけで，政治史だけではなく，社会・経済についてもしっかりと理解を深めていきましょう。じゃあ，最初に農業からね。

▶農業

　明の時代は宋・南宋の時代から引き続いて**農業生産が発展**し，それにともなって商業も発展します。

　宋の時代の穀倉地帯といえば，長江の**下流の江浙地方**でしたが，明の時代以降は，**稲作の中心が長江中流**に移っていきました。**宋代には下流域**の「**江浙（蘇湖）熟すれば天下足る**」(→ p.136) と言われましたね。しかし明の時代になると，こう言われたのでした。

> 「**湖広熟すれば天下足る**」

　「湖広」は**長江中流域**の湖南省・湖北省の総称です。

▶綿織物・絹織物業

　では，**長江下流域**はどうなったのでしょうか？

　ここでは**綿花や桑の栽培**が普及しました。そしてそれを原料(桑はカイコのエサ)とする**綿織物**，**生糸**，それに**絹織物**の生産が発展しました。

　生糸とは，カイコがつくった繭からつくった糸のことです。それを寄り合わせ，精錬して，糸の表面についている膠(ニカワ)質を取り除き，丈夫で光沢のある糸にします。これを**絹糸**と言うのです。ま，要するに，生糸と言うのは絹糸の原料ですね。

　さて，綿花などはみずから食べるために栽培される作物ではなく，最初からだれかに**売るためにつくられる作物**です。このような作物を**商品作物**と言います。農民はそれを**貨幣**を仲だちにして**商人**などと売買しました。

▶大土地所有制の進展

こうして貨幣経済が農村に浸透します。そしてこのことは，**農村の貧富差を増大**させました。結果として，**自作農**や**小地主は没落**し，**有力地主**が勝ち残り，彼らは農村で揺るぎない実力者となります。また**科挙**に合格し，官僚を輩出したりすると，その家の力はますます強まります。

Q このような農村の実力者をなんと言うか？　　——郷紳と言います。

▶製陶業

また景徳鎮を中心として，**製陶業**も発展しました。白磁の上に**コバルト**から抽出した藍色の文様を出す**青花（染付）**の技法は，すでに**元代**に始まっていますが，

Q 明の時代に生まれた，一度焼いた白磁にさらに<u>多彩色</u>をほどこす技法，もしくは陶磁器と言えば？　　——赤絵

とくに16世紀後半の万暦帝の時代に製造された**万暦赤絵**は有名です。

江西省の**景徳鎮**は，あいかわらず陶磁器生産の中心都市です。それから上海の西にある**松江**は**綿布**，**湖州**は**生糸**，そして**蘇州**は**絹織物**生産で知られていました。

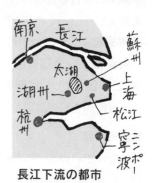

長江下流の都市

📗 遠隔地商業の発展

このような都市の発展は，**遠隔地商業**の発展を促し，遠距離交易で活躍する商人たちを台頭させました。その代表が，**新安商人と山西商人**でした。

新安商人（もしくは**徽州商人**）は安徽省徽州府出身の商人ですが，徽州の古名が「新安」なのでこう呼ばれました。とくに**塩の流通**を押さえて巨利を得たようです。一方，**山西商人**は，文字どおり山西省出身の商人で，新安商人とともに政治権力と結びついて，活動しました。

また同郷・同業者の商人や手工業者たちは，各地に**会館・公所**と呼ばれる建物をつくり，そこに集まって**相互扶助**などを行いました。

④ 大交易時代の東アジア・東南アジア

さて，こうして明の経済は大きく拡大しました。するとこの明を中心として，**16世紀の東アジア・東南アジアは「大交易の時代」**に突入しました。そこでこの第4節では，16世紀の明を中心として，その前後の時代も視野に入れつつ，アジアの活発な交易活動について見てまいりたいと思います。

では，まずは明の貿易政策から確認していきましょう。

■ 海禁政策の始まり

まず論述問題の頻出テーマである明の貿易政策についての確認から。

Q 明初の1371年から <u>1567年</u> までとられた海外との貿易・渡航などに対する厳しい統制をなんと言うか？　　　　──**海禁政策（海禁）**

海禁の直接の目的には，**国家による貿易の独占**のほかに，**倭寇の禁圧**がありました。とくに14世紀には，**倭寇**，すなわち**日本人を中心とする海賊・密貿易者**が，中国や朝鮮の海岸地帯を荒らし回っていました。

洪武帝は，**倭寇禁圧**を期待して，当時九州で勢力を持っていた**懐良親王**を「**日本国王**」として**冊封**しました。当時の日本は**南北朝の争乱**時代で，親王は後醍醐天皇の皇子であり，**室町幕府**とは対立していました。

▶ 勘合貿易

さらにそののち，明は**室町幕府**とのあいだに**勘合貿易**を開始しました。「**勘合**」とは明の皇帝が発給した証明書のことで，これを携帯している者を正式な貿易相手として取引を行ったのでした。

この形式を踏んだ貿易を勘合貿易と言い，室町幕府のみならず，明朝の貿易相手国の多くがこの形式に従いました。

Q では，勘合貿易の基礎をつくった日本側の人物は？　　　　──**足利義満**

足利義満は第3代将軍（任 1368 ～ 1394）だった人で，彼も懐良親王と同様に，明皇帝によって「**日本国王**」として**冊封**を受けました。懐良親王にしても足利義満にしても，**5世紀の「倭の五王」以来，ひさしぶりに日本の政治**

勢力と中国王朝のあいだに冊封関係が成立したのでした。

さて, これで倭寇もいったんは治まったかに見えました。

足利 義満

🔖 16世紀の情勢

しかし16世紀になると状況は変わりました。

まず中国国内では**江南を中心に**経済が**進展**しました。この状況は輸出を活性化させました。また世界的には, すでに**大航海時代**が始まっており, **ヨーロッパの商人**たちも, 中国の陶磁器や絹織物, それに生糸などを, 自国やその他の消費地に搬出したいと考えていました。

そんななかで**16世紀の前半**になると, **再び倭寇の活動が活発化**し, こちらをとくに「**後期倭寇**」と言いましたね。倭寇とは言っても, こちらは**中国人の密貿易者・海賊**が中心でした (→ p.173)。

後期倭寇の活動は, 16世紀半ばの皇帝である**嘉靖年間**に盛り上がり, とりわけ**1550年代**がピークでした。「活性化」の原因は, さきほど言ったように, 中国国内の諸産業の発展にありました。要するに, 当時の中国には, **絹織物や陶磁器**のような"海外で売れるもの"が溢れていたのです。

後期倭寇の1人に数えられる**王直**は有名ですね。今の長崎県の松浦あたりを拠点に, 中国の沿岸や日本や東南アジア一帯で密貿易を展開しました。**1543年**に, 種子島に**ポルトガル人**が**鉄砲**を伝えますが, このポルトガル人が乗っていた船も実は王直の船だったようです。

王直

🔖 海禁政策の緩和

このように, 海禁政策というきびしい統制は, すでに限界に達していたのです。そこで明は**1567年**に**海禁政策の緩和**を断行しました。

▶ 15世紀半ば以降の日明貿易

一方日本の状況はと言うと, **1467年**に応仁の乱が起こり, **室町幕府の力は急速に衰え**ました。すると, **西日本の有力大名**が, 幕府から**勘合貿易の権利**を得て, 貿易を行うようになりました。

その有力大名とは, **北九州**などに拠点を持ち, **博多商人**と結んだ**大内氏**と, **畿内や四国**を根拠地とし**堺商人**と結んだ**細川氏**でした。両者は**1523年**に中

国の港町で衝突しました。これを寧波の乱と言います。勝ったのは大内氏でしたが，その大内氏も1557年に滅亡し，その後**倭寇の活動が再び活発化**しました。この状況は，**豊臣秀吉**が全国の統一を進め，**1588年に海賊禁止令**を発布するまで続きました。

こうしたこともあって**1567年の海禁政策の緩和**は，日本には適用されず，**日明間の自由な渡航や貿易は禁止されたまま**でした。だからこそ，**ポルトガル**が仲介者となって**日明貿易**を担うことになったのです。

また日明の商人は，**台湾**やフィリピンの**ルソン**などに出向いて，活発に取引をすることもありました。これを**出会貿易**と言います。

次に，これまた論述問題の頻出テーマである**「銀の交易」**について，明を中心にお話ししましょう。

■ 中国への銀の流入

陶磁器は**絹織物・生糸・茶**などと並んで，ヨーロッパに輸出されました。運んだのは**ポルトガル人**や**スペイン人**たちで，17世紀になると**オランダ**も参入してきました。彼らの貿易については第34回でくわしく述べるとして，ここでは**中国への銀の流入**とその影響について説明しておきましょう。

▶銀はどこから来たか？

さて，**16世紀**には大量の**銀**が明代の中国に流入しました。

銀は，2カ所からもたらされたものでした。そしてその銀とは，

| 日本銀 と メキシコ銀 |

16世紀には，**ポルトガル**などが仲介した**日明貿易**によって，**日本産の銀が中国に流入**しました。ちなみに16世紀の日本は世界最大の銀の産出国に数えられます。島根の**石見銀山**は有名ですね。一方，日本が獲得した明の主力商品は**生糸**でした。この**銀と生糸**の取引きを中心とする**日明貿易**は，16世紀の世界で最大の2国間貿易と言われ，全世界の貿易額の30％を占めていたのではないかと言われています。

さらには，**スペイン**が**マニラ**経由で，**メキシコ産の銀**を中国にもたらし，

中国産の**絹織物**や**陶磁器**を獲得しました。ちなみに銀を積み出したメキシコの港は**アカプルコ**。これにちなんで，この貿易を**アカプルコ貿易**と言います。

　そしてこの流入した銀は，中国に大きな影響をおよぼしました。その影響とは，これです。

> ### 銀の流入は，**一条鞭法**（いちじょうべんぽう）という新税制を生んだ。

　さてこの一条鞭法は，いろいろな税目を，原則として銀納に**一本化**したという特色をもっています。でね，一条鞭法を含めた「**中国の税制の推移**（すいい）」もまた，論述問題の頻出テーマなので，唐代以来の**両税法**（りょうぜいほう）や18世紀の清朝で始められる**地丁銀制**（ちていぎんせい）とあわせて，あとで比較対照しながら説明したいと思います（→ p.243）。

▨ 東南アジアと明の交易

　次に東南アジアと明の交易はどのようなものだったのでしょうか？

　まず，**マラッカ王国**と明の関係から見てみましょう。

　マラッカ海峡（かいきょう）に位置するマラッカ王国は，中継地として重要でした。なので，**アユタヤ朝タイ**やジャワの**マジャパヒト王国**から狙（ねら）われていました。そこに，**鄭和の遠征隊**（ていわ）がやってきました。そこでマラッカ王国は**明に朝貢**して明と友好関係を築き，自国の安全保障をはかりました。

　一方で明には，タイやビルマの**トゥングー（タウングー）朝**などからは米や**獣皮**（じゅうひ）が，**モルッカ諸島**からは**香辛料**が流入してきました。

▨ 明と李朝朝鮮国，朝鮮と日本の交易

　一方，**李朝**（りちょう）朝鮮国は明から**生糸や絹織物を輸入**し，それらを日本に転売したり，薬用の**朝鮮人参**（にんじん）を輸出しました。日本からの主要な対貨は**銀**でした。朝鮮人参はたいへん高価だったため**大量の銀が朝鮮に流入**し，その一部は生糸などの対貨として，**中国にも流入**しました。

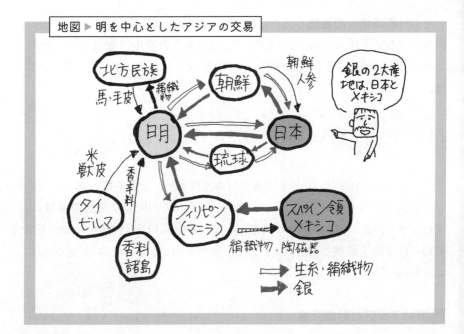

地図 ▶ 明を中心としたアジアの交易

銀の2大産地は、日本とメキシコ

北方民族　朝鮮
馬・毛皮　絹織物　朝鮮人参
明　日本　琉球
米・獣皮　香辛料
タイ・ビルマ
香料諸島
フィリピン（マニラ）　スペイン領メキシコ
絹織物、陶磁器。
⇨ 生糸・絹織物
⇨ 銀

▌ 琉球王国

またここで，琉球と日本についても触れておきましょう。

まず琉球。現在の沖縄本島には，14世紀には北山・中山・南山という3つの小王国が成立しており，それぞれ明から冊封を受けていました。しかし，15世紀前半に中山王国の尚氏という一族が統一を達成し，琉球王国が成立しました。首都は首里。初代国王は尚巴志でした。

尚巴志
(1372～1439)

この琉球王国は明に冊封され，活発な貿易を行いました。ちなみに明は海禁政策を実施していたので，朝貢貿易が唯一の海外との取引。これを琉球王国は最大限に生かして，東南アジアや日本と明を結ぶ中継貿易地にもなりました。とくに琉球王国の那覇港には福建省出身の中国人商人が来航して，活動しました。

しかし16世紀に入ると，後期倭寇の活動の活発化や，ポルトガル人商人の登場によって琉球王国は衰退し，17世紀初めには薩摩の島津氏の支配を受けるようになりました。一方，明が滅んで清朝が中国を支配すると，琉球王国は清朝から冊封されました。

Q このように，島津氏と中国王朝という２つの権力の従属下に置かれたことをなんと言うか？　　　　　　　　　　――両属体制と言います。

　島津氏としても，琉球王国と明・清との朝貢貿易を続けさせ，利益の一部を獲得したいという思惑があったのです。

▊ 日本の状況（16世紀〜17世紀）

　続いて日本です。**1467年**に始まる**応仁の乱**以降，日本は**戦国時代**に入りました。しかし，**1600年**の関ヶ原の戦いを経て，**1603年**に**江戸幕府が成立**し，その混乱も収拾されました。初代将軍の**徳川家康**は海外貿易を統制するために，許可証を与えた船だけに貿易を認めます。

Q この貿易許可証を与えられた船をなんというか？　　　　　　　　　　　　　　　　　　　　　　――朱印船ですね。

　許可証は**朱印状**と言います。朱印船は**台湾**や**東南アジア**から多くの商品を運搬しました。その結果，東南アジアには，自治を認められた**日本町**も生まれ，**タイのアユタヤ朝**に仕えた傭兵隊長**山田長政**のように重用されるものも出ました。東南アジアと日本の取引商品は次のようなものです。

日本と東南アジアのおもな取引商品

●**日本からの輸出品：銀・銅**
●**日本の輸入品：生糸**（ベトナム），鎧の材料となる**鹿皮**（タイ・ベトナム），日本刀の握りの部分に巻く**鮫皮**（東南アジア各地）

　しかしこの後，江戸幕府は日本版の"海禁"，要するに**鎖国**を行います。動機は，諸大名が貿易によって強大化するのを防ぐことと，**キリスト教の普及**が一揆と結びつくことを恐れたためです。

▊ 「四つの口」

　しかし鎖国とは言っても，まったく門戸を閉ざしていたわけではありません。

長崎には**オランダ人商人**と**清の商人**が来航しました。また,

Q 李朝朝鮮国とは,**対馬**の大名を通じて国交がありました。この対馬の
大名とは何氏か？　　　　　　　　　　　　　　　　——**宗氏**ですね。

朝鮮国からは**朝鮮通信使**が江戸の将軍のもとに派遣されました。

あとは琉球王国を通じた清朝との交易,それに**蝦夷**(今の北海道)の**松前藩**
を通じた**先住民アイヌ**との交流,以上の4つです。これらをまとめて「四つ
の口」と言います。

続いて,イエズス会宣教師の活動についてお話ししておきましょう。

⑤ イエズス会宣教師の来航　　　　　📖 別冊プリント p.71 参照

🚩 イエズス会宣教師の来航

16世紀のヨーロッパでは**ルター**たちによって**宗教改革**が起こり,これに
対抗して**カトリック教会**側は対抗宗教改革を起こしました。この動きの先兵
として世界に展開したのが,**イエズス会**です。

多くのイエズス会宣教師が明清の時代に来航し,彼らは**カトリック布教**の
際に,併せて科学などの**実用的な知識**をもたらしました。以下,具体的に見
ていきましょう。ちなみに,山川出版社『世界史探究』などでは,イエズス会
士の活動を明と清の時期に分けて記述しています。しかし,2つの王朝にま
たがって活動した人もいるので,ここでは明清時代を合わせて説明します。
……てか,明と清を離して記述したら,いろいろ不都合が起こるんだよな。
この新課程教科書の"ズタズタ感",なんとかならんかねぇ(怒)。

じゃ,まあ,怒りを抑えて,まずイタリア人の**マテオ=リッチ**(中国名：利
瑪竇)。彼は『**坤輿万国全図**』という**世界地図**を編纂しました。漢文で説明が
記されたこの地図は,中国を真ん中に置くなど,中国人のプライドに配慮を
ほどこしたものでした。また明の官僚徐光啓とともに,ヘレニズム時代の**エ
ウクレイデス**の『**幾何学原本**』を漢訳しました。では,

Q ドイツ人で,明の末期に,徐光啓とともに『**崇禎暦書**』という暦を編纂
したのはだれか？　　　　　　　　　　　　　——**アダム=シャール**です。

　彼は中国名を**湯若望**といい，清にも仕えて欽天監監正という天文台の長官にもなり，『崇禎暦書』を修正した『時憲暦』という暦もつくりました。

　ベルギーの出身で大砲鋳造技術などを中国に伝えたのは，**フェルビースト**，中国名は**南懐仁**ですね。彼はアダム=シャールを補佐して暦の作成をしたり，天球儀をつくったりもしました。

　それからフランス人の**ブーヴェ（白進）**と**レジス（雷孝思）**は，清の康熙帝の命を受けて実測による正確な中国地図をつくりました。

Q この実測地図をなんと言うか？　　　　　——『**皇輿全覧図**』です。

マテオ=リッチ
(1552〜1610)

アダム=シャール
(1591〜1666)

フェルビースト
(1623〜1688)

　またイタリア人の**カスティリオーネ（郎世寧）**は，康熙・雍正・乾隆3代に，宮廷画家として仕えました。また北京郊外には，雍正・乾隆時代に離宮・庭園が造営され，彼も設計に加わりました。

Q バロック式の建築物を含むこの離宮・庭園は何か？

——**円明園**と言います。

◤ 宣教師がヨーロッパに持ち帰ったもの

　一方，宣教師たちは，中国の文化を驚きをもってヨーロッパに紹介しました。とくに中国の整備された**官僚制度**，さらにはその官僚の選抜制度としての**科挙**。今のフランスにある**バカロレア**という中等教育終了試験，または専門教育機関入学資格も，もとをたどれば科挙がモデルだと言われます。

　そして**儒学**の論理性・合理性や，それに基づく中国の国家体制なども，やや理想化されながら，賛美をもって紹介されました。

その影響を受けたのが，**ヴォルテール**など18世紀の啓蒙思想家たち。重農主義者の**ケネー**もそうだね。彼らは自分たちを抑圧するフランスなどの絶対王政を，中国の皇帝支配体制と比べて劣っていると断じました。

それから中国の陶磁器，造園術などのデザインもヨーロッパに影響を与え，ヨーロッパに**シノワズリ（中国趣味）**を生みました。

マテオ=リッチ
「典礼を否定はできんよ」

📕 典礼問題

最後に典礼問題についても触れておきましょう。

まず，**イエズス会士**たちは，布教の際に，中国人の伝統的な**祖先崇拝**や，**孔子**，**「天」**などに対する崇拝や儀式——これらを**典礼**と言うのですが，これを否定しませんでした。

中国人：「あんたらの言う"主"って，孔子様みたいなもんかね？」

会　士：「……，まっ，そんなもんですね」（笑）。

もちろん違います（笑）。この布教を，あとから中国にやって来た**フランチェスコ派**や**ドミニコ派**の連中が「おかしい！」とローマ教皇に訴えました。結局イエズス会の中国における布教は，教皇によって禁止されました。このゴタゴタを，**典礼問題**と言うのです。

これを聞いた**康熙帝**が激怒。「中国国内のことに，ローマ教皇がいちゃもんつけるな」というので，教皇にこの件をチクったフランチェスコ派とドミニコ派は中国追放となりました。

こうして**イエズス会のみが布教を認められる**ことになりました。しかし，後になって，イエズス会が皇位継承に介入したことに**雍正帝**が怒り，**キリスト教の布教は全面禁止される**ことになってしまいました。

⑥ 明清の文化

📖 別冊プリント p.72 参照

📕 明の儒学——陽明学

明の最後として明清の文化について触れておきましょう。でだ！ イエズス会のハナシに続いて，明清の文化についてもズタズタにしないで（笑），まとめてお話ししておきます。

では，まずは儒学から。明・清王朝ではいずれも朱子学が官学化されました。

そこに王陽明が登場しました。本名は王守仁で，陽明は彼の故郷にちなんだ名前です。彼の時代を概観しておきましょう。

王陽明が生きた15世紀後半以降の時代は，江南を中心に商工業が発展し，都市を中心に商人をはじめとする庶民の台頭が見られた時代です。そういえば王陽明の出身地も浙江だったな。

彼らは，朱子学よりももっとすぐに結論が出てくるような倫理観を求めていました。……朱子学は大変だもんな。徹底的に読書して「理」を窮め，しかるのちに実践。「商売やってるうちらに，そんな暇あらしまへんわ」，関西弁になる必要はなかったですね（笑）。

さらに，王陽明自身すごく貧乏で本なんて買えなかったらしい。「本が買えんと，読書はできん。読書ができんと『理』は窮められない。そんなばかな」。そう思った王陽明は，南宋の陸九淵の「心即理」という考え方を復活させたのでした（→ p.143）。

こうして，貧乏人や，暇のない“ビジネスマン漢人”のための倫理として成立した思想，それが陽明学だったのです。

陽明学のポイントは知行合一という言葉に集約されます。これは実践を尊ぶという意味なんですが，朱子学の主知主義的な態度を批判するものでした。すなわち人間の心に内在する「理（世界の本質）」が命ずるままに行動する，それでよいではないか。

朱子学の主知
主義的態度

陽明学
実践を尊ぶ

王陽明（守仁）
（1472～1528）

晩年近くになって，王陽明はこの議論をさらに徹底させ，「致良知」を説くようになります。「良知」とは，ものごとの善悪を判断する道徳心のことで，人間には本性的にこれが備わっている，というのです。ちなみにこれは孟子の説ですけどね。で，良知を致す（＝使う）ことで，人間は立派に人生を送ることができる，と主張しました。

Ｑ 王陽明の言行録として残っている本は？　　　　　　　　——『伝習録』

同じ陽明学派のなかに，徹底的な合理主義や**男女同権**を唱え，獄死した人物がいます。これは**李卓吾（李贄）**という人でした。

▌ 考証学の成立

明末から清の時代には，**考証学**という学問が成立しました。これは**事実を実証的に研究**するというもので，ほとんど**歴史学**と言っていいですね。

この学問成立の背景は**明末清初の混乱**にありました。混乱を収拾して秩序を回復するには，どうすればよいのか？　それには，過去の事実をしっかりと踏まえて反省を引き出し，その上で未来を切り開くしかない。そして過去の事実を踏まえるためには，それを記してある**儒学の古典など**の内容を**厳密に吟味**することが基礎になる……。というわけで，考証学では，とりあえず儒学の経典などの**文献学的な研究**が行われました。

▶黄宗羲と顧炎武

代表的な学者は，**黄宗羲**と**顧炎武**でした。２人とも明に忠節を尽くし，清朝には仕官しませんでした。まず黄宗羲ですが，彼は歴史学の分野で名を馳せ，さらに，その激烈な**反君主思想**には，ルソーを思わせるものがあります。彼の著書としては『**明夷待訪録**』が知られています。

これに対して，顧炎武のほうは経学，すなわち**四書五経**などの研究における第一人者でした。著書は『**日知録**』。この本は，彼が30年間にわたって，中国の歴史・思想・文芸・古典について考証したものを書き記した書物です。

▶清朝考証学

この２人の後になると，**文字の獄**に代表される清朝によるきびしい言論統制のなか，考証学は純学問的なものに変化していきました。

18世紀の後半に登場した**段玉裁**は，『説文解字注』を著して音韻の研究を進めました。それから**戴震**も古典の研究に専念しました。

　また，事実に対する実証的な検証の態度は，**歴史学の発展**をもたらします。「**史学（清朝考証学）**」と表記している教科書もあるくらいです。

Q　『大清一統志』『二十二史考異』を編纂し，歴史の研究を進めた清朝考証学を代表する学者はだれか？

——銭大昕

黄宗羲
（1610〜1695）

柔和な表情だが，黄宗羲の人生は悲憤と激情に満ち満ちている。明末の宦官による東林派官僚への大弾圧の際には，彼の父も処刑された。父やその仲間の無実を訴えた彼は，取り調べのときに刑部の取調官に鉄の棒で殴りかかったという。

俺の説明はないのかよ！

銭大昕
（1728〜1804）

▶公羊学

　さて**乾隆帝**の治世が終わり，19世紀に入ると清朝の衰退も露わになってきました。

　すると儒学の議論を**社会や国家の変革**につなげようとする人々が登場します。彼らは五経の一つである『**春秋**』の注釈書である『**公羊伝**』の記述を参考にして，現実を変革する手がかりを得ようとしました。こうして形成された学問を**公羊学**といい，**公羊学派**という一派が形成されました。

　『公羊伝』の作者は公羊高。孔子の高弟であった子夏の門人でした。『公羊伝』の内容には，民衆の生活の安定を第一義とすることや，暴君の支配に対する**武力革命の容認**などが含まれていました。このあたりが現実変革の手がかりとなったのでしょう。

　公羊学派の代表的な人物は康有為ですが，彼には第3巻で登場してもらいましょう。

▉ 明清の文芸

　明・清の時代には，散文で表現する**小説**がさかんに書かれました。まず明代では，『**西遊記**』，これは**呉承恩**の作品と言われています。

　それから『**水滸伝**』。これはファンが多いな。元末の**施耐庵**の作品をもとに，明代になって現存のようにまとめられました。北宋の時代，108人の豪傑の活躍を描いたものです。

　また『**三国志演義**』は，正史『三国志』を大衆小説化したもので，これまたファンが多い。これで曹操のことを好きになった人も多いかと思います。編者は**羅貫中**ですね。

　それから『**金瓶梅**』。作者不明のこの作品は『水滸伝』のなかの挿話を，明の時代にややエロティックに膨らませた作品ですね。受験生は読んではいけないけれど（笑），岩波文庫には所収されています。作者は不明ですが，そのリアルな筆致はこの後に出てくる小説に多大な影響を与えました。

　続いて，清代の小説です。まず，

Q 　科学や学歴社会を皮肉った内容で知られる清代
　　　の小説は？　　　　　　　　　　──『**儒林外史**』

科挙？ そんなもの受けるか！
呉敬梓

　作者は**呉敬梓**。18世紀前半の人ですね。

　次は『**聊斎志異**』。作者は**蒲松齢**。妖怪の話など怪異な物語をたくさん集めたものです。続いて登場するのは小説『**紅楼夢**』。これは満洲貴族の没落を描いた作品で，作者は**曹雪芹**です。

　最後に清代の戯曲を2つ。まず『**長生殿伝奇**』は**洪昇**の作品で，玄宗と楊貴妃の悲劇を描いた長篇の戯曲ですね。また**孔尚任**の作である『**桃花扇伝奇**』は，男女の恋愛を明末の動乱を背景に描いたものです。

▉ 明清の美術

　絵画では**董其昌**。彼は自らを理想主義的な構図を特色とする**文人画**の流れのなかに位置づけ，これを「**南宗画**」と名づけました。一方，写実的な**院体画**の流れを組む**北宗画**の画家としては，風俗画を得意とした**仇英**が出ました。

明清期の大編纂事業

▶永楽帝期

では最後に，明清時代の**大編纂事業**の成果を確認しておきましょう。

まず明代では，永楽帝期に編纂事業が行われましたね（→ p.172）。『**四書大全**』『**五経大全**』は，その名のとおり四書五経に関する注釈書です。解釈は南宋の**朱熹**（**朱子**）が踏襲されました。また『性理大全』は，宋学（朱子学）についての学説集です。

そして『**永楽大典**』は2万3千巻におよぼうとする，とてつもない**類書**です。「類書」とは**百科事典**のことで，事項ごとにいろいろな書物に記載されている文章を引用し，それを編纂したものです。

▶清代の大編纂事業

清代では，まず『**康熙字典**』。これは漢字の字典で，4万字を越える漢字が集められています。

ついで『**古今図書集成**』。これは『永楽大典』と同じように，**類書**（百科事典）ですね。巻数1万巻におよびます。この本は，**康熙帝**の時代から編纂が始まり，**雍正帝**の時代に完成しました。

ちょっと違うけどまっ，いいか…

雍正帝（位1722～35）

類書って，こんな感じです

▼ヒトラー
ナチスのリーダーで，とっても悪いやつ。
（出典::『世界史実況中継』青木裕司著）

▼漢（前漢）の高祖
漢王朝の創建者で，とってもいい人。本名は劉邦。
（出典::『史記』司馬遷著）

そして最後は**乾隆帝**の命で編纂された『**四庫全書**』。これは，引用文を集めた類書ではなく，**叢書**です。叢書とは，分野別に古来から存在する書物を集めたものです。明清の文化，これくらいかなぁ。

では以上で，明（一部清の時代も含む）のハナシは終わりです。

第34回 ヨーロッパの海洋進出と アメリカ大陸の変容

大交易・大交流の時代(2)

さて、「**大交易・大交流の時代**」の2回目です。2回目は、**貧しいヨーロッ**パの登場です(笑)。……俺もしつこいね、ホントに(笑)。

この回のポイントは、**ポルトガル**と**スペイン**を先頭に、ヨーロッパが"**新世界**"の**アメリカに進出**したり、すでに始まっていた**アジア**の「**大交易**」に**参入**したことです。とくに新世界への進出は、**南北アメリカ大陸**と**カリブ海域の島々**に、深刻な変化をもたらしました。

かつて、このあたりの内容は「**大航海時代**」とか「**地理上の発見**」と記されていました。しかしこれは、「あくまでヨーロッパからの視点に過ぎない」とのことで、世界史探究の教科書では、章の表題からは消えてしまいました。

そもそも「大航海時代」とは、日本の歴史学者である**増田義郎先生**の造語です。そして1960年代に発刊された『**大航海時代叢書**』(全12巻 岩波書店)が、「大航海時代」というロマンある言葉を広めました。……個人的には、好きだったんだよなあ、この言葉。

じゃあ、ヨーロッパ人達の「大航海時代」、その背景や動機からまいりましょう。

"大航海時代"、ロマンを感じさせる言葉です

① 海洋進出の背景・動機

別冊プリント p.74 参照

▇ 経済的要因と東方への憧れ

大航海時代が始まった要因は何か。1つには**経済的な動機**がありました。それは**アジアとの直接貿易**でした。とくに**肉食の普及**などにともなって、

192

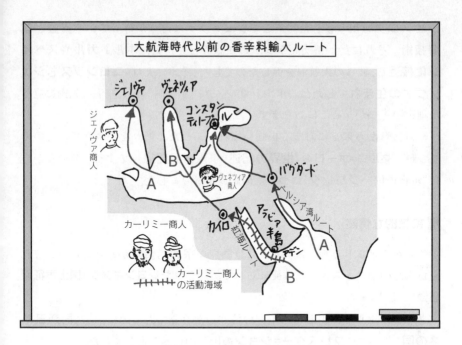

大航海時代以前の香辛料輸入ルート

胡椒(コショウ)に代表されるような**香辛料**(香料)**の需要が増大**したことがあげられます。

　従来の香辛料の流通経路については，上の図を見てください。

　香辛料はアジア全域で取れるわけではありません。おもな産地は**香料諸島**(モルッカ諸島，マルク諸島)などを代表とする暑い地域です。ここから**ペルシア湾ルート**(図の A)を通って入ってきたものをジェノヴァ商人が，一方**紅海ルート**(図の B)を通じて入ってきた香辛料をヴェネツィア商人がヨーロッパにもたらしていました。ちなみに紅海ルートで活動していたのは，**カーリミー商人**です。

　そして需要の高まりとともに，イベリア半島にあったポルトガルが，「**アフリカの南端を回って直接貿易をしてやろう**」と思ったわけです。

　また **1453 年**には**ビザンツ帝国がオスマン帝国**に滅ぼされ，16 世紀に入ると**サファヴィー朝ペルシア**が**バグダード**あたりに進出してきます。これらは**ペルシア湾ルートの香辛料貿易には打撃**でした。とくにオスマン帝国の台頭によって，コンスタンティノープル経由の香辛料の流入が減少した

193

ジェノヴァは困りました。そこでジェノヴァは自分が持っている**資金と航海技術**，それに長年蓄えたアジアの知識などを携え，**ポルトガルやスペインに接近**し，彼らの大航海を促したのでした。そういえば，**コロンブスもジェノヴァの生まれ**でしたね。ポルトガル・スペイン両国が大航海の先頭に立った理由の１つが，ここにあります。

一方，昔から東方に対する根強い憧れもあった。憧れをかき立てたものの１つが，マルコ=ポーロの**『世界の記述』**（**『東方見聞録』**）ですね。そのなかには"黄金の国，**ジパング**"についての記述がありました。

■ 宗教的な情熱

それからポルトガル・スペインには強烈な**宗教的情熱**がありました。それを育んだのが，イスラーム教徒に対して展開された**レコンキスタ（国土再征服運動）**でした。

さらに，ポルトガルとスペインの情熱をかき立てたものに，「**大司祭ヨハネの国**」（英語で"**プレスター=ジョンの国**"）の伝説がありました。

すなわち，"イスラーム教徒の住む地域の向こうにキリスト教徒の国があるという。そのキリスト教国と連合してイスラーム教徒を挟み撃ちにしちゃえ"。こんな情熱をもって，彼らは大航海に乗り出していくわけですね。

■ 大航海を支えた技術・知識

次に大航海を支えた技術について。まず**羅針盤**ですが，これは大航海には欠かせない器具です。これは**中国で発明**され，イスラーム世界を経てシチリアやイベリアに伝わり，改良されました。

そもそも羅針盤とは，磁石が北を向く性質を利用して，**方位**を確認する道具です。中国ではすでに宋代に，磁石を水に浮かべた「湿式羅針盤」が使われていました。では，

Ｑ 地球球体説を唱え，航海者コロンブスに影響を与えたフィレンツェの天文学者は？
——トスカネリ

大地を平板だとするそれまでの感覚だと，陸地を離れた航海は怖くてでき

ないよ。だって，こんなだろ。

この恐怖から航海者を解放したのが**地球球体説**だったのです。

また 1492 年にはドイツ人の**ベハイム**が**地球儀**を作成し，16 世紀初頭に
は，やはりドイツ人の**ヴァルトゼーミュラー**が**世界地図**を作成しました。こ
の世界地図は，**新大陸**を盛り込んだ初の地図となりました。

② ポルトガルの動向

別冊プリント p.74 参照

📕 ポルトガルの登場

じゃあ，続いてポルトガルの動向を見てみましょう。ポルトガルは**12 世
紀半ば**に**カスティリャ王国から自立**しました。

そして**13 世紀半ば**には，いち早く**レコンキスタを完成**させました。ス
ペインより 250 年も早かったのです。またイスラーム勢力との戦争の連続は，
国王を中心とした**中央集権体制の形成**を促しました。

15 世紀に入ると，まずジブラルタル海峡のアフリカ側にある**セウタを占
領**します。ここはムスリムの拠点でした。

また大西洋の**アゾレス諸島**などに進出し**サトウキビ**生産も開始しました。
さらに，1445 年にはアフリカ大陸西岸の**ヴェルデ岬**にも到達しました
（→ p.197 地図参照）。ここは現在はセネガルの領土ですね。

Q 航海を奨励し，ポルトガルの海外発展の基礎を築いた王子は？

——エンリケ

プレスター＝ジョンの国と連絡取りたいなぁ…

エンリケ
(1394〜1460)

エンリケには「**航海王子**」という別名があります。エンリケの功績は，**航海学校をつくった**り，**大西洋探検を王室事業として推進した**ことでした。遠洋航海の目的は，**金・象牙・奴隷**などの貿易のほかに，さっき言った伝説のキリスト教国「プレスター＝ジョンの国」と連絡を取りたいという野望もあったようです。

そして **1488 年**には，国王ジョアン 2 世の援助の下に，**バルトロメウ＝ディアス**という航海者が**アフリカ南端の喜望峰**に到達しました。ジョアン 2 世といえば，**ポルトガルの集権化**を進めた人物です。

📖 インド航路

それからちょうど 10 年後の **1498 年**には，ヴァスコ＝ダ＝ガマが**インド西岸のカリカット**に到達しました。こうしてアフリカ南端を回って**直接アジアと貿易をするルート**が開発されたわけです。これをインド航路と言うのですが，ガマの場合は地球を東に向かって航行したので，**東廻り航路**ということもあります。

ガマは東アフリカの寄港地**マリンディ**からカリカットへは直航していますが，これが可能だったのも**アラブ人の水先案内人**を雇ったからでした。当時のインド洋，とくにアラビア海では，**マムルーク朝をはじめとするムスリム**勢力が活躍していたんですね。

📖 アジアの拠点

ではポルトガルのアジアにおける動きを見てみましょう。まず 1505 年には，**セイロン（スリランカ）**に到達しました。そして 1509 年には，インド洋で大きな勢力であった**マムルーク朝**などを，ディウ沖海戦で撃破しました。さらに翌年，

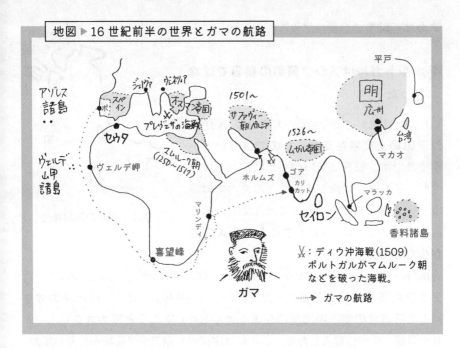

地図 ▶ 16世紀前半の世界とガマの航路

平戸

明

広州

台湾

マカオ

1501〜

サファヴィー
朝ペルシア

1526〜

ムガル帝国

アゾレス
諸島

ジェノヴァ

ヴェネツィア

スペイン

ポルトガル

オスマン帝国

プレヴェザの海戦

ヴェルデ
岬
諸島

セウタ

マムルーク朝
(1250〜1517)

ヴェルデ岬

マリンディ

喜望峰

ホルムズ

ゴア

カリカット

マラッカ

セイロン

香料諸島

ガマ

✕✕：ディウ沖海戦(1509)
ポルトガルがマムルーク朝
などを破った海戦。

┈┈┈▶ ガマの航路

Q 1510年，ポルトガルが対アジア貿易の拠点として総督府（そうとくふ）を設置したインド西岸の港市は？　　　——ゴア

　さらにポルトガルは，翌**1511年**には，東南アジア初の本格的**イスラーム教国**であるマラッカ（ムラカ）王国を滅ぼし，1512年には**香料諸島**（モルッカ諸島，マルク諸島）に到達しました。香辛料（香料）は，インドや東南アジアのいろいろなところで採（と）れるんですが，ヨーロッパでもっとも珍重（ちんちょう）された**クローブとナツメグ**は，香料諸島でしか採（と）れなかったので，この名がつきました。

クローブ

クローブという呼び名は，フランス語の釘（clou）に由来し，中国では**丁子**（ちょうじ）といった。「丁」の字に似ているからである。

　そして1515年には，ペルシア湾口の**ホルムズ島**を占領し，**1543年**には種子島（たねがしま）に漂着して鉄砲を伝えました。いわゆる「**鉄砲伝来**」という事態ですね。ついで1550年には長崎県の**平戸**（ひらど）に来航。さらに1557年には明から

197

マカオ(澳門)の居留を認められました。

ポルトガルの活動拠点

■ ポルトガルはアジア貿易の覇者ではなかった！

しかし注意が必要なのは，**ポルトガルがアジアの海上交易を支配したのではない**ということです。彼らは“けんか”は強かったのですが，インド洋や南シナ海などのすべての港市を占領(せんりょう)したわけではありませんでした。それをやるには，あまりにも**ポルトガル人の数が少なかった。**

結局のところ，ポルトガルがやれたことは，従来(じゅうらい)から活発に行われていた**アジア内貿易に参入する**ことだったのです。具体的には，**平戸とマカオ**を結んで**日本産の銀**と**中国産の生糸**を運んだり，**マニラとマカオ**を結んでメキシコ銀を中国に搬入したり，さらには中国と東南アジアを結んだりしてね。

そして運び屋として稼(かせ)いだ**銀**の一部で**香辛料**などのアジアの商品を買い，ときどきはヨーロッパに搬送する。そんな感じです。

■ 新大陸への進出

またポルトガル人の**カブラル**は，**1500年**に南米大陸の海岸に漂着して領有を宣言しました。これが現在の**ブラジル**の起源(きげん)です。

そして16世紀の後半からはブラジルの海岸部で，**黒人奴隷**を使役(しえき)したサトウキビの**プランテーション**が経営され始め，17世紀には**金鉱**(きんこう)も発見されました。

今回初めて知りました。こんな顔だったんですね♥

カブラル
(1460?～1526)

ジョアン2世
(位 1481～1495)

198

③ スペインの動向

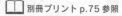

別冊プリント p.75 参照

■ スペイン王国の成立

ポルトガルに続いて**スペイン**です。イベリア半島には，**レコンキスタ**を通じて領土を広げた国が2つありました。それが半島中央部の**カスティリャ王国**と，半島東部の**アラゴン王国**です。

そして1469年に，アラゴン王国の王子だった**フェルナンド**と，カスティリャ王国の国王の妹だった**イサベル**が結婚しました。さらに**1479年**に両国は統合され，**スペイン（イスパニア）王国**が成立しました。

このスペイン王国が，**1492年**の1月には，イベリア半島最後のイスラーム教国である**ナスル朝**の首都**グラナダ**を占領し，ナスル朝を滅ぼしました。これで**レコンキスタは完成**しました。

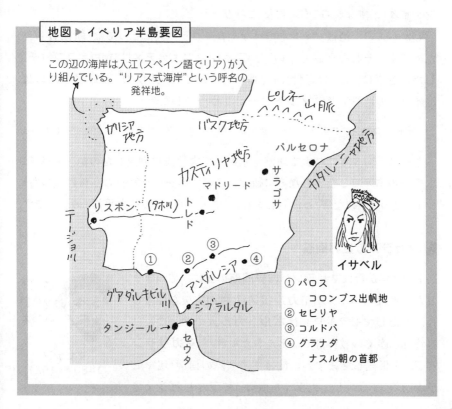

地図 ▶ イベリア半島要図

この辺の海岸は入江（スペイン語でリア）が入り組んでいる。"リアス式海岸"という呼名の発祥地。

ピレネー山脈

ガリシア地方　バスク地方　バルセロナ　カタルーニャ地方　カスティリャ地方　サラゴサ　マドリード　リスボン（タホ川）　トレード　テージョ川　③　①　②　④　アンダルシア　グアダルキビル川　ジブラルタル　タンジール→　セウタ

イサベル

① パロス
　　コロンブス出帆地
② セビリャ
③ コルドバ
④ グラナダ
　　ナスル朝の首都

■ コロンブスの「新世界」到達

1492年8月，**ジェノヴァ**の船乗り**コロンブス**が南部の**パロス港**からインドをめざして出帆しました。地球を西回りでインドに行こうと思ったのです。後援者は**スペインの女王イサベル**でした。国王フェルナンドのほうは，この航海にほとんど関心を示さなかったようです。

コロンブスは，なんとたった3隻の船で航海しました。そして，現在の**西インド諸島**にある**サンサルバドル島**に到達しました。その後3回の航海を行って，カリブ海域の中米・南米の地で略奪を働き，その先住民を，コロンブスは「**イ**

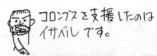

コロンブスを支援したのはイサベルです。

©青木

イサベル（左）とフェルナンド（右）の墓所（セビリア大聖堂の地下墓所）
夫婦仲が悪く，死去したあとも顔はお互いそっぽを向いている。

ンディオ」，すなわち“インド人”と呼びました。

しかしこの土地は，インドではなくヨーロッパ人にとっては「**新世界**」だったのです。それを立証したのが，**フィレンツェのアメリゴ＝ヴェスプッチ**でした。さらに，この「新世界」を彼にちなんで“**アメリカ**”と命名したのは，ドイツ人の地理学者**ヴァルトゼーミュラー**でした。

《注》　コロンブスよりもずっと以前に，ヴァイキングが到達していたとする説もある。

さらに1513年に**パナマ地峡**を横断して**太平洋**に到達したのが，スペイン人の**バルボア**でした。ちなみに彼は，この大洋を「南の海」と名付け，のちにマゼランが「平和な海」と命名しました。これが日本語の「**太平洋**」の語源です。

■ マゼランの世界周航

1519年からは**マゼラン**が**世界周航**の旅に出ていきました。彼はスペイン国王**カルロス1世**の支援を得ました。ただしマゼラン自身は**ポルトガル人**です。これには注意。多くの教科書ではポルトガル名の“**マガリャンイス**”を併記してますね。彼は南米大陸の南端（現マゼラン海峡）を経由し，太平洋を横切って**フィリピン**まで

な〜んか悪口書かれてるね

マゼラン
（1480?〜1521）

到達したのですが，マゼラン自身はここで殺されてしまいました。

ラプラプ

マゼランなんて、ムスリムの我々にキリスト教改宗を強制する侵略者ですよ！

　マゼランを殺したフィリピン人の首長の名は**ラプラプ**といい，フィリピンの民族的英雄となっています。銅像が各地に立ってますよ。

　その50年後，スペインは**マニラを占領**して，ここを対アジア貿易の中継基地としました。一方**フィリピン南部のイスラーム教徒**の制圧はできませんでした。

▣ アステカ帝国とインカ帝国の滅亡

　さて，こうしてスペイン人などが世界に繰り出していきました。そのなかで，新世界に出て行った連中は「征服者」と呼ばれました。スペイン語では**コンキスタドール**。その征服者の1人がコルテスです。では，

Q コルテスが滅ぼした現在のメキシコにあった国は？

——アステカ王国

　都はテノチティトラン。これは現在のメキシコシティです。また，

Q 今のペルーを中心とした南米のアンデス高地にあり，1533年に征服者ピサロに滅ぼされた国は？　　　　——インカ帝国

　インカ帝国の都は**クスコ**でした。しかしここはスペイン人たちによって破壊され，スペイン人は新首都**リマ**を建設しました。

▣ インディオ世界の破壊

　征服者たちは，スペイン国王から**先住民（インディオ）**に対する支配を委託されました。その一方，義務として，先住民に対する**キリスト教の布教**と「保護」が課せられました。

　この制度を**エンコミエンダ制**というのですが，征服者たちは「保護」なんてまったく忘れて，ひたすら自己の利益のために**先住民を酷使**し続けたのでした。銀山や**サトウキビ**を生産する**プランテーション**などでね。

　この征服者たちによる酷使と，ヨーロッパから入ってきた**天然痘・インフ**

ルエンザ・ペスト・はしかのような感染症のため，多くの先住民が死滅してしまいました。その代わりの労働力として，おもに西アフリカから黒人が奴隷として移送されることになるのです。

　征服者たちのインディオに対する残虐な仕打ちについては，ドミニコ派の修道士ラス＝カサスが"簡潔な"報告を行っています。

（岩波文庫）

私はコロンブスやコルテスの遠征に参加しましたが，彼らの配下のスペイン人が，遊び半分でインディオを殺戮する姿を見て愕然としました。それでそれを批判するために『インディアスの破壊についての簡潔な報告』を記したのです。

ラス＝カサス
（1474/84～1566）

📖「コロンブス交換」

　さて皆さん，「コロンブス交換」という言葉はご存じですか？

　これは，南北アメリカ大陸とカリブ海域などのいわゆる「新世界」と，ヨーロッパ・アフリカなどの「旧世界」のあいだに，お互いに未知の動植物などがもたらされたことを言います。いっぱいあるから，図解にしときます。

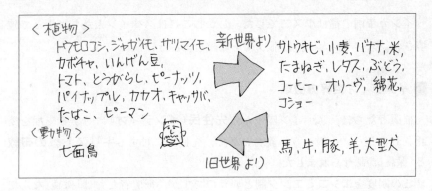

＜植物＞
トウモロコシ，ジャガイモ，サツマイモ，カボチャ，いんげん豆，トマト，とうがらし，ピーナッツ，パイナップル，カカオ，キャッサバ，たばこ，ピーマン　新世界より

サトウキビ，小麦，バナナ，米，たまねぎ，レタス，ぶどう，コーヒー，オリーヴ，綿花，コショー

＜動物＞
七面鳥

旧世界より）

馬，牛，豚，羊，大型犬

　これに感染症が加わるわけですね。……全体としては，「新世界」の方がマイナスが大きいですね。だって感染症のせいで，16世紀の「新世界」人口は4分の1になってしまったという研究があるくらいですから。

📖 アカプルコ貿易

さて，新大陸では，**銀が採掘**されました。とくに中米の**メキシコ**や，**南米ボリビアのポトシ銀山**が産地でした。

メキシコで採掘された銀の多くは，一部がヨーロッパに，そして一部はスペイン人によって，**太平洋岸のアカプルコ**から積み出され，太平洋を西航してフィリピンのマニラに持ち込まれました。

スペイン人は，銀を中国(明)で生産された**絹織物**や**陶磁器**と交換し，再びアカプルコをめざしました。この交易を文字どおり**アカプルコ貿易**と言います。この交易で使用された船は**ガレオン船**と言って，オール(櫂)を使わない**全帆走船**でした。この船を使った貿易を**ガレオン貿易**と言うのですが，アカプルコ貿易はそのもっとも有名な例です。まあ，入試対策上は，アカプルコ貿易の別名と考えておいていいでしょう。

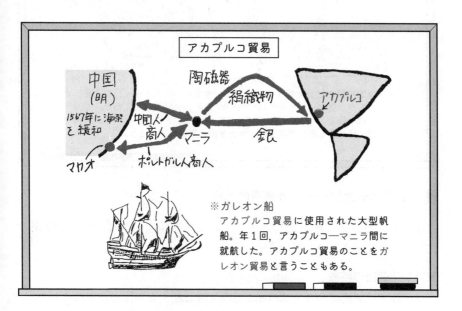

アカプルコ貿易

※ガレオン船
アカプルコ貿易に使用された大型帆船。年1回，アカプルコ—マニラ間に就航した。アカプルコ貿易のことをガレオン貿易と言うこともある。

📖 ポルトガルとスペインの境界線

ところで**1493年**には，時の**ローマ教皇**がポルトガルとスペインのあいだに入り，「**教皇子午線**」という境界を引いて，両者の**勢力範囲**を確定しま

した。当時のローマ教皇は**アレクサンデル6世**でした。

　ところがその翌年，ポルトガル，スペイン両国が話し合いをして，この教皇子午線を**西に移動**させました。その取り決めが**トルデシリャス条約**です。

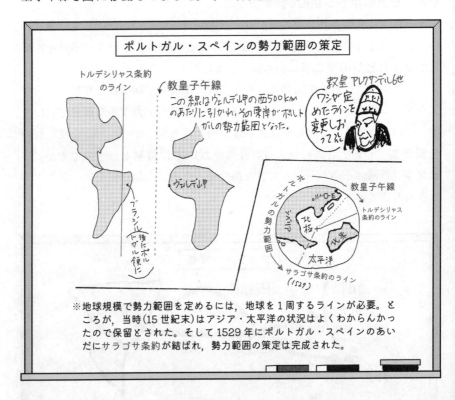

ポルトガル・スペインの勢力範囲の策定

トルデシリャス条約
のライン

教皇子午線
この線はヴェルデ岬の西500km
のあたりに引かれ、その東岸がポルト
ガルの勢力範囲となった。

教皇 アレクサンデル6世
ワシが定
めたラインを
変更しお
ってね

ヴェルデ岬

ブラジル後にポルトガル領に

ポルトガルの勢力範囲

北極
シベリア
ハワイ
日本
南米
太平洋

教皇子午線

トルデシリャス
条約のライン

サラゴサ条約のライン
(1529)

※地球規模で勢力範囲を定めるには，地球を1周するラインが必要。ところが，当時(15世紀末)はアジア・太平洋の状況はよくわからんかったので保留とされた。そして1529年にポルトガル・スペインのあいだにサラゴサ条約が結ばれ，勢力範囲の策定は完成された。

📖 アジアと新大陸——対外発展の比較

　ここで，**アジア**と**新大陸**に対する，**ポルトガル・スペイン**両国の進出の比較をやっておきたいと思います。

▶アジア進出の特徴

　まずはアジア進出から。スペインは新大陸に広大(こうだい)な領土を確保しましたが，アジアでも**フィリピン**を領有しました。そのフィリピンの拠点が**マニラ**だったのですが，このマニラにしても，ポルトガルが確保した**ゴア**や**マラッカ(ムラカ)**にしても，いずれも**商業拠点**でした。

　両国のアジア進出は，**商業拠点の確保・建設**にとどまったのです。ゴア

もマラッカも，あくまで対アジア貿易，もしくはアジア内貿易の**中継基地**だったに過ぎず，ここを拠点に**広大な地域を領有しようというわけではなかった**のです。少なくとも **17 世紀**いっぱいまではそうでした。またアジアに対しては植民活動も（ほとんど）行われなかったのです。

▶新大陸進出の特徴

アジア進出に対して，**新大陸進出**は違ったものでした。結論から言うと，両国は新大陸に対しては**植民活動を展開した**のです。イベリア半島から多くの**スペイン人・ポルトガル人**が流入しました。その際，彼らは自分たちの宗教や，その他の伝統・文化をも持ち込みました。さらには彼らの「**血**」も新大陸に流入しました。この結果，彼らと先住民である「**インディオ**」との**同化**が進み，また文化も混淆していったのです。

こうして新大陸には，今まで存在しなかった新しい世界，すなわち**ラテンアメリカ世界の形成**が見られたのです。これは巨大なできごとですね。

一方，アジアに対しては，ポルトガルもスペインも"**ラテンアジア世界**"を形成することはできませんでした。……まあ局所的には，移住した両国の人々と，先住民の人々との同化が進んだ場所もあるようですが。

では，なぜラテンアジア世界は形成されず，一方でラテンアメリカ世界は形成されたのでしょうか？　これはアジアと新大陸そのものの相違が原因でしょう。**アジアは人口が多く，新大陸は希薄**です。さらにアジアには，衰えつつあるとはいえ，**明やムガル帝国**のような強国がありました。これらに対しては，ポルトガルもスペインもつけ入ることができなかったのです。

▶北米と中南米の同化の度合い

ついでですが，新大陸で，ヨーロッパ人と先住民などとの同化が進んだのは**中南米（ラテンアメリカ）**でした。ここには，官僚や軍人を中心とした**男性**が，家族をともなわずに単身で移住してくることが多かったようで，これが同化が進んだ背景でした。

これに対して，**北米には農民が家族単位で移住**することが多く，同化は進みませんでした。

先住民の
女性

ちょっとー、お父さん

プン
スカ

北米移住農民

別冊プリント p.76 参照

④ ヨーロッパの海洋進出の結果・影響

最後に，このヨーロッパの海洋進出が後々の歴史にどういう影響を与えていったのかをまとめていきましょう。最初は世界史的意義からですね。

■ 世界史的意義

まず，ヨーロッパの海洋進出は**世界の一体化の始まり**をもたらしました。言いかえると真の意味の**世界史の成立**をもたらしたと言ってもいいですね。

そしてそれをつくり上げたのは**世界商業**といういとなみでした。

15世紀以前にも，世界の歴史は確かに存在しました。でもそれは**中国の歴史，インドの歴史，イランの歴史，ヨーロッパの歴史**というように，それぞれに**孤立した地域の歴史**の寄せ集めでしかなかったんですね。

一時的には，**13世紀**に，たとえばモンゴルの騎馬軍団がこれらの歴史を結び付けたことはあったけれども，14世紀の半ばには終息しました。

■ 近代世界システム論

▶近代世界システムの基本構造

しかし16世紀以降になると，**西ヨーロッパ**（もしくは北西ヨーロッパ）が，**アジア・アフリカ・ラテンアメリカ**，そして**東欧をも従属させる**という形で，世界に有機的関連が生まれていくのでした。

この支配構造，あるいは支配される構造は，だんだん強固なものとなりました。19世紀以降に，**西ヨーロッパやアメリカが工業化を成し遂げ，アジア・アフリカなど**がその**原料や食料**，それに**労働力（奴隷）の供給地**，あるいは**市場**となることで完成します。

工業化を成し遂げた国々は，**世界の「中核」**として豊かさを享受して現在に至っています。逆に，アジア・アフリカなどの多くの地域は，**「中核」諸国に従属する「周辺（周縁）」**の地域として，なかなか貧困から抜け出ることができません。

それどころか，「中核」の国々は，アジア・アフリカ・ラテンアメリカの**工業の発展をおしとどめる**ことさえしました。

このように，**世界は，繁栄する「中核」と，貧困にあえぐ「周辺（周縁）」**

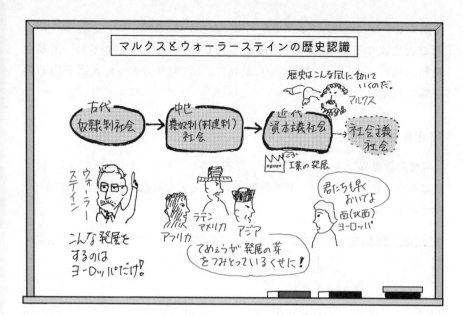

から成るとする見方を「近代世界システム論」と言います。

　僕は 1970 年代に、ウォーラーステインの近代世界システム論や、それに先行するフランクの従属理論に触れました。斬新でしたねえ。

　今現在も大きな問題である南北問題の本質が歴史的にわかった、という感じがしました。

▶マルクス主義に対する批判

　僕はそのころマルクス主義の著作をたくさん読んでいたのですが、それらには、「世界の歴史は、古代奴隷制社会 ➡ 中世農奴制社会 ➡ 近代資本主義社会、そして社会主義社会に至る」というふうな図式が展開されていました。この概略はマルクスとエンゲルスが書いた『共産党宣言』などにも示してあります。

　しかし、ウォーラーステインたちは"それは違う"と言うんです。世界のなかには、こんな単純な歴史の図式には合致しないところがたくさんあるというのです。言いかえると、「アジア・アフリカ・ラテンアメリカにおいても、資本主義が勃興して、工業が発展し、労働者階級が増大して、そして革命……なんていう歴史にはならない」、と言うのです。

　こういう観点に立つと、「発展途上国」とか、「後進国」などという表現は

不適切ですね。だって，アジアとかアフリカとかは，発展しようにも，**ヨーロッパなどによって発展の芽を摘みとられていった**わけですからね。**工業原材料**は奪われるし，アフリカなんか奴隷として何千万人もの**人間そのものを奪われた**のですからね。

◤ 世界商業の成立

さて近代世界システム論の紹介はこれくらいにして，16世紀から17世紀半ばあたりまでの世界が，世界商業によってどんな具合に結びついたのかを，見てみましょう。

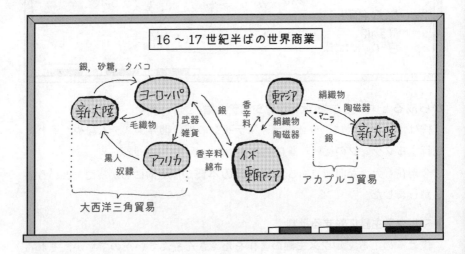

◤ 大西洋三角貿易

Q ヨーロッパから新大陸に向かって流れていく商品は何か？

——毛織物(け おりもの)

新大陸もメキシコやペルーは高原地帯で，かなり寒いですからね。

それから**ヨーロッパからアフリカ(とくに西アフリカ)へは，銃(じゅう)などの武器や雑貨**などが送られます。それを買うのは，黒人の部族長。彼らはヨーロッパが持ち込んだ武器を使って，ほかの黒人部族に戦争をしかけ，捕虜(ほ りょ)を奴隷としてヨーロッパの**奴隷商人**に手渡しました。

この奴隷貿易に関わったのは，どこの国の商人だったのでしょうか？

まず**16世紀**はポルトガルとスペインでした。この2国で**30万人前後**の黒人奴隷が運ばれました。**17世紀**になると，ポルトガルが約**100万人**，そして新たに**イギリスが40万人以上，オランダが20万人以上**の奴隷を運びました。そして**18世紀**が奴隷貿易の"**最盛期**"で，なんと**650万人以上**の奴隷が運ばれたようです。一番の"下手人"は**イギリスで250万人**，2番手は**ポルトガルで220万人**，そして**フランスも100万人以上**を運びました。

新大陸に送られた**奴隷**たちは，**銀山やサトウキビのプランテーション**などで使役されました。そして生産された**銀や砂糖**などがヨーロッパに搬入されました。

これがヨーロッパ・アフリカ・新大陸を結ぶ，**大西洋三角貿易**です。16世紀に形成され，17・18世紀にさらなる活況（かつきょう）を呈（てい）しました。

📕 ヨーロッパとアジア，新世界とアジアの貿易

一方，**新大陸の銀**の一部はヨーロッパを経由して**アジア**に運ばれ，香辛料や**インド産の綿布**などと交換されました。

また**新大陸**（とくに**メキシコ産**）の銀は**マニラ**経由で中国に流入し，**中国産の絹織物**や**陶磁器**と交換されました。例の**アカプルコ貿易**です。

また，**東欧**が西欧から**奢侈品（しゃしひん）**（ぜいたく品）や毛織物を輸入し，**穀物（こくもつ）を輸出**するようになりました（→ p.214）。

こうして世界は，**世界商業**という**恒常（こうじょう）的な交易関係**によって結びつけられたのです。

📕 商業革命

さて16世紀のヨーロッパには，**商業革命**も起きました。その内容については，教科書の記述にばらつきが見られます。

概要をまとめました。
次のページを見て下さい。

ハーイ

商業革命

> ① 世界的な規模で多くの商品が**大量に取引**されたことで**世界の一体化**が進み，
>
> ② ヨーロッパでは，商業の中心がそれまでの**北イタリア諸都市や地中海**に代わって，**大西洋岸の諸都市**に移っていった。

ほとんどの教科書は，②だけを**商業革命**としていますね。

貿易の中心は，**ポルトガルのリスボン**や**スペイン南部のセビリヤ**，あるいは**ネーデルラントのアントウェルペン（アントワープ）**に移っていきました。一方で**北イタリア諸都市**やこれらに銀を供給していた**南ドイツのアウクスブルクは衰退**に向かいます。

さらに，新大陸向けの**毛織物**の生産地帯として，スペイン，フランドル，そして**イギリス**が発展することになりました。

◪ 価格革命

さて，新大陸からは**大量の銀がヨーロッパに流入**しました。とくに**南米ボリビアのポトシ銀山**は有名で，採掘（さいくつ）が始まるのが **1545 年**から。

銀は，中国と同じようにヨーロッパでも主要な通貨（交換手段）でした。その銀が新大陸から大量に流入したため，ヨーロッパの銀の流通量は **3 倍**になりました。

ということは，その分だけ商品に対する**銀の価値**（かち）**は下が**りますよね。すると反対に**物価が上が**ります。この状態を一般的に**インフレーション**と言いますね。要するに 16 世紀のヨーロッパにはインフレーションが起こったのです。この経済変動を**価格革命**（かかくかくめい）と言います。

▶価格革命と領主制の崩壊

また，この**価格革命**という名のインフレは，**領主制の崩壊**も促進（そくしん）したと言われます。ここで言う領主制とは，荘園における領主と農民のあいだの支配関係のことだと考えてください。「領主制の崩壊」という言葉は，言いかえると，**荘園制の崩壊**，**農奴制の崩壊**とも表現できます。では，

なぜ価格革命は，領主と農民の支配関係（領主制）に崩壊をもたらしたのか？

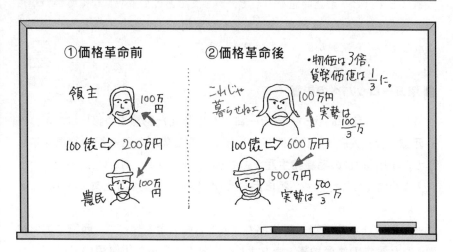

① 価格革命前

② 価格革命後

・物価は3倍，貨幣価値は $\frac{1}{3}$ に。

領主 100万円

これじゃ暮らせねェ 100万円 実勢は $\frac{100}{3}$ 万

100俵 ⇨ 200万円

100俵 ⇨ 600万円

500万円 実勢は $\frac{500}{3}$ 万

農民 100万円

 具体的に説明するから，ちゃんと聴きなさい！

　16世紀当時の農民たちは，中世以来の闘いの結果，領主からいろいろな権利を得て，領主に対しては定額の貨幣地代を支払うだけでよかったですよね（→ p.72）。

　たとえば年間に 100 俵の小麦がとれたとします。その 100 俵の小麦が，200 万円で売れるとしましょう。その 200 万円のうち 100 万円は領主に地代として払われます。そして 100 万円は農民の手元に残ります。

　そこに**価格革命**が起こりました。その結果，100 俵の小麦はそれまでの**3倍の価格**，すなわち 600 万で売れるようになりました。

　ところが領主に支払うのは，やっぱり 100 万でいいんです。だって「**定額」の貨幣地代**だもの。こうして農民の手元には 500 万残るわけですね。さて，領主の手元にいったこの 100 万円。これはかつての 100 万円とは値打ちが違うんですね。価格革命というインフレによって，実質的な価値は 3 分の 1 になっちゃってるんだ。

　一方，農民のほうは $\frac{500}{3}$ 万円で 167 万円だから，従来の 1.67 倍だけ裕福になる。こうして**農民の経済的地位は向上し，領主は経済的に苦しく**

211

なりました。こうして**領主たちの没落**に拍車がかかるのです。

かくして，ヨーロッパの**海外進出**と，ヨーロッパにおける**封建制の崩壊**が論理的につながるわけです。よろしいですか。

言っとくけど，論述問題なんかで，数字まであげて説明しなくていいからね。……いるんだ，ときどき，書いちゃうヤツが。「100俵の小麦は……」（笑）。これじゃいくら字数があっても足りないよ。

論述問題の解答のモデルは**教科書**の文章です。

■ 東ヨーロッパへの影響

最後に，**大航海時代**が，**東ヨーロッパに与えた影響**を確認しとこう。

西欧では，大航海時代の開幕とともに，**商工業がなお一層の発展**を示します。新大陸向けの**毛織物生産**なんてその典型ですね。あるいは，裕福になった人々の需要にこたえて，**奢侈品**（ぜいたく品）を製造する工業も活性化しました。

一方**東欧**は，**毛織物や奢侈品を西欧から輸入**する一方で，**西欧で需要が増大した穀物の生産地帯**となりました。とくに**エルベ川以東のドイツ**，あるいは**ポーランドやハンガリー**もそうです。

まあ西欧の農業が振るわなかったわけではないと思いますよ。ただ，西欧では経済の発展によって**人口も増加**しただろうし，かつ**商工業が発展した**ということは，**農業人口の割合は相対的には減少**しているはずですからね。

日本は，その**極端な**（そして悪い）**典型的な例**です。

■ 再版農奴制と農場領主制

さて大量の穀物生産をやるためには，大量の**労働力**が必要です。そこで，ユンカーと呼ばれる**エルベ川以東のドイツ人領主**や，そのほかの東欧の領主たちは，**農民たちに対する支配を強化**しました。具体的には**移動の自由**などを制限して，労働力が逃げないようにしたのです。

こうして，西欧ではすでに姿を消しつつあった**農奴制が東欧において広範に登場**しました。これを**再版農奴制**と言います。「再版」とはすなわち，ヨーロッパの歴史において，"また始まっちゃった（農奴制）"という意味ですね。

このシステムのもとで，領主は**農奴に賦役労働**をさせ，**穀物を収奪**し，

212

それを**西欧**に**輸出**して巨利を得ました。この生産システム，あるいは農業経営のシステムを農場領主制と言います。ドイツ語ではグーツヘルシャフト。

■ そもそも農場領主制って何？

「**賦役労働をさせる**」という点では，**農場領主制は中世西ヨーロッパの古典荘園と同じ**ですね。しかし**生産の目的は異なっています**。西欧の古典荘園では，つくった穀物は主として自分たちが「**食う**」ためのもの，すなわち**自給用**でした。

これに対して，農場領主制においては，穀物をつくる最大の目的は「**売る**」ことです。「売るためにつくられる作物」，これを商品作物と言います。きわめて**資本主義的**な目的です。で，商品作物をつくる現場を農場と言います。工業生産物という商品をつくる現場を「**工場**」と呼ぶのと同じだよ。また，資本主義社会において農場で働く人々は，辞めたいときにいつでも辞めることができる労働者です。労働者は，資本家によって移動（＝転職）の自由を制限

第34回 ヨーロッパの海洋進出とアメリカ大陸の変容

されているわけではありません。

ところが，**グーツヘルシャフト**で働かされるのは農奴なのです。

だから，「農場領主制」って面白い言葉なのね。「おい，農場なのに，**領主制のもとで農奴**が働かされているぜ!?」 教科書にも，「農場なのに領主制」と書いてあれば分かりやすかったのにね（笑）。

▶東欧の社会構造の特質

こうして**東欧では穀物生産**が，**西欧では商工業が発展**することになりました。東欧の貴族らは，**商工業者（≒市民階級）の成長**によって，穀物輸出などの自分たちの利益が損（そこ）なわれるのを恐（おそ）れ，これらの**発展を阻害**しようとしました。その結果，東欧では，**市民階級や商工業の拠点である都市の発展はにぶる**ことになりました。

16 世紀を中心とするヨーロッパの海洋進出の時代，言いかえると大航海時代の到来（とうらい）とともに，商工業が発展する西ヨーロッパと，それが抑（おさ）えられる東ヨーロッパ……。これを比較させる論述問題は頻出ですね。

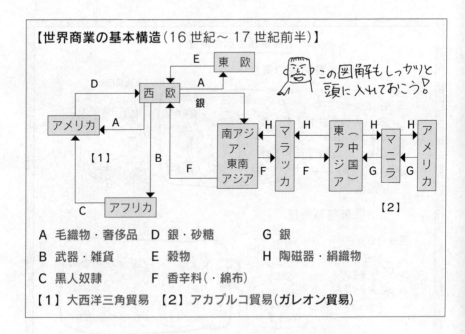

【世界商業の基本構造（16 世紀〜 17 世紀前半）】

この図解もしっかりと頭に入れておこう！

A 毛織物・奢侈品　D 銀・砂糖　　　 G 銀
B 武器・雑貨　　 E 穀物　　　　 H 陶磁器・絹織物
C 黒人奴隷　　　 F 香辛料（・綿布）
【1】大西洋三角貿易　【2】アカプルコ貿易（ガレオン貿易）

では，今回はこれにて終了。

イスラーム世界の諸帝国 (14世紀〜18世紀)

アジア諸帝国の繁栄(1)

　それでは，14世紀以降のイスラーム世界の動向について勉強していきましょう。舞台は**中央アジア**，**西アジア**，そして**インド**が中心です。

① ティムール朝(ティムール帝国)

📖 別冊プリント p.79 参照

🔖 ティムール朝(帝国)

　まずはティムール朝(帝国)の成立から。この国は**中央アジア**を拠点に1370年に成立し，**イラン**や**イラク**(メソポタミア)をも支配した大帝国です。建国者の**ティムール**は盗賊団のリーダーでした。民族系統については微妙ですね。彼は，**トルコ語**をしゃべり，**イスラーム教**を信仰していたようです。しかしチンギス=カンの子孫の女性と結婚して，あのモンゴル帝国の継承者であることを示しました。

　チャガタイ=ハン国が**東西に分裂**した後，**西チャガタイ=ハン国**の領内で力をつけ，ティムール朝は創建されました。

　そのときに彼を経済的にバックアップする人々がいました。それが中央アジアで活動する**オアシス商人**です。

Ⓠ ティムール朝の都はどこか？　　　　　　　　——サマルカンド

　その後，イル=ハン国が衰亡した後の**イラン・イラクを制圧**し，北インドにも侵入してデリー=スルタン朝の1つである**トゥグルク朝**に打撃を与えました。一方で小アジアや**キプチャク=ハン国**にも進出しました。

　そこで，質問です。

Ⓠ 1402年，ティムール朝がオスマン帝国を破った戦いは？

——アンカラの戦い

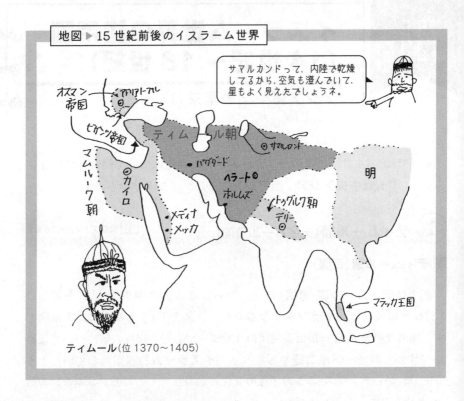

地図 ▶ 15世紀前後のイスラーム世界

サマルカンドって，内陸で乾燥してるから，空気も澄んでいて，星もよく見えたでしょうネ。

オスマン帝国
アナトリア=クレ
ビザンツ帝国
マムルーク朝
カイロ
ティムール朝
サマルカンド
バグダード
ヘラート
ホルムズ
メディナ
メッカ
トゥグルク朝
デリー
明
マラッカ王国

ティムール(位1370〜1405)

　場所は小アジア半島です。返す刀でティムールは1405年，**明に遠征**しますが，途中で死んでしまいました。当時の明の君主は第3代の**永楽帝**です。

　サマルカンドには，第4代の君主**ウルグ=ベク**(ベグ)が，すぐれた**天文台**をつくったことが知られています。彼自身が天体観測をやったらしいですね。そんなこともあって，この国には**精緻な暦**もできました。

　しかし15世紀の後半に帝国は2つに分裂し，もう1つの首都は**ヘラート**に設置されました。この町はアフガニスタンの西部に位置します。

　そして，1507年にティムール朝は滅びました。

Ｑ ティムール朝を滅ぼしたトルコ系遊牧民は？

　　　　　　　　　　　　　　　　　　　　　　——ウズベク人です。

　この後ウズベク人は，中央アジア西部の**アム川・シル川**流域に，ブハラ=ハン国，ヒヴァ=ハン国，コーカンド=ハン国という国々を建国しました(→第

1巻，p.370）。ちなみに，山川出版社『詳説世界史探究』には，わざわざ「遊牧ウズベク」と書いてあります。これは，20世紀の定住民を含むウズベク人と区別するためのようです。

トルコ=イスラーム文化の成立

ティムール朝では，中央アジアで育まれた**トルコ人の民族文化とイスラーム文化の融合**がなされました。これを**トルコ=イスラーム文化**と言います。トルコ=イスラーム文化は，**10世紀**にできた**カラハン朝**（**カラ=ハン朝**）や，**11世紀**の**セルジューク朝**でもそれなりの発展を見ますが，その段階では“文化の成立”とまでは言えません（→第1巻，p.350）。

ティムール朝では，トルコ語やペルシア語の文学，それに**ミニアチュール**（**細密画**）も流行しました。だけど，作品名や作者は教科書には書いてないなあ。

《注》 旧課程の教科書には，カラハン朝下の**カシュガル**で記されたトルコ語のイスラーム教文学作品『**幸福への知恵**』が載っていたが……。

② ムガル帝国（ムガル朝，1526～1858）

別冊プリント p.79 参照

続いて，**16世紀**に成立したインドのイスラーム国家を見てみましょう。それはインドに成立した**ムガル帝国**です。

ムガル帝国の建国

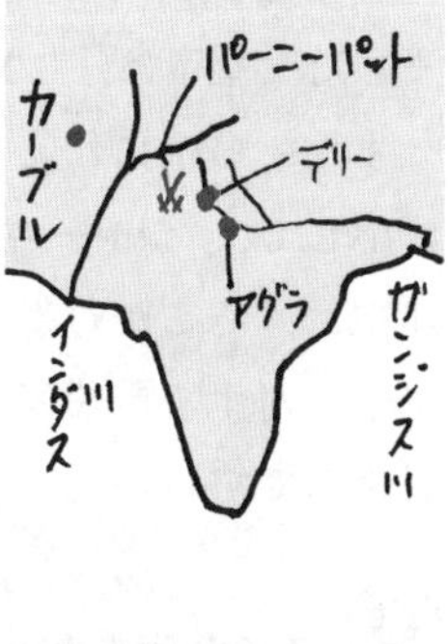

ムガル帝国の建国者は，ティムール朝の残党であった**バーブル**です。彼は今の**アフガニスタン**の首都**カーブル**を経て，北インドに侵入しました。

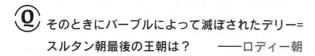

Q そのときにバーブルによって滅ぼされたデリー=スルタン朝最後の王朝は？ ——ロディー朝

ロディー朝は，1526年の**パーニーパットの戦い**でバーブルに破られました。バーブルの母方はチンギス=カンの家系と言われます。ちなみに，「ムガル」

という国名（王朝名）は，「モンゴル」が訛ったものです。

また彼は回想録『バーブル＝ナーマ』を残しました。これは，トルコ語文学の傑作と言われています。

▶アクバル帝の統治

第３代の皇帝はアクバル帝。

Q 彼は首都をデリーからどこに移したか？　──アグラですね。

ガンジス川上流にジャムナ川というのがありますが，デリーはその上流。アグラはその下流に位置します。この新首都を中心に，アクバルは北インドのみならず，**アフガニスタンをも支配**しました。

バーブル
（位 1526〜1530）

アクバル帝
（位 1556〜1605）

少数のイスラーム教徒で，多数のヒンドゥー教徒などを支配するためには，**融和政策**が必要ですが，彼はそこのところを上手くやりました。

まずジズヤ（人頭税）の**廃止**を行い，ヒンドゥー教徒の**ラージプート諸侯**とは積極的に**婚姻**を結んで友好を保とうとしました。ラージプートとは，8世紀以降に実力を蓄えた**地方領主**のことでしたね。

また**全国的な検地**を行い，それをもとに土地の租税額を決定し，徴収しました。皇帝は，「**カーリサー**」と呼ばれる**直轄地**を支配しました。

また，皇帝に仕える官僚や軍人には，「**マンサブ**」と呼ばれる**官位（身分）**に応じて，「**ジャーギール**」と呼ばれる**土地**が与えられます。土地をもらった連中は，そこから得られる税額に応じて**騎兵・騎馬**を維持する義務を負い，皇帝に対する**軍役**を果たしました。この国では……文官も戦争に参加させられたんですね。

Q この制度をなんと言うか？　──マンサブダール制

この制度を通じて，君主は臣下や地方を統制しようとしたのですね。**徴税**

218

権と引き替えに軍役を課すという点では，ブワイフ朝が創始した**イクター制**と同じです。

▶タージ=マハル廟

©植村

第5代の**シャー=ジャハーン**は亡くなった王妃ムムターズ=マハルのために，**アグラ**の東に，白い大理石をふんだんに使った壮麗なお墓を建設しました。これが**タージ=マハル廟**です。

タージ=マハル廟

▶アウラングゼーブ帝(位1658～1707)

続いて，第6代の**アウラングゼーブ帝**は17世紀の半ばに帝位につきますが，彼の時代にムガル帝国は**南インド**にも勢力を伸ばし，**最大領土**を誇りました。

しかしこれは両刃の剣でした。というのも拡大した領土を統治するために，**官僚や軍人の数が増大**し，彼らに与える土地や給与が国家財政を圧迫したのです。解決策は何か？

そりゃ増税しかないっしょ(笑)！

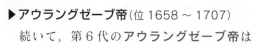

▶帝国の衰退・分裂の激化

アウラングゼーブ帝は，アクバル帝が廃止した**ジズヤの復活**を断行しました。そしてこれは当然ながら，非イスラーム教徒から反発を買うことになります。さらにヒンドゥー教徒の**聖地巡礼に課税**したり，新しく建てられた**ヒンドゥー寺院の破壊**なども行いました。こうして，支配者たるイスラーム教徒とヒンドゥー教徒などの対立が激化し，帝国は弱体化していきました。

とくに**パンジャーブ地方のシク教徒**や，**デカン地方のヒンドゥー教徒のマラーター王国(マラーター同盟)**などは，激しく抵抗しました。マラーター王国の建国者は**シヴァージー**です。

それから農村には**ザミンダール**と呼ばれる**地方領主**が台頭し始めました。さらに**17世紀**には，沿海部に**イギリス**や**フランス**が拠点をつくり，18世紀にはインドの在地勢力をも巻き込んで争うようになります。これについてはいずれまた(→第3巻)。

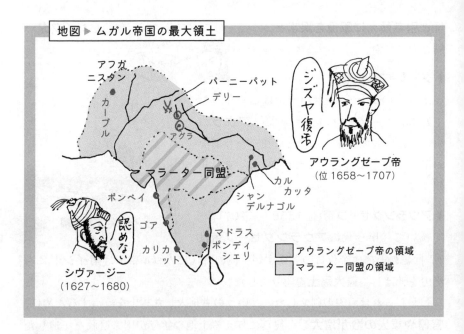

地図 ▶ ムガル帝国の最大領土

アフガニスタン
カーブル
パーニーパット
デリー
アグラ
ジズヤ復活
アウラングゼーブ帝
（位 1658〜1707）
マラーター同盟
ボンベイ
ゴア
カリカット
カルカッタ
シャンデルナゴル
マドラス
ポンディシェリ
認めない
シヴァージー
（1627〜1680）

☐ アウラングゼーブ帝の領域
☐ マラーター同盟の領域

■ ムガル朝時代の文化

　最後に文化についても触<ruby>触<rt>ふ</rt></ruby>れておきましょう。ムガル朝の時代には，土着<ruby>土着<rt>どちゃく</rt></ruby>の
インド文化とイスラーム文化が融合<ruby>融合<rt>ゆうごう</rt></ruby>して，**インド＝イスラーム文化**が成 熟<ruby>成熟<rt>せいじゅく</rt></ruby>
しました。さっき出てきた**タージ＝マハル廟**などは，その最<ruby>最<rt>さい</rt></ruby>たるものですね。

　ほかには，**イラン**の影響を受けて，インドでも**ミニアチュール（細密画）**
が発達しました。ムガル宮廷で発達したものを**ムガル絵画**，地方諸侯のもと
で流行したものを**ラージプート絵画**と言います。

　言語の面では，行政用語の**ペルシア語**が，公用語ならびに宮廷言語として
使用されました。また，インド土着の**ヒンディー語**(注：山川出版社『詳説世界史探究』
では「地方語」）に，**ペルシア語**（やアラビア語）の語彙<ruby>語彙<rt>ごい</rt></ruby>が混 入<ruby>混入<rt>こんにゅう</rt></ruby>して，混成<ruby>混成<rt>こんせい</rt></ruby>言語ウ
ルドゥー語が形成されました。ウルドゥー語は，パキスタンでは**国語**，**イン
ド**では**公用語**の１つとなっています。

▶イスラーム教の宗教的な影響

　それからヒンドゥー教も，イスラーム教の影響を受けるようになりました。
たとえば，**スーフィズム（イスラーム神秘主義）**の影響を受けて，熱狂的な
神への献身<ruby>献身<rt>けんしん</rt></ruby>をめざす**バクティ信仰（運動）**が発展しました。

またカビールは，イスラーム教的な**一神教**を唱えて**神の前の平等**を説き，その立場から，**カースト制**や**不可触民への差別を否定**しました。不可触民とは，**ヴァルナ（種姓）**の枠外に位置づけられた身分で，ヒンドゥー教徒が穢れをもたらすと考えた職業についた人々のことです。

▶シク教の成立

　さらにカビールの影響を受けたナーナクは，**シク教の創始者**となります。シク教はヒンドゥー教とイスラーム教の融合宗教で，イスラーム教の影響のもとに，**偶像崇拝の禁止**や**カースト制の否定**などを主張しました。シク教は**パンジャーブ地方**を中心に広まりました。

カビール
（1440〜1518?）

ナーナク
（1469〜1538）

アムリットサル
（シク教の聖地）

パンジャーブ
地方

■インド洋の交易（14世紀から17世紀）

　それからインドの最後に，海域の交易にも触れておきましょう。

▶ヴィジャヤナガル王国とセイロン（スリランカ）

　10〜11世紀のインド洋の交易の覇者は**チョーラ朝**でしたが，この王朝は13世紀後半に衰亡しました。

　かわって14世紀になると，デカン高原南部にヒンドゥー教国の**ヴィジャヤナガル王国**が成立しました。この国はインド南部の**カリカット**や**クイロン**などの港市をも支配して交易で繁栄しました。取引商品は**米**や**綿織物**で，これをペルシア湾口の**ホルムズ**に輸出して，**馬を輸入**しました。馬はインド北部のイスラーム王朝に対抗するために，軍馬として利用されました。

　また香料の**シナモン**の生産地として知られる**セイロン**は，1505年以降に**ポルトガル**が，1655年には**オランダ**の支配下に入りました。

▶ポルトガルの動向

　ポルトガルは香辛料貿易の独占という野望をもっていました。しかしポル

トガル人の数は少なすぎてそれはかないませんでした。かわりに彼らは**香辛料貿易に参入**する一方で，**商業拠点を支配**して**通航料**で稼ごうと思いました。

　具体的には**1511年**にマラッカ王国を滅ぼして**マラッカ海峡を支配**し，ここを通るムスリム商人などにバカ高い通航料を要求したのです。ムスリム商人たちはこれを嫌がり，マラッカ海峡を通らずに，スマトラ島とジャワ島のあいだにある**スンダ海峡**を航行するようになりました。これを背景に，ジャワ島西部の**バンテン王国**などが繁栄しました。

▶オスマン帝国

　16世紀になると，**オスマン帝国**もインド洋に姿を見せるようになりました。帝国書院の教科書によると，「海上交易と**東方からのメッカ巡礼ルートの確保**のため」だそうです。当時のオスマン帝国は，メッカ・メディナという**2聖都の守護者**として，イスラーム世界における権威を高めていました。そこでさらに「2聖都への巡礼ルートの保護者」ともなれば，さらに権威は高まる……，そんな動機もあったのでしょうね。

　しかしオスマン帝国のインド洋進出は**ポルトガルとの衝突**を招き，両者の抗争は16世紀末まで続いたようです。

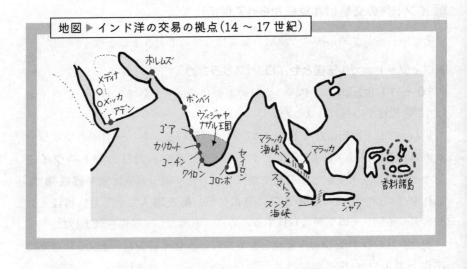

地図 ▶ インド洋の交易の拠点（14〜17世紀）

③ サファヴィー朝（1501〜1736）

📖 別冊プリント p.81 参照

🔖 サファヴィー朝

　オスマン朝の東隣（どなり）にできたのが**サファヴィー朝ペルシア**です。建国は**16世紀**の初頭，建国者は**イスマーイール1世**で，シーア派の神秘主義教団のリーダーだった人物です。

Ｑ **イスマーイール1世が用いた，ペルシア（イラン）の「君主」を意味する称号は？**

――**シャー**

　シャーは，かつての**アケメネス朝**や**ササン朝**の君主が使用していた，イラン人の伝統的な君主の称号です。また当初の首都は**タブリーズ**でした。

Ｑ **イスマーイール1世が国教としたシーア派の一派の呼称は？**

――**十二イマーム派**

　この十二イマーム派は，**シーア派のなかの最多数派**です。この後，サファヴィー朝の支配地域には，シーア派（十二イマーム派）が定着していきました。**トルコ人**や**アラブ人**など，多くの異民族をも内包（ないほう）するサファヴィー朝の支配領域は，このシーア派の信仰によって統合されていったのです。

　十二イマーム派について，もう少し説明しておきましょう。

▶十二イマーム派

　まず「**イマーム**」とは，イスラーム教徒の**指導者**のことです。シーア派では，ムハンマドの娘**ファーティマ**と結婚した**アリー**（最後の正統カリフ）**と，その子孫のみをイマームと認めていました**。ところが第11代イマームには，男子のあと継（つ）ぎがいませんでした。そこでシーア派の人々のなかに，

> 「第11代イマームには，ほんとは男子がいて，どこかにお隠（かく）れになっているのだ。そのお方が，いずれは第12代のイマームとして登場し，マフディ（救世主）として地上に正義をもたらす」

と，このような信仰を生みました。これを信ずる人々を**十二イマーム派**というのです。

223

▶サファヴィー朝を支えたトルコ人とイラン人

またサファヴィー朝成立当初の軍事力の基盤は、**トルコ系遊牧民の騎馬軍団**でした。これを**キジルバシュ**といい、イスマーイール1世も彼らを率（ひき）いて国を建てたのです。一方、都市に住んでいた**イラン人**は、読み書きの訓練を受けており、**行政官僚**としてサファヴィー朝を支えました。

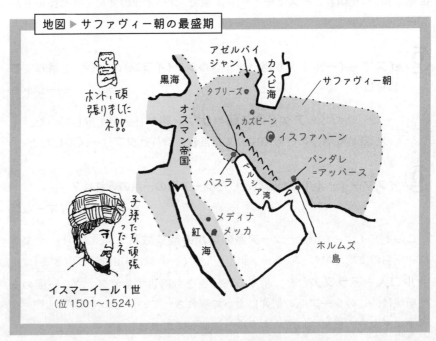

地図 ▶ サファヴィー朝の最盛期

イスマーイール1世
（位 1501〜1524）

▶アッバース1世（シャー＝アッバース）の時代

第5代のアッバース1世の時代が、サファヴィー朝の全盛期です。

彼の時代には、オスマン朝と戦って**イラク**（メソポタミア）を奪還（だっかん）し、さらにはペルシア湾口のホルムズ島から、**ポルトガル**を駆逐（くちく）しました。このときサファヴィー朝を支援したのが、**イギリス東インド会社**でした。

会社の商館は、イラク南部の**バスラ**に置かれました。イギリスに限らず、オランダ東インド会社も商館を置いたようです。彼らは**イラン産の絹**（きぬ）を輸入し、**ヨーロッパ産の毛織物**をイランにもたらしました。

アッバース1世
（位 1587〜1629）

224

なおホルムズ島の対岸には，**バンダレ=アッバース**という都市も造営されました。そしてここには，**インド人商人やヨーロッパの商人**たちの**商館**が築かれ，サファヴィー朝の貿易拠点として発展しました。

▶新首都イスファハーン

　アッバース1世は，イラン高原西部の**イスファハーン**に遷都しました。ちなみにサファヴィー朝の首都は，当初**タブリーズ**で，しばらくしてカズビーンという町に置かれていました。この新首都は，「**イスファハーンは世界の半分**」と言われるほど繁栄しました。この都市には，中心に「**王の広場**」が造営され，壮麗な「**王のモスク**」も建設されました。

　人口は約**50万人**。住民には，移住してきた人々が目立ちました。彼らの多くは**職人**や**金融業者**，そして**商人**でした。宗教的には，アルメニア教会・グルジア教会，またカトリックやプロテスタントなど，いろいろな**キリスト教徒**の姿がありました。イスラーム教徒も，シーア派のみならず**スンナ派**の人々も住んでいました。また，**ゾロアスター教徒**や**ヒンドゥー教徒**のインド人商人の姿も。この当時のイスファハーンは，**多様な民族**が交流する**豊かな国際都市**だったのです。

　しかし，アッバース1世のあとは，才知あるシャーにも恵まれず，1736年にはアフガン人にイスファハーンを占領されて，王朝は滅びました。

 オスマン帝国（オスマン朝）　　　📖 別冊プリント p.81 参照

📕 オスマン帝国（オスマン=トルコ）

　オスマン帝国は**小アジア半島（アナトリア）**の**西部**に建国されました。建国者は**オスマン=ベイ**。

　小アジアは11世紀後半から，**ルーム=セルジューク朝**の支配下にありました。しかしそこへ13世紀にモンゴルがやってきて，アナトリアはトルコ人の諸勢力によって分裂状態となりました。

　その混乱に乗じて，13世紀の末に小アジア半島で自立したのがオスマン=ベイでした。さらに**14世紀後半**になると，**バルカン半島に侵入**を開始します。首都も小アジアの**ブルサ**から，バルカンの**アドリアノープル**に移され，トルコ語で**エディルネ**と呼ばれました。

Q 1389 年に，オスマン帝国がセルビアなどを撃破（げきは）した戦いは？

——コソヴォの戦い

▶バヤジット1世とメフメト2世

では，コソヴォの戦いに続いて，

私、ハンガリー王
ジギスムント。後に
神聖ローマ皇帝になります。

Q 1396 年に，オスマン帝国がヨーロッパ連合軍を撃破した戦いは？

——ニコポリスの戦い

　撃破された側のリーダーは，**ハンガリー王ジギスムント**です。これでオスマン帝国は調子に乗って，今度は最盛期のティムール朝と，**1402 年に**アンカラの戦いでぶつかりました。

Q ニコポリスで勝ったものの，アンカラの戦いで大敗したオスマン帝国のスルタンは？　　　　　　　　　　　　——バヤジット1世

バヤジット1世
（位 1389〜1402）

　このあとオスマン帝国は滅亡に瀕（ひん）するのですが，**メフメト2世の時代になって，コンスタンティノープルを占領**し，**ビザンツ帝国を滅亡**させました。コンスタンティノープルは**イスタンブル**と改称され，帝国の首都になりました。

　さて，ビザンツ帝国滅亡の年である **1453 年**は，**英仏百年戦争の終結**と同じです。1453 年は年号問題で頻出ですよ。

メフメト2世
（位 1444〜1446
　　1451〜1481）

　またメフメト2世の時代には，**黒海北岸のクリム＝ハン国を服属（ふくぞく）**させました。この国は，15 世紀初めにキプチャク＝ハン国から自立した**モンゴル系**の国家です。クリム＝ハン国は，18 世紀の末に**ロシア帝国のエカチェリーナ2世**によって併合（へいごう）されるまで，クリミア半島を含む黒海北岸を支配し続けました。

▶セリム 1 世の時代

1517 年にはセリム 1 世がエジプトのマム
ルーク朝を滅ぼしました。そして，13 世紀半ば
にモンゴル人の攻撃を避けてカイロに避難してい

セリム 1 世
(位 1512〜1520)

たアッバース朝のカリフから，宗教的権威を持つ**カリフの位を継承した**，
という主張がなされるようになりました。18 世紀ころからのハナシです。

これは，ロシア帝国などが**「オスマン帝国領内のキリスト教徒の保護権」**
を口実にオスマン帝国に対する侵略を正当化しようとしたのに対抗して，イ
ンドなどで**欧米諸国の支配下にあったイスラーム教徒の保護権を主張す
る**ためでした。このあたりの事情については，第 3 巻で詳述しましょうね。

さてハナシを 16 世紀のセリム 1 世に戻しましょう。彼がマムルーク朝を
滅ぼして，その支配領域下にあった，**メッカ・メディナという 2 聖都の保
護権を獲得**したことは重要です。これによってオスマン帝国のスルタンは，
イスラーム世界において大いなる**宗教的権威を獲得**することになりました。

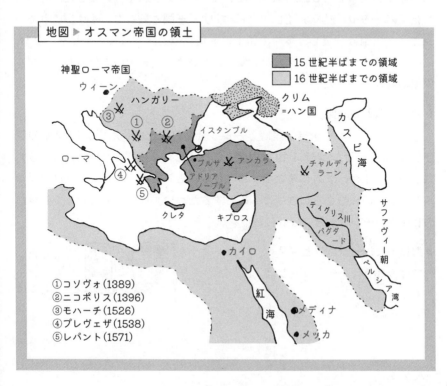

地図 ▶ オスマン帝国の領土

15 世紀半ばまでの領域
16 世紀半ばまでの領域

神聖ローマ帝国
ウィーン
ハンガリー
③ ① ②
イスタンブル
ローマ
④
ブルサ アンカラ
アドリア
ノーブル
⑤
クレタ
キプロス
クリム
=ハン国
カスピ海
チャルディ
ラーン
ティグリス川
バグダード
サファヴィー朝
ペルシア湾
カイロ
紅海
メディナ
メッカ

①コソヴォ (1389)
②ニコポリス (1396)
③モハーチ (1526)
④プレヴェザ (1538)
⑤レパント (1571)

それからセリム1世といえば，1514年にチャルディラーンの戦いで，**サファヴィー朝**にも勝利していますね。この戦いでは，サファヴィー朝が誇る騎馬軍団**キジルバシュ**を，銃砲などの扱いに長けたオスマン軍の**常備歩兵軍団イェニチェリ**が撃破しました。日本で言うなら，織田の鉄砲隊が武田の騎馬軍を破った長篠の戦い（1575年）ですよ。

▶スレイマン1世の時代(位1520～1566)

スレイマン1世はセリム1世の息子で，オスマン帝国**最盛期のスルタン**です。戦いや，領域の拡大がポイントになります。まず，

Ｑ スレイマン1世の宿敵だった神聖ローマ皇帝の名は？

——**カール5世**(位**1519**～1556)

スペイン国王としては**カルロス1世**(位**1516**～1556)ですね。彼は**ハプスブルク家**の出身です。そのカール5世の拠点であるウィーンに対して，スレイマン1世は**1529年**に，第1次ウィーン包囲を行いました。その前には**モハーチの戦い**(1526)で**ハンガリー王国**を破っています。これでハンガリー王国は分裂し，多くの領土はトルコの支配下に入りました。なお，王国の西部はハプスブルク家が支配し，ハンガリー王国の王位もハプスブルク家が継承しました。

▶フランスとの同盟

さてスレイマン1世は，当時カール5世と対立していた**ヴァロワ朝のフランス国王フランソワ1世と同盟**を結びました。「敵の敵は味方」という言葉がありますが，まさにそれですね。さらにこのとき，スレイマンはフランスとの友好関係をさらに強固なものとするために，フランスに対して，後にカピチュレーションと呼ばれる特権を認めました。

▶カピチュレーションとは？

ではカピチュレーションとは，何か？

カピチュレーション

オスマン帝国が，フランス（後にイギリス・オランダなどに対しても）に与えた恩恵的特権。おもなものは，

①通商・交易の自由，免税　②自国法による領事裁判権

　たとえばフランス人の商人が，トルコ領内で商取引の成立を祝ってワインで「乾杯！」とやっちゃったとしましょう。これは飲酒を禁止しているイスラーム世界では，罪となります。が，スレイマンは「まあ，ええわ，許したるわ」……別に大阪弁で言う必要もなかったが（笑）。

　もう少しスレイマン1世自身の言葉を聞いてみましょう。ではスルタン陛下，どうぞ。

> トルコの領内でフランス人が罪を犯しても，**イスラーム法では裁きません**。だって法律に関する常識が違いますからね。悪さをしたフランス人は，フランスから派遣された**外交官（領事）**に，フランスの法律で裁いてもらいます。とにかくトルコの法律を気にせずに，のびのびと商売をやって欲しいのだよ。それで両国が繁栄し，両国の友好が深まればいいのです。

スレイマン1世
（位 1520〜1566）

　スレイマン1世の時代に慣習として付与されたカピチュレーションは，1569年，スルタンの**セリム2世**のときに公式に認められ，後にはイギリスやオランダにも認められました。

　しかしこのカピチュレーションは，後にトルコにとって頭痛の種になりました。スレイマン1世の時代のようにトルコが強大なときは，ヨーロッパの連中もイスラーム法に対する逸脱行為は極力避けようとしたから，問題は起こりませんでした。だってスレイマンを怒らせたらこわいからね。

　でも，この後トルコが衰退していくにつれて，ヨーロッパの連中は「俺たちゃ何やっても許されるんだ」と思うようになります。こうして最初は恩恵的に認められていた種々の特権が，**トルコの主権を切り崩していく**ものになるわけです。ちなみに英語の"capitulate"って，「降服（屈服）する」という意味です。これが名詞に転化したのがカピチュレーションだね。

▶トルコの進撃──精鋭イェニチェリ軍団

　さて，**1538 年**にはプレヴェザの海戦がありました。これで，トルコはスペインなどに勝利しました。こののち地中海は，「**トルコの海**」と呼ばれることになります。さて，

Q トルコの進撃の先頭に常に立っていた，スルタン直属の常備歩兵軍団の名は？
　　　　　　　　　　　　　　　　　　　　　　　　　　──イェニチェリ

　これはバルカン半島などに居住していた**キリスト教徒**の子弟を兵隊に徴用して，特別の軍事訓練を施し，最精鋭部隊として鍛え上げたものです。とくに**銃砲**の扱いに長けており，1514 年の**チャルディラーンの戦い**では，**サファヴィー朝**の騎馬軍団をバタバタと撃ち倒しましたね。

▶ティマール制

　さてこの**イェニチェリ**は，**常備軍団**──文字どおり「常に」スルタンの側に「備えられた」軍団でした。これに対して，オスマン帝国には**イクター制**を継承した制度，すなわち**ティマール制**にもとづいて集められる軍団もありました。集められたのは，**シパーヒー**と呼ばれたトルコ系の騎士でした。

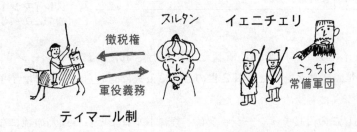

ティマール制

　ティマールとは，イクターと同様に**土地の徴税権**を意味する言葉で，これを与えられる代わりに，従者をつれて戦地に行って**軍役義務を果たす**のです。しかし，こっちは「常備」の軍団ではありませんでした。

▶デヴシルメ──巧妙な支配

　オスマン帝国は広大な地域を支配する国家であり，領域内にトルコ人以外の人々がたくさんいる**複合民族国家**でした。オスマン帝国にとって彼らの反乱は**脅威**です。

そのオスマン帝国では，**デヴシルメ**という方策が取られました。これはオスマン帝国が最初に侵攻した**バルカン半島のキリスト教徒の少年を強制的に徴用**する制度です。その後彼らを**イスラーム教**に改宗させたうえで教育・訓練を施し，**官僚や軍人に登用**して支配に利用しようとしました。こうして被支配民族をリクルートして，トルコ人を補佐する体制ができました。これは，一種の**融和策**と考えていいですね。

　なお，**イスラーム教への改宗は必須**でした。だって，**官僚**として活動するためには，『コーラン』を基盤とする**イスラーム法（シャリーア）**を心底から理解していないとダメでしょ。一方，戦争のときには，心を１つにして敵と戦いたいですよね。そのためには，みんなで『コーラン』を読誦して，**アッラー**に祈りを捧げたほうがいいですよ。

　イェニチェリは，**デヴシルメ**というシステムの**軍事部門**と思えばいいよ。最精鋭部隊として，征服活動の前線に立たせるだけではなく，反乱鎮圧の先頭にも立たせるのです。そして恨まれるのは彼ら。……トルコって上手いじゃん。それから，

良い質問ですね！

第35回 イスラーム世界の諸帝国（14世紀〜18世紀）

Q デヴシルメでは，なぜキリスト教徒が徴用されたのか？　イラン人やアラブ人じゃダメだったのか？

という質問が出てくると思う。僕もいろいろ読んだんだけど，はっきりと「こうだ！」と書いているものはありませんでした。そこで僕なりの解釈を披露しておきましょう。

　もしも，イラン人のムスリムを徴用し，特別訓練を施して最精鋭部隊なんかつくったら，トルコ人にとって危ないと思うんですよ。だってそいつらを先頭にして反乱が起きちゃうよ。アラブ人なんかにも波及する恐れだってある。

　それと比べると，バルカン半島のキリスト教徒は，まず地理的に見てほかの民族と連携する可能性が少ない。さらに，文化的にもほかの被支配民族との共通性は少ない。よって，イラン人やアラブ人が起こすかもしれない反乱の先頭に立つ可能性も低い。まあそんなところかな。

これは，アオキの見解です

▶ミッレト

またミッレトの存在も重要ですね。

　オスマン帝国では，**キリスト教徒やユダヤ教徒のような非イスラーム教徒**に対して，その**信仰や慣習**，それに**自治を認め**，非イスラーム教徒は自分たちの**共同体を営む権利**を与えられていました。この共同体を**ミッレト**と言います。

📖 行政システム

　このようにして異民族を手なずけながら，オスマン帝国は広大な領土を支配したのです。ここで，行政システムについても概観しておきましょう。

　オスマン帝国のスルタンは，たしかに**専制君主**ではありました。しかし**多種多様な民族を支配**するためには，かつてのアッバース朝がそうだったように，みんなが信仰しているイスラーム教や，**イスラーム法（シャリーア）**に立脚せざるを得ませんでした。そういう点ではオスマン帝国というのは，**支配者の勝手が許されない「法治国家」**だったのですね。

▶世俗法の制定

　ただし，『コーラン』に立脚した**イスラーム法（シャリーア）**だけでは，実際の行政を施行する際に不便な点が出てきます。だって，なんだかんだ言っても，『コーラン』は**7世紀**に編纂されたものですからね。

　そこで，シャリーアを補完するものとして，オスマン帝国の時代には**カーヌーン**がさかんに制定されました。カーヌーンは，イスラーム教の原則を保持しつつも，現状に対応してつくられた法律でした。日本語では**「世俗法」**と訳し，スルタンの命令（勅令）などを法制化したものです。シャリーアと，このカーヌーンがオスマン帝国による支配の基盤でした。

　ちなみにスレイマン1世の時代には，さかんにカーヌーンが制定されました。そこから彼は**「カーヌーニー（立法者）」**と呼ばれていました。

　そして，シャリーアとカーヌーンにもとづいて実際の行政を行うのは，**マドラサ**で教育を受けた**ウラマー**でした（注：「ウラマー」はイスラーム世界の知識人・法学者）。彼らは，**カーディー**と呼ばれる**裁判官（法官）**に任じられて，**地方の行政や司法**にたずさわりました。

▇ オスマン帝国の衰退

1571年のレパントの海戦で、オスマン帝国は**スペイン**などに敗北しました。しかし**領土の喪失はなく**、地中海でのオスマン帝国の優位はさほど揺らぎませんでした。

けれども、オスマン帝国が**1683年**に行った第2次ウィーン包囲は、みごとに撃退され、**1699年のカルロヴィッツ条約**でオーストリアにハンガリーなどを割譲しました。これはオスマン帝国にとって、**初めての領土喪失**でした。

国内では、**イェニチェリ**の兵士たちは**地方の特権階級**と化しました。またアーヤーンと呼ばれた**豪族層**が、**徴税の請負**などを通じて台頭し、いずれも18世紀には地方の大きな勢力に成長しました。

▇ オスマン帝国の文化

あと最後の最後に、オスマン帝国の文化について。この時代は**トルコ=イスラーム文化**の成熟期でした。トルコ=イスラーム建築を代表する**トプカプ宮殿**や、**ハギア(聖)ソフィア聖堂**をモスクに改修した**アヤソフィア**などは有名ですね。

また、ヨーロッパに対する**劣勢**が露わになった18世紀初頭には、ヨーロッパのデザインや文物が受容されました。とくに、スルタンの**アフメト3世**の時代には、ヨーロッパから再輸入された嗜好品が宮廷を中心に流行しました。その嗜好品にちなんで、ヨーロッパ趣味が流行ったこの時代を**「チューリップ時代」**と言います。

次回は中国最後の王朝である清についての授業です。

©植村

アヤソフィア　真ん中の日本人は河合塾世界史科の主任だった知念先生。彼は「2・5・6・8、鮮・柔・突・回」という暗記法の考案者です。

清朝の興亡

アジア諸帝国の繁栄（2）

中国最後の王朝，清の歴史を見ていきましょう。

① 清の成立・発展

📖 別冊プリント p.84 参照

◾ ヌルハチ（太祖）登場

清は**ツングース系女真（女直，ジュシェン，ジュルチン）**がつくった国ですね。彼らの原住地は**中国東北地方**。16 世紀になると，**薬用人参**や**毛皮の交易**がさかんになり，その利権をめぐって女真人のあいだに争いが起こりました。

そのなかから台頭してきたのが，**建州女真人**の一首長であった**ヌルハチ（太祖）**で，彼は **1616 年**に女真人を統一し，**後金を建国**しました。首都は 1625 年に**瀋陽**に設置されました。

ヌルハチは，**八旗**と呼ばれる軍制を確立する一方，**モンゴル文字**をもとに，後に**満洲文字**と呼ばれる民族文字をつくらせました。

わたくし清不，ラジオネーム ヌルハチです

ヌルハチ

◾ ホンタイジ（太宗）

続いて 2 代目の君主**ホンタイジ（太宗）**が登場しました。彼は **1636 年**に国号を**清**としました。また首都の瀋陽を**盛京**と改名しました。

というわけで，ヌルハチの時代には「清」という国号はありません。ですが，「清の初代皇帝は？」と問われ，問題文にとくに限定がなかったら，**ヌルハチ**と答えてください。そういう位置づけなんです。

それからホンタイジは，部族名（民族名）を女真から「**満洲（満州）**」に変えました。名前の由来は，彼らが信仰していた仏教の文殊菩薩の「文殊」が転訛

して「マンジュ」になり，それに漢字を当てたものでした。

　ホンタイジは，**内モンゴル（モンゴル系チャハル**が居住）を領土に加えました。このときにホンタイジは，元の印璽，すなわち元の皇帝の印鑑を手に入れ，**元の後継者**として認められるようになりました。

　またモンゴル人という"異民族"を支配したため，**蒙古衙門**という異民族を担当する役所も設置されました。これが 1638 年に改称されたものが**理藩院**で，異民族全般を統治する役所となりました。

📕 呉三桂

　さて，ホンタイジが亡くなった翌年，清軍は**長城**を越えて中国本土に入りました。そのときに清軍の手引きをする者がいました。

Q　清軍の北京侵入を手引きした明の武将は？　　　──**呉三桂**

　彼はもともと，**山海関**という場所を守っていた明の将軍です。ここは万里の長城の東の端で，北方民族に対する防衛の拠点でした。

　ところが**李自成の乱**が起きました。反乱軍の総勢 40 万。**1644 年**には**崇禎帝**が自殺して**明は滅亡**し，李自成は新たな王朝を開こうとします。

　この情勢を見た呉三桂は**清軍に降伏**し，自分の髪を満洲人のヘアスタイルである**辮髪**（→ p.241）にして帰順の意志を表しました。その後，清軍は呉三桂に導かれながら中国本土に侵入し，李自成の軍を撃破しました。

呉三桂の独り言　オレタチ，清に利用されただけじゃねえか？

📕 順治帝

　当時の清朝皇帝は 1643 年に即位した**順治帝**でした。廟号は**世祖**です。順治帝は，1644 年に北京に入場し，首都を盛京から**北京**に移しました。

　ただし当時の彼は幼少だったので，1651 年までは，叔父さんのドルゴンが帝を補佐しました。まっ，ともあれ，こうして順治帝の時代に，**清は中国全土の支配を達成**したのです。

順治帝
（位 1643〜1661）

📖 康熙帝

　そして第 4 代皇帝が**康熙帝**(**聖祖**)。彼のときに，清朝による中国支配を揺るがす事態が起きました。

Q 雲南・広東・福建の 3 王が，1673 年に清に対して起こした反乱をなんと言うか？
　　　　　　　　　　　　　　　　　　　　　　——三藩の乱

　この乱のリーダーの 1 人は呉三桂でした。呉三桂は，清朝から「平西王」の称号を与えられ，**雲南の王**として封じられていたんですね。ほかの 2 王も漢人の武将です。この三藩の乱を鎮圧し，康熙帝は中国南部を支配しました。時に 1681 年。

康熙帝
(位 1661〜1722)

📖 台湾制圧

　そして，台湾。ここも平定しました。台湾は，漢人たちの**反清復明運動の根拠地**となっていました。そこで，清朝に反抗していたのが，**明の遺臣鄭成功**とその子孫です。ちなみに彼の母は日本人で，生まれは長崎県の平戸でした。

　一方清朝は，**海禁政策**を強化して対抗します。このあたりのくわしい話は，「清の経済・社会」のところでいたしましょう(→ p.245)。

📖 ロシアとの国境線の確定

　次に，**ロマノフ朝ロシア**とは国境線を確定しました。当時のロシアの皇帝はピョートル 1 世で，国境線となったのは，**外興安嶺**です。では，

Q ロシアの中国東北への進出を抑え，国境線を約した 1689 年のこの条約の名は？
　　　　　　　　　　　　　　　　　　　　　　——ネルチンスク条約

　さらに康熙帝は，**外モンゴル**に侵攻してきた**モンゴル系ジュンガル**の首長ガルダンを撃破し，外モンゴルを支配しました。当時ここには**モンゴル系**

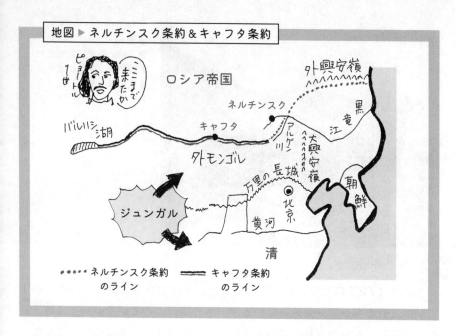

地図 ▶ ネルチンスク条約＆キャフタ条約

ピョートル1世 「ここまで来たか」

ロシア帝国

外興安嶺

ネルチンスク

バイカル湖

キャフタ

アルグン川

黒竜江

外モンゴル

大興安嶺

朝鮮

ジュンガル

万里の長城

北京

黄河

清

●●●● ネルチンスク条約
　　 のライン

━━━ キャフタ条約
　　 のライン

ハルハが住んでいました。

🔖 雍正帝

次の皇帝は，雍正帝（世宗）。彼は天山山脈付近を根拠地にしていた**モンゴル系のジュンガル**を攻撃しました。

このジュンガルへの攻撃に際して，それまでの**内閣**にかわる清朝の軍事・国政上の最高機関が創設されました。それが**軍機処**です。この機関設立の動機は，**雍正帝**自身にお聞きしましょう。それでは皇帝陛下，どうぞ。

雍正帝
（位 1722〜35）
西洋風のカツラ
をつけた肖像画

従来は，明以来の内閣が最高の意思決定機関であった。しかし，内閣は私自身（皇帝）や内閣大学士，関係の事務官僚などを含めて，総勢が100人を越えることもあったんだよ。こんなにたくさんいたんじゃあ，決定が遅れるだろ！とくに戦争のときには迅速さが必要。そこで少数の人間で意思決定を行う軍機処を設立したんじゃ。定員？　決まっていないけれど，多くても5〜6人かな。これでパパッと決めて即実行！　というわけじゃよ。

237

©藤川

軍機処
雍正帝の時代に設置された
軍機処は，内閣に代わって
最高の権力機関となった。
1911年に廃止。

　さらに**1727年**には，ロシアと外モンゴルにおける国境線条約を結びますが，これを**キャフタ条約**と言います。さらに，この雍正帝のときに**地丁銀**という新しい税制が定着していきました。どういう内容を持っているかについては，明代の**一条鞭法**とともに後でまとめます（→ p.242 ～ 244）。

🔖 乾隆帝

　6代目の**乾隆帝**の時代には，天山山脈の北に住んでいた**ジュンガル**と，中央アジア東部にいた**回部**と呼ばれる**ウイグル人の地**が清朝のものになりました。

　こうして乾隆期までに，**藩部**（周辺地域の意）の領域も拡大し，その統括機関として**理藩院**が整備されることになるのです。

　清朝はその広大な支配領域を，

直轄領（直接支配地域）　と　**藩部**（間接支配地域）

という2種類に分けて統治しました。

　直轄領は満洲人の原住地である**東北地方**，そして征服した**中国本土**，それに**台湾**の3つです。ちなみに皇帝が政務を行ったのは**紫禁城**で，もともとは明の**永楽帝**が建てたものでした。

地図 ▶ 清の領土と属国

外モンゴル
新疆
青海
チベット
内モンゴル
東北地方
中国本土
李朝
朝鮮国
乾隆帝
(位1735
〜96)
琉球
王国
台湾
ネパール
ビルマ
(ミャンマー)
タイ
ベトナム

直轄領　　藩部
属国(朝貢国)

＊新疆は1880年代に直轄領に。

　それから直轄領は「省」という単位に分けられ，**総督**が1〜3省を統括しました。また，日本なら県知事にあたる巡撫と呼ばれる官僚が，1つの省の民政・財政を担いました。

　一方，藩部は，**内・外モンゴル**，**青海**，**チベット**，**東トルキスタン**(中央アジア東部)でした。

　ジュンガルがいた天山山脈以北と，中央アジア東部(東トルキスタン)は，あわせて新疆と呼ばれるようになり，1880年代に**直轄領**(直轄地)の「**新疆省**」となりました。

　"疆"という字は難しいね。この漢字の覚え方を教えます。

新疆とは"新しい土地"，"新しい境界の地"という意味なんだ。で，覚え方だけど，"新しい土地"を，こんな道具(弓)で耕し，1枚，また1枚と「田」を増やしていった……。これで覚えられるんじゃない？

▶異民族に対する間接支配

　それから藩部に対する支配体制ですが，これは唐の**羈縻政策**(きび)の伝統と申しますか，満漢の官僚による**直接統治はしなかった**ようです。**モンゴル**だったら，**モンゴル人の王侯**(おうこう)を通じて，**新疆**だったら**ウイグル人**の「**ベク**」と呼ばれる有力者を通じた**間接支配**を展開しました。**チベット**も**黄帽派**(こうぼうは)のチベット仏教の最高指導者である**ダライ=ラマ**を通じた支配でした。

▌ 清朝に冊封された国々（王朝）

　清朝に朝貢し，**冊封**(さくほう)された国々もまとめておきましょう。
　まず**李朝**(りちょう)**朝鮮国**，**琉球**(りゅうきゅう)**王国**，それに**ベトナム**，**タイ**そして**ビルマ**（ミャンマー）などです。

　　《注》　タイとビルマが冊封されたことは，教科書の本文には載っていなかった。

▌ 清の中国支配

　清朝が**征服王朝**であることは前にも言いましたね。圧倒的に少数の**満洲**(まんしゅう)**(女真)**(じょしん)**人**が，圧倒的多数の漢民族を支配し，それは３世紀近くも続くのです。では，その支配成功の秘密はどこにあったか？
　まず，その奥義(おうぎ)を言葉で表現すると，

> **強硬策**(きょうこう)と**柔軟策**(じゅうなん)を**巧み**(たく)に**併用**(へいよう)した

ということになります。言いかえると，「アメとムチを上手に使い分けた」ということです。では，具体的に見ていきましょう。
　まず，強硬策の代表的なものとして，

Ｑ とくに**雍正帝**(ようせいてい)の時期に行われた，**反清思想**(はんしん)をもつ知識人に対する弾圧をなんと言うか？
　　　　　　　　　　　　　　　　　　　　　——**文字の獄**(もんじ)(ごく)

　これは有名ですね。異民族支配を嫌(きら)う儒学者の言論・出版に対する弾圧です。単に，雍正帝は力で知識人たちの口を封(ふう)じるだけではなくて，自ら反清思想を批判して『**大義覚迷録**(たいぎかくめいろく)』という本を著(あらわ)しています。

また，**禁書令**も出され，反清的な書物は発禁となりました。さらに公文書も漢字は使用されず，**ウイグル文字・モンゴル文字**の系統である満洲文字の使用しか認められなかったようです。

それから，これも有名ですね，辮髪令。これは満洲人のヘアスタイルの強制でした。

その一方では柔軟策。

まず**大編纂事業**を積極的に行いました。目的は，**文化の保護者**となることによって，

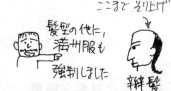

髪型の他に，満州服も強制しました

ここまでそり上げ

辮髪

漢人の知識人，言いかえると**士大夫**たちの不満を取り除こうとしたのでした。結果，『**康熙字典**』，『**古今図書集成**』，『**四庫全書**』などが完成しました（→ p.191）。また，

（→ p.191）

Q 官庁の主要職に満洲人と漢人を同数ずつ任用するという方策をなんと言うか？

——満漢併用制

要するに，**官吏を採用する際に，民族差別をしなかった**のでした。漢人の官吏採用にあたっては，明に引き続いて**科挙が実施**され，官僚としてリクルートされました。

とはいうものの，差別がまったくなかったわけではありません。たとえば**藩部**と直轄領の**満洲**の統治には，原則として**漢人はかかわれなかった**ようです。

📘 清の軍制

清朝の支配を支える軍事力としては，まず中核になる軍として**八旗**というのがありました。

八旗とは，文字どおり"八つの旗のもとに営まれる（＝8つの軍団から成る）軍隊"でした。これは**満洲人の軍事制度**で，**ヌルハチ**のときに確立されました。そして八旗の要員，すなわち「**旗人**」になると，**軍役**と引き替えに，各種の特権と**旗地と呼ばれた土地**が供与されたのです。

そして2代目の**ホンタイジ**のときに，モンゴル人の**蒙古八旗**，漢人による**漢軍八旗**も編成されました。

これに対して，八旗を補完する軍で，

Q 漢人によって編制され，内地の治安維持に活躍した軍をなんと言ったか？
——緑営^{りょくえい}

"緑色の旗の下に営まれる軍隊" という意味ですね。

② 清の社会・経済
📖 別冊プリント p.86 参照

さて，明から清の時代，**中国の経済は大発展**をしました。とくに農業・手工業の発展については，明のところでお話ししました。

そこでここでは，**税制**や**貿易政策**や**華僑の活動**について触れておきましょう。まずは税制について。

■ 中国の税制に関する基礎知識

では，銀の流通を前提とした新税制，すなわち**明代の一条鞭法**と**清代の地丁銀**について，説明したいと思います。

先行する中国の税制というと，まず**唐の時代**の租調役制（租庸調制）。そして同じ**唐の時代の780年**に始まった**両税法**というのを知っていますね。そして，この両税法が**16世紀後半に一条鞭法**に変化したわけです。

一条鞭法と清代に実施された地丁銀は，いずれも**画期的**な税制でした。

何が画期的なのかというと，「**税制の簡素化**」という点です。では，**どういう点が簡単になったか？** このことを理解するためには，中国税制上の基礎知識を，皆さんに知っておいてもらう必要性があります。

中国の税制というのは，**税をかける対象（課税対象）が2つ**あって，**1つは土地**です。土地の所有高に応じて課せられた税のことを

徴税（納税）の方法

① 徭役（労役）

② 生産物

米俵　家畜

③ 貨幣（銭納）

地税と言います。

一方，**人間の数**に対して課せられた税がありました。これを一般的には**人頭税**と言い，中国では，とくにこれを**丁税**と言います。要するに税金をかける対象が，**土地と人間の2本立て**なんです。

次は**徴税**の方法ね。これは大まかに言って3とおりなんです。1つは**労働奉仕をさせる**という方法。これを，中国ではとくに**徭役**と言います。2つ目が**生産物で支払わせる**方法。そして3つ目が**貨幣で支払わせる**(**銭納**)という方法でした。ところが一条鞭法においてそれが大きく変わりました。

■ 一条鞭法

それまでの税制では，さまざまな種類の徭役，**税目**があって，大変複雑でした。また複雑さのため，徭役を課すときに不公平が生じたり，役人が不正をはたらいたりという事態がありました。

そこでこの一条鞭法では様々な税目を**一括して銀納させる**ことにしたのです。

これで**事実上徭役が廃止**され，徴税方法は**銀納に一本化**されました。いいですか。こうして**徴税方法が簡素化**されたのでした。

ただし，税金，厳密に言えば"税銀"ですが(笑)，それをかける対象は，土地と人間。従来どおり2とおりあるわけですね。

税役人

んじゃ土地税を銀100g
んじゃ人頭税を銀50g

土地は100haもってます
私は5人家族です

一条鞭法による農民青木の負担

一条鞭法は，**16世紀の後半**に江南から実施され始めました。教科書によっては，明の**万暦帝**に仕えた**張居正**が全国的に実施したと記しているものもあります。

張居正

■ 地丁銀

では，一条鞭法に代わって，**18世紀**から施行された**地丁銀**というのはどういう税制でしょうか。

結論から言うと，**丁税**が地税に繰り込まれ，課税対象を事実上**土地に一本**

化した税制でした。そして，徴税方法は一
条鞭法と同様，銀納一本。まとめると次の
ようになります。

馬蹄銀
銀は馬の蹄（ひづめ）の形で流通した。

中国の税制

		従来の税制	一条鞭法（明）	地丁銀（清）
課税対象	人（丁税）	○	○	×
	土地（地税）	○	○	○
徴税方法	徭役	○	×	×
	生産物	○	×	×
	貨幣	○	○	○

　一条鞭法も地丁銀も，銀納という点では共通しているのですが，1つ注意
があります。それは，末端の庶民の多くが，銀を納めていたわけではないと
いうことです。彼らは，銀の量で示された税を銅の量
に換算し，実際には銅を納めていたのでした。

"地丁銀効果"

📖 人口の増加——地丁銀制の副産物

　さて，丁税（人頭税）が事実上なくなったことは，
人口増加の1つの原因ともなりました。だって，子供
が増えるたびに税金が増えていったら，貧乏な人たち
にはたまらないよね。それが廃止されたわけだから，
「母ちゃん，4人目いったろうか！」（笑）となるわけだ
よ。もしくは，税逃れのために隠れていた人々が表に出てきたことも，「人口
増加」の原因でしょう。

▶新大陸産の作物栽培

　これに**トウモロコシ**（玉蜀黍）・**サツマイモ**（甘藷），それに**ジャガイモ**（馬

鈴薯）など，**新大陸の作物**の栽培も加わって，**人口は増加**しました。明の後期に1億に達していた人口は，**18世紀の末**には3億人に達していたと言います。

> 《注》　人口の数字は，帝国書院『新詳世界史探究』に準拠した。また山川出版社『新世界史』には，18世紀の100年間で，1億数千万から3億に増えたとしている。

　ちなみに新大陸産の栽培植物は，**17世紀**から栽培が本格化しました。トウモロコシやジャガイモは寒冷地の**華北**で，**サツマイモ**は**江南**で栽培され，麦や米の不作を補いました。いずれも山間部や，痩せた土地でも栽培できるのが強みですね。また落花生・トマト・唐辛子・タバコなども栽培されるようになりました。
　続いて，清朝の貿易政策について。

▌清朝の貿易政策

　中国本土を支配した清は，**1684年**まで**海禁**政策をとりました。これは江南を拠点とし，「**南明**」と呼ばれた旧**明**の勢力や，台湾を根拠地にして「**反清復明**」の活動を行っている**鄭成功とその子孫たち**に打撃を与えるためでした。要するに，彼らが貿易によって経済力をつけることを阻止しようというものです。

　また同様の目的で，**1661年**には海禁の具体策として**遷界令**も出されました。これは**海岸地帯に居住する人々に，奥地へ強制移住**させるものです。すごい法律ですね。この結果，**台湾の鄭氏一族**による中国大陸との**交易が困難**を増したことは想像できます。

　こうしたなか，鄭氏の抵抗も1683年に鎮圧され，台湾は清朝の**直轄領**となりました。一方，清は**1684年**に**海禁を解いて貿易を奨励**するにいたりました。もちろんまったく自由というわけではなく，かつての**市舶司**のような任を負った役所は設置されていました。これを**海関**と言います。
　海関は，**上海・寧波・厦門・広州**に置かれました。中でも**寧波**は日本との貿易で繁栄しました。一方で，日本が清朝に開いていた港は長崎ですね。
　そんななか，**1757年**，乾隆帝のときに，**ヨーロッパ諸国**に対して開かれた港が**広州**だけに限定されました。これは**寧波**に海外貿易の利益が集中し

ないように，広州に利権を持つ官僚や商人が動いたためと言われます。

　その広州には**海外貿易を独占する組合**がありました。これを**公行**と言います。読み方はコホン。「**行**」とは宋以後の商人たちがつくった組合のことでしたね。それに対して，公行は清朝という公（おおやけ）の権力によって独占を認められた商人の団体です。

　それから，清代の中国は**ロシア帝国**と**李朝朝鮮国**と陸路を中心に貿易を行い，朝鮮からは薬用の**朝鮮人参**を輸入しました。

▉ 華僑（南洋華僑）の活動

　最後に**華僑**について触れておきましょう。

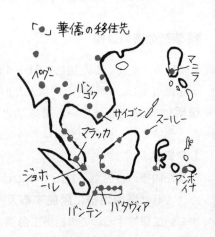

南洋華僑の"南洋"って東南アジアのことじゃないんです！

「●」華僑の移住先

マニラ
バゴー
バンコク
サイゴン
スールー
マラッカ
ジョホール
アンボイナ
バンテン　バタヴィア

　18世紀に中国の人口が急増したことが背景となり，**海外に移住する中国人**が増加しました。中国人の移民を華僑と言います。18世紀にはとくに中国南部の沿岸の**福建省**や**広東省からの移民**が多かったので，これを**南洋華僑**と言います。「南洋」とは浙江省以南の中国の沿岸・海域のことです。

▶東南アジアの華僑

　さて，渡航先の1つである**東南アジア**には**中国人町**も生まれました。そこを拠点に，貿易のみならず渡航先での経済活動で財をなす人々も出てきました。たとえば**タイ**やベトナムでは**新田開発**。**生産された米**は人口が急増した**中国に搬送**されました。また**ジャワの製糖業**や**マレー半島のスズ（錫）鉱山**などでは，これに従事する技術者や鉱山労働者として活動しました。

　しかし，こうした華僑の活動は現地の経済を左右するほどになり，それはしばしば**先住民との軋轢**を生じさせることになりました。

　以上で清朝のお話はオシマイです。

ルネサンス

近世ヨーロッパ世界の動向(1)

■「近代」とは何か？

近代ヨーロッパの始まりということで，まずは**ルネサンス**のお話をしましょう。でね，**そもそも近代って，何だ？**

11世紀までの中世西ヨーロッパ世界って，現在のわれわれの政治状況，経済状況，そして文化状況と，全然違っていましたよね!?（→ p.40）

しかし**11世紀の後半**あたりから，**中世世界が変質**し始めました！　政治的には**中央集権化**が進み，**交易**が活発化して**貨幣経済・商品経済が浸透**。要するにね！　俺たちがよく知っている世界に"**近づいて**"きたわけです。だから「**近世**」とか「**近代**」って言うわけだ！

ちなみに「**近世**」とは，**14・15世紀**ころから**18世紀の半ば**あたりまでですね。イタリアに**ルネサンス**が起こり，**ヨーロッパの海洋進出**が本格化したあたりから始まり，18世紀の半ばあたりまでを教科書では「近世」と記しているようです。

> 《注》　山川出版社の『新世界史』では，近世を「16〜18世紀」としており，ルネサンスは中世の章の最後に記している。

そしてイギリスに**産業革命**が始まり，大西洋を挟んだ**ヨーロッパとアメリカで革命**が起こったあたりから後を「**近代**」としている教科書がありました。

文化の面では，キリスト教の信仰を基盤とした**神中心の文化**ではなく，**人間を中心にすえた文化**が生まれてきました。その胎動はすでに**12世紀**から始まっていました。これが**12世紀ルネサンス**でしたね。

そしてこの動きは，**14世紀以降**，**イタリア**でより本格的に花開きました。これが**イタリア=ルネサンス**です。ではイタリアにルネサンスが起こった背景からお話ししましょう。

われわれが・知ってる
世界に近づいて
きました！

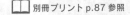
📕 イタリア=ルネサンス開花の要因

▶経済的要因

　イタリアにルネサンスが最初に開花した主因は，**経済的**なものです。結論から言うと，イタリアに**富の蓄積**があったからです。

　富は文化を発展させる十分条件ではありません。けれども，富がなければ文化を発展させる時間的余裕は生まれません。だから必要条件と考えていい。では，何を通じて富が蓄積されたのか？　それは，地中海を舞台に，**ムスリム商人**を相手に行われた**東方貿易**によってです。要するに**対アジア貿易**ですね。レヴァント貿易とも言いました。

　それに加えて，イタリアにおける**商工業の発展**ですね。これらを背景にした富があったればこそ，ダ=ヴィンチのような天才たちを芸術活動に専念させることができたわけです。

お金がないと始まらない…

▶文化的要因

　文化的要因も見ておきましょう。

　イタリアには**古典文化**の伝統がありました。言いかえると，神中心のキリスト教を知る前の**古代ローマ**の文化の伝統があったのです。

　また，**十字軍や遠隔地商業**を通じて**東方の文化**の刺激を受け入れやすい場所にあったことも重要ですね。東方の文化とは，**イスラーム文化**，あるいはビザンツ文化のことです。とくに両文化の基底には**人間中心的**なギリシア文化の存在がありました。これらが，神中心のキリスト教一辺倒であった中世の西ヨーロッパに，大きな刺激を与えていくことになるわけです。

　さらにはビザンツ（東ローマ）帝国が**オスマン帝国**などの攻撃によって衰退し，これを背景に**ギリシア文化**に精通した**古典学者**たちが**イタリアに流入**して来ました。これも"文化的刺激"の要因になりますね。

　こうしてイタリアでまず真っ先に，ルネサンスが本格的に展開されていったのです。

　復習がてら，**ギリシア文化**がイスラーム世界を経て西欧に伝播してゆく過程をまとめておきましょう。

ミシュレ
(1798〜1874)

19世紀フランスの歴史学者ミシュレは，16世紀のフランス文化を「**再生（ルネサンス）**」というフランス語で表現した。続いて登場したスイスの歴史学者ブルクハルトは『**イタリア=ルネサンスの文化**』という著作のなかで，ルネサンスの本質を，「**世界（自然）と人間の発見**」と喝破した。

ブルクハルト
(1818〜1897)

ギリシア文化の伝播

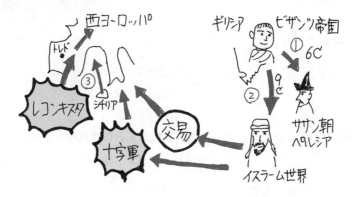

① 6世紀

　ビザンツ帝国の**ユスティニアヌス帝**が，アテネの**アカデミア（ギリシアの学問研究機関）を閉鎖**したことを契機に，**ギリシアの哲学者や医学者がササン朝に移住**してくる。

　なおそのころの西ヨーロッパは，**ゲルマン人の移動**などによって混乱状態。とても外来の文化を受け入れるような余裕はない。各地に修道院が建てられ，そこで**古典文化の維持・保存**は行われているが……。

② 9世紀

　9世紀以降，**バグダード**の「**知恵の館（バイト=アル=ヒクマ）**」と呼ばれる学術研究機関で，**ギリシア語文献のアラビア語への翻訳**活動がさかんに行われる。

　なお西ヨーロッパでは，あいかわらずギリシア文化を受け入れる余裕はない。アルプス以北では，やっと農業が緒についたという感じだし，**ノルマン人**も暴れ始めるし……。一方，ローマ教会が西ヨーロッパにおいてキリスト教（カトリック）による精神的統合を進める。

③ 11・12世紀〜

　イスラーム世界のギリシア文化が，ようやく西ヨーロッパに伝播し始める。このころの西ヨーロッパでは，ようやく**農業生産も軌道に乗り**，キリスト教以外の「異文化」を受容する余裕が出てきたのだ。伝播の契機は**十字軍の遠征**や，**レコンキスタの活発化**，それに**東方貿易**。

　イスラーム文化伝播の"前進基地"となったのは，**イベリア半島とシチリア**。これらの地域で，**12世紀前後**に，アラビア語文献（もしくはアラビア語に翻訳された**ギリシアの文献**）を，ラテン語に翻訳する活動が活発化する。スペインの**トレド**やシチリアの**パレルモ**は翻訳活動の中心地として名高い。

思い出した？

■ ヒューマニズム

　さて，ルネサンスの基本的な思想を**ヒューマニズム**と言います。
　現代では，ヒューマニズムは「人道主義」と訳されますね。では，

Q ルネサンスにおけるヒューマニズムはなんと訳されるか？

—— 人文主義

　もしくは人間中心主義という場合もあります。これは，**物事を考えるときの中心に「人間」を据える**という考え方ですね。もしくは**人間**がつくり出してきた**文化**，要するに「人文」ですが，こういうものをしっかり見ていこうというのです。でも，こういう考え方って，**われわれから見たらごく当たり前**のことですね。

　ところがこの発想は，14，15世紀ころまでの西ヨーロッパにとっては，非常に斬新なものでした。なぜならそれまでは「神」がすべての中心だったからです。

大混乱

ルマンス　アン　マジャール　ムスリム　ゲルマン

人間は無力だ！神様にすがって生きていこう

中国

中世は，大変な時代。人間が最も自信を喪失した時代だ。

▶ ヒューマニズムが生まれた背景

　じゃあなぜ，人間に目が向いたのか？　原因はいろいろ考えられますが，

僕は**商工業や東方貿易の発展**にともなう「**都市**」という生活空間の登場の影響が大きいと思うのです。

　都市は，農村に比べると**狭い空間に人間がひしめき合って住んでます**よね。多種多様な人間が混在し，また新たな人々の流入・流出も見られる空間です。ということで，**人間に対する興味**は大きくなっていきます。

　さらに，**商工業者**は帳簿を付けたりする関係から，**読み書き**ができる人もたくさんいました。その彼らは聖書のみならず，普通の人間がやらかしてしまう日常のおもしろいできごとや，男女の色恋みたいなものを読みたいと思うようになります。

　こうして，神の教えよりも**人間同士が織りなす愛憎**などが文学の対象になっていくのです。

▶ペストも「ヒューマニズム」を生んだ!?

　それから，14世紀半ばにヨーロッパを襲ったペスト。この感染症で多くの命が奪われましたね。このことは，当時の人々に，いやもおうもなく「**人間の生と死**」について考えさせました。

　そしてこれは「**死の舞踏**」と呼ばれる絵画を生み出しました。それまでの絵画と言えば，**神の栄光を描く**ことが中心でした。しかし，ペストによって押し寄せてくる“死”を前にして，人々は**人間の生と死**を直視し，それを描くようになったのです。ペストとルネサンスの関係性は，山川出版社の『新世界史』が強調していましたね。

▶万能人──理想的人間像

　さて**ルネサンス時代**の理想的人間像は，**万能人**でした。万能人とは，**ダ＝ヴィンチ**のようなあらゆる領域で完成された創造をなしうる人，なおかつ偉大な人間性を感じさせる人のことです。

てか，今の世界にはいないは，そんなヤツ！（笑）。心配しなくていいよ，今は違うから。**近代資本主義社会**の理想的人間像は，専門人です。すなわち1つのことがキッチリできる人間で十分なのです。

では，続いてイタリア＝ルネサンスの具体的展開を見てみましょう。

■ 内陸都市フィレンツェ

イタリアのルネサンスは，最初にフィレンツェを中心にして展開します。この町はイタリア中部の**トスカナ地方**にありました。ここを貫流している川がアルノ川。**金融業**，そして**毛織物業**で栄えていました。原料の羊毛はスペイン産やイギリス産だったようです。

ミラノ　ヴェネツィア共和国　ヴェネツィア　公国　ジェノヴァ　ピサ　教皇領　アドリア海　フィレンツェ　ローマ　ナポリ　サレルノ

■ フィレンツェ共和国　■ ヴェネツィア共和国

フィレンツェという町は内陸の町で，ヴェネツィアのような港町ではありません。これはまちがえないように。ここを支配していたのがメディチ家で，フィレンツェ＝ルネサンス最大の保護者です。とくに15世紀前半に出た**コジモ＝デ＝メディチ**は，フィレンツェに**プラトン＝アカデミー**という学芸サークルをつくって学者や芸術家たちを保護する一方，**古代のギリシア語文献をラテン語へ翻訳**する活動を行いました。

アカデミーに参集した人文主義者としては，翻訳活動に尽力した**フィチーノ**や，『**人間の尊厳について**』という論考で知られる**ピコ＝デラ＝ミランドラ**が有名です。

こんな顔だったんですネ　うむ　ピコ＝デラ＝ミランドラ

■ ダンテ──ルネサンスの先駆者

さてそのフィレンツェ＝ルネサンスに，最初に登場するルネサンスの文人は

ダンテ。14世紀初めに『神曲』を著しました。ここで受験対策を一言。

　ダンテのように，超有名な代表作がある場合は，**2番目の作品**も難関私大では出題の対象になります。そこで『**新生**』という作品も覚えておいてください。

　ダンテは『神曲』のなかに，生活言語である**トスカナ語**で，高貴な，そして洗練された文章を記しました。『神曲』は，ローマの文人ウェルギリウスなどに案内されながら，天国や地獄などをさまよう男（ダンテ自身）の話。イタリア各地の人々は，この物語をこぞって朗唱しました。

©青木

ロレンツォ＝デ＝メディチ像

©青木

メディチ家の紋章

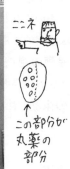

ここネ

この部分が
丸薬の
部分

いずれもフィレンツェ・**ウフィッツィ美術館**で撮影。
メディチ家は，もともと薬問屋といわれ，香辛料も扱っていた。盾の上の数個の丸は，丸薬（もしくは香辛料）である。要するに Medici 家って，Medicine（英語ならね）に由来する家なのだ。

ダンテ
（1265
〜1321）

©青木

フィレンツェ市
手前を流れるのは**アルノ川**。右手に聖マリア大聖堂。そのすぐ左の白っぽい塔は，初代建築責任者の画家ジョットにちなんで「ジョットの鐘楼」という。また写真左にも鐘楼が見えるが，これは**ヴェッキオ宮殿**（かつてのフィレンツェ共和国政庁舎）。

253

その結果，**トスカナ語**は**イタリアの共通語**の地位を獲得するようになりました。ダンテは当初は**教皇派（ゲルフ）**でした。しかし，後には皇帝によるイタリアの統一を支持する**皇帝派（ギベリン）**に立場を変えましたが，政治的統一は果たせませんでした。しかし，イタリアの**言語の統一**には大きく寄与したと言えますね。

◤ ルネサンス絵画の始まり

次は画家の**ジョット（ジオット）**です。彼はダンテの友人でもありました。教会の画家であった**チマブエ**に見出された彼は，キリスト教の題材を用いながらも，その画法は，空間の広がりや，**人間の肉感を感じさせる写実的な**ものです。そこから，ジョットは「**ルネサンス絵画の祖**」と言われます。

ジョット
(1266?~1337)

ジョットの作品としては，イエスの生誕を描いた「**東方三博士の来訪**」や，連作「**聖フランチェスコの生涯**」が知られています。

◤ 文人たち

「最初のルネサンス人」と言われるのが**ペトラルカ**です。代表作品は，恋愛を官能的にうたった『**叙情詩集（カンツォニエーレ）**』。彼は南フランスの**アヴィニョン教皇庁**に仕えていた時期があります。

次に登場するのが**ボッカチオ**。『**デカメロン**』を書いた人物です。この作品では，14世紀半ばの**ペスト流行**が時代背景として描かれています。またボッカチオは「ヨーロッパで最初の近代小説を書いた」と言われています。要するに，神の栄光などを讃えるのではなく，**人間の日常的な営み**を，小説で描いた最初の人というわけです（→ p.251のイラスト）。

以上4人は，すべて**14世紀**というルネサンス初期に活躍した人々です。確認しとくか。この4人に，15～16世紀に活躍したダ＝ヴィンチあたりを入れて，「14世紀の人物じゃない人を選べ」なんて問題もありますからね。

14 世紀に活躍したイタリアの文人・芸術家

ダンテ，ジョット，ペトラルカ，ボッカチオ

📖 15 世紀以降のフィレンツェ=ルネサンス

15 世紀の前半には，写実の基礎である遠近法（えんきんほう）が確立されました。教科書には載ってないけど，「楽園追放」という作品で知られるマサッチョなんかが，その具体例だろうね。それから 15 世紀の後半に登場し，ダ=ヴィンチなんかとも交遊があった画家がボッティチェリです。ボッティチェリは，"これこそルネサンスだ"という作品を残していますね。

Ⓠ ボッティチェリの代表作を 2 つあげよ。

――「ヴィーナスの誕生」，「春」

これらはフィレンツェのウフィッツィ美術館に所蔵されています。ここには 10 世紀ぐらいからの絵が集められているんだけれども，ボッティチェリの絵が掛（か）かっているところに行くと，部屋の雰囲気が変わってしまうんです。入った瞬間（しゅんかん）パッと明るくなる！　ホントですよ！

©植村

ヴィーナスの誕生　フィレンツェのウフィッツィ美術館蔵。「ウフィッツィ」とは「office」のことで，もともとはフィレンツェの行政庁舎であった。

ボッティチェリ
(1444?〜1510)

次，ドナテルロやギベルティは彫刻家で有名です。では，

Ⓠ フィレンツェを代表する聖堂，サンタ=マリア（聖マリア）大聖堂の設計者は？

――ブルネレスキです。

ここまで登ります

©青木

サンタ=マリア大聖堂の屋根

©青木

ブルネレスキ像

視線の先には自らが設計したサンタ=マリア大聖堂の屋根がある。

📕 ローマ——ルネサンスの第2の舞台

　15世紀も末になると，ルネサンス運動の中心は**ローマ**に移っていきました。そのローマでは，**教皇**が芸術活動をバックアップしました。ですから「教皇ルネサンス」という言葉もあります。保護者として有名なのは，**レオ10世**。この人は**メディチ家の出身**です。

　なぜフィレンツェからローマに移ったのか？　それはフィレンツェを含む北イタリアが，政情不安に陥ってしまったからです。

　理由の1つ目は**イタリア戦争**です。この戦争はイタリアを舞台にしたフランスの**ヴァロワ家**と，**ハプスブルク家**の覇権争いでしたが，この結果，北イタリアが荒廃してしまいました。

　2つ目は，フィレンツェ内部の政治不安。15世紀末，メディチ家が追放されるなどの政治混乱が起こります。それを引き起こしたドミニコ派修道士はサヴォナローラ。

　こうしてフィレンツェにおけるルネサンス運動はパトロン（後援者）を失ってしまうのです。

　ローマで活躍した人物としては，まずブラマンテです。**サン=ピエトロ大聖堂**の修築で有名です。

　サン=ピエトロはドームのてっぺんまで上れます。上まで延々とらせん階段です。そこからローマの町が一望の下に見渡せる。

　……サン=ピエトロは本当に感動するよ。

　中に入ったらすぐ右に，**ミケランジェロ**の「ピエタ像」があります。ピエ

タ像とは十字架に掛けられて亡くなったキリストを，マリア様が泣きながら抱いている像ですよ。それがドンとある。奥のほうを見ると，今度は聖ペテロの墓があるんです。その荘厳な雰囲気のなかで，ぼくは仏教徒であるにもかかわらず，こう思ってしまいました。"神はここに存在するんじゃないか"と。……これも行ったらわかるよ。

©青木

サン゠ピエトロ大聖堂の内部。正面にペテロの墓が見える。

©青木

ピエタ像（ミケランジェロ作）

聖母マリアが，十字架から降ろされたイエスを抱きかかえ悲しんでいる姿。「ピエタ」とは「哀しみ，慈悲」を意味する。

🔖 ルネサンスの3大天才

　ルネサンスの3大天才とは，**レオナルド゠ダ゠ヴィンチ**，**ミケランジェロ**，**ラファエロ**のことです。ラファエロはかなり若くなります。

　3人の代表作品を見ていきましょう。ダ゠ヴィンチの作品としては，「受胎告知」，「**モナ゠リザ**」，「**最後の晩餐**」あたりかな。

　ミケランジェロは，まずは石像の「**ダヴィデ**」。それにすでに紹介した「ピエタ」。絵画の代表作品と言えば，『旧約』を題材にした「**天地創造**」と，「**最後の審判**」ですね。前者は天井画，後者は壁に描かれた祭壇画です。

Q 「天地創造」と「最後の審判」が描かれている建物は？

　　　　　　　　　　　　　　　　——**システィナ礼拝堂**

257

ダヴィデの視線の先には
巨人ゴリアテがいます

©青木

©青木

©青木

サン=ピエトロ大聖堂

右の建物は教皇庁。最上階の右から2番目がローマ教皇のお部屋。なお正面に写っている女性は青木の連れ合い。

ダヴィデ像

ダヴィデはヘブライ人の英雄で、巨人ゴリアテを石投げ器を使って倒した(像では左手に持っている)。戦乱のフィレンツェにもダヴィデのような英雄が現れて欲しいという願いが込められた彫刻である。フィレンツェのアカデミア美術館蔵。

サン=ピエトロ大聖堂に併設された礼拝堂ですね。

「最後の晩餐」と「最後の審判」は混同しやすいね。

「**最後の晩餐**」はダ=ヴィンチの作品で、**ミラノ**にある修道院の食堂の壁画です。この絵ではキリストが中心になって、12人の弟子たちと、文字どおりラスト・ディナーを食べるんです。そのときキリストは爆弾発言をするわけです。「汝らのなかに私を裏切る者が出てくるであろう」。これはユダのことを指しているんです。そしてみんなが「えっ!?」と言っている緊張感に満ちたシーンを、**遠近法**を使って描いたものです。

ミケ(笑)の「**最後の審判**」に描かれたのは、イエスが死んだ人間に向かって、「おまえは天国、おまえは地獄」と言っている場面です。

ラファエロは、「聖母子像」と古代の哲学者や科学者を一堂に描いた「**アテネの学堂**」がとくに有名ですね(→次ページ写真)。

(→次ページ写真)

参考

『ミケルアンジェロ』(岩波新書):これは、歴史学者羽仁五郎の戦前の作品である。羽仁は治安維持法違反で1933年に検挙。そして釈放後この作品を著した。彼は「ダヴィデ像」がフィレンツェ市民の自由と平和への渇望の象徴だったと論じる。作品の冒頭にいわく「ミケルアンジェロは、いま、生きている。うたがうひとは、"ダヴィデ"を見よ」

©青木

©青木

「**アテネの学堂**」(ラファエロ作, ヴァチカン宮殿蔵)　左の絵の, プラトン(左)とアリストテレス(右)のアップ。

左の写真の真ん中左は, ダ=ヴィンチをモデルとしたプラトン, その右はアリストテレス。前方左の肘をついて何かを書いているのは自然哲学者のヘラクレイトスで, モデルはミケランジェロだと言われている。

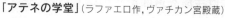

② イタリア=ルネサンスの終焉

📖 別冊プリント p.89 参照

◤ イタリア経済の衰退

16 世紀半ばになると, イタリア=ルネサンスも**衰退**(すいたい)が**露**(あら)わとなりました。

衰退の**経済的な原因**は明らかです。それは, **地理上の発見(大航海時代)**に連動して起こった**商業革命**という事態でした。この商業革命によって, ヨーロッパにおける**海外貿易の中心が**, **イタリア**と**地中海世界**から**大西洋沿岸に移動**してしまったのです。これによって, イタリアに経済的余裕がなくなり, 文化活動をサポートすることが難しくなったのですね。

◤ イタリア戦争

ついで, イタリア=ルネサンス衰退の**政治的要因**としては, **イタリア戦争**による**荒廃**(こうはい)が考えられます。

イタリア戦争は **1494 年**に始まりました。イタリアに侵入したフランス国王は**シャルル 8 世**で, これに対する**ハプスブルク家**の神聖ローマ皇帝が

マキシミリアン1世です。

　戦いが激しさを増したのは**1521年**から。この時の**神聖ローマ皇帝**はカール5世で，これに対するライバルが**フランス国王のフランソワ1世**です。こういった連中が，あいついでイタリアを舞台に戦争をやってしまうので，北イタリア全体が荒廃してしまいました。

▇ マキァヴェリの登場

　しかし，このイタリアの荒廃は思わぬ"副産物"を生み出しました。それは**マキァヴェリの『君主論』**でした。『君主論』の発刊は1532年だから，彼が死んだ(1527年)後のことですね。

　「君主たるものは，**目的のためには手段を選ばず**ともよい」。ここだけが変に強調されているようですが，彼は元来**共和主義者**で，君主独裁を無条件に「讃美」しているのではありません。

　外国軍によってじゅうりんされているイタリアを救うには，まず**統一**，そして外国軍の撃退，そこで初めて**平和**が確立する。そのためには，**有能なる君主の独裁が必要**である。ちょうど共和政の古代ローマにも「独裁官」がいたように……。これが『君主論』のテーマです。

©青木

マキァヴェリ
(1469〜1527)

彼は、誤解されています！

たしかにネ！

(左)マキァヴェリの墓があるサンタ＝クローチェ聖堂。ここにはミケランジェロの墓もある。**(右)**マキァヴェリの墓。

▶近代政治学の誕生

　そして彼は**政治と宗教・道徳の分離**を主張しました。どういうことか？

　彼は，「政治」は**神の思し召し**の結果ではなく，**人間の行為**の結果なのだ，と説きます。たとえば**イタリア戦争**。これは**神が起こしたものではなく，人間がやらかしたものだ**，と言うのです。だったら，対処のしようがある！解決法をさぐろうぜ！　──こうして，人間がやらかしてしまう政治的行為を**分析する近代政治学**が成立したのです。

　彼のほかの代表作品としては，あと『**ローマ史**』，『**フィレンツェ史**』の2つがあります。これも必ず付記しておいてください。難関校が好きな"2番目に有名"シリーズです。

　では，イタリア＝ルネサンス衰退の経済的・政治的要因に続いて，最後は文化的要因ですね。

📖 対抗宗教改革（反宗教改革）の影響

　それまでルネサンス運動に寛容であった**ローマ＝カトリック教会**が，16世紀半ばから取り締まる側にまわっていくのでした。とくに，**トリエント公会議**以降，**対抗宗教改革（反宗教改革）**が本格化し，文化弾圧が行われます。

　ルターや**カルヴァン**に対抗するためには，カトリック側の結束が必要でした。そのために，カトリック教会は，カトリック的ではないもの，はては**キリスト教的ではないもの**に対しての寛容さを失っていくのでした。

　たとえば，ボッティチェリの「**ヴィーナスの誕生**」。この絵に描かれているヴィーナスは**ローマの美の女神**だし，もとはと言えば**ギリシアの美神アフロディーテ**だもんね。で，「一神教であるはずのキリスト教徒が，**異教の神**を崇めるなんてとんでもない！」ということになったのです。

▶ルネサンスと宗教改革の比較

　それからルネサンスについてもう一言。それは，ルネサンスと宗教改革の社会的影響の比較についてです。結論を言うと，社会的影響の大きさという点では，**ルネサンス運動には限界**があり，その影響は**宗教改革のほうがスゴイ**ということです。これに関しては教科書に指摘がありました。その概要をまとめると次のようになります。

ルネサンスの限界と宗教改革との比較

> 　**ルネサンス運動**は，**大商人・貴族・教皇**などの保護のもとに展開した
> ため，社会体制を正面から批判するものとはならなかった。また，農民・
> 大衆とも無縁な文化運動だったため，社会を根底から揺り動かすような
> 運動には発展しにくかった……。
>
> 　これに対して**宗教改革**は，農民や，経済力を蓄えつつある商工業者（市
> 民）の心をつかみ，日常生活を支える信仰に関わるような運動となったた
> め，社会に大きな影響を与えることになった。

ざっとこんなところでしょう。次は諸国のルネサンスです。

③ 諸国のルネサンス

📖 別冊プリント p.89 参照

　イタリアのみならず，ヨーロッパ各地でルネサンス運動は起こりました。
ただし，その表現形態は多様で，その地域独自の**国民文化**と言うべきものが
形成されることになりました。

■ ネーデルラント

　じゃあ，まずネーデルラントから。ネーデルラントのルネサンスは，イタ
リアについで，**15 世紀前半**という早い時期におこりました。ということは，
その段階で新文化の発展を可能にする**経済的な繁栄**があったということです
ね。

　実際のところネーデルラントは，**北海・バルト海の交易**や漁業，それに
フランドルの毛織物産業などで栄え，都市も発達していたのでした。

▶ ファン=アイク兄弟と油絵

　そのネーデルラントで活躍したのが**ファン
=アイク兄弟**。とくに弟のヤンは**油絵の技法**
を発展させました。それまでの絵画といえば，
フレスコ画とテンペラ画が主流でした。

　フレスコ画は，壁などに石灰質の漆喰（和
風の家の壁の素材）を塗り，それが"生乾き"（言いかえるとフレッシュ［フレ

ヤン=
ファン=アイク
（弟）
（1380?～1441）

262

スコ])のうちに描いていく画法です。**ミケランジェロ**の「**最後の審判**」は
もっとも有名なフレスコ画でしょう。

またテンペラ画は，色の顔料を卵の黄身などで溶（と）いて描いていく方法です。
ボッティチェリの「**ヴィーナスの誕生**」や「**春**」がそうですね。フレスコ画と
テンペラ画は，明るく発色して色落ちも少ないそうです。しかし，漆喰（しっくい）など
がフレッシュなうちにすばやく描かねばなりませんでした。

それに対して**油絵**は，文字どおり**油絵の具**を使う画法。特色は，絵の具の
乾きがものすごく遅いので，**何度でも加筆**ができることだそうです。そのた
め，**奥深い陰影（いんえい）・濃淡（のうたん）**を出すことができ，**精緻な写実（せいち）**に向いているようです。

▶フランドル派

というわけで，**ファン＝アイク兄弟**を祖（そ）として，精緻な写実と巧みな陰影
表現を特色とする**フランドル派**という一派が誕生しました。

このフランドル派を継承（けいしょう）したのが，16世紀に出た**ブリューゲル**。彼は「**農
民画家**」と言われます。彼が描いたのは農民などの民衆の日常でした。

▶エラスムス

エラスムスは**聖職者や王侯（おうこう）の腐敗（ふはい）を批判**した人物で，「**最大のヒューマニ
スト**」とか「**ロッテルダムの哲人**」と言われます。

Ⓠ　エラスムスの主著は何か？ ──『**愚神礼賛（ぐしんらいさん）**』

も少しエラスムス先生に語ってもらいましょう。では先生，どうぞ。

> 私ね，誤解されているのよ，「宗教改革の先駆者」ってね。確
> かに，カトリックの聖職者を批判したりしたんで，ルターや
> ツヴィングリに影響は与えたよ。でも，私自身は，旧教と新
> 教みたいな**キリスト教会の分裂は望んでいなかった**んだよ。

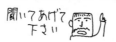

聞いてあげて下さい

エラスムス
（1469?～1536）

🔖ドイツ

ドイツでは，芸術よりも**キリスト教研究**に重心が置かれ，**ロイヒリン**など
が活躍しました。彼はギリシア語，そして**ヘブライ語の研究**を行い，『**旧約**

聖書』の研究を進め，**ヘブライ学**の基礎を築きました。あとルターの友人でよき協力者だった**メランヒトン**の名前を覚えておこう。そして，

Ⓠ 多くの「自画像」や，「四使徒」を描いたドイツの画家はだれか？

——デューラー

ブリューゲル「農民の結婚式」
（ウィーン，美術史美術館）

デューラー「四使徒」
（ミュンヘン，アルテピナコテーク
美術館）

また「エラスムスの肖像画（しょうぞうが）」など，数々（かずかず）の肖像画で有名な画家が，**ホルバイン**です。

> ホルベイン画材という会社は，日本の会社です

📖 フランス：王室ルネサンス

イタリアなどでは，おもに市民（商人）が文化の保護者になったのに対して，**フランス，イギリス，スペインは王侯が文化の保護者**でした。
その典型（てんけい）がフランス国王**フランソワ1世**ですね。このようなルネサンスを「**王室ルネサンス**」，「宮廷ルネサンス」と言います。

▶フランスの文人たち

フランス＝ルネサンスの代表者はラブレー。代表作品は『**ガルガンチュアとパンタグリュエルの物語**』で，当時の社会や文化に対して風刺（ふうし）を試みた作品……てなことが解説書に書いてあるけど，そんな高尚（こうしょう）な作品じゃあないね，これは。一言で言うと，親子2代の荒唐無稽（こうとうむけい）で，なおかつ思いっきり

下品な行状を描いた作品です。

ラブレー
(1483?～1553)

　まあ，下ネタのオンパレード！（笑）。ラブレーに言わせると，「とにかく笑ってくれ！　笑うことは人間の本質だ！」ということのようです。ちなみに中世の時代は，笑うことは下品なこととしてさげすまれていました。ちなみにラブレーは，南仏モンペリエ大学出身の医師でもありましたね。

　次はモンテーニュ。『随想録（エセー）』という作品を残しています。モンテーニュはボルドーの市長でもありました。

▶あの名作はフランスに!?

　イタリアで活躍したダ=ヴィンチは，晩年にはフランソワ1世によってフランスに招かれます。そのときに彼はたくさんのスケッチ，あるいは未完成品を持ってフランスに行きました。

　そのなかに，ある貴婦人から制作を依頼されたと言われるものがあって，ダ=ヴィンチは，作品を依頼主に渡さず，フランスに持っていってしまいました。

　彼はそこで死んじゃったんで，その作品を見ようと思ったらフランスに行きましょう。この作品こそ「モナ=リザ」。ルーヴル美術館にあります。防弾ガラスに守られてね。

📙 イギリスのルネサンス

　イギリスは16世紀，テューダー朝，エリザベス1世の時代がルネサンスの最盛期ですが，これより200年前に登場した人物がいます。それがチョーサー。14世紀に登場した人物です。

Ｑ チョーサーが描いたイギリス庶民の物語は？
　　　　　　　　　　　　　　──『カンタベリ物語』

　チョーサーはいろんな階層の人々を登場させて，ときに辛辣に，ときにユーモラスにチョーサー自身の境遇ま

（岩波文庫）

でを語らせています。**ボッカチオ**の『**デカメロン**』の影響は大きいね。

そしてテューダー朝の時代。まず登場するのは，16世紀前半のイギリス国王**ヘンリ8世**に仕(つか)えた**トマス=モア**ですね。後に彼は国王の**離婚**に反対したため，処刑されてしまいます。

それからエラスムスとは友人関係だったそうです。くわしいハナシは，**モンタネッリ**の『**ルネサンスの歴史**』を読んでください。これは傑作(けっさく)です。中公文庫に入っています。

トマス=モアは，当時イギリスで進行していた**第1次囲(かこ)い込(こ)み**という事態を，著書『**ユートピア**』で批判しています。

そして**シェークスピア**。ヨーロッパ史上最大の劇作家で，『**ヴェニスの商人**』みたいなコメディもつくりますけども，やはり彼の代表作品といったら悲劇。そして史劇。

Ⓠ 『**リア王**』，『**マクベス**』，『**ハムレット**』，☐
　　を四大悲劇と言う。

これは『**オセロ**』が答え。ぼくは『**マクベス**』と『**オセロ**』が作品としてはもっとも完成されていると思う。とくに『**オセロ**』で，あの悪人イヤゴーがオセロー将軍を不幸に引きずり込んでゆく迫力といったら，スゴイです。

史劇では『**ヘンリ4世**』，『**ヘンリ5世**』に尽きる。教科書では『**ヘンリ5世**』のほうだけを挙(あ)げてるけどね。この『**ヘンリ4世**』，『**ヘンリ5世**』を読まずして，英文学を語るなかれですよ。これらのなかには，フォルスタッフという大酒飲みで大ホラ吹きの巨大な人格が登場します。シェークスピアが生み出したキャラのなかでも，『**ヴェニスの商人**』のシャイロックと並んで有名でしょうね。でも人気ナンバー1は，フォルスタッフかなあ？

訳者の藤沢道郎さんは，イタリア現代史・文学史の先生。『ファシズムの誕生』などの著書がある。先生の訳は本当にすばらしく，第1巻で紹介した『ローマの歴史』も藤沢先生の訳だ。ルネサンスの歴史は「超一流の巨人たちの列伝」とのこと。

（中公文庫）

■ スペイン

　最後はスペインですね。小説『**ドン゠キホーテ**』で，没落するスペインを風刺した人物を創造した作家が，**セルバンテス**。『ドン゠キホーテ』も巨大な作品だ。

④ ルネサンス期の科学・技術

別冊プリント p.90 参照

　最後に，科学の発達について見てみましょう。

■ 科学の発達——火薬・火砲

　いわゆる**三大発明**と**天文学の発達**についてです。ヨーロッパ人は"発明"と言ってますが，**いずれも中国で発明**されたものです。

　まず**火薬**。もしくは**火砲**を挙げる教科書もあります。火薬は，中国では元の時代に実戦に使用されていました。元寇を描いた「蒙古襲来絵詞」にも出てきます。

　火薬や火砲の登場は，ヨーロッパの**戦術を一変**させました。大砲や小銃の使用は**攻城を容易**にし，また**一騎討ち戦法の騎士の価値を低下させました。このため諸侯や騎士の没落を早めた**と言います。この因果関係は短文論述でよく問われるなあ。

■ 活版印刷術とその影響

　次に**活版印刷術**。ヨーロッパでこれを発明——これは，改良と言ったほうが適切かな，まあいずれにしてもこの技術をヨーロッパで確立したのは，ドイツの**グーテンベルク**です。15 世紀半ばのことですね。彼は**鉛製の活字**を使用しました。

　活版印刷術は**宗教改革**の際に，**製紙法の普及**などとあいまって，**ルターのドイツ語訳聖書**などの**大量印刷を可能**にし，**宗教改革をはじめとする新しい思想・運動の展開に寄与**したのです。それまでの本と言えば，人間が筆写した**写本**しかありませんからね。

　それから，活版印刷術そのものについても説明しときましょう。知らないだろ⁉　まあ，とにかく　　の説明を聞いてください。

グーテンベルク
(1400?～1468)

①活字

文字をさかさまに刻みこんだもの、これを活字と言います。

②活字を組む

③表面にインクをぬって紙をおしつけたら、デキアガリ。

ちなみに、②のところで、行と行のあいだには、行間をつくるための棒が入ります。これを**インテル**(intel)と言います。ここから派生したのが、「**知性**」を意味する“intelligence”という言葉です。要するに知性とは、書いてあることをそのまま鵜呑みにせず、文章を深く読み込んで、「**行間を読み抜く力**」のことを言うのです。

Q 火薬、活版印刷術と並ぶ三大発明の1つは何？　　　——**羅針盤**

これについては、すでに説明しましたね（→ p.194）。

羅針盤は、火薬・火砲とともに、ヨーロッパの**大航海時代の幕を開き、地理上の発見を促進する**ものとなりました。

📗 地動説

もう1つ、遠洋航海に必要なのが**天文学**に関する知識ですね。この時代、世界観に大きな変化をもたらす説が登場します。それが**地動説**です。

ヘレニズム時代には**アリスタルコス**が、**太陽中心説**を唱えました。しかし2世紀にギリシア人の天文学者**プトレマイオス**が**天動説**を唱え、ヨーロッパではそれ以来ずーっと天動説でした。神がつくった大地（≒地球）は動かないとする天動説のほうが、キリスト教の宇宙観と合致しますからね。

それに対して、「地球のほうが動いてるぜ」と考えたのがコペルニクスでした。彼は**ポーランド人**です。

Q 当時のポーランドは何王朝だったか？

——ヤゲウォ（ヤゲロー）朝

『**天球の回転について**』がコペルニクスの主著ですね。その説を受け継いだのがイタリア人のジョルダーノ＝ブルーノ。地動説を唱えたために宗教裁判にかけられ、**火刑**に処せられます。彼は著作よりも「火刑」に処せられたことが問題文に出てきます。

危なかったのがガリレオ＝ガリレイです。**ピサ**に生まれたイタリア人で、教会の**異端審問**に屈服して火刑は免れましたが、「**それでも地球は動く**」と言ったと言われています。

Q ガリレオ＝ガリレイの主たる著書を1冊あげよ。　　——『**天文対話**』

この書名はやや細かい事項かなあ。それから地動説の議論ですが、カトリック教会がこれを認めるのは、なんと1970年代なのです。それまでに、どんなに天文学が発展しようが、お月さまにアポロ11号が到達しようが、教会は「いーや、地球は動いとらん」と言ってたわけですね（笑）。

クラクフ大学内のコペルニクス像
クラクフはリトアニア＝ポーランド王国の首都。コペルニクスは**ギリシアの天文学**を学び、**アリスタルコスの太陽中心説**に影響を受ける。主著『**天球の回転について**』の発刊は、彼の死の直前であった。

コペルニクス
(1473～1543)

ガリレオ=ガリレイ(右)：北イタリアのピサの生まれ。自ら望遠鏡(倍率30倍)を製作し，月面の凹凸，木星の衛星などを発見した。晩年には視力を失ったという。なお彼が亡くなった1642年にはニュートンが生まれている。

ブルーノ
(1548〜1600)

ガリレオ=ガリレイ
(1564〜1642)

それから**惑星運行の法則**を発見した，ドイツ人のケプラーも覚えておきましょう。

以上でルネサンスはオシマイ。次回は，宗教改革です。

ブルーノの最期

　1600年2月8日，遂に判決が下り，**ブルーノ**は"悔悟の情なき頑強な異端"として死刑を宣告された。かれはこの判決をひざまずいて聞いたが，判決文朗読が終わると立ち上がって審問官席を指さし，「この罰を受けた私の恐怖よりこの罰を課したあなたがたの恐怖の方が大きいのではないか」と叫んだ。
　(中略)火を放つ直前，修道士がかれの目の前に1つの十字架を差し出したが，ブルーノは侮蔑の態度で目をそむけた。一瞬後，炎はゆっくりとかれを包み始めた。
（『ルネサンスの歴史』中央公論社／モンタネッリ著・藤沢道郎訳）

第38回

宗教改革

近世ヨーロッパ世界の動向(2)

📕 宗教改革の前史

　宗教改革といえば，16世紀前半に活躍した**ドイツのルター**。しかし，彼は突然現れて「改革やろうぜ」と言ったわけではありません。

　まず14世紀の後半に，イギリスに**ウィクリフ**が現れて「**福音主義(聖書中心主義)**」を唱えて，カトリック教会やその頂点にいるローマ教皇の権威を動揺させました。ウィクリフの教説は，プラハ大学の総長だったベーメン(現チェコ)の**フス**に受け継がれました。またネーデルラントの人文主義者の**エラスムス**も『**愚神礼讃**』で教会などの権威を批判しました。

　しかし宗教改革が大きなムーヴメントとして発展したのは，ルターが生まれ育った**ドイツ**でした。なぜドイツなのか？　では，予習もかねて改革開始前後のドイツから見ていきましょう。

---

① **16世紀前半のヨーロッパ**　　📖 別冊プリント p.92 参照

📕 ドイツの宗教改革

　まず，改革の発祥地ドイツは**政治的には分裂状態**でした。

　ドイツには**領邦**と呼ばれる小国家がたくさんあり，それを支配する**ドイツ諸侯**がおりました。とくに北部の**ザクセン公**や西部の**ファルツ公**などは，**選帝侯**でもあり，大きな力を持っていました。

　一方で**ドイツ南部**や**オーストリア**を中心に広大な領地を誇る家がある。この家こそ，**15世紀**半ば以来，**神聖ローマ皇帝**の地位を世襲しているハ

図：ドイツの宗教改革をめぐる国際情勢

プスブルク家ですね。その力はだんだん強大化し，これはドイツ諸侯にとっては大きな脅威（きょうい）でした。

◤ 皇帝カール5世 vs ドイツ諸侯

　そのハプスブルク家出身の神聖ローマ皇帝，どんな人が登場したか？　まず1519年まではマキシミリアン1世。そして1519年から56年まではカール5世が君臨（くんりん）。彼はスペイン国王も兼ねていて，スペイン国王としてはカルロス1世です。

　ですからこの人は，一方ではドイツ地方に領土を持ち，一方ではスペイン全土を押さえているわけですね。そのカール5世が，いずれは「ドイツ全土

を統一しよう」と考えた。

その彼にとって一番の敵は，**統一に反対するドイツ諸侯**です。統一を志向する皇帝と，統一に反対するドイツ諸侯との対立は，中世以来ドイツ史の"宿命"ですね。

■ ハプスブルク家（ドイツ）vs ヴァロワ朝フランス

一方，強大化するハプスブルク家，そして神聖ローマ皇帝を脅威と感じる勢力は，国外にもいました。それは**ヴァロワ朝のフランス**です。フランス国王の**シャルル8世**は，1494年からイタリアに進入し，神聖ローマ皇帝**マキシミリアン1世**などと衝突しました。こうして，**イタリア戦争**が始まりました。

そしてこの戦争は，1521年からは，**フランス国王フランソワ1世**と，**神聖ローマ皇帝カール5世**の激突となりました。ちなみに，当時のフランスはハプスブルク家に完全に包囲されていますね。

■ 教皇 vs ドイツ

さて，ドイツを狙っている勢力はカール5世以外にもおりました。それは**ローマ教皇**でした。1517年にルターの宗教改革が始まりますが，当時のローマ教皇は**レオ10世**。この人は**メディチ家**出身です。

お父さんは，ルネサンスのパトロン（保護者）として有名な**ロレンツォ**です。レオ10世はお父さんゆずりの芸術愛好家でした。というより浪費家ですね，この人。就任後2年で，教皇庁の財政は破綻しました。**サン=ピエトロ大聖堂の修築費**も大変だし。そこでレオ10世は，金儲けの手段として，あるものを売ろうとしました。

Ｑ 犯した罪のゆるしが得られた証として，カトリック教会が販売した証明書は？
——**免罪符**

贖宥状でもいいですが，免罪符のほうが漢字が易しいので，こっちで覚えておいていいでしょう。

■ バラバラのドイツ

さて，問題はその免罪符をどこで売るか？ **英仏は王権が強いから**，とても入り込める余地_{よち}はない。では**バラバラのドイツ**で売ってやろう。ここだったら反発も弱いだろうと思ったんですね。

当時はやっていた言葉が，「**ドイツはローマの牝牛_{めうし}**」。これは，ドイツが**ローマ教会**からいいように搾取されていたことを，ドイツの農民たちが自虐的_{じぎゃくてき}に表現した言葉です。要するに，当時のドイツは，牝牛_め(雌牛_め)のように，文句も言わずに乳を搾_{しぼ}り取られる一方だった，ということですね。

このドイツでの免罪符販売に協力したのが，**ドイツの豪商_{ごうしょう}フッガー家**です。「協力」の中身は，販売活動と収益金のローマへの送金です。

フッガー家は南ドイツのアウクスブルクを拠点_{きょてん}とする豪商で，15世紀に台頭_{たいとう}しました。鉱山の経営などを通じて儲_{もう}け，また地方領主や皇帝にもお金を用立てて関係を深めました。

とくに**カルロス1世**が神聖ローマ帝国の**皇帝選挙_{しきんえんじょ}**に出た際には，彼に資金援助をして，当選に貢献_{こうけん}しています。"フッガーなくして，カール5世なし"というところですね。

©植村

ヤーコプ＝フッガー像
(アウクスブルク)

ヤーコプ(1459〜1525)はフッガー家の当主。南ティロルの銀鉱採掘権などを得て，フッガー家の全盛期をつくった。

▶ドイツの各階層の反発

さてハナシを免罪符に戻しましょう。免罪符によってドイツでカネ儲けをしようとする教皇に対して，ドイツ諸侯は反発しました。また教皇庁や大商人の搾取_{さくしゅ}には，一般の**ドイツの市民**(≒都市の商工業者)たちも反発していました。教皇庁や大商人の活動によって，彼らも利益を奪_{うば}われることが多かったからです。

このような状況のなかで，**ルターが登場**しました。

② ルター登場

📖 別冊プリント p.93 参照

じゃあ，その**ルター**。彼は**ザクセン地方のヴィッテンベルク大学**の教授

でした。まあ，どういう人間かひとことで言えば，まじめな人です。

そのルターにとって，どう考えても**免罪符**はおかしかった。だってこれさえ買えば天国に行けるというんでしょう？

ルターの信仰義認説

彼は，「魂（たましい）の救済は，善行（ぜんこう）によってではなく，福音（ふくいん）（≒神の教え）に対する信仰による」と考えました。これを**信仰義認説（しんこうぎにんせつ）**と言います。

ルターが言うには，神様って，人間を天国にやろうか地獄（じごく）に落とすかの判断を何によって決めるかというと，それは**善行ではない**と言うんですね。善行——たとえば教会に献金（けんきん）したとか，そういう外面的な人間の行動なんかには神様は騙（だま）されないというのです。だって邪悪（じゃあく）な気持ちで献金することだってありますからね，「献金すれば，俺（おれ）の人気も上がるだろう」てな感じでね。

で，ルターは，神様は常に**人間の内面**を見ていらっしゃるのだ，と言うのです。"いかに真摯（しんし）な気持ちで神を信仰しようとしているのか，そこを神はご覧（らん）になっているのだ。免罪符を買ったことなんかで，神様の気持ちが動かされるものか！"

神は，その人間の「信仰」のありようをご覧になって，その人間を「義（≒正しい）」と「認」じられ，天国に導（みちび）いてくださる！……これが**信仰義認説**です。

ルター，行動開始！

彼は1517年に**九十五カ条の論題（ろんだい）**を発表して，免罪符のおかしさを批判

マルティン=ルター
(1483～1546)

■ 神聖ローマ
帝国の領域

しました。当然，これには教皇庁が反発しました。

1519年には**ライプチヒ神学論争**が展開されました。ゲヴァントハウスという有名な管弦楽団もありますけど，そのライプチヒで，ローマ側が派遣したエックという人物とルターとのあいだに論争が展開されたのです。

この論争の過程で，ルターは免罪符のみならず，**ローマ教皇庁，あるいは教皇そのものを批判**していることが明らかとなりました。論争の経過を見ると，エックの巧みな誘導尋問にルターが乗せられて，「教皇や公会議も誤りを犯す場合がある」と言わされてしまったようです。

◤ ルター，ドイツ人の英雄に！

教皇を公然と批判したルターは，ドイツの英雄になりました。教皇庁に反発している**ドイツ諸侯・市民**，あるいは教会という領主に搾取されている**農民**にとっては，「ルターよ，よくぞ言ってくれた」という感じだったのです。

1520年，ルターは自分の所説を『**キリスト者の自由**』というパンフレットにまとめます。教皇庁は，ルターに対して"破門するぞ"という警告をくだしました。しかし，ドイツ人の支持を感じていたルターは，この警告書を焼き捨て，自分の決意の固さを明らかにしたのです。そして翌年の1521年，ついにルターは**破門**されました。

◤ 皇帝カール5世の登場

ここで**神聖ローマ皇帝カール5世**の登場です。彼は「ルター問題」を速やかに解決して，自分の存在感を示そうとしたようです。

また，これは僕の解釈なのですが，カール5世はドイツ諸侯がルターを精神的な結集軸として団結しつつあることに危惧を抱いたのではないかと思うのです。もしそうであるならば，ルターの存在はカールのドイツ統一にとっては大きな障害になります。

そうこうするうちに，教皇庁はルターの逮捕を皇帝に依頼しました。

◤ ヴォルムス帝国議会への召喚

カール5世はルターをヴォルムスで開催された**帝国議会**に召喚しました。

「帝国議会」とは，神聖ローマ帝国全体に関わる重要問題を討議する会議体で，選帝侯の会議，一般の諸侯が参集する会議，それに**帝国都市（自由都市）**の会議の３つがありました。

ここでカール５世はルターに向かい，ローマ教皇を否定するような所説を撤回せよと言明しました。それに対してルターは言います，「**我，ここに立つ**」と。すなわち，**自分の所説は聖書に立脚**しているのだから，何人もそれを否定はできないというのです。ルターの生涯のなかで一番輝かしい瞬間です。

📖 聖書のドイツ語訳

その後，彼は**ザクセン選帝侯**の居城**ヴァルトブルク城**で，ひたすら『**新約聖書**』の**ドイツ語訳**に専念します。

ザクセン公
フリードリヒ

Ｑ ルターを庇護したザクセン選帝侯の名前は？

——フリードリヒ

この『新約聖書』のドイツ語訳も，ルターの大きな業績と言っていいでしょう。

彼のパンフレットや，この**ドイツ語訳『新約聖書』**は，グーテンベルクが改良した**活版印刷機**によって大量に流布することになります。また，多くの人々に読まれたルター版『新約聖書』のドイツ語は，この後のドイツ語のスタンダードとなり，**近代ドイツ語の形成**を結果したのでした。**ダンテ**の『神曲』が近代のイタリア語をつくったように。

③ ドイツの動揺

📖 別冊プリント p.93 参照

1522 年には，ルターから刺激を受けたドイツの**下級貴族**たちが，カトリックの大司教領，とくにトリール大司教領などを攻撃するという事態が起こります。この事態を**騎士戦争**と言います。目的は教会領の奪取ですね。

📖 ドイツ農民戦争

さらに **1524 年**からは，ドイツの農民たちが，**諸侯**や**教会**に対して反乱を起こしました。これが**ドイツ農民戦争**です。

反乱の目的は、**地代の軽減や領主による裁判の公正**などさまざまでした。しかし、そのうちに農民たちは、**聖書に根拠が示されていない**として、農奴制の廃止を掲げて**領主支配そのものを否定**するにいたりました。

Q ドイツ農民戦争のリーダーとなった説教師は?

―― (トマス=) ミュンツァー

ミュンツァーは、幼児洗礼を認めない「**再洗礼派**」の影響を受けています。この宗派は、キリスト教徒として生きる明確な自覚を持ったときにこそ、洗礼がなされるべきだと主張します。**スイス**の宗教改革者ツヴィングリなんかもその代表ですね。

反乱は**中部・南部ドイツが中心**で、農民たちは自分たちの要求を 12 カ条にまとめました。言ってみれば彼らの憲法ですね。これを (**シュヴァーベン農民**) **十二カ条要求**と言います。

ルターは最初これを支持しますが、農民たちが諸侯と対立したことで**諸侯側に転じ**、結果的には**農民を裏切り**ました。そこで農民から「うそつき博士」という渾名までちょうだいします。

農民戦争は、諸侯側によって徹底して弾圧され、壊滅しました。農民の死者は 10 万人におよぶと言われます。

また動乱に巻き込まれた**中小の領主は没落**し、**都市も大きな打撃**を被りました。これを乗り切れたのは、大きな力を持っていた**大諸侯**たちのみでした。

◤ ドイツの危機――オスマン帝国の進撃

さて、1526 年、カール 5 世によって**ルター派は黙認**されました。敵である**ドイツ諸侯**に対して、「おまえらの信仰を認める」という意思を**シュパイアー**(シュパイエル)の帝国議会で表明したのです。

なぜか。それは**オスマン帝国**が攻めてくるからです。事実、シュパイアー帝国議会が開催された 2 日後には、**モハーチの戦い**で**ハンガリー**が敗れ、東部の領土がオスマン領となりました。こんなときに、キリスト教徒同士で戦っちゃダメだと思ったのです。

📖 "プロテスタント"の登場

　ところが，反カトリック勢力の台頭を見て，カール5世は**1529年**に再びシュパイエルで議会を開き，ここで**ルター派を再禁止**してしまいました。

　ルター派はこれに怒り，カール5世に**抗議文を提出**しました。ここから生まれた言葉がプロテスタント。当初はルター派のみを指す言葉だったんですが，現在では，**聖職者の特権を認めない非カトリックの宗派**，すなわち**新教**全体を指すようです。

　ここで**カトリック（旧教）**に対する，**新教**の特色を簡単にまとめておきましょう。それは以下の3つです。

新教の特色

①福音主義（聖書中心主義）
②教皇の権威や階層制組織（ヒエラルヒー）の否定
③聖職者の特権を認めない万人司祭主義

ウィクリフ

もともと言えば、みんなワシが言いだしたことじゃ!

📖 ドイツの宗教戦争——シュマルカルデン戦争

　さらに彼らは**1530年**に，単に抗議するだけではなく，**軍事同盟**をつくって皇帝に対抗しようとしました。

Q このルター派の諸侯や都市が結成した反皇帝の同盟を，結成地にちなんでなんと言うか？
　　　　　　　　　　　　　　　　　　　　——シュマルカルデン同盟

　そして皇帝との戦争が始まるのが**1546年**。これをシュマルカルデン戦争と言います。戦争の契機は**トリエント公会議の開催**でした。これに新教側が参加を拒否したことを口実に，皇帝が戦端を開いたのです。

　戦争は，1547年にルター派の内部分裂から同盟が崩壊し，**皇帝側が勝利**しました。

　しかし強大となった皇帝に対して，ドイツ諸侯の恐怖心が高まり，1552年には，ザクセン公モーリツを中心に大きな反乱が起きました。これには**カ**

トリックの諸侯すら呼応しました。

“もうドイツ統一は不可能だわ”——これがカール5世の本心でしょう。そして政治の世界からの引退を決意するのでした。国王とか皇帝が，存命中に引退するのって珍しいよね。

■アウクスブルクの和議

さてそのようななか，**1555年**に**アウクスブルク**で帝国議会が開かれ，ルター派とカトリックとの対立の収拾が図られました。ここで結ばれたのが**アウクスブルクの和議**でした。その内容のポイントは，以下の2点です。

和議の内容①

領域を支配するものが，宗教を支配する。

©植村

その領域の支配者がルター派ならば，そこにどんなに多くのカトリックの連中がいようとも，みんなルター派にならないといけない。逆もまたそうですね。まあ言いかえれば，これは**宗教における個人の自由はない**，ということです。

和議の内容②

カトリックか，ルター派かの二者択一。

支配者には宗教選択の自由が認められますけれど，これはあくまでルター派とカトリックとの二者択一であるということ。言いかえると，当時，すでにドイツ領内である程度力を持っていた**カルヴァン派**には信仰の自由は認められなかったわけですね。

和議を記念して，カトリックの聖ウルリヒ教会（白い教会）に隣接してルター派の聖アフラ教会（手前の右側の教会）が建てられた。
（アウクスブルクにて撮影）

◾ 帝国の分裂

さて，「領域の支配者」とは各地の諸侯のことです。とくにルター派の諸侯たちは，**領域内の教会を自分の監督下に置きました**。これを領邦教会制と言います。領邦とは，皇帝から自立した諸侯の支配領域のことでしたね。

こうしてドイツ諸侯たちは政治的な力のみならず，**宗教的支配権をも併せ持つ**ようになったのでした。その結果，**ドイツ諸侯**たちは，コンパクトではありますが，確固たる力で**領邦を支配**できるようになりました。そして，このことは**神聖ローマ帝国の分裂が促進された**ということにほかなりません。

こうしてドイツでは，諸侯が支配する**領邦国家がより強固となり**，以前にもまして**帝国の分裂**が進行したのです。ということは，ハプスブルク家の**皇帝によるドイツ統一は遠のいた**ということですね。以上，ドイツの宗教改革でした。

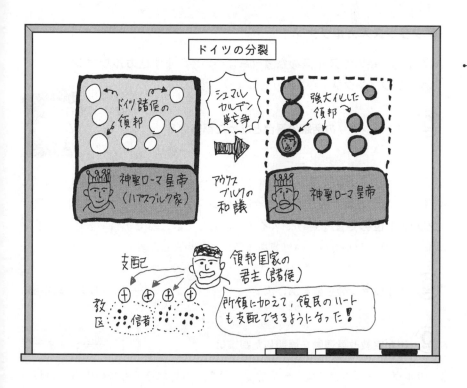

ドイツの分裂

④ スイスの宗教改革

📖 別冊プリント p.94 参照

■ スイスの独立

　ドイツに続いて，**カルヴァン**を中心としたスイスの宗教改革のお話ですが，その前提（ぜんてい）として，スイスの歴史を簡単に振り返っておきましょう。

　スイスでは，**1291年**に**ハプスブルク家の支配**に対して，3つの州（シュヴィッツ・ウンターヴァルデン・ウリの3州）が同盟を結びました。これが「**スイス国家の成立**」と言われる事態です。この3州を中心に，ほかの州も同盟の盟約（めいやく）に加わり，さらには**軍隊も育成**して，通商路の要地である**峠道（とうげみち）の利益**を確保しようとしました。

　その後スイスに勢力を伸ばそうとするフランスの**ブルゴーニュ公**や**ハプスブルク家**との戦闘が続きましたが，**1499年**の**バーゼルの和約**でスイスは**事実上の独立**を果たしました。

■ フランス人カルヴァン

　じゃあ，続いて**スイスの宗教改革**について。まずは**カルヴァン**の"先輩（せんぱい）"となる**ツヴィングリ**からまいりましょう。

ツヴィングリ
(1484～1531)

Ⓠ ツヴィングリの活躍の舞台となった都市は？

——チューリヒ

　ところが，彼はカトリック諸州との**カッペルの戦い**で死んでしまいました。

　後をうけて登場するカルヴァンは**フランス人**です。彼はフランス国王**フランソワ1世の弾圧（だんあつ）**を避（さ）けてスイスに亡命（ぼうめい）してきたんですね。そして**ライン川（かはん）河畔のバーゼル**で自分の思想を著書にまとめました。

Ⓠ カルヴァンの主著をあげよ。

——『キリスト教綱要（こうよう）』

Ⓠ 彼が宗教改革運動を展開した都市は？

——ジュネーヴ

　カルヴァンについては，政治的な背景よりも思想そのものの内容，いわゆ

カルヴァン
(1509〜1564)

るカルヴァン主義の内容がポイントとなります。

📖 カルヴァン主義

　では，見てみましょう。まずは予定説。これは，文字どおり，人間の運命は神によって予め定められている，というものです。でもこの説明では，「予定」という言葉の単なる言いかえでしかないですね。

　そして，禁欲的労働の結果としての蓄財を肯定しました。

　カルヴァンによると，職業とは神が与えた使命だそうです。このようなとらえ方を「職業召命観」と言います。そして，「神が与えた職業を一所懸命頑張って，その結果としてお金が貯まっているとすれば，これはあなたが天国に行ける証だ」というのです。

📖 近代資本主義の精神基盤の形成

　このカルヴァン主義は，新興の市民階級に受容されました。市民階級——要するに都市に住んでいて商工業をやってる人々のことですね。

　カルヴァン主義は彼らにぴったりの思想でした。「禁欲的な金儲けは，天国への道」——ちょっと言い過ぎかもしれませんが，まさしく市民たちはそれをやってますからね。また，商工業という"生業（なりわい）"は，他人とのたゆまぬ競争をともないます。その分だけ，ストレスも大きい。カルヴァン主義は，そういうストレスも緩和してくれるのでした。

　こうしてカルヴァン主義を受容した市民階級（≒商工業者）は，確信をもっ

マックス=ヴェーバー
(1864~1920)

これぞ「インテリ」の顔。
一部の隙もない。

て金儲け（＝経済活動）に専念することができるようになり、「**近代資本主義の精神基盤**」というべきものが形成されていったのです。

　カルヴァン主義と資本主義の関係 —— 一見すると耐え難いほど**禁欲的な宗教倫理**（カルヴァン主義のこと）をなぜ市民階級が受け入れていったのか，という問題について論証した本があります。

　その名は『**プロテスタンティズムの倫理と資本主義の精神**』。社会科学の古典中の古典ですね。必須の書物と言ってもいい。

Q 名著『プロテスタンティズムの倫理と資本主義の精神』を書いたドイツ人は？
—— マックス=ヴェーバー

20世紀最高のインテリゲンチャですね。

似てないわ！ ヴェーバー
少しは似てきたかな！ 青木

📖 教会組織の比較

ここで，教会組織の比較をしておきましょう。

まず，**ローマ=カトリック**の場合は，上はローマ教皇から，

ローマ教皇 ➡ 枢機卿 ➡ 大司教 ➡ 司教 ➡ 司祭

という**階層制組織**（ヒエラルヒー）がありましたね。

　司教は「**教区**」という単位を監督し，区の教会・聖職者・信者を統制します。これを司教制度と言います。なお司教を任命するのは**ローマ教皇**ですが，フランスでは**国王**がこの「叙任権」を16世紀に獲得しています。

　ルター派の場合は，領邦の支配者たる諸侯などが"最高の司教"として領内の教会を監督します。これを領邦教会制と言いましたね。

　これに対してカルヴァン派では，そんな**上下の組織はありません**。信徒代表の長老と言われる人々が，聖職者である牧師と協力しながら教会を運営していきます。このシステムが長老制度（**長老主義**）です。

284

それぞれの教会は協力することはあっても，どっかの教会が別のカルヴァン派の教会を支配するということはありません。**カルヴァン派の教会はそれぞれ独立**して運営されているのです。

　教会や聖職者の特権を認めない**聖書中心主義**，あるいは**万人司祭主義**（ばんにんしさい）の考えをつき詰めれば，こんなシステムになるんじゃなかろうかね？

長老制度

■ カルヴァン主義の呼称

　スコットランドではカルヴァン主義者のことを**プレスビテリアン**，イングランドでは**ピューリタン（清教徒）**と言います。では，

ⓠ オランダのカルヴァン主義者はなんと呼ばれたか？ ──ゴイセン

　ゴイセンとは「乞食」（こじき）を意味する侮蔑（ぶべつ）的表現です。オランダのスペインに対する独立運動の際に，スペインのカトリックの連中が，オランダのカルヴァン主義者のことをこう呼んだのです。一方フランスのカルヴァン主義者は**ユグノー**と呼ばれました。

⑤ イギリスの宗教改革

📖 別冊プリント p.95 参照

　続いてはイギリスの宗教改革ですね。これはきわめて政治色が濃厚（のうこう）で，**テューダー朝の王権強化**という結果を生みました。

■ ヘンリ 8 世の離婚問題

　イギリスの宗教改革の契機をつくったのは，国王**ヘンリ 8 世**でした。ただし彼は当初は親ローマ教皇で，教皇**レオ 10 世**から「**信仰擁護者**」（しんこうようごしゃ）なる称号を与えられたこともありました。

　ところがそのヘンリ 8 世が**離婚問題**（りこん）を起こしてしまうんです。

　ヘンリ 8 世の**王妃キャサリン**（おうひ）は，**スペイン国王の娘**でした。要するにこの結婚，スペインとイギリスが同盟して，フランスに対抗するためのものだっ

たのです。2人のあいだには娘は生まれましたが、世継ぎとして望まれていた男子は生まれませんでした。

そんななか、侍女アン=ブーリンが国王のハートを射止め、**ヘンリ8世**は**キャサリン**との**離婚**を決意しました。

一方**ローマ教皇**は、王妃キャサリンの"実家"であるスペイン国王の顔をつぶすわけにはいきません。だって、ルターなんかに対抗するためには、スペインとの友好関係は必要だからね。よって離婚を認めませんでした。宗教倫理上の反対だけではなかったのです。

ちなみに、『**ユートピア**』を書いた**トマス=モア**もこの離婚に反対したため、ヘンリ8世によって処刑されてしまいました。

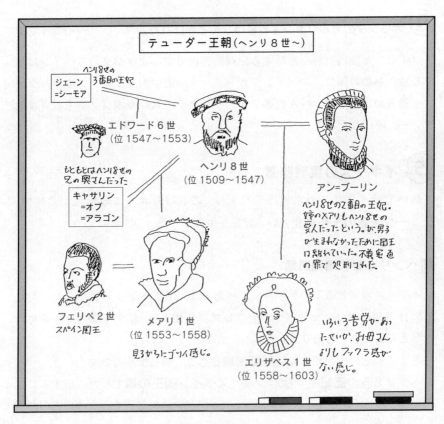

テューダー王朝（ヘンリ8世〜）

ジェーン
=シーモア
ヘンリ8せの
3番目の王妃

エドワード6世
（位 1547〜1553）

ヘンリ8世
（位 1509〜1547）

アン=ブーリン

もともとはヘンリ8せの
兄の奥さんだった

キャサリン
=オブ
=アラゴン

ヘンリ8せの2番目の王妃。
娘のメアリもヘンリ8せの
愛人だったという。が、男子
が生まれなかったために国王
に飽れていた不義密通
の罪で処刑された

フェリペ2世
スペイン国王

メアリ1世
（位 1553〜1558）
見るからにゴツイ感じ。

エリザベス1世
（位 1558〜1603）

いろいろ苦労があっ
たせいか、お母さん
よりもフックラ感が
ない感じ。

📕 首長法

　ヘンリ8世は**1534年**に首長法（国王至上法）を発布し，これによって，**国王がイギリス国内の教会組織の首長**となりました。そしてこの法令によって，イギリスの教会はローマ＝カトリック教会から，そしてローマ教皇の統制から離れることになったのです。

Q こうしてイギリスに生まれた国王を頂点とする新しい教会組織をなんと言うか？
　　　　　　　　　　　　　　　　　　　　——**イギリス国教会**

📕 修道院領の没収

　また，ヘンリは修道院を解散させて，**その所領を没収**し，その広大な土地は国民に払い下げられました。これでジェントリと呼ばれる**地主の数が増え**，またもともとジェントリだった連中は**支配地を広げる**ことになりました。

　彼らは獲得した土地を**牧羊場**としました。これは，さらなる**毛織物産業の発展**を結果しました。

　それから首長法の制定や，修道院の解散は，いずれも**議会の立法**活動，およびそれに基づいて行われました。その議会にはジェントリが結集していたのでした。

©青木

「ヘンリ8世チョコレート」
トマス＝モアが処刑されたロンドン塔のみやげ物屋で。食べたらビターな味がした。

📕 星室庁裁判所の設置とウェールズ併合

　また，貴族などを弾圧するために，1540年代に**星室庁裁判所**が整備されました。国王直属のこの裁判所は，ウェストミンスター宮殿のなかの，天井に星のデザインがある広間に置かれたため，この名前がつきました。

　またイングランドの西に位置する**ウェールズ**が，1536年に併合されました。ここは，**ケルト系**の人たちが多い地域ですね。

■ エドワード6世（位 1547 ～ 1553）

　次に出てきたのがヘンリ8世の子，**エドワード6世**という王様ですね。彼の時代は政治的なきっかけから生まれたイギリス国教会の教義に，**カルヴァン派**の教説が導入された時期です。そのカルヴァン派の教説に基づいて，『一般祈禱書（ぱんきとうしょ）』という礼拝（れいはい）と教義に関する本が出ます。

■ "流血女王"メアリ1世（位 1553 ～ 1558）

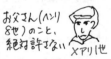

お父さん（ヘンリ8世）のこと，絶対許せない　×メアリ1世

　エドワード6世の後に登場したのがメアリ1世。即位の年は，1553年です。メアリ1世はキャサリンとヘンリ8世の娘さんですね。

　メアリ1世はお母さんと同様カトリック教徒で，**カトリックの復活**を試（こころ）みました。ついでに言うと，"浮気"してキャサリンお母さんを悲しませた父王ヘンリ8世のこと，許（ゆる）せなかったと思うよ。「お父さんがつくった教会組織なんて，ぶっ潰（つぶ）してやる！」

　彼女は，**首長法を撤廃**（てっぱい）する一方，**異端取締法**（いたんとりしまりほう）を発布して，カトリック以外の宗派を徹底弾圧しました。ついたあだ名が「流血女王（The Bloody Mary）」。

　またプロテスタントを牽制（けんせい）するためもあって，即位の翌年の1554年，スペイン国王**カルロス1世**の王太子と結婚します。この王太子は1556年に，国王フェリペ2世となりました。

　この結婚には反対が多かった。だって，イギリスがスペインに支配される危険性が出てきますからね。もしそうなったら，カトリックが復活し，そうなると修道院（しゅうどういん）も復活し，**ジェントリ**たちなんか，土地を修道院に返還（へんかん）しなきゃならなくなるかもしれませんからね。

ジェントリたち　カトリック復活絶対反対！　ウルサイね　メアリ1世

　さらに，フェリペ2世にそそのかされたメアリ1世は，フランスに宣戦（せんせん）し，その結果，**カレー**を失うことになりました。**百年戦争**が終わったとき，カレーだけはイギリス領として大陸に残っていたのでした。

◼ エリザベス1世(位 1558 〜 1603)

　メアリ1世は1558年に42歳の若さでなくなり，また世継ぎの子供も生まれませんでした。で，この後に登場したのが**エリザベス1世**。1558年に即位。1603年に亡くなりました。

　彼女が即位した翌年の**1559年**に，**統一法(信仰統一法)**が制定され，さらに**首長法**が**再度制定**されることによって，**イギリス国教会**が確立したのでした。略して"**国教会**"。

　さっきも言いましたが，首長法や統一法は，いずれも**議会制定法**でした。要するに国王の「改革」を，**議会**が立法によってサポートしたわけです。議会の発言権が強いイギリスならではのことです。

　それから，イギリス国教会は，**政治的な背景**から成立した教会です。ルター・カルヴァンとは違って，宗教的信念から生まれたものではありません。この点から「宗教改革」とは言わずに，「**旧教離脱**」と言うことがあります。

▶イギリス国教会の実態とスコットランド国教会

　イギリス国教会の教義は，**カルヴァン主義**に近いと言っていいようです。しかし教会組織は**カトリックのような階層制**でした。すなわち，**国王**を頂点に，**大司教(大主教)→司教(主教)→各教会**，という上下組織のもとに運営されていました。また儀式の面でも，国教会は**カトリック**と似ていました。

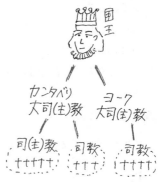

　このような国教会のあり方は，カルヴァン主義を信仰している人々から批判を受けることになりました。彼らは"**ピューリタン**"と呼ばれました。"**純粋(pure)な信仰を求める人々**"程度の意味です。

　またスコットランドでは，カルヴァンに直接指導を受けた**ノックス**が，**長老制度**に立脚した**スコットランド国教会**を発足させました。彼らは**プレスビテリアン**と呼ばれましたね。

⑥ 対抗宗教改革（反宗教改革）

📖 別冊プリント p.96 参照

▓ トリエント公会議

　最後は**対抗宗教改革**ですね。これは，文字どおり，各地の宗教改革の動きに対抗するムーヴメントでした。この運動は，**反宗教改革**とも言われますが，カトリック側が，宗教改革を契機に，より主体的に**みずからのあり方をリフォーム**しようとするものでもありました。

　きっかけは**トリエント公会議**の開催です。トリエントは地名ですね。現在ではイタリアですが，当時は**神聖ローマ帝国領内**です。

　公会議は **1545 年**から始まりました。当時のローマ教皇は**パウルス 3 世**。内容としては教皇の権威の確認，そして**免罪符の販売を中止**したのですね。この公会議で免罪符のおかしさをカトリックみずからが認めたわけです。この辺は柔軟だよなあ，カトリック教会は。

　一方では**宗教裁判**や**異端審問**の強化を展開し，ここから**魔女狩り**も激しくなっていきます。

　「魔女狩り」といっても，対象は女性だけじゃないんです。むしろ男性のほうが多い。しかもどういう男が魔女裁判にかけられるかというと，金持ち。さらに言うと 16 世紀よりも 17 世紀。

▓ イエズス会

　最後は**イエズス会**ですね。対抗宗教改革の先頭に立った組織です。

Ｑ **イエズス会はどこで結成されたか？**　　　　　——パリ

　イエズス会は**軍隊的規律**を持ち，上級者に対しては"**死体の如く**"従順であれ，という言葉が有名でした。そして **1540 年**に，ローマ教皇**パウルス 3 世**から**公認**された組織になりました。

　創建者は**イグナティウス=ロヨラ**で，その同志の 1 人が**フランシスコ=ザビエル**です。いずれも**パリ大学**に留学していた学生でした。ザビエルは，**1549 年**，伝道のため日本にやって来ますが，

290

イグナティウス=ロヨラ
（1491?〜1556）
スペイン・バスク地方の領主の息子。1534年にイエズス会結成。

Q ザビエルは日本のどこに上陸したか？　──鹿児島（かごしま）

長崎ではないですよ。鹿児島ですよ。

一方，イエズス会はヨーロッパでは**南ドイツ**やポーランドでカトリック復活のために尽力（じんりょく）しました。南ドイツではとくに**バイエルン**での活動が活発でした。英語ではババリアと言いますけれどね。

あと，イエズス会のおもな活動地としては**南米**。とくに**パラグアイ**においては，イエズス会士と原住民だけの一種のユートピアの建設すら模索（もさく）されました。ちなみに上智大学もイエズス会がつくった大学です。だから，あそこでは不用意に「ルター」とか「カルヴァン」なんかを口にしないように。火あぶりにされます（笑）。（注：まったくの冗談である）

以上，宗教改革についてのお話でした。

映画『**エリザベス**』：販売元ジェネオン・ユニバーサル
　監督シェカール=カプール，主演ケイト=ブランシェット。「イギリスという国家と結婚したエリザベス（1世）」の半生を描く作品。一番印象的だったのは，庶民院に結集したジェントリたち（たぶん!?）が，女王に対してズケズケと意見するシーンだった。

主権国家体制・16世紀の スペイン・オランダの独立

ヨーロッパ主権国家体制の形成（1）

今回から，主権国家体制の形成についてお話しします。

① 主権国家，主権国家体制とは何か

別冊プリント p.97 参照

まず「主権国家体制」とは，「主権国家」によって形成される**国際関係**のこと を言います。じゃあ「**主権国家**」とは何か？

「**主権国家**」とは，現在のわれわれがイメージするような“**普通の国**”のこと です。すなわち，

主権国家とは？

> 　明確な国境線で仕切られる領土を持ち，国家を統治する単一の政治権 力によって統治される国家。

なお，この**国家を統治する権力**のことを「**主権**」 と言います。フランスの思想家**ボーダン**が提唱し た理念です。

さて，主権国家とは“**普通の国**”のことだと言い ましたね。しかし，それが“普通”なのは**近代以降** の話であって，**中世ヨーロッパ**ではそうではあり ませんでした。

普通でない国家，たとえば**封建制国家**がそうでし たね。中世のフランスやドイツは，**国王・皇帝といえどもそれは名目的な 存在**であり，地方には実力を持った**諸侯**がいて，彼らは国王・皇帝から自 立していました。両者を結ぶのは，契約に基づく封建制（封建的主従関係）で しかなかった。**単一の政治権力なんてとんでもない！**

封建制国家

292

みんながまとまるのは，せいぜい大きな戦争などのときぐらいでしょうか。それくらいの“まとまり”しか封建制国家（中世の国家）にはなかったのです。

実は，世界史的に見て，「強力な中央集権国家」なんて，めったにありません。

📖 主権国家形成の背景

では，なぜ封建制国家が主権国家に変容していったのか？　言いかえると，なぜ単一の権力のもとにまとまろうとしたのでしょうか？

▶経済的要因

まず，経済的な要因としては，11世紀後半以降の**商業の復活**にともなって**商工業が発展し，一定のまとまりをもった経済圏ができた**ことが挙げられます。「商業の復活」の時期には，**遠隔地商業**も発展しましたが，同時に**近隣の農村・都市を結ぶ経済活動**も活発化しました。

その際，**言葉**が通じる**範囲**，あるいは**伝統**や**慣習**が似ているところどうしでは，より一層**経済的交流は濃密**なものとなります。近代の主権国家は，**この経済交流が濃密なエリアを母体としていた**と考えられます。

また中世後期の**商人（大商人）**たちも，自分たちが安心して活動できる**商業ルートの安定**や，**市場の統一**を達成できる
統一権力の登場を期待しましたね。

フランスの大商人ジャック=クール

陛下，頼りにしてますよ

まかしといて

仏国王シャルル7世

▶政治的要因

次に政治的要因ですが，これには次の３つの要因が考えられます。ちなみにそのうち②③については，主権国家ができたことにより可能になった「結果」と考えることもできますけどね。

主権国家形成の政治的要因

① 15世紀以来のオスマン帝国の圧力
② 大航海時代の到来
③ ヨーロッパにおける長期化・大規模化しつつある戦争

これらに対応できるような体制づくりが**急務**となってきたわけで，そのために，ある程度広い領域から，**徴税**と**兵士の徴募**を行い得るような政治

権力が登場してくることになります。

▉ 主権国家の関係は対等である！

　先ほども言いましたが，この主権国家どうしがおりなす**国際関係**のことを，「主権国家体制」と言います。そしてその国家どうしの関係は，対等です。**では，なぜ対等なのか？**　生徒諸君からも，こんな質問が出てきそうですね。すなわち，

　「大きな国や小さな国があるのに，なぜ対等なのですか？」

　答えは簡単です。「それは**国々が主権を持っているから**だよ」。

　……ハナシを人間に置きかえて説明しましょう。その方がわかりやすいと思いますから。

　人間には，金持ちと貧乏人，あるいは力がある人と弱い人など，いろいろいますけども，**人間としての関係は「対等（平等）」**ですよね。それは，**すべての人間が「人権」を持っているから**です。そして**人権には，優劣・大小の差などは存在しません**。また**人権は不可侵の権利**ですよね。

　この人権と同じように，**国家には他国などによって侵されてはならない「主権」**があるのです。よって主権を持つ国家どうしの関係は対等なのです。

　……ちなみに言わせていただくと，この「主権」という言葉，「国家の権利」だから「国権」と訳せばわかりやすかったのにな!?と思います。

　あっそれから注意しておくけど，「人権」という概念が登場するのは，**17世紀のイギリス**あたりからです。ですから「主権」の方が先に登場したことになりますね。

このことをなぜ強調するかというと，この**対等な主権国家体制が，現在まで続いている**からです。現在の世界には 200 余りの国があります。そのなかには，大きな国や小さな国，そして裕福^{ゆうふく}な国や貧乏な国など，さまざまです。でも，国家間の関係は対等ですよね。

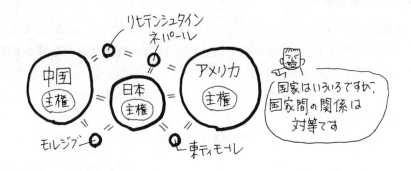

🏳 ヨーロッパの主権国家体制は，いつ確立したのか？

Q 主権国家，および主権国家体制が形成される契機^{けいき}となった戦争は？

——**イタリア戦争**

1494 年に始まり，数十年間におよんだ**ハプスブルク家とヴァロワ朝フランス**とのこの**イタリア戦争**は，これまでの財政規模，あるいは軍隊の規模では遂行^{すいこう}不可能でした。そして，

Q ヨーロッパの主権国家体制を確立させたと言われる戦争は？

——**三十年戦争です。**

1648 年にウェストファリア条約で終結するこの大戦争で，ヨーロッパの**主権国家体制は確立**しました。イタリア戦争と三十年戦争の経過と結果はこのあとくわしくお話しするとして，この 2 つの戦争と主権国家体制の形成の因果関係は，論述問題で頻出のテーマです。

それから，前回でお話しした**宗教改革**も，主権国家体制の成立に一役買^{ひとやく}いました。なぜかと言うと，宗教改革が，西ヨーロッパ全体に君臨^{くんりん}していた**ローマ教皇や神聖ローマ皇帝に動揺^{どうよう}を与え**，西ヨーロッパ全土におよんでいた

彼らの**権威・権力を揺るがした**からです。

② 絶対主義，絶対王政とは何か？
📖 別冊プリント p.97 参照

🔲 絶対王政の成立

　さて，この主権国家を最初に築き上げ，その頂点に座ったのは**国王**（とくにフランス）たちでした。中世の国王などと比べると，**圧倒的な力を持って君臨した王政を絶対王政**，あるいは**絶対主義**と言います。

　よく質問されるのは，「"絶対"ってどういう意味があるのですか？」。これについては，下のイラストを見てください。ご覧のように中世の王権は，まわりの貴族などに比べたら，**"少しは強いよね"** というレベルです。

　それに対して，絶対王政は，もう"誰かと比べて強い"という状況ではありません。相対的にではなく，絶対的に強そうな王権なので「絶対王政」というのです。このような答えでよろしいでしょうか？……よろしいよなっ！(笑)。

　国王たちは「**主権**」，すなわち**国家を統治する権限**を掌握して**臣民**の上に君臨しました。

　この主権が，**国王などから国民に移行する契機**となるのが**市民革命**です。それについては363ページでお話しすることにします。

▶絶対王政の「支配の道具」

　さて国王たちが権力を行使するためには，支配の道具が必要でした。そこでまず**常備軍**ですね。これには主として**傭兵**があてられました。

　それから国王の手足となって行政を展開する**官僚**。平たく言えばお役人です。彼らが**徴税**や**地方行政**などを担当します。

▶絶対王政は本当に"絶対的"だったか

　このような道具を利用して国王は権力を振るったわけですが，その**権力には限界が存在**しました。

　というのも，16・17世紀ころのヨーロッパには，まだ中世以来の**貴族の権力**や，**教会組織**など，**王権に対抗する権力・権威が残存**していたのです。**都市**においても，**商工業者**はギルドという組合のもとに団結しているし，大学だって**学者・学生のギルド**が基盤ですからね。それに**都市が自治権を保持**している場合だってある。そういったさまざまな組織があって，おのおの，それなりの力を有していたのです。

　結局，このように結論づけることができます。すなわち，

　絶対王政のもとでも，王権は臣民1人ひとりを直接支配することはできなかった。

　ギルドなどの組織や，貴族・聖職者といった**身分**，あるいは貴族などに支配されている**村落**，それに**都市**などの地域に根ざした社会集団を，ひっくるめて「**社団**」と表現しますが，絶対王政とはいっても，国王はこれらの中間組織や団体を統合していたに過ぎません。このようなありかたの国家を**社団国家**と言います。

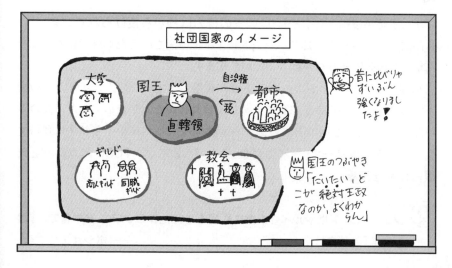

これに比べると、今の日本なんて、国民すべてに番号が振られて、国家は1人ひとりの国民を把握(はあく)してるよね。こんな体制は、当時の国王たちから見たら、夢のまた夢でしょうね。

▮ ボーダン——王権の擁護者

まあいろいろな限界性はあるにしても、とにかく絶対王政が成立しました。

Q 『国家論』という著作で王権を擁護(ようご)したフランスの思想家は？　　——ボーダン

王権が強くなって国をまとめるしか道はない！

ボーダン
(1530〜1596)

この回の冒頭(ぼうとう)にも出てきたこのボーダンこそ、「**主権**」という概念(がいねん)を最初に提起(ていき)した人物です。ボーダンは、国家を統治する権力である「**主権**」は、他国に侵(おか)されてはならない至高(しこう)の権力である、としました。こう主張することで、ボーダンはフランスという国家を、**ローマ教皇の干渉**や、対立しているハプスブルク家の**神聖ローマ皇帝**などの普遍(ふへん)的権威・権力から、理論的に防衛しようとしたのです。

この議論はフランスの**アンリ4世**に影響を与えました。

▮ 王権神授説

次に王権神授説。文字どおり「**国王の権力は神から授(さず)けられている**」という議論です。ボーダンはストレートに王権神授説を唱えたわけではありませんが、その先駆(せんく)とみなされることがあります。

17世紀になると、**ジェームズ1世**が登場します。この人はイギリスの国王であり、みずからの正当化のために王権神授説を論じたのでした。彼の書いた論文は『自由な国の君主の法』。それから約50年後のイギリスに登場するのが、**フィルマー**で、『家父長制論(かふちょうせいろん)』という論考は、**1660年**以降の**王政(おうせい)復古体制(ふっこたいせい)を擁護(ようご)**しました。ついでもう1人、

Q ジェームズ1世や**ルイ14世**に影響を与えたフランス人神学者で、『世界史論』の著者は？　　——ボシュエですね。

この**王権神授説**という議論は，イギリスでは王権を制限しようとする**議会に対する牽制**として，フランスでは**教皇**やハプスブルク家の**神聖ローマ皇帝**などの勢力の介入をシャットアウトするための理論的な**防壁**として期待されました。

重商主義

続いて**重商主義政策**について。これは，しばしば絶対王政がとった経済政策ですけれども，必ずしも絶対主義だけの経済政策ではありません。

たとえば，**ピューリタン革命**と**名誉革命**を行った後のイギリスは，18世紀に**植民地アメリカ**に対してもっとも典型的といわれる重商主義政策を展開しました。ですから絶対主義だけの特徴ではないということです。

▶重商主義とは何か？

その点を踏まえたうえで，まず重商主義とは何かということについて。

まず「経済」とは，人間が生きるために必要なモノを「①つくる ⇒ ②運ぶ ⇒ ③消費する」という活動であるってことは以前お話しした通り。

重商主義政策とは，①②③のうち②の「運ぶ」過程，すなわち**流通過程に国家の知恵と資金を投下して儲けようとする行為**のことなのです。

▶重商主義の目的と形態

重商主義にもいろんな形態がありますが，共通しているのは**国家**（＝政治権力）が強力に**経済活動に介入する**という点です。その結果として，まず何よりも**国家**（≒国王）**が利益を得る**，そして**ライバルの国々に対抗できる体制をつくる**，これらが重商主義の目的と言えるでしょう。

じゃあ，いろんな形態を見てまいりましょう。

最初は**重金主義**。これは，金銀（あるいは金貨・銀貨）のような**貴金属を価値の源泉**として，その集積に努めようとする発想を言います。16世紀の**スペイン**なんかが，その典型ですね。

続いて貿易差額主義。これは，**輸出を増やし**，かつ**輸入を制限して貿易黒字を増大**させて，金銀を蓄積しようというものでした。

いずれにしても，金銀あるいは貨幣が欲（ほ）しかった。それは**絶対王政が，大量の金銀・貨幣を必要**としていたからです。何のためかって，そりゃ傭兵（ようへい）を主とする常備軍や官僚に給料を払わないといけませんからね。

▶コルベールの重商主義政策

さて，貿易黒字を増やすためには，輸出を増やさねばなりません。そのためには，外国で売れるものをつくらにゃならん。これが動機の１つとなって，とくに**フランス**では**国家**による**産業保護**政策が行われました。

具体的には，保護関税によって国内産業を外国商品の流入から防衛したり，**魅力（みりょく）ある輸出品を生産**するために**王立のマニュファクチュアを設立**しました。ではなぜ王立なのか？　それはフランスの民間企業が魅力（みりょく）ある輸出品を生産してきた経験が乏（とぼ）しいからです。**だって必要ないもん！**　フランスは貧しいイギリスなんかと違って，土地が肥沃（ひよく）で穀物がいっぱいとれますから，必死で貿易をやる必要性が少なかったのですね。

マニュファクチュアとは「工場制手工業」と訳し，**工場に多くの職人を集めて，一緒に生産させるシステム**のことです。これによって，**高級毛織物**や壁を飾（かざ）る**ゴブラン織（お）り**などを生産しました。

こうして，本来は「運ぶ」ことを重視していた重商主義は，「**つくる**」ことに重点を移していきました。パラダイム（思考の基本的な枠組（わくぐ）み）の転換ってやつだね，難しく言うと。

Ⓠ　このような産業保護と輸出強化政策により，フランス絶対王政の財政基盤を確立した政治家は？

——コルベール

コルベールは1665年にルイ14世の**財務総監**（ざいむそうかん）になりますが，やっぱりすごい人って目のつけどころが違うんですね。財務総監就任の前年の1664年には，**フランス東インド会社**の再建を行っています。

では概括的（がいかつ）な議論はこれくらいにして，各国の状況を見ていきましょう。

コルベール
(1619〜1683)

③ スペイン

📖 別冊プリント p.98 参照

🔖 スペイン——最初の絶対主義国家

まず最初に登場するのは**スペイン**です。**16世紀**という早い段階で強大化した早熟（そうじゅく）な絶対主義国家です。

まずは復習からまいりましょう。

Q イスラーム勢力に対する国土再征服運動を展開しつつ、**スペイン王国が成立したのは何年か？** ——1479年

1492年には**レコンキスタ（国土再征服運動）を完成**させ、イベリア半島からイスラーム教徒を完全に放逐（ほうちく）します。

🔖 カルロス1世

そして16世紀のスペインには、2人の国王が登場しました。

まずその前半を担（にな）うのが**カルロス1世**で、1516年から1556年までです。彼は**ハプスブルク朝スペインの初代の国王**ですね。

スペインのハプスブルク朝は、フランス国王ルイ14世の孫であるフェリペ5世が即位して**ブルボン朝スペインが成立する1700年**まで存続します。

では、カルロス1世の時代を見ていきましょう。彼は、即位から3年後の1519年には、選挙でフランス国王**フランソワ1世**を破り、神聖ローマ皇帝（**カール5世**）になりました。そこで、

集中！

Q なぜフランス国王が、ドイツの皇帝選挙に出馬したのですか？

結論から言うと、ハプスブルク家による**フランス包囲網（いもう）を打ち破るため**でした。カルロス1世が神聖ローマ帝国の君主になったら、フランスはアウトだと思ったのです（→ p.304の地図参照）。

良い質問ですね

若いころ

カール5世

Q その皇帝選挙でカルロス 1 世に資金援助したアウクスブルクの豪商は？ ──フッガー家

わたしが
お金を貸し
ました

ヤーコプ=フッガー
(1459～1525)

フッガー家はこれと引き替えに，商港**アントウェルペン**（英語でアントワープ）の関税権とドイツの鉱山採掘権を承認されました。

ともあれ，これでヴァロワ朝フランスは，スペインとドイツの**ハプスブルク家に包囲**されることになりました。

▶イタリア戦争の再発とオスマン帝国との対決

そこで，**フランソワ 1 世**は北イタリアに侵入し，包囲網の突破をはかります。**イタリア戦争**の再発ですね。1521 年のことでした。

さてスペインですが，**1538 年**に地中海の覇権をめぐり，トルコに戦いを挑みましたけれど，敗れてしまいます。

Q オスマン帝国がスペイン・ヴェネツィア・ローマ教皇の連合艦隊を撃破した戦いは？ ──プレヴェザの海戦

オスマン帝国のスルタンは**スレイマン 1 世**です。また陸上では，**1529 年**に第 1 次ウィーン包囲もやられてますね。

■カルロス 1 世の引退

1556 年に**カルロス 1 世**は政界から引退しました。引退の動機ですか？ まあ，「正直，もう疲れちゃったよ」ってとこかな（笑）。まず**オスマン帝国やフランスとの対決！** さらには，**シュマルカルデン戦争**のような**ドイツでの宗教対立！** カール 5 世（カルロス 1 世）はヨーロッパじゅうを奔走し続け，心身ともにヘトヘトだったようです。

それから，これもよく質問されるなあ。

Q カルロス 1 世って，ドイツの皇帝を兼ねてよかったんですか？

あるいは，「1人の人間が，複数の国・領土の君主になっていいんですか？」とかね。

まず質問に答えましょう。「兼ねてよろしい」（笑）。

だって当時，**領土**や**人民**は支配者の**所有物**ですからね，スペインの領土・人民を所有していたカルロス1世が，南ドイツなどで領土・人民を所有しても，まったくOKですよ。

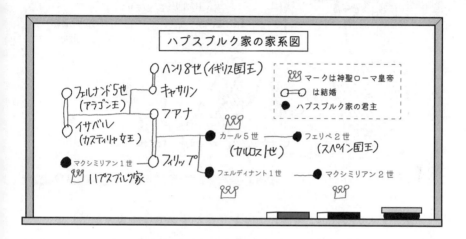

■ フェリペ2世──最盛期～没落時の国王

さてカルロス1世に続いて，息子のフェリペ2世が即位しました。継承した領土はスペインのみならず，**ネーデルラント**，北イタリア（**ミラノ**），それに**南イタリアとシチリア**など，広大なものでした。

注意が必要なのは，フェリペ2世が**神聖ローマ皇帝の位を継承しなかった**ことです。お父さんのカール5世は，広大な領土を1人で支配するのは難しいと考え，ドイツ・オーストリアを支配する神聖ローマ皇帝位については，弟の**フェルディナント**に任せました。

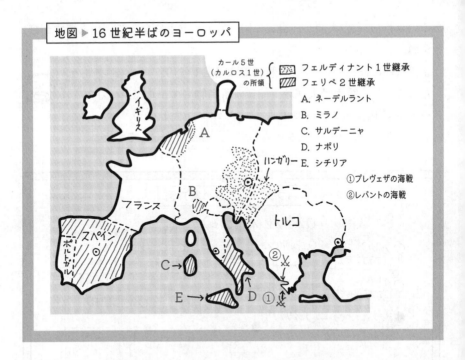

地図 ▶ 16世紀半ばのヨーロッパ

カール5世
(カルロス1世)
の所領
- フェルディナント1世継承
- フェリペ2世継承
A. ネーデルラント
B. ミラノ
C. サルデーニャ
D. ナポリ
E. シチリア
①プレヴェザの海戦
②レパントの海戦

一方，フェリペは王太子時代にイギリス女王メアリ1世と結婚していて，イギリスにおける**カトリックの復活**を手助けしようとします。あるいはフランスの**ユグノー戦争に介入**し，フランスの混乱を助長させました。

▶イタリア戦争の終結

それから**イタリア戦争**も，**フェリペ2世**の時代に終結しました。**1559年**に結ばれた講和条約は，**カトー=カンブレジ条約**です。カトー=カンブレジは北フランスの地名です。この講和会議にはフランス・スペインのみならず，フランスと同盟してスペインに対抗していた**イギリス**の代表も顔を出していました。

さて，この条約によって**フランスのヴァロワ朝**はロレーヌ地方を支配下に置きましたが，進出していた**ミラノ**など**イタリアからは撤退**しました。一方**ハプスブルク朝スペイン**は，**ミラノ**や**南イタリア**（ナポリ），それに**シチリア**の支配権を確保しました。要するに，イタリア戦争は，ハプスブルク家優位のうちに終わったのです。

また先述のように，イタリア戦争は，ヨーロッパにおける**主権国家**，なら

びに**主権国家体制が形成される契機**となりました。

Q 1571 年，スペイン，ローマ教皇，およびヴェネツィアが宿敵オスマン帝国を撃破した海戦は？ ——レパントの海戦

レパントはギリシアの西岸です。この海戦には文豪**セルバンテス**も参加しています。さらに同年には，将軍**レガスピ**が**マニラ**を占領して，**フィリピン**の領有も本格化しました。こうしてスペインはアジアにも拠点を持ったのですね。

彼はレパントの海戦に参加し，左腕を失っている。しかし彼は残った右手で『ドン・キホーテ』を書いた。

セルバンテス

1580 年には**ポルトガルを併合**しました。これによって，スペインはアジアなどにおけるポルトガル領も支配することになり，スペインは「太陽の沈まぬ帝国」と呼ばれるようになりました。

ところが，それから 10 年も経たないうちにスペインの没落が明らかになっていきます。

そのきっかけとなったのは，**イギリス**との戦争に敗北したことでしょう。**リスボン**を出航した無敵艦隊，通称アルマダが **1588 年**にイギリス海軍に粉砕されてしまうのです。

④ オランダの独立

📖 別冊プリント p.99 参照

◼️ スペインに対する不満

スペインの衰退をさらに助長したのが，**ネーデルラントの独立運動**でした。では，ネーデルラントの人たちは，スペインの何に反発したのか？

1 つの原因は，**都市に対する自治権の剥奪と重税**でした。スペイン国王**カルロス 1 世**（神聖ローマ皇帝**カール 5 世**）の時代には，フランスとの**イタリア戦争**や，**オスマン帝国**との戦いが激しく展開されましたね。

その結果，膨大な戦費に苦しんだスペインは，都市の自治権を奪い，重税をかけようとしたのでした。この政策は息子のスペイン国王**フェリペ 2 世**にも引き継がれました。

さらにスペインは，**カトリックを強制**して**異端審問を強化**しました。**ネーデルラント北部**には**カルヴァン派**が多く，彼らは**ゴイセン**と呼ばれてましたね。とくに**商工業者**にとって，カルヴァン派の信仰は**大事な心の支え**でしたね。

オランダ独立戦争の始まり

独立運動が始まったのは **1568 年**。当時のスペイン国王は**フェリペ２世**。カルロス１世ではありません。独立が国際的に承認されるのが **1648 年**のことでした。では独立戦争の経過を見ていきましょう。

Q ネーデルラント独立運動の初期のリーダーはだれか？

——オラニエ（オレンジ）公ウィレム（ウィリアム）

独立運動が始まるきっかけになったのが，独立派の貴族の処刑でした。処刑されたのはホールン伯とエグモント伯の２人です。後者を題材に，ゲーテは悲劇を書き，ベートーヴェンは序曲を残しました。

オラニエ公ウィレム
(1533~1584)

さて，スペインは当初，残虐な手段をもって独立運動を弾圧します。弾圧のためフェリペ２世が派遣したのがアルバ公という貴族です。ところが独立派はこれに屈しなかったので，次にやってきたパルマ公は柔軟な政策によってネーデルラント独立運動を分断しようとしました。じゃあ，どんなふうに？

ユトレヒト同盟

ネーデルラントは大きく北と南に分かれていて，北部の南を流れているのが**ライン川**です。北と南は全然違います。民族は，北は**ゲルマン系**で，南は**ラテン系**です。宗教も**北はゴイセン（カルヴァン派）**，**南はカトリック**が中心。てことは，南は宗教・民族ともにスペインと同じですね。

パルマ公はネーデルラントの**南部 10 州**に向かって，「民族も一緒なら，

宗教も似ている。われわれが敵対する理由はない」と独立運動から脱落（だつらく）するよう働きかけます。こうして**南部が脱落**。そのときに，10 州のあいだで同盟が結ばれます。それをアラス同盟といいました。これに対して，

Q 北部 7 州が結成した同盟は？　　　　　　　　　　——ユトレヒト同盟

　これによって北部 7 州は最後まで独立運動を展開していくことを確認しました。その 7 つの州のなかで一番力の強かった**ホラント州**の名前をもって，それ以降，北部は**オランダ**と呼ばれるようになるわけです（注：以後「オランダ」を使用する）。

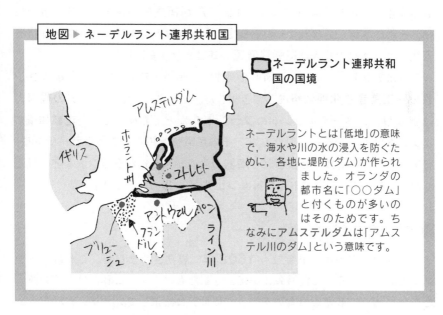

地図 ▶ ネーデルラント連邦共和国

■ ネーデルラント連邦共和国の国境

ネーデルラントとは「低地」の意味で，海水や川の水の浸入を防ぐために，各地に堤防（ダム）が作られました。オランダの都市名に「〇〇ダム」と付くものが多いのはそのためです。ちなみにアムステルダムは「アムステル川のダム」という意味です。

■ ネーデルラント連邦共和国（オランダ）の独立

　そしてスペインと対立していたイギリスなどの支持もあって，**1581 年**にはネーデルラント連邦共和国の独立宣言が発せられました。
　一方では **1585 年**にアントウェルペン（アントワープ）がスペイン軍によって徹底（てってい）して破壊されたため，これ以降，商業・政治の中心地はアントウェルペンからアムステルダムに移っていきます。

さらに 18 年間の戦いが続いた後，**1609 年**にスペインとの**休戦協定**が結ばれました。これでオランダは**事実上の独立**をかちとりました。

　それからほぼ 40 年後の **1648 年**，**三十年戦争**のウェストファリア条約で**国際的に独立が承認**されました。

■ オランダの繁栄

　オランダは**バルト海貿易**や**大西洋の奴隷貿易**，それに**北海の漁業**などで繁栄し，また**造船業**においてもその技術は第 1 級でした。

　16 〜 17 世紀のバルト海貿易では，それまで頑張っていた**ハンザ同盟**に代わって中心を占めるようになり，東欧で**農場領主制**のもとで生産された穀物，それに**木材**が運ばれました。安定した穀物輸入はオランダの**食料価格を安定**させ，木材の輸入は**造船業発達**の基盤となりました。

　さらにアントウェルペンの陥落を契機に，南ネーデルラントの**カルヴァン派**の商工業者も北部に**移住**してきました。これによって**オランダの経済力は強まり**，南ネーデルラントの**フランドル**などで発展していた毛織物業がオランダでもさかんになりました。その毛織物で知られる都市ライデンや，有田焼の影響を受けたと言われる**陶器**の生産がさかんなデルフトなども覚えておきましょう。デルフトは，画家フェルメールの故郷ですね。

■ オランダ東インド会社

　またオランダ東インド会社も **1602 年**に設立されました。これはオランダに複数存在していた貿易会社が**統合**されたものです。これには多くの商人たちが**出資**し，豊富な資金力をバックに世界に**雄飛**していきました。資本金は，イギリス東インド会社の **10 倍**だったといいますからね。

▶「史上初の株式会社」

　ちなみにオランダ東インド会社は，「**史上初の株式会社**」と言われます。ところで，株式会社って知ってる？

　この組織は，まず，多くの出資者から**出資金**を集めます。それによって，**対アジア貿易**に必要な**莫大な資本金**を調達します。また，たくさんの出資者を募ることによって，**リスクの分散**も図ります。そして儲けが出ると，出

資金の大小に応じて，儲けを配当します。このようにして，スケールの大きな金儲けをめざす組織を株式会社というのです。

▶東インド会社の権限

　会社には，**アフリカ南端の喜望峰**から**南米のマゼラン海峡**にいたる範囲で，**独占的に貿易**を行う権限が政府から与えられました。また独自に**条約を締結**する権限，自衛戦争を遂行する権利，要塞建設・貨幣鋳造の権利なども保持していました。……なんでこんな権限を持っているのかって⁉

　そりゃあ，東インド会社って本国から遠く離れたアジアで活動するわけだろ⁉　現地でアジアのいろんな人々を相手に貿易をやる時に，いちいち本国政府の判断をあおぐことはできないでしょう！　だから，アジアの国家を相手に，自分たちの判断で通商に関する条約を結んだりしなくちゃならないし，トラブルが起こったら戦争だってやらなくちゃならないのです。

　ですから，東インド会社のことを単なる貿易商人の団体とだけとらえちゃダメですね。

📖 オランダの弱点

　さてオランダ本国の国家体制は**連邦制**で，各州の自立性が強く，強力な**集権体制は成立しにくかった**ようです。ですから，このあとイギリスやフランスが，**重商主義**をひっさげて，国家一丸となって立ち向かってくると，どうしても劣勢に立たされるのでした。

　じゃあ，次回はそのイギリスとフランスについてです。

第40回 イギリスとフランスの情勢

ヨーロッパ主権国家体制の形成（2）

今回は，イギリスとフランスの王政を見ていきましょう。

① イギリス

別冊プリント p.100 参照

では，まず**イギリス**について見てみましょう。**15世紀後半のバラ戦争を**通じて，**大貴族が没落**し，**王権が強力**となっていった過程は，中世史のところで勉強しましたね（→ p.82）。

今回はその後の話です。

🔖 第1次囲い込み

経済史の観点から見ると，ヘンリ7世が即位して**テューダー朝**が成立したころは，**第1次囲い込み**が開始された時期でもありました。じゃあ，囲い込み（英語で**エンクロージャー**）とは何か？

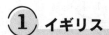

第1次囲い込み

> 　貴族や地主たちが，牧羊場を拡大するために，農民を暴力的に耕作地から追放し，土地を囲い込んだこと。

しかし，囲い込みの結果，農民が浮浪者となって都市などに流れ込み，社会不安を引き起こしてしまいました。これを怖れて，王権は**囲い込みを禁止**しました。一方で，**ヘンリ8世**の治世以来，イギリスでは何回か**救貧法**という法律が制定されています。これは，囲い込みで土地から切り離された農民たちを救うことを目的の1つとしていました。

▎エリザベス1世（位1558〜1603）

　一方，**イギリス国教会の成立**を通じて，**王権は強化**されましたね。それは国王が教会を監督下に置いたからです（→ p.287）。

　そして16世紀の後半に**エリザベス1世**が登場し，イギリス絶対王政は最盛期（せいき）を迎えることになりました。

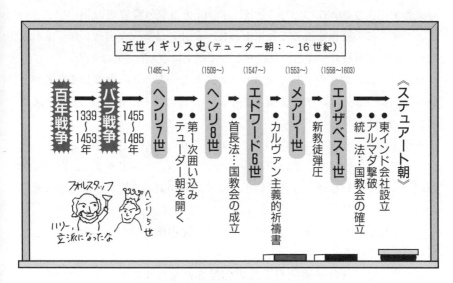

近世イギリス史（テューダー朝：〜16世紀）

| 百年戦争 1339〜1453年 | バラ戦争 1455〜1485年 | ヘンリ7世 (1485〜) ・第1次囲い込み ・テューダー朝を開く | ヘンリ8世 (1509〜) ・首長法…国教会の成立 | エドワード6世 (1547〜) ・一般祈禱書 | メアリ1世 (1553〜) ・カルヴァン主義的祈禱書 ・新教徒弾圧 | エリザベス1世 (1558〜1603) ・統一法…国教会の確立 ・東インド会社設立 ・アルマダ撃破 | 《ステュアート朝》 |

　1588年にはスペインの無敵艦隊（むてきかんたい）（**アルマダ**）を**撃滅**しました。そのとき活躍したのが副提督（ふくていとく）の**ドレーク**と司令官の**ホーキンズ**です。ドレークはイギリス人として初めて**世界周航**に成功した人ですね。

　この時代のイギリスはおもしろくてね，というかひどくて，女王であるエリザベス1世が，民間人に**特許状**を与えて，国家公認の下に，スペイン船などの襲撃（しゅうげき）をさせました。とくに狙（ねら）われたのは，新大陸から銀を運ぶ**スペインの銀船隊**（ぎんせんたい）でした。

Q 国王によって海賊的行為（かいぞくてきこうい）を認められた民間の武装（ぶそう）船をとくに何と言うか？　——**私掠船**（しりゃくせん）（**私拿捕船**（しだほせん））

　ドレークやホーキンズだって，もともとは私掠船の船長ですよ。

ドレーク
（1540?〜1596）

■ 東インド会社の設立

　一方，**1600年**には**東インド会社**が設立されました。

　東インド会社は，今の日本などの会社とは大きく違う点がありました。それは，**国王という政治権力と密接に結託**しているということです。

　具体的には，国王は東インド会社に**対アジア貿易独占権**を認める**特許状**を与えます。ここでいう"アジア"とは，アフリカ南端の**喜望峰以東**のアジアのことです。この特権を得ることによって，会社には莫大な利益が保証されました。そして利益の一部は，見返りとして国王に差し出されました。

　また国王は，会社の活動の保護も行いました。だれから保護してやるかというと，1つは外国。アジア貿易のライバル国である，**ポルトガル・スペイン・オランダ**ね。

　もう1つは，イギリス国内のライバル。これさえいなけりゃぁ，東インド会社はアジアの物産を，思い切り高い価格で売ることができます。だってほかに売るヤツがいなければ，買い手は会社の高い商品を買わざるをえませんからね。独占価格ってやつだよ。

　商売をしている人は分かると思うけれど，**独占権**を持つ商売人はこうして利益が大きくなるのです。

　しかし一方では**非特権的商工業者の反発が増大**するという状態が生まれました。

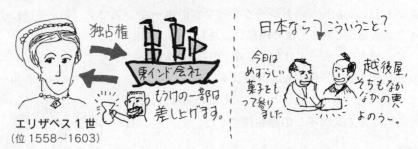

エリザベス1世
（位 1558～1603）

　しかもこれは対アジア貿易に**限った**ことではなく，次の**ジェームズ1世**の時代にも，特定の商工業者に，生産や流通の特権を与えるという政策が横行しました。こうして**非特権的商工業者の不満は蓄積**していくことになります。これが17世紀に爆発する**イギリス革命の背景**の一部を形づくっていくのでした。

📕 イギリス絶対主義の特色

▶未発達の常備軍

　さて, イギリスの絶対王政は, エリザベス1世のときに最盛期を迎えました。しかしこの時期のイギリスの王権には, フランスのそれと比較した場合に大きな相違点があります。それは,

> 官僚制と常備軍が未発達だったこと。

　常備軍が未発達とは言いましたが, 海軍については昔から海賊がいて, この連中を私掠船にしてスペイン船なんかを襲わせればいいわと思っているわけ。また, 陸軍について言うと, イギリスは防衛のためには"常備"する必要はありません。なぜかと言うと, ドーヴァー海峡が防壁の役割を果たしてくれますからね。そして, 敵が侵入しそうなときには, お金をばらまいて傭兵を集めればいい。

▶未発達の官僚制と強い議会の発言権

　一方, 官僚については, 地方の実力者である貴族やジェントリたちを利用しました。彼らを治安判事に任命して, 地方行政を委託するのです。治安判事は無給で, 行政や裁判を担当しました。

　また議会の下院(庶民院)には, 羊毛業や毛織物業で経済力をつけたジェントリたちが結集し, 王権に対してだんだんと発言権を増していきました。とくに徴税・課税や立法の面で, 王権も議会の意向を無視できませんでした。

　こうしてみると, イギリスの王権ってそんなに集権的でもないし, たいして強力じゃなかったんですね。

　《注》　帝国書院と実教出版の世界史探究では, "ジェントリとそれより上層の少数の貴族とともにジェントルマン層が形成された"としている。

② フランス

📕 ユグノー戦争──ヴァロワ朝

　フランスでは, 百年戦争を通じて諸侯・騎士が没落し, 国王の権力は強

力になりました。しかし16世紀の前半に展開された**イタリア戦争**は，**ハプスブルク家**に対して**ヴァロワ家の劣勢**のうちに推移し，**1559年のカトー=カンブレジ条約**をもって終結しましたね（→ p.304）。

そしてその3年後に，フランスは**ユグノー戦争**という大きな，そして長期にわたる**宗教戦争**を経験するのでした。始まったのは**1562年**です。

ユグノー戦争は，**王位をめぐる大貴族の対立**に，**宗教対立や国際的な対立**が絡んだフランスの**国内戦争**と考えてよいでしょう。

ユグノー戦争が始まった当時のフランス国王は**シャルル9世**（位1561〜1574）。その母后が**カトリーヌ=ド=メディシス**。"メディシス"とは，**メディチ家の出身**という意味ですね。

ユグノーと呼ばれた**フランスのカルヴァン派**は，**商工業者や貴族の一部に広がり**を見せていました。一方，**王権はカトリック**。そして**反国王の貴族もカトリック**が多いのですが，スペインの**フェリペ2世**が**カトリックの貴族を支援**して，**フランス王権の弱体化を狙った**ことには注意が必要です。こうした事情もあって，ユグノー戦争は**ユグノー対カトリック**という**単純**な図式にはならないんです。

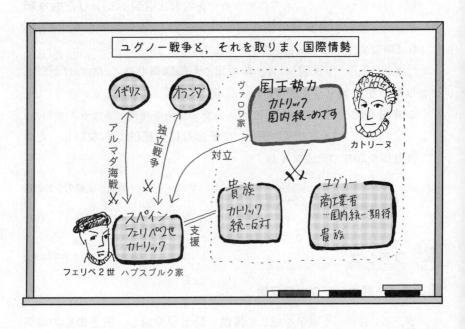

314

📖 サンバルテルミの虐殺

そういうさなかの **1572 年**に起こったのが，**サンバルテルミの虐殺**という事件でした。これはパリに起こり全国に拡大した，**ユグノー教徒に対する大虐殺事件**です。下手人は**カトリーヌ**と，カトリックの大貴族**ギース公**。宮廷内で発言権を増しつつあったコリニー提督などのユグノー教徒を排除するという動機だったようです。

📖 アンリ 4 世——ブルボン朝を開く

▶ナントの王令

このあと戦争は壮絶をきわめ，フランスは大混乱に陥ります。まず虐殺事件の 2 年後にはシャルル 9 世が急死。ずっと虐殺のことを気に病んでいたと言われます。ついで登場した**アンリ 3 世**も暗殺されました。こうして続く大混乱を収拾したのは，**ブルボン朝の始祖**，**アンリ 4 世**でした。

Q 1598 年にアンリ 4 世がユグノー戦争に終止符を打つべく発布した法令は？
——**ナントの王令（勅令）**

ナントはロワール川の河口付近の都市で，フランス西部に位置します。

この勅令の内容ですが，まず国内の**カルヴァン派が公認**されました。一方で**個人の宗教選択の自由**も認めました。内容的に見ると，1555 年の**アウクスブルクの和議**では認められなかった 2 つの内容を，両方とも認めています。これは論述問題でよく比較されるポイントですね。

アンリ 4 世自身，実は**ユグノー**だったんですが，みずからの信仰を捨てて**カトリックに改宗**しました。これはカトリックの連中をなだめるためですね。これを通称「アンリのとんぼ返り」といいます。

こうしてユグノー戦争は終わりました。戦っていた諸勢力も，30 年以上におよぶ戦いの結果，疲弊しきっていました。「もう戦争にはウンザリだ！」——これが内乱終息の最大の原因でしょう。では戦争の影響は？

▶中央集権体制の強化

まず内乱に加担した多くの**貴族は没落**し，結果としてさらなる**王権の伸張**をもたらしたことを押さえておきましょう。とくにアンリ 4 世は，有能な

中小貴族を国王直属の**官僚**としてリクルートし，残存する**大貴族を牽制**しました。また官僚を地方に派遣して，地方を監視させ，さらには徴税や裁判も行わせて集権化を進めました。

▶アンリ4世という人物

アンリ4世
（位 1589～1610）

それから，とくにぼくが注目するのは，**個人の宗教選択の自由を国王アンリ4世**が認めたということね。実は近代資本主義社会，言いかえればわれわれがいま住んでいる社会の重要な思想的な柱に，**個人の自由の尊重**というのがあります。人間は**個人**として**尊重**され，その個人はいろんな自由を認められるべきだ……。

この理念は，**啓蒙思想**で強調され，**1789年**のフランス人権宣言にも盛り込まれるのですが，その200年も前に，本来なら個人の自由といったものと対決すべき立場にある国王が認めてしまったんです。言うなればアンリ4世は，近代を200年前に先取りしてしまったんです。すごい人物ですね。

■ルイ13世（位 1610 ～ 1643）

そのアンリ4世が1610年に暗殺されてしまいました。9才で後を継いだのがルイ13世です。ルイ13世の時代は1610～1643年までで，33年間国王として君臨します。

彼の時代に王権は強まりました。ルイ13世は，1614年に**三部会**を召集すると，**1615年以降は三部会が開かれなくなりました**。教科書が言う「三部会（全国三部会）の停止」という事態ですね。この後，三部会は**1789年**まで開催されることはありませんでした。またこの1614年の三部会に，聖職者代表として登場したのがリシュリューでした。

■宰相リシュリューの登場

リシュリューは，1622年にフランスの聖職者のトップである**枢機卿**となり，1624年には**宰相**となりました。

ルイ13世と宰相リシュリューは、**貴族の城塞<ruby>城塞<rt>じょうさい</rt></ruby>を破壊**させたり、**官僚を地方統治に派遣**したりして王権の強化に努めました。

そして1635年以降になると、ドイツを舞台に展開されていた**三十年戦争に介入<ruby>介入<rt>かいにゅう</rt></ruby>**します。この戦争でフランスは**カトリック**の国でありながら、**ドイツ新教徒を支援<ruby>支援<rt>しえん</rt></ruby>**するんですね。目的は**ハプスブルク家に対抗**するためです。

またフランス学士院<ruby>学士院<rt>がくしいん</rt></ruby>(アカデミー=フランセーズ)を創立しました。これは「国語」、言いかえると**共通語を確定**することを目的に設立された機関で、国語辞典の編纂<ruby>編纂<rt>へんさん</rt></ruby>などもやっています。

リシュリュー
(1585~1642)
彼は三十年戦争の結果を見ずに他界した。ただし、フランスの勝利を信じて。

なぜ国語の確定が必要なのか? これはフランスという国家のまとまりを強めるためですね。経済的にも、方言同士だったら、取引しにくいこともありますしね。また軍隊だって、共通語がなければ命令の伝達もできませんよ。

📖 ルイ14世——ブルボン朝の最盛期(位1643 ~ 1715)

続いて**ルイ14世**。1643年に即位、1715年に死去。なんと72年間、国王の位<ruby>位<rt>くらい</rt></ruby>にいたのです。「**朕は国家なり**<ruby>朕<rt>ちん</rt></ruby>」という言葉で知られる、フランス王政全盛期<ruby>全盛期<rt>ぜんせいき</rt></ruby>の君主ですね。あだ名は「**太陽王**」。

▶フロンドの乱

そのルイ14世が即位して5年目、まだ彼が10歳のときのことですが、

Q 1648年、伸長<ruby>伸長<rt>しんちょう</rt></ruby>する王権に対して起こった反乱は?

——フロンドの乱

1648年に起こったということは、**三十年戦争の終結**と同年ですね。最初に反乱の拠点になったのは、**パリの高等法院**<ruby>高等法院<rt>こうとうほういん</rt></ruby>でした。

高等法院は、中世以来フランス最高の司法機関で、**王令審査権**<ruby>王令審査権<rt>しんさけん</rt></ruby>を盾<ruby>盾<rt>たて</rt></ruby>に、**王権の独走に歯止め**<ruby>歯止<rt>はど</rt></ruby>をかけてきました。日本でいうなら違憲立法審査権をもつ最高裁判所だね。で、ここを根城<ruby>根城<rt>ねじろ</rt></ruby>にしていた**貴族**が反乱の先陣<ruby>先陣<rt>せんじん</rt></ruby>を切り、し

だいに**地方貴族**や**民衆**にも広がって，大反乱となりました。

　ちなみにフロンドというのは人の名前ではありません。フロンドとは，当時パリで子供たちが遊びに使っていた石投げ機のことです。

　そのフロンドの乱を苦労して鎮圧したあと，ブルボン朝は最盛期を迎えます。それを支えたのが**マザラン**という宰相で，この人もカトリーヌや，アンリ4世の奥さんだったマリーと同様，**イタリア人**ですね。

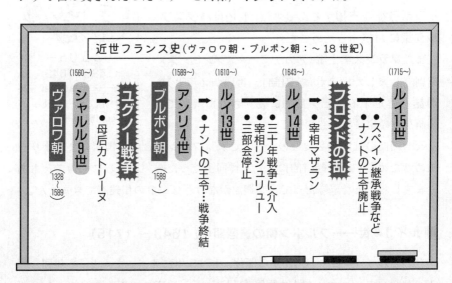

近世フランス史（ヴァロワ朝・ブルボン朝：〜18世紀）

ヴァロワ朝（1328〜1589）　→　**シャルル9世**（1560〜）
・母后カトリーヌ

→　**ユグノー戦争**　→　**ブルボン朝**（1589〜）　**アンリ4世**（1589〜）
・ナントの王令…戦争終結

ルイ13世（1610〜）
・三十年戦争に介入
・宰相リシュリュー
・三部会停止

→　**ルイ14世**（1643〜）
・宰相マザラン

フロンドの乱

→　**ルイ15世**（1715〜）
・スペイン継承戦争など
・ナントの王令廃止

▶親政

　そのマザランが**1661年**に亡くなり，これ以降は国王**ルイ14世による親政**が展開されます。親政とは，国王がみずからの意思に従って，政治に直接タッチすることですね。

　そして1665年には，**財務総監にコルベール**が就任しました。その1年前の1664年には**東インド会社を再建**します。その一方で，**王立マニュファクチュア**をおこすんでしたね（→ p.300）。

▶ナントの王令の廃止

　ところが**1685年**にルイ14世は，一世一代の大失敗をやらかします。それは**ナントの王令の廃止**でした。これは結果的にはフ

ルイ14世（若いころ）
頼りにしてたんだよ

マザラン
（1602〜1661）

ランスの経済力を弱める結果をもたらしてしまうのでした。なぜそうなったかというと，

> 信仰の自由を奪われたフランスのユグノーの商工業者が，
> イギリスやオランダやプロイセンに亡命してしまったから

と，まあこのような事態を招いたからです。しかし，なぜ廃
止したのかね？　そういう結果になるのが，ルイ 14 世には
分からなかったんだろうか？

はなはだ
疑問で
すな

▶ルイ 14 世の外征──オランダ戦争 (1672 〜 1678)

　次にルイ 14 世が展開した**外征**を見ていきましょう。彼の外征を正当化する論拠を**自然国境説**と言います。すなわち，国と国との国境線は，**大河**や**山脈**などがふさわしい，というものです。

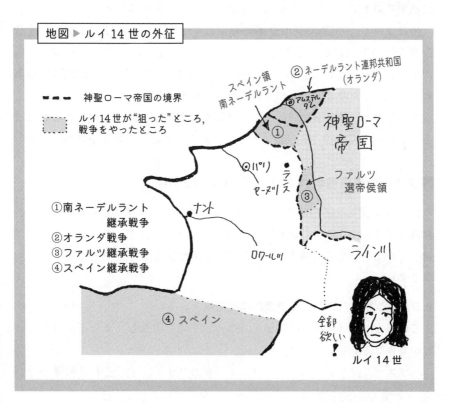

地図 ▶ ルイ 14 世の外征

まず，1667年に**南ネーデルラント継承戦争**を起こしました。この戦争は南ネーデルラントの**フランドル**の領有が目的でした。当時の南ネーデルラントは**スペイン（ハプスブルク家）**領でした。この戦争では，フランスの強大化を怖れる勢力がスペインを支援しました。それは**イギリス**と**オランダ**でした。その結果，フランドルは手に入りませんでした。

　ついで**1672年**に，ルイ14世はオランダ（**オランダ侵略**）戦争を始めます。侵略の邪魔をしたオランダへの復讐ですね。講和条約はナイメーヘン条約。

　ここでも，ハプスブルク家のスペインや神聖ローマ皇帝が，フランスに敵対しました。**イギリス**は，**第3次英蘭戦争**（1672 〜 1674）で最初はオランダと戦っていました。しかしフランスの強大化を恐れたイギリスは，1674年に単独講和を結んで戦争から離脱しました。

▶ファルツ戦争（1688 〜 1697）

　3つ目の戦争は**ファルツ（ファルツ継承）戦争**。ファルツは神聖ローマ帝国に属する領土です。そこの継承権をめぐって，戦争が起きました。

　例によって，**ハプスブルク家**の神聖ローマ皇帝，**イギリス**，そして**オランダ**がフランスに対抗しました。これらの勢力は，**アウクスブルク**で同盟を結成して戦ったので，ファルツ戦争のことを，**アウクスブルク同盟戦争**という場合もあります。講和条約はライスワイク条約。

　重要なのはこの戦争に呼応して，**英仏間に第2次百年戦争が始まった**ことです（→ p.375）。これは海外，とくに新大陸における**植民地抗争**ですね。

■ スペイン継承戦争（1701 〜 1713・1714）

　ルイ14世による最後の，そして最大の戦争が**スペイン継承戦争**です。これはルイ14世の孫が，フェリペ5世としてスペイン国王に即位したことに対して，またしても**イギリス**や**ハプスブルク家**などが反発して始まった戦争です。

▶ブルボン家とハプスブルク家の婚姻関係

　では，なぜルイ14世の孫が，スペイン王位を主張し，また王位につくことができたのでしょうか？

　ハプスブルク家のスペインとブルボン家のフランスは，**三十年戦争**で戦い

ました。この戦争は**ウェストファリア条約で終結**したのですが，フランス・スペイン両国の戦いはその後も続きました。

　しかし**1659 年に，ピレネー条約が結ばれて両国はついに講和**。そのときに，**ルイ 14 世とスペイン国王の娘マリーが結婚**したのです。もちろん両国の友好促進のためです。こうして，**ブルボン家と"宿敵"ハプスブルク家のスペインとのあいだに婚姻関係**が生まれたのです。

　そして，**1700 年にマリーの弟だったスペイン国王カルロス 2 世**が世継ぎを残さず亡くなりました。これを見て，カルロス 2 世の"義兄"だったルイ14 世が，自分の孫をスペイン王位につけたのでした。

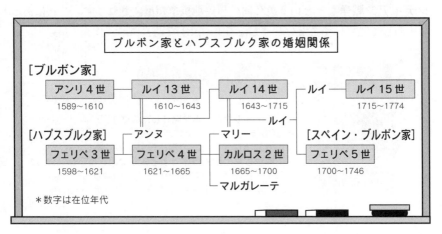

　そして，これに反発したイギリスなどと 1701 年に開戦。戦いは 10 年以上続きました。

Q 1713 年，イギリスなどと結ばれた講和条約は？

――ユトレヒト条約

　これで，ハプスブルク家を除いて，**イギリスなどとの戦争は終結**し，**ブルボン朝スペインの成立**が，イギリスによって認められました。ただし，**将来においてフランスとスペインが国家として統合されることは認められません**でした。たとえば 1 人の国王が，フランス・スペイン両国の国王を

兼ねるみたいなことはダメだとされたのです。

　一方，ブルボン朝スペインを承認する代償として，イギリスはフランスから新大陸の広大な領土を獲得しました（→ p.375）。

　他方，**ハプスブルク家**とはさらに 1 年間戦いが続き，1714 年，**ラシュタット条約**をもって戦争は完全に終結しました。その結果，**南ネーデルラント（ベルギー）**が**オーストリア領**になりました。

■ ルイ 15 世

　さて，1715 年にルイ 14 世のあとを継いだのが**ルイ 15 世**で，この人はルイ 14 世の曾孫（ひまご）です。彼の時代にも**ジョージ王戦争，フレンチ=インディアン戦争**などという英仏間の植民地抗争が展開されます。これはあとでくわしく見ていくことにしましょう（→ p.377）。

ヴォルテールがこの本を発刊したのは 1751 年。それから 200 年たって日本語に訳された。こんなに面白いとは正直知らなかった。全編に散りばめてあるエスプリ。丸山熊雄さんの訳も流麗でよどみがない。フランスのみならず，イギリスの情勢などについての論及も興味深い。（ヴォルテール『ルイ十四世の世紀』，丸山熊雄訳，岩波文庫）

第41回

三十年戦争，ドイツ・北欧，ロシア・東欧

ヨーロッパ主権国家体制の形成(3)

📖 はじめに——「17世紀の危機」について

今回は17世紀から18世紀にかけての**ドイツ**と**ロシア**を学習します。

最初に「**17世紀の危機**」という言葉をおさえておきましょう。

以前お話しした**16世紀は，発展の時代**でした。気候にも恵まれて**農業も発展**し，**人口も増加**しました。そしてもちろん**世界的な交易活動も活況**を呈しました。

ところが**17世紀**に入ると，一転してヨーロッパは，**ペストをはじめとする疫病の蔓延，気候の寒冷化**による凶作，それにともなう**人口の停滞**などに見舞われました。

また寒冷化によって，**バルト海**や**アイスランド**の沿岸が氷におおわれ，**海運や漁業**が打撃を受けました。さらに，17世紀には

ヨーロッパの17世紀は大変だったの！

チャールズ1世(英)　クロムウェル　リシュリュー　ルイ14世

アメリカからの**銀の流入**も減少し，ヨーロッパは相対的に**通貨不足**となって**物価が下落**し，経済活動が不振に陥りました。また多くの国で，アジアやアメリカとの**交易活動も停滞**します。こうした危機は，すでに世界を舞台に活発に活動していた**オランダ**を除いて，全ヨーロッパに広がりました。

▶補論——世界におよぶ「17世紀の危機」

山川出版社『詳説世界史探究』『新世界史』では，「17世紀の危機」を**ヨーロッパ**で起こった事態だと説明しています。これに対して，実教出版『世界史探究』では，その影響が**アジア**にもおよんだことについて記載しています。旧課程教科書の記述も含めて要約すると，以下の3点です。すなわち，

① 17世紀の危機にともなって(ヨーロッパの)**購買力**が低下した。
② そのために(東南アジア産の)**香薬**(香辛料や薬)の需要が落ち込

み，価格が暴落した。

③ その結果，3世紀近く続いた（アジア内，およびアジア・ヨーロッパ間の）**大交易時代は，オランダを除いて終焉**した。

《注》 （ ）内は，いずれも青木による補足。

また，帝国書院『新詳世界史探究』では，**アジアにも「17世紀の危機」は起こった**としています。これについても旧課程版の記述も含めて，この危機の概要とその影響をまとめると，以下の3点です。すなわち，

① 東アジアでも，（とくに日本を中心とする）貿易の不振や，（李自成の乱，明清の交替によって助長された）**天災・飢饉による混乱**が広がるという「17世紀の危機」が起こった。

② この危機に対応するために，あるいはヨーロッパの争乱に巻き込まれないようにするために，日本は「**鎖国**」と呼ばれる**厳しい貿易統制**を展開し，さらには**中国の動乱**や香辛料価格の暴落もあって，東アジア・東南アジアの交易はさらに縮小した。

③ とくに貿易依存度が高い**東南アジアの島嶼部**は大きな影響を受けた。

と，まあこんな感じです。

これを「17世紀の危機」というのです。さて，この危機は，ヨーロッパの諸勢力の対立を激化させ，**戦争が頻発**するようになりました。その最たるものが三十年戦争ですね。

じゃあ，この戦争が起こった**ドイツ**の状況から勉強していきましょう。前提ですが，ドイツはまだ**政治的統一**はなされていません。

① 三十年戦争（1618 ～ 1648）

別冊プリント p.104 参照

■三十年戦争

三十年戦争が始まったのは1618年です。「○○年戦争」といったらよく**年号**の問題になりますね。**七年戦争**（1756 ～ 1763年）とか，**百年戦争**

（1339 〜 1453 年）もそうですね。

　さて三十年戦争とは，**ドイツの宗教対立を契機に始まった戦争**です。し
かし，この戦争には近隣の諸国が介入し，**国際的な戦争**へと変化しました。
というか，むしろこっちがこの戦争の本質に思えます。

　すなわち，**主権国家**の体制を整えつつある国々が，**"バラバラ"ドイツ**に
も勢力を伸ばそうとして，長期にわたる戦争に発展させてしまうのです。
フランスみたいに，これを機に，**ハプスブルク家**にかわって**ヨーロッパの**
覇権を握ってやろうなんて国もありますしね。

　では，戦争の舞台となった**ドイツの宗教対立**から確認しましょう。

■ ドイツの宗教対立

　16 世紀のドイツの宗教戦争，すなわち**シュマルカルデン戦争**は 1547 年
に終結し，**1555 年**には**アウクスブルクの和議**も結ばれました。しかし，こ
れはドイツの宗教対立の解消ではなく，あくまで**対立の現状維持**にしか過ぎ
ませんでした。

　宗教の分布は 327 ページの地図のとおりです。錯綜してますね。

　そして **1618 年**，新旧両勢力はついに戦争に突入していきました。

　では三十年戦争の経過を見ていきましょう。30 年も続く戦争なので，大き
く 4 つに時期区分します。

三十年戦争

> 【第 1 期】ベーメン・ファルツ戦争…ベーメンの反乱が契機
> 【第 2 期】デンマーク戦争…クリスティアン 4 世の侵攻
> 【第 3 期】スウェーデン戦争…グスタフ=アドルフの侵攻
> 【第 4 期】スウェーデン・フランス戦争…フランスの介入

▶ベーメンの反乱

　三十年戦争のきっかけは**ベーメンの反乱**でした。ベーメンがドイツ語表現
で，ボヘミアは英語表現，現在の**チェコ**のことです。ここで三十年戦争は勃
発しました。なぜそうなったのか説明しましょう。

　まずベーメンという土地柄から見てみましょう。

ここには 10 世紀に西スラヴ系のチェック人（チェコ人）がベーメン王国（公国）を建てました。しかし 11 世紀に神聖ローマ皇帝に臣従し，ドイツ人皇帝の支配下に入りました。その後は，帝国の圧迫をかわすために，意識的に西欧の制度やカトリックの信仰を受け入れてきました。ちなみにポーランドやハンガリーも同じような対応をしました。

▶ベーメンの反ドイツ感情

©青木

　しかし一方では，ドイツ人皇帝の支配や，それとしばしば結びついたローマ教皇に対する反感もまた，形成されていったのです。

　そんななか，15 世紀の前半に起こったのが，フス戦争でした。フス戦争は，コンスタンツ公会議でのフスの処刑を契機に起こりました。ベーメンのスラヴ系住民の民族意識が，フスの処刑に

プラハの中央公園にあるフスの像。

よって爆発したのです。その後はフス派の国王が登場することもありました。そしてルター登場後は，カトリックの信仰そのものを捨てて，ルター派に改宗する人々も出てきました。

　ベーメンとはこういうところなのです。そんな土地柄のベーメン国王に，ハプスブルク家のフェルディナント 2 世が即位することになりました。彼はドイツ人で，カトリック教徒でした。

　ここで問題になるのがアウクスブルクの和議。その内容で重要なのは「領域を支配するものが宗教を支配する」。この原則を盾に，彼はベーメンの新教徒にカトリックへの改宗を強制しようとしました。

　そして，ベーメンの中心都市プラハで，改宗の強制に怒ったルター派の貴族が王宮に乱入し，フェルディナント 2 世の顧問官や秘書官 3 人を，窓から放り投げてしまうという事件が起こったのです。高さ 20 メートルくらいからです。吉川弘文館の世界史年表には，王宮窓外放出事件と書かれています。そのまんまやがな（笑）。

　こうしてハプスブルク家とベーメンの人々が戦い始めました。すると，カ

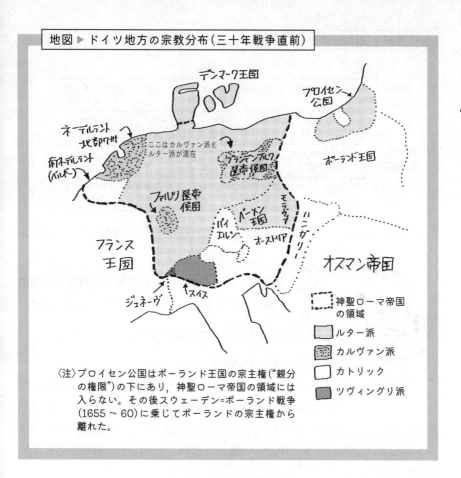

地図 ▶ ドイツ地方の宗教分布（三十年戦争直前）

- デンマーク王国
- プロイセン公国
- ネーデルラント北部7世
- 南ネーデルラント（バルギー）
- ここはカルヴァン派とルター派が混在
- ブランデンブルク選帝侯国
- ポーランド王国
- ファルツ選帝侯国
- ベーメン王国
- モラヴィア
- バイエルン
- オーストリア
- ハンガリー
- フランス王国
- オスマン帝国
- ジュネーヴ
- スイス

- ⌐‐¬ 神聖ローマ帝国の領域
- ルター派
- カルヴァン派
- カトリック
- ツヴィングリ派

〈注〉プロイセン公国はポーランド王国の宗主権（"親分の権限"）の下にあり，神聖ローマ帝国の領域には入らない。その後スウェーデン＝ポーランド戦争（1655〜60）に乗じてポーランドの宗主権から離れた。

ルヴァン派の**ファルツ侯**の**フリードリヒ5世**はベーメンの新教徒を支援しました。一方フェルディナント2世は，同じハプスブルク家のスペインから支援を受けました。これが**三十年戦争の始まり**でした。

翌年，フェルディナントは**神聖ローマ皇帝フェルディナント2世**になりました。そして1623年，新教徒を破り，戦争は一旦終結しました。

▶デンマーク戦争

すると今度は，ドイツ新教徒の支援を口実に，**ルター派のデンマーク国王クリスティアン4世**が介入してきました。デンマークの侵攻には，新教国のイギリス・オランダの支援もあったようです。これに対抗して，

	1500		1600			1700
スペイン国王	カルロス1世	フェリペ2世		フェリペ4世		カルロス2世
神聖ローマ皇帝	マキシミリアン1世	カール5世	ルドルフ2世	フェルディナント2世	レオポルト1世	
フランス国王	フランソワ1世	シャルル9世	アンリ4世	ルイ13世	ルイ14世	
イギリス国王	ヘンリ8世	エリザベス1世	ジェームズ1世	チャールズ1世	チャールズ2世	

ヴァレンシュタイン
(1583〜1634)

Ｑ 皇帝フェルディナント2世が雇い入れた傭兵隊の
隊長はだれか？ ──ヴァレンシュタイン

この人はカトリック側のエースだよ。

▶ **スウェーデン戦争**

そして 1630 年には，デンマークと同じく**ルター派
を信仰する**スウェーデン国王グスタフ=アドルフが
登場しました。「北方のライオン」と言われた人物です。しかし彼自身はヴァ
レンシュタインとのリュッツェンの戦いで勝利しながらも，彼自身は死んで
しまいました。

デンマークとスウェーデンの侵攻の目的は，ドイツにあるカトリック諸侯
や教会の領地を奪い取ることでした。

▶ **スウェーデン・フランス戦争**

第4期が，スウェーデン・フランス戦争です。いよいよ**フランス=ブルボ
ン家**の登場です。**フランスはドイツの新教徒を支援**しました。当時のフラ
ンスの**宰相はリシュリュー**ですね。

カトリック教国であるフランスがルター派を応援して，同じ**カトリッ
クのハプスブルク家と対決**することになったのです。

ですから，1635 年以降の段階では，三十年戦争は，もはや**宗教戦争とは
呼べない**ですね。単なる**王朝間の戦争**です。こうしたことから，三十年戦

争のことを“最後の宗教戦争”と言う人もいます。

◤ウェストファリア条約——勝ったのはどこか？

　さて 1618 年に始まった三十年戦争も **1648 年**に終わりました。講和条約は，**ウェストファリア条約**。ここで注意ですが，ウェストファリアは地方名で，都市の名前ではありません。これは“西の外れの地方”という意味なんです。英語なら，far west ですね。

　次に条約の内容です。大事な項目を 4 点ピックアップ。

ウェストファリア条約の重要項目

これから、ブルボン家は全盛期さ。

10 歳時のルイ 14 世

① **フランス・スウェーデン**が領土を拡大
② **神聖ローマ帝国の領邦と都市の主権**承認
③ **スイス・オランダの独立**承認
④ **帝国内のカルヴァン派**の公認

　まずは領土問題です。この戦争で大きな領土を得たのは，フランスとスウェーデン。

　まずフランスが得た領土は，ハプスブルク家が支配していた**アルザス地方**の領地と，ヴェルダン・トゥールなどの司教領。

　一方，スウェーデンが得た領土は**西ポンメルン**とブレーメン大司教領（だいしきょう）。

　次ページの地図にあるように，ユトランド半島の西と東です。しかも，ヴェーゼル川，**エルベ川**，オーデル川の下流域に位置したところです。

　そして，これから 50 年間，1700 年に始まる**ロシアとの北方戦争に敗れる**までの**半世紀間，バルト海の制海権をスウェーデンが押さえる**ことになりました。こうして最盛期（さいせいき）を迎（むか）えたスウェーデンのことを「**バルト帝国**」と呼ぶこともあります。

地図 ▶ ウェストファリア条約（スウェーデンが得た領土）

あだ名は，"北方のライオン"

スウェーデン

北海

デンマーク

バルト海

コペンハーゲン

西ポンメルン

ブレーメン大司教領

ハンブルク

ベルリン

オーデル川

ブレーメン

ヴェーゼル川

エルベ川

スウェーデンの獲得地

グスタフ＝アドルフ
（位 1611〜1632）

ドイツはどうなったか？

　戦争の舞台となったドイツはどうなったでしょうか？

　結論から申しましょう，神聖ローマ帝国領内の，**諸侯が支配する領邦と，都市の主権が承認された**のでした。これは何を意味するか？　当時の神聖ローマ皇帝フェルディナント3世に，聞いてみましょう。

主権って神聖不可侵なんでしょ!?　それを**領邦や都市**に認めたってことは，その主権を侵して「**皇帝によるドイツ統一なんて，やっちゃダメ**」ってことさ。ということは，神聖ローマ帝国の分裂状態は固定化されたってことだね。そういうところから，**ウェストファリア条約**のことを，「帝国の死亡証書」というわけだね。

神聖ローマ皇帝
フェルディナント3世
（位 1637〜1657）

ニーチェ

わたしのせりふをパクルな！

神聖ローマ帝国は死んだ！

▶ドイツの荒廃

　ドイツ地方は戦争が始まる前までは 800 万人の人口があったというけれども，戦争が終わってみると 500 万人に減ったらしい。減少率 37.5%！　先の戦争で日本人の犠牲者は 300 万人です。死亡率は約 4.3%（注：激しい地上

戦闘が行われた沖縄県は，犠牲者は 10 万人前後，県民の死亡率は 20%前後である）。ということは，三十年戦争って，太平洋戦争の 8.7 倍の被害をドイツに与えたわけですね。ものすごい破壊であったことが分かりますね。

とくにその被害はドイツの**西南部**でひどかったらしい。とりわけ各勢力に雇われた**傭兵の略奪・暴力**はすさまじかったようです。

それから**スイス，オランダの独立**も講和会議に参加した諸国によって，国際的に承認されました。また，**帝国内のカルヴァン派も公認**されました。以上がウェストファリア条約の主要なポイントです。

■ ハプスブルク家の凋落

いろいろ見てきましたが，総合して言えることは，いずれも**ハプスブルク家にとってダメージ**だったということです。所領は奪われるし，帝国の統一は諦めなければならなくなるし，独立したオランダとスイスだって，もとはと言えばハプスブルク家の領土でしたからね。

こうして**ハプスブルク家の力は衰退**し，代わって**フランスのブルボン家が優位を確立**しました。

■ ヨーロッパ主権国家体制の形成

さらに，ハプスブルク家が世襲していた神聖ローマ帝国の**皇帝権も有名無実化**しました。「皇帝」というのは本来は，世界（≒ヨーロッパ）の支配者。このような**普遍的な権力**が，事実上ヨーロッパから姿を消すことになりました。

代わって**フランスや北欧諸国**，あるいは戦争の被害が少なかった**プロイセンやオーストリア**が台頭し，また**オランダ・スイス**も独立しました。これによって，現在まで続く，**主権を持った国々の国際関係**，すなわち**主権国家体制**が西ヨーロッパを中心に築かれたのでした。まとめておきましょう。

> イタリア戦争で，ヨーロッパの主権国家体制の形成が始まり，
> 三十年戦争で，主権国家体制が確立した。

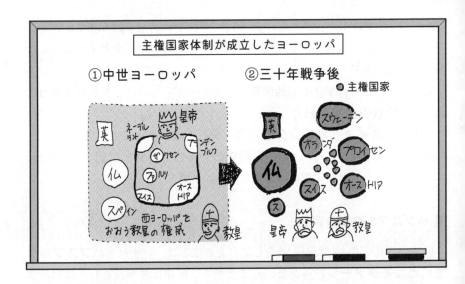

主権国家体制が成立したヨーロッパ

①中世ヨーロッパ　②三十年戦争後

またウェストファリア会議のことを「**史上最初の国際会議**」と言います。それはわれわれが普通にイメージする「国家」というものが，この段階で出そろっていたことを意味します。

② プロイセン王国の台頭

別冊プリント p.105 参照

さて三十年戦争の被害は，**ドイツ西南部**のほうがひどいものでした。それに対して被害が少なかった**東部**では，**プロイセン**や**オーストリア**が台頭^{たいとう}していくことになります。

で，まずはプロイセンのほうから見ていきたいと思います。

■ プロイセン公国の起源

▶ドイツ騎士団領プロイセン

これは復習ですが，13 世紀以降にドイツ騎士団を先頭に東方植民^{しょくみん}活動が活^{かっ}発になっていきました。「東方」とは，**エルベ川**の東を意味します。

そしてバルト海の沿岸に，**ドイツ騎士団領プロイセン**を建設しました。「プロ

332

イセン」は，このあたりに住んでいたプロイス人にちなむようです。

　これが16世紀の前半に**ルター派に改宗**し，後に宗教騎士団の性格を失って世俗化し，**プロイセン公国**となりました。ん（？），「宗教騎士団の性格を失って，世俗化」ってどういうことかって？

　宗教騎士団って，宗教的信念に基づきながら，武力をともなって**布教活動**を行う軍事集団です。それが，布教活動などをやらなくなって，国家の運営に専念するようになった，と理解すればいいと思います。

　それから「公国」についてもワンコメントしとこう。「公国」とは要するに貴族の中の「公爵」が支配する国ですね。

　この国は，周囲を大国の**ヤゲウォ朝**のリトアニア＝ポーランド王国（以下「ポーランド」）に囲まれていました。で，とりあえずはこの大国と友好の道を選び，**ポーランドに臣従**することになりました。

▶ブランデンブルク選帝侯国

　一方エルベ川のすぐ東側には，**ブランデンブルク辺境伯領**がドイツ人によって建設されました。12世紀のことです。「辺境伯領」とは，本土を防衛するために設置された領域のことで，「伯」はそこを任された貴族のことです。ブランデンブルク辺境伯領は，**スラヴ人**などの先住民からのドイツ防衛を念頭において建設された領土でした。

　ドイツ騎士団領プロイセンとブランデンブルク辺境伯領のいずれにおいても，ドイツ人が移住して開墾が進められました。

　さて，ブランデンブルク辺境伯領は，**1356年**の**金印勅書**によって選帝侯に序列され，こうなると，名前も**ブランデンブルク選帝侯国**となりました。そしてこれが，1415年にはドイツの貴族**ホーエンツォレルン家**の支配下に入ります。

　さらに**1618年**，プロイセン公国とブランデンブルク選帝侯国が**合併**しました。これを**ブランデンブルク＝プロイセン公国**というのですが，プロイセン公国と略すことが多いですね。

▶「大選帝侯」フリードリヒ＝ヴィルヘルム

　1640年にプロイセン公国の君主になった**フリードリヒ＝ヴィルヘルム**は，**常備軍を創設**するなど，強国プロイセンの基礎をつくった人物でした。まず，対外的にはポーランドとスウェーデンの戦争に乗じて**ポーランドへの**

臣従を解消しました。

　国内では，ユンカー（領主貴族，地主貴族）たちに農奴支配を認める一方で，彼らを官僚組織や軍隊の要職につけ，巧みに取り込みました。またナントの王令の廃止を契機にフランスのユグノーが弾圧されると，フリードリヒ=ヴィルヘルムは彼らの亡命を受け入れました。ユグノーとはフランスのカルヴァン派のことで商工業者が多く，彼らはプロイセン公国の経済発展に寄与しました。

　以上のような功績から，フリードリヒ=ヴィルヘルムは「大選帝侯」と呼ばれるようになりました。

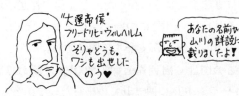

� プロイセン王国の成立

　そして 18 世紀の初めに，プロイセンは「公国」から「王国」となりました。「王国」という名称を認めたのは当時の神聖ローマ皇帝レオポルト 1 世です。

　理由は，スペイン継承戦争の際に，ハプスブルク家の皇帝をプロイセン公国が支援してくれたので，そのお返しというわけです。

　初代「国王」はフリードリヒ 1 世です。国は「王国」となり，公爵だったフリードリヒは「国王」となりました。しかしそれだけです。国号が変わっただけで，別に領土が広がったわけではありません。会社でいうなら，部長から重役へ，でも給料据え置きってとこだな（笑）。

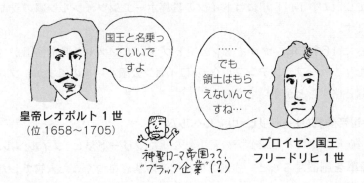

皇帝レオポルト 1 世
（位 1658〜1705）

プロイセン国王
フリードリヒ 1 世

334

さて，フリードリヒ1世の息子が**フリードリヒ=ヴィルヘルム1世**です。彼も大選帝侯同様，**ユンカー**を取りこんで，軍や官僚の中心としました。

図解 ▶ ヨーロッパの君主（17 ～ 18 世紀）

	17C		1700	18C	
フランス	ルイ13世	ルイ14世		ルイ15世	ルイ16世
イギリス	ジェームズ1世 / チャールズ1世	チャールズ2世 / (＊)	アン女王 / ジョージ1世	ジョージ2世	ジョージ3世
プロイセン		フリードリヒ=ヴィルヘルム（大選帝侯） / フリードリヒ1世	フリードリヒ=ヴィルヘルム1世	フリードリヒ2世（大王）	
オーストリア		レオポルト1世		カール3世（6世）/ マリア=テレジア	ヨーゼフ2世
ロシア		ミハイル=ロマノフ	ピョートル1世（大帝）	エカチェリーナ2世	

《注》　オーストリアの君主は，「**オーストリア大公**」と呼ばれた。
　　　　カール3世は，**神聖ローマ皇帝**としては**カール6世**。
　　　　マリア=テレジアは神聖ローマ皇帝にはなっていない。
　　　　ヨーゼフ2世は神聖ローマ皇帝としては，1765～90年の在位であった。
　　（＊）**ウィリアム3世**（位1689～1702），**メアリ2世**（位1689～1694）。
　　　　　その前の国王は**ジェームズ2世**（位1685～1688）。

ユンカーの経済基盤は**グーツヘルシャフト**（**農場領主制**）でしたね（→ p.213）。

▮ フリードリヒ2世

フリードリヒ=ヴィルヘルム1世の息子が**フリードリヒ2世**で，この人が「**大王**」と言われる人物です。彼はベルリン郊外の**ポツダム**に**サンスーシ宮殿**をつくりました。繊細で優美なデザインの**ロココ式建築**の代表と言われていますね。そこで**啓蒙思想家ヴォルテール**を招くなど，文人や学者とも交わりました。一方で国力の発展のために，即位と同時に対外戦争に参戦しました。

◤ オーストリア継承戦争

それが **1740 年**に始まる**オーストリア継承**戦争でした。

戦争の口実になったのは，ハプスブルク家の家督(領土や**オーストリア大公位**)を女性のマリア＝テレジアが継いだことでした。

マリアの父である神聖ローマ皇帝**カール6世**には，男子が生まれましたが，1才で他界。ハプスブルク家では男子にしか家督の継承を認めていなかったので，1724 年に「**家憲**(家督継承法)」を制定して，長女のマリアが家督を継げるようにおぜん立てしていたのでした。「家憲」というのは"ハプスブルク家の憲法"くらいの意味です。

しかしこれに**バイエルン公**や**プロイセン**が異議を唱え，戦端が開かれました。さらに**スペイン**と**フランス**もプロイセンの側に立って参戦しました。スペイン，フランスといえば両方とも**ブルボン家**です。こういう連中の援護射撃もあってプロイセンは勝利を収め，**アーヘンの和約**が結ばれます。

オーストリア継承戦争（1740 ～ 1748）

フリードリヒ2世
(位 1740～1786)

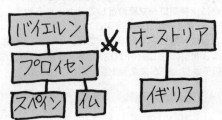

```
┌──────────┐          ┌──────────┐
│ バイエルン │          │ オーストリア │
├──────────┤    ✂     └────┬─────┘
│ プロイセン │               │
├─────┬────┤          ┌────┴─────┐
│スペイン│ 仏 │          │ イギリス │
└─────┴────┘          └──────────┘
```

マリア＝テレジア
オーストリア大公
(位 1740～1780)

Q アーヘンの和約で，プロイ
センがオーストリアから獲
得した土地は？
　　　——シュレジエン地方

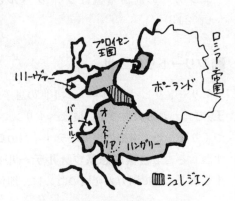

18 世紀半ばの中欧・東欧

◤ 七年戦争と外交革命

プロイセンに領土を奪われたマリア＝テレジアは，1756 年から復讐戦を展開しました。これが七

年戦争です。

そして、ここに注目すべきできごとが起こりました。それは**オーストリア=ハプスブルク家とフランス=ブルボン家間の友好関係の成立**です。だってオーストリア=ハプスブルク家とフランスは、ブルボン朝以前のヴァロワ朝時代の1494年から、約250年間も対立してきたんですよ。

その対立が一転して友好関係に変わりました。これは大きな変化です。これを**外交革命**と言います。

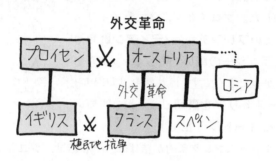

外交革命

Q マリア=テレジアは、なぜ宿敵ブルボン家と握手したのか？

結論から言うと、**フランス**よりも、**プロイセンのほうがより怖かったから**です。さらに言えば、ハプスブルク家とブルボン家では、もう勝負にならないですね。そりゃ、**ブルボン家のほうが圧倒的に強いさ**。だって**三十年戦争**で勝負はついてますよ。

そこで、プロイセンとの戦いに集中するために、マリアはフランスと和解しようとしたわけです。では、なぜフランスはそれに応じたのか？

直接的原因は、**プロイセンとイギリスが友好の協定を結んだこと**でした。当時のイギリスは**ハノーヴァー朝**の時代、国王**ジョージ2世**はもとはと言えばドイツ人の貴族で、その領土はプロイセン王国の西隣にあります（→ p.336 地図）。その安全をはかるためにプロイセンと手を結んだのでした。一方のプロイセンは、東方

ジョージ2世
（位1727〜60）

337

のロシアに対抗するのが目的でした。

　フランスは，プロイセンとイギリスの友好関係樹立をフランスに対する敵対行為とみなしました。だって，イギリスとフランスは**新大陸**や**インド**で激戦を展開してきましたからね。そこで**イギリスに対抗**する観点から，**オーストリア（ハプスブルク家）と提携**したのです。

▶七年戦争の結果

　さて七年戦争自体の経過ですが，当初はプロイセンが劣勢でした。プロイセンについたイギリスも，アメリカでの**フレンチ=インディアン戦争**やインドでの**プラッシーの戦い**で忙しく，支援らしい支援をしなかったようです。けれども，1762年，**ロシアがオーストリアを裏切り**ました。当時のロシア皇帝は**ピョートル3世**です。

　結局，**フベルトゥスブルク条約**が結ばれ，その結果，**シュレジエン**がプロイセン領であることが確認されました。

③ オーストリア

別冊プリント p.106 参照

■オーストリア

　オーストリアの歴史についても見てみましょう。オーストリアのそもそもの起源は，**神聖ローマ帝国**を防衛するためにつくった砦のような領土です。だれから守るための領土かというと，**マジャール人**です。この領土を**オストマルク辺境伯領**と言います。

　そして**13世紀**から，もとはスイスやアルザスに所領を持つ貴族だった**ハプスブルク家**が，皇帝の位についたり，**オーストリアを支配**するようになりました。1273年には**ルドルフ1世**が神聖ローマ帝国の皇帝になりましたよね。これで**大空位時代**が終わったこと，覚えてる？

　16世紀初頭の**カール5世**の時代には，**スペイン**も支配しましたね。そして**三十年戦争**後，**ブルボン朝**が台頭するなか，オーストリアのハプスブルク家は**東方への進出**をめざすようになりました。その東方には**オスマン帝国**。このオスマン帝国による**1683年**の**第2次ウィーン包囲**を，オースト

リアは撃退することに成功しました。

Q 1699年にオスマン帝国とオーストリアなどの国々と結ばれた講和条
約は？　　　　　　　　　　　　　　　——カルロヴィッツ条約

　この条約を通じて，オーストリアは**ハンガリー**や，**トランシルヴァニア・
クロアティア**を獲得しました。そしてこれは，1299年の建国以来，**オスマ
ン帝国の初めての領土的後退**を意味しました。

　これまで苦しめられっぱなしだったヨーロッパは，トルコを粉砕したとい
うので大いに盛り上がります。そして，トルコをかたどったお菓子が大ヒッ
トするんです。これは君たちも食べたことがあるものです。さあ何でしょう？
答えは**クロワッサン**。トルコはイスラーム教国でしょう？　イスラームのシ
ンボルは三日月。それで，パンを三日月形に焼いたんです。（諸説あり）

📖 啓蒙専制君主

　さて，18世紀の後半にはマリア＝テレジアの子，**ヨーゼフ2世**が登場しま
した。彼は，プロイセンの**フリードリヒ2世**や，ロシアの**エカチェリーナ
2世**と同じく，啓蒙専制君主です。

　じゃあ**啓蒙専制君主**とはどんなものか？　まず確認したいのは，彼ら彼女
らは，**理性の光**によって不合理な社会を根本的に変革しよう，なんてこれっ
ぽっちも思っていないということです。

　そりゃ確かに，フリードリヒ2世は**拷問や検閲を廃止**したし，宗教寛容
令を出して**非カトリック教徒の信仰の自由**を認めましたよ。ヨーゼフ2世
も，拷問禁止や宗教寛容令を発布し，**死刑も廃止して**
いますね。

死刑廃止は、
EUの加盟条
件になっています

▶啓蒙専制君主の真の目的

　しかし，「啓蒙専制君主」たちのもっとも重要な**政治的意図**は，はっきりし
ています。それは，**君主権の強化**をめざすことでした。そしてそのときに最
大の障害になるのは，地方の実力者である**貴族**勢力。

　そこで，貴族の支配下にある**農民を隷属状態から解放**すること，すなわ

ち農民解放（農奴解放）を試みたり，その**待遇改善**をしてやることによって，**貴族の力の弱体化**を狙ったのでした。その際に啓蒙思想が参考になったのです。

また新興の**商工業者（市民）の成長**を期待し，彼らとの提携もはかろうとしましたが，その際にも，商工業者が受容していた啓蒙思想がどんなものかを知る必要がありました。

■ ヨーゼフ2世の改革と挫折

以上の点を踏まえつつ，ヨーゼフ2世の内政について見てみましょう。

彼は，**中央集権体制の強化**のため**修道院の解散**を断行しました。目的は，修道院の資産（土地など）を没収して，国家財政を潤沢にすることです。

しかし，オーストリアは多民族国家。領内には**クロアティア**やベーメンのスラヴ人や，**ハンガリーのマジャール人**などが多数含まれており，彼らはドイツ人支配者による急激な**中央集権化**には反発しました。また**貴族も農民解放**などには反発し，結局のところ**改革は挫折**してしまいました。

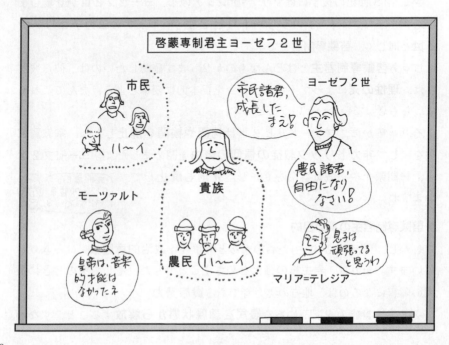

……まあね，そもそも**啓蒙思想**が理想とする社会は"**理性**を持つ人間が，**自由**に発展させる社会"。それを中央集権をめざす君主が建設できるはずもありませんでした。

　また，**貴族**といえば，プロイセンでもオーストリアでも，そしてあとで話すロシアでも，**軍隊**と**官僚の中核**でした。ですから，貴族層が弱体化し過ぎると，これは**国家の弱体化に直結**してしまいます。この面から見ても，啓蒙専制君主の改革には，もともと限界があったのです。……ゴメンね，ヨーゼフ君（笑）。

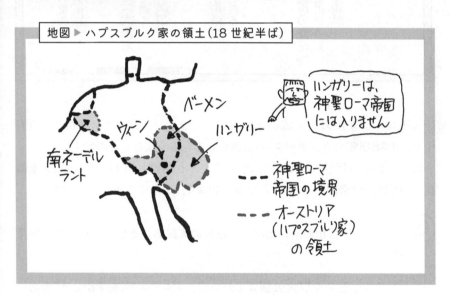

地図 ▶ ハプスブルク家の領土（18世紀半ば）

④ ロシアの発展

別冊プリント p.107 参照

▌ロシアの起源

　では続いてロシアの情勢です。この地域は，**13世紀**から，モンゴル人の**キプチャク゠ハン国の支配下**にありました。いわゆる「**タタールのくびき**」ってやつですね。

▌モスクワ大公国の発展（復習）

　この状態からロシア人を解放するのが，**モスクワ大公国**でしたよね（→ p.65）。

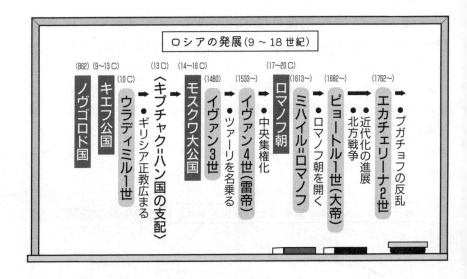

ロシアの発展（9〜18世紀）

(862) (9〜13C) ノヴゴロド国	(9〜13C) キエフ公国	(10C) ウラディミル1世 ・ギリシア正教広まる	(13C) 〈キプチャク=ハン国の支配〉	(14〜16C) モスクワ大公国	(1480) イヴァン3世 ・ツァーリを名乗る	(1533〜) イヴァン4世（雷帝） ・中央集権化	(17〜20C) (1613〜) ロマノフ朝 ミハイル=ロマノフ	(1682〜) ピョートル1世（大帝） ・ロマノフ朝を開く	(1762〜) エカチェリーナ2世 ・近代化の進展 ・北方戦争 ・プガチョフの反乱

この国は，**ヴォルガ川支流の水運**で経済力をつけ，**イヴァン3世**という君主が，**1480年**にキプチャク=ハン国からの自立を果たしたのです。

　彼は，最後の**ビザンツ皇帝の姪ソフィア**と結婚し（1472年），これを論拠に「**ビザンツ帝国，そして皇帝権の継承者**」を自任しました。では，

Q イヴァン3世が使用し始めた，世界の支配者たる皇帝を意味する称号は？

——ツァーリ

　しかし当時の**モスクワ大公国**はまだ小国にすぎず，"気恥ずかしさ"もあったためか，イヴァン3世はこの称号を常用はせず，使う際にも，「**全ルーシ（ロシア）のツァーリ**」という限定付きで使っていました。

　ですが，こののち，**モスクワは「第3のローマ」**と呼ばれるようになりました。これは，モスクワ大公国が，古代**ローマ帝国**や**ビザンツ帝国**の皇帝理念を受け継いだことの象徴的な表現です。ちなみに，「**第2のローマ**」とは，ビザンツ帝国の首都コンスタンティノープルのことです。

　また，**1453年のビザンツ帝国滅亡**にともなって，**ギリシア正教会の総本山**の地位も，コンスタンティノープルから事実上**モスクワに移動**し，モスクワを中心とした**ロシア正教会**がギリシア正教会（東方正教会）系の宗派の中心に座ることになりました。

▓ イヴァン4世

16世紀の後半には**イヴァン4世**が登場しました。彼の時代には国の力も強まり，**ツァーリは正式な称号**となります。あだ名は「雷帝」。これは，暴虐さを強調するために日本でできた呼び名で，ヨーロッパでは"恐怖のイヴァン"と呼ばれています。

イヴァン4世は，**ロシア正教会の首長**を名乗り，ツァーリの権威を高める一方，「**全国会議**」と呼ばれる身分制議会を召集しました。また**貴族を弾圧**し，**中央集権化**を強力に推し進めていきました。

イヴァン4世
（位 1533〜1584）
（皇帝位 1547〜1584）

彼は，**ヴォルガ川沿い**にあったモンゴル系の**カザン=ハン国**を征服する一方で，**コサックの首長イェルマーク**に東方遠征を命じました。その過程で，ウラル山脈山麓にいたモンゴル系の**シビル=ハン国**を征服しました。この「シビル」は，ウラル以東の地域名である「シベリア」の語源となっています。

イェルマーク
（?〜1585）

▶コサックとは？

ちなみにコサックとは，**農奴制の束縛を逃れて南ロシアに移り住んだ人々**を起源とし，「自由な人」とか「放浪者」を意味します。コサックは，自分たちを守るために武装し，狩猟や漁労，それに牧畜で生活していました。そして外部の権力の支配がおよぼうとすると，結束して戦い，だんだんと武闘のプロに成長していったのです。

イヴァン4世は，彼らの軍事力を利用しようとして，食料を与える代わりに**辺境の警備**という役目を与えました。

▓ ロマノフ朝の成立

さてイヴァン4世の死後，**ポーランド**や**スウェーデン**の侵入があいつぎました。また帝位をめぐる争いも起こりました。さらに，異常気象による低温化を原因とする大凶作が，ロシアに大飢饉を引き起こしました。16世紀

ミハイル=ロマノフ
(位 1613〜1645)

末から 1613 年まで続いた大混乱を，ロシアでは「**大動乱の時代**（ロシア語で"**スムータ**"）」と呼んでいます。

これに対してロシア人たちは結束して外敵を駆逐（くちく）する一方で，各地の貴族，高位聖職者，大商人などからなる**全国会議**を開きました。

Q この会議でロシア皇帝に推戴（すいたい）され，ロマノフ朝の開祖（かいそ）となった人物は？
—— ミハイル=ロマノフ

▶ロシアのウクライナ支配

その後ロシアは**ウクライナに進出**し，この地にいたコサックの軍事力を利用しつつ，17 世紀の半ばには現在の**ウクライナの東部**を支配しました。それまでのウクライナといえば，リトアニア=ポーランド王国が大半の地域を支配していました。

🔖 ピョートル1世

さて，このロマノフ朝のもとで**農奴制は強化**されました。これに反発して 1670 年に起こった**ステンカ=ラージンの反乱**は鎮圧（ちんあつ）されました。ラージンは**コサック**の首長でした。そして，この乱の鎮圧の 11 年後に登場したのが，ピョートル1世（大帝）です。

ピョートル1世
(位 1682〜1725)

ピョートル1世といえば，**ロシアの近代化の基礎**を築いた人物です。みずから**オランダやイギリス**を視察し，これをモデルに産業の育成を図（はか）ろうとしました。

またデンマーク人の探検家ベーリングに**シベリア探検**をさせました。あのベーリング海峡のベーリングです。

一方，**西欧**への不断の**連絡路**として**バルト海を確保**するために，**1700年**から北方戦争に突入しました。主敵は**カール12世**率いるスウェーデン。戦争は激戦の末にロシアが勝利しました。

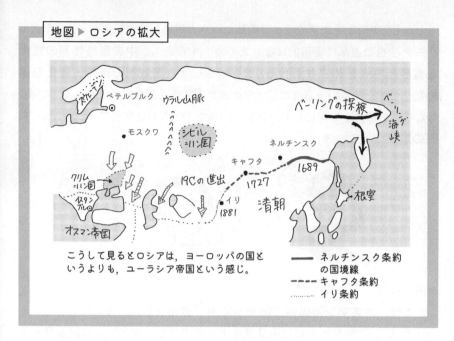

地図 ▶ ロシアの拡大

ペテルブルク / モスクワ / ウラル山脈 / シベリア / ベーリングの探検 / ベーリング海峡 / ネルチンスク / 1689 / キャフタ / 1727 / 清朝 / 19Cの進出 / イリ 1881 / 根室 / クリミア半島 / イスタンブル / オスマン帝国

こうして見るとロシアは，ヨーロッパの国というよりも，ユーラシア帝国という感じ。

――― ネルチンスク条約の国境線
----- キャフタ条約
········ イリ条約

一方敗北した**スウェーデン**では，**絶対王政**に対する不満が高まり，北ドイツの領土もプロイセン王国に奪われてしまいました。

Q 北方戦争のなか，ピョートル1世が建設し，「西欧への窓」と呼ばれた新都は？
――― ペテルブルク

■ エカチェリーナ2世

▶ プガチョフの乱

18世紀後半には**エカチェリーナ2世**という女帝が登場しました。

彼女はフランスの哲学者ディドロなどと交遊し，**啓蒙思想の影響**を受けつつ内政改革を行いました。具体的には，**社会福祉**や**初等教育**の充実です。とくに初等教育については，プロイセンやオーストリアも熱心で，この点については**啓蒙専制君主**たちは西欧よりも進んでいたといえるでしょう。

それなりに頑張ったんですネ

そうよ！

エカチェリーナ2世
（位 1762~1796）

しかし，1773年に**プガチョフの乱**という大農民反乱が起こると，エカチェリーナ2世は改革に消極的になりました。すなわち，**中央集権体制の強化を貴族たちに認めさせる**代わりに，貴族による**農奴制の維持・強化**を認めたのです。そういう意味で，プガチョフの乱は大きな転換点だったのです。ちなみにこの乱を題材にして，ロシアのロマン主義の文学者**プーシキン**が『**大尉の娘**』を書いています。

プガチョフ
(1742?
～1775)

そりゃ
どうも

君を
テーマに
一本書かせて
もらったよ

プーシキン
(1799
～1837)

本当に面白い
小説でした

▶南下政策

　彼女は，**オスマン帝国領に向かって南下政策を展開**しました。ピョートル1世も，17世紀の末には**不凍港**を求めて南下し，オスマン帝国と戦って黒海の北に広がる**アゾフ海に進出**していました。

　エカチェリーナ2世もトルコと数次にわたる戦争（**露土戦争**）を行いました。その結果，トルコに臣従していたモンゴル系の**クリム＝ハン国**を併合して**クリミア半島を支配**し，**黒海**は事実上ロシアの内海となりました。

　さらには，日本にも交易のために使いを派遣し，**ラクスマンが北海道の根室に到達**したのですが，江戸幕府に拒否され，交易は実現しませんでした。

　また**アメリカ独立戦争**の際には，**参戦はしなかった**ものの武装中立同盟を結成して，アメリカを側面的に支援しました。

🚩 ポーランド分割とウクライナ

　ではこの節の最後に，ポーランドとウクライナについて見てみましょう。

　ポーランドでは**1572年にヤゲウォ（ヤゲロー）朝が断絶**し，**選挙王制が始まりました**。すると選挙のたびに，**貴族間の対立**が起こり，国内は混乱していくのです。

　そして**18世紀の後半**に，**プロイセン・オーストリア・ロシア**によって，弱体化したポーランドは分割されてしまいます。

第1回分割は1772年。**第2回**は1793年。第2回の分割には，**オーストリアが参加してませんね**。当時は**フランス革命**の真っ最中で，ジャコバン派によって王妃マリ=アントワネットが処刑されそうでした。そんななか，オーストリア皇帝フランツ1世は，叔母さんのマリのことが心配だったようです。

　またこの第2回分割に対しては，ポーランドの民族主義者コシューシコが，**クラクフの反ロシア蜂起**の指導者となりましたが，鎮圧されました。そして，1795年の**第3回**分割，これは3国"そろい踏み"ですが，これで**ポーランドという国家は消滅**してしまいました。

　このあと**ナポレオン**が1807年に**ワルシャワ大公国**をつくるまで，ポーランド人に対する他国の支配が続くことになりました。

　さらにこのポーランド分割の結果，ウクライナの西部の一部がオーストリアの支配下に，そして**ウクライナの大半はロシアの支配領域**となりました。

ポーランド分割
（3国が最終的に獲得した領域）

コシューシコ
（1746〜1817）

ドンブロフスキのマズルカ

　現在のポーランド国歌「**ドンブロフスキのマズルカ**」は，1797年から歌われ始めた。ポーランドが消滅して2年後のことである。ドンブロフスキ将軍率いるポーランド人部隊は，ナポレオン軍の一部隊としてオーストリアなどと戦った。歌詞にいわく「ポーランドは滅びてはいない，ボナパルト（＝ナポレオン）は戦い方を教えてくれた」。

ピューリタン革命と名誉革命

ヨーロッパ主権国家体制の形成（4）

今回は「**イギリス革命**」です。さっそく話を始めましょう。

イギリスは17世紀に2つの革命を経験します。「**ピューリタン革命**」と「名誉革命」(Glorious Revolution)です。この2つの革命を併せて実教出版の『世界史探究』では「**イギリス革命**」と記しています。

革命で打倒されるのは，**専制的な国王**です。打倒する主体は議会で，そこには**ジェントリ**といわれる**地主**や，**商工業者**が結集していました。

そして，**革命によって**，**議会主権と立憲体制**が確立したのです。

では，ピューリタン革命から見てまいりましょう。

① ピューリタン革命の前史

📖 別冊プリントp.110参照

■16世紀のイギリスの復習

議会と王権のあいだには，もともと対立がありました。その対立は，テューダー朝の時代にさかのぼります。

対立の原因の1つは，**王権**と**特権的商工業者の癒着**でした。ここでいう特権とは**生産・販売の独占権**などで，その利益の一部は国王に還流します。

そうした業者の典型的な例として東インド会社があげられます。これに対して，特権を付与されなかった商工業者は反発をするわけです。

また中央権力たる**王権**と，地方の実力者ジェントリとの対立もありました。

しかしながら，テューダー朝期には，これらの対立は表面化しませんでした。その背景の1つとして**スペインの脅威**が考えられます。

ところが，**1588年**にスペインの**無敵艦隊**がイギリスの**ドレーク**やホーキンズたちの活躍によって**粉砕**されます。ついで

1609 年にはオランダが，スペインから**事実上の独立**をしました。こうして**スペインは弱体化**し，イギリスにとっての脅威ではなくなっていきました。このあたりから，王権と議会の対立が表面化していったのです。

■ジェームズ1世

Q ちょうどそのころにステュアート朝の初代国王となったのはだれか？

——ジェームズ1世

ジェームズ1世
（英国王位：
1603〜1625)

その前のエリザベス1世は，正式な結婚もせず世継ぎを残さずに亡くなってしまい，ここで**テューダー朝は断絶**しました。時に**1603 年**。

あとがまに座ったのは**ジェームズ1世**で，彼はもともとは**スコットランドの国王**でした。スコットランド国王としては**ジェームズ6世**です。以降，スコットランドとイングランドは「同君連合」の形となります。

われわれは，グレートブリテン島にある国を，簡単に「イギリス」と呼んでますけれども，少なくとも，**1707 年**より以前は北方の**スコットランド**と南

部の**イングランド**，これらは**別々の国**なんです。その名残が，ワールドカップのサッカー。あるいはラグビーのワールドカップ。これには，いわゆるイギリス代表というのはないですものね。スコットランド代表が出るし，イングランド代表が出るし，さらにはウェールズ代表も出るという状況です。

さて，スコットランド育ちのジェームズ1世は，“**国王といえども議会を無視しては政治ができない**”というイングランドの政治的伝統を知りませんでした。これが，この後さまざまな対立を引き起こすことになります。

▶非国教徒に対する弾圧

ジェームズ1世は，**国教会を王権の支柱**にしようとしました。なにせ国教会のトップは国王です。王権強化を試みるジェームズ1世にとっては，都合がよかったのです。

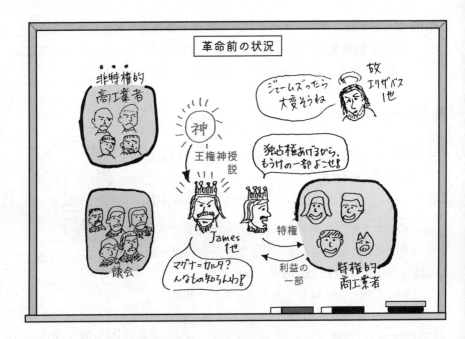

よって，ほかの宗派に対しては弾圧を行いました。とくに，国王を教会の
トップとして認めない**ピューリタン**（**清教徒**）は弾圧されました。

Q この宗教的弾圧から逃れるために，1620年，アメリカへと出発した
ピューリタンをなんと言うか？　　──ピルグリム=ファーザーズ

彼らは1620年，北米に**プリマス植民地**を建設しました。
　一方，ジェームズ1世は議会を牽制し，みずからの権力を正当化するため
に王権神授説を唱えました。
　さらに**マグナ=カルタ**以来の伝統を無視して，**議会の同意なき課税**を行っ
たり，**一部商人への特権の付与**などをやってしまいました。

■チャールズ1世と権利請願

　1625年には，ジェームズ1世の息子の**チャールズ1世**が即位し，あいか
わらず専制体制を続けました。さらには，フランス国内の**ユグノー**たちを応
援したり，スペインに遠征したりしたため，イングランドは財政難に陥って

いきました。

Q チャールズ1世の失政・専制に対して，1628年に議会が国王に提出
した文書をなんと言うか？
——権利の請願（せいがん）

英語では"Petition of Right"。

内容は，**議会の同意なき課税の禁止**，法律によらない逮捕（たいほ）・拘禁（こうきん）の禁止
などなど。これは内容的には**1215年**の「**マグナ=カルタ**」を踏襲（とうしゅう）しています。

しかし，チャールズ1世はこれに反発して**議会を解散**してしまいます。以
後，しばらくのあいだ，議会は召集（しゅうしゅう）されることがありませんでした。

しかし，議会を召集せざるをえない事態が**1639年**に起こりました。そ
の事態とは，**スコットランドの反乱勃発（ぼっぱつ）**でした。

チャールズ1世
（位1625〜1649）

▶スコットランドの反乱

反乱は，チャールズ1世がスコット
ランドに対して**イギリス（イングラン
ド）国教を強制**したことが原因でした。

お父さんであるジェームズ1世と同
様に，チャールズ1世もイングランド
の国王でありながら，スコットランド
の国王でもありました。

で，イングランドのほうは16世紀の宗教改革で確立した**イギリス国教**が
主流なのに対して，北部のスコットランドには，**長老制度**をとる**スコット
ランド国教会**が存在し，プレスビテリアンといわれる**カルヴァン派**が優勢（ゆうせい）
でした。チャールズはそのスコットランドに，イギリス国教会の儀式を強制
し，統制を強めようとしたのでした。

さて，反乱を鎮圧（ちんあつ）するためには戦費（せんぴ）が必要となります。そしてこれは国王
のポケットマネーでは賄（まかな）えません。

そこで税金を徴収（ちょうしゅう）して，戦費を調達しようとしたのです。しかし，徴税を
スムーズに行うためには，**議会を召集して，課税を認めてもらう**必要があ
りました。

▶短期議会と長期議会

　こうしてチャールズ1世はしぶしぶながら，1640年に議会を召集しました。

Q 1640年，チャールズ1世が召集したが，反抗したため，<u>3週間で解散させられた議会</u>をなんと言うか？
　　　　　　　　　　　　　　　　　　　　　　　　　——短期議会

　英語ではショート・パーラメント(Short Parliament)です。

　しかしながら，**1640年**11月にはスコットランド軍が国境(こっきょう)を越えて進入してきました。チャールズはやむなく，再度議会を召集したのでした。こちらは1653年まで解散されることがなかったので，**長期議会**，英語ではロング・パーラメント(Long Parliament)と言います。

> 《注》　山川出版社『新世界史』では，この**長期議会**における国王と議会の対立をもって**ピューリタン革命の始まり**としている。

📕 革命の勃発

　しかしここに集まってきた国会議員たちは，王の要求に応じるどころか，王に対する激しい批判(ひはん)を行いました。具体的には，1641年に**大諫奏(だいかんそう)（大諫議書(ぎしょ)，大抗議文)** を王につきつけたのです。さらに王が持っているさまざまな権限も奪(うば)おうとしました。

　これに対してチャールズ1世は怒って，反王派の議員の逮捕(たいは)に乗り出そうとしました。

　ここに至(いた)って，王と議会の関係は修復不可能となり，ついに武力衝突(しょうとつ)が始まりました。これが**ピューリタン革命の勃発(ぼっぱつ)** です。時に**1642年**。

　ちなみに，ピューリタン革命のことを，イギリスでは「**内戦**(Civil War，右ページの写真参照)」とか「**三国間戦争**」と言うこともあるようです。この場合の「三国」とは，**イングランド・スコットランド・アイルランド**をさします。

　さて，この後「革命」はどのように推移するのでしょうか？

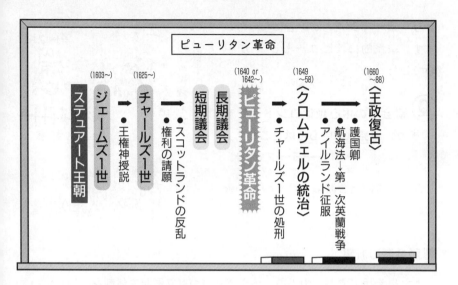

ピューリタン革命

(1603〜) (1625〜) (1640 or 1642〜) (1649〜58) (1660〜88)

- ステュアート王朝
- ジェームズ1世
  → ●王権神授説
- チャールズ1世
  → ●権利の請願
- 短期議会
  ●スコットランドの反乱
- 長期議会
- ピューリタン革命
  ●チャールズ1世の処刑
- 〈クロムウェルの統治〉
  ●アイルランド征服
  ●航海法→第一次英蘭戦争
  ●護国卿
- 〈王政復古〉

② ピューリタン革命の展開

別冊プリント p.111 参照

　それでは革命当初の対決構造の確認からまいりましょう。

■ 王党派と議会派

　まず国王チャールズ1世のまわりに集まった連中を王党派と言います。これにはあだ名があり，英語ではカヴァリアーズ(Cavaliers)，日本語でいえば騎士派となります。「騎士派」の名前は，一説には彼らのヘアースタイルに由来すると言われています。すなわち中世の騎士のように，長い髪をなびかせていたのですね。

　それに対して，議会派の連中は英語ではラウンドヘッド(Roundhead)，訳せば円頂派だわね。これはまちがいなくヘアースタイルから来た名前です。日本風に言うと"おかっぱ頭"かな⁉

ピューリタン革命のバッジ
1994年にロンドンに行ったときに買ったもの。バッジには「革命」ではなく「内乱(Civil War)」と記してある。

　王党派には**特権商人**や**貴族**らが結集しました。また，宗派的には**国教徒が中心**でした。それに対して，議会派のほうは**非特権的商工業者・ジェン**

トリ・ヨーマンたちが中心になっています。宗派的にはピューリタンが中心でした。

Ｑ 議会派の中心地は<u>ロンドン</u>ですが，王党派の中心地はどこか？
——ヨークですね。

さらにこの議会派にはいくつかの派閥がありました。

📖 議会派の派閥

まず長老派ですが，国王の大権を認めつつも立憲君主体制を志向していました。また，内戦の早期終結を主張していたこともあり，**国王に対して妥協的**だと見られていました。支持基盤は，**ロンドンの大商人やスコットランド人**たちです。また教会組織においては，**長老の指導性を重視**していました。

それから独立派。この独立派に**クロムウェル**がいました。

独立派は**イギリス国教会**のような，国王を頂点とする上下組織は志向せず，地域ごとの信徒の組織の独立性・自律性を主張します。「独立派」の名前の由来はここにあるのです。さらに長老派と異なり，教会においては**信徒の平等を強調**する傾向にありました。一方，

354

Q 指導者はジョン=リルバーンで，<u>小農民・小親方・職人層が支持したグ</u>
<u>ループ</u>をなんと言うか？
——<ruby>水平<rt>すいへい</rt></ruby><ruby>派<rt>は</rt></ruby>（<ruby>平等<rt>びょうどう</rt></ruby><ruby>派<rt>は</rt></ruby>）

英語では**レヴェラーズ**(Levellers)です。まっ，「議会派」には分類されますが，水平派の連中には議員はいませんね。選挙権ないからね。

一方独立派に結集した<ruby>階層<rt>かいそう</rt></ruby>は，クロムウェルのような**ジェントリ**（≒**地主**）や富裕な商工業者たちが多かったようです。これに対して水平派はロンドンの**職人・手工業者**を中心に，**貧農**なども支持基盤でした。

確認しておきますが，**独立派**と**水平派**はいずれも**<ruby>共和<rt>きょうわ</rt></ruby><ruby>派<rt>は</rt></ruby>**です。言いかえると，王様なんかいらないという連中です。

◪ 王党派の敗退

では続いて，実際の<ruby>戦闘<rt>せんとう</rt></ruby>についてですけれども，まず 1644 年の**マーストンムーアの戦い**。

Q この戦いで，クロムウェルが<ruby>率<rt>ひき</rt></ruby>いた<u>ピューリタンのヨーマンを主力と</u>
<u>する騎兵隊</u>をなんと言うか？
——<ruby>鉄騎隊<rt>てっきたい</rt></ruby>（鉄騎兵）

鉄騎隊は信仰心に厚く，また十分な軍事訓練を<ruby>経<rt>へ</rt></ruby>て戦場に向かい，マーストンムーアで王党派の軍を破ったのでした。

すると，ほかの議会派の連中もこれはええわと言うので，鉄騎隊にならって議会派の軍隊を再編成しました。これを「**新型軍（ニューモデル軍，新式軍）**」と言います。それでは，

Q 1645 年，王党派を議会派の新型軍が破った戦いは？
——**ネーズビーの戦い**

この戦いのあとに，国王が<ruby>捕虜<rt>ほりょ</rt></ruby>になりました。このことは"議会派共通の敵"がいなくなることを意味します。

共通の敵がいなく
なったら，内紛が始
まる。…よくあるハナシ。

©青木

オリヴァ＝
クロムウェル
（1599〜1658）
イギリス議会の前のク
ロムウェル像。"王殺
し"で"独裁者"のクロ
ムウェル。それでも議
会制の国イギリスでは
尊敬されているらし
い。

📖 長老派の追放

　そうなると，あとに起こるのは議会派内での主導権争いでした。

　この争いは，国王に対してどのような態度をとるかをめぐって起こりました。結論を言えば，**独立派と水平派の2派**と，**長老派**では決定的に違うわけです。前者は**共和派**で，後者は**立憲君主派**でしたね。そこで，クロムウェルは，長老派を議会から追っ払いました。

　この事態を「長老派の追放」，通称「プライドの追放」と言います。兵を率いて議会をとり囲み，長老派を追い出したプライドという男は，クロムウェルの部下です。

　一方追放された長老派としては，くやしいわけで"われわれのいない議会など，頭のない人間と一緒だ。おまえらはしょせん"尻"だ！"と言ったわけです。それで，長老派が追放されたあとの議会を称して「尻議会」という名前ができました（笑）。

　うそだと思うのなら，ちょっと大きめの英和辞典で Rump を調べてごらん。「尻議会」，もしくは「臀部議会」と書いてありますね。

📖 クロムウェルの共和政——チャールズ1世の処刑

　ともかくこうして長老派を追放。続いて **1649 年にチャールズ1世を処刑**しました。王様を肉体的に抹殺することで，王党派の結集軸を粉砕したと

いうことかな。

1649年より約10年間続いた**イギリス史上唯一の共和政**を**コモンウェルス**(Commonwealth)と言います。

▶アイルランド・スコットランド侵略

次にクロムウェルは**水平派**に対する弾圧を展開し，その一方で海外侵略に乗り出しました。その矛先は，王党派の拠点でもあり，**カトリック教徒**が多かった**アイルランド**でした。

当時のアイルランドには約500万人の人口があったようですけれども，なんとそのうちの100万人が**クロムウェルの侵略**によって殺されてしまったらしいのです。数には誇張があるとは思うけど……。

で，このときからアイルランド全土が，ほんとうにイギリスの支配下になるわけです。こうしてイギリス人の**不在地主**がアイルランド人の**小作人**を支配するという社会構造ができあがりました。

ちなみに，それまでのイギリスによる支配は**アイルランド北部のアルスター地方**を除いて形式的なものでした。

また，クロムウェルは，王党派や長老派の拠点であった**スコットランド**の征服も行いました。

▶航海法と英蘭戦争

さらに，**1651年**には**航海法**も制定されました(→ p.373)。これは**中継貿易に頼るオランダを排除しようとする法律**でした。これでオランダとの対立が激化し，**1652年**から**英蘭戦争**が起こります。トータル3回，1674年まで続いたこの戦争でイギリスは勝利し，敗北したオランダは**覇権国家の地位から転落**し始めることになりました。

📖 クロムウェル独裁体制の確立

Q 1653年，クロムウェルが就任した<u>独裁的な行政官職</u>をなんと言うか？
　　　　　　　　　　　　　　　　　　——護国卿

それと前後して，クロムウェルは1640年以来の**長期議会**(後半は尻議会という呼称もあり)を解散しました。

クロムウェル
(1599〜1658)

新たに召集された議会は，クロムウェルが
指名した連中で占められました。

　これはどう見ても，自由な議論を前提と
する“議会の死”であり，一方で**クロム
ウェル独裁体制の確立**を意味しました。

　「クロムウェルの独裁を生んだ背景」ですか？　それは，**王党派やオラン
ダなどとの軍事的緊張**でしょうね。戦争や内戦の危機があれば，どうして
も軍隊やその指導者の発言権は大きくなりますよ。

▶独裁に対する不満

　これから約6年間，**クロムウェルの独裁**が続いたわけですけれども，
1658年にはそのクロムウェルが死んでしまいました。そして息子の**リチャー
ド**が護国卿の地位につくのですが，これが無能であり無気力でした。

　クロムウェルの独裁に対しては，人々は批判的でした。“結局，**専制的だっ
た国王と一緒じゃないか！**”というところでしょう。またピューリタンだっ
たクロムウェルは，禁欲的な生活を国民に強制し，劇場を閉鎖したりもしま
した。そして彼の死後の混乱。これらに人々はうんざりしたのです。

③ 王政復古と名誉革命
別冊プリント p.112 参照

📖 チャールズ2世と王政復古

　こうしてクロムウェルの死後，イギリスを従来の姿に戻そうとする機運が
高まります。「従来の姿」，すなわち王政ですね。**長老派の勢力も復活**し，
処刑されたチャールズ1世の息子が，亡命地**フランス**から戻って**チャールズ
2世**として即位しました。これを王政復古と言います。

▶王政復古の実態

　しかしめざすところは，**絶対王政の復活ではなく**，クロムウェルの**独裁
に対する議会政治の復活**でした。さらに議会は，伝統的な地方自治と**議会
による王権の制限**を，当然のことと考えていました。

▶チャールズ2世の姿勢

　チャールズ2世も，当初は議会との対立を避けていました。そりゃお父さ

チャールズ2世
(位 1660〜1685)

んの悲劇を見ていますからね。しかし時が経つにつれて，**専制政治の復活**を試みようとしました。

また，**カトリックの擁護**も行おうとしました。その動機については教科書には書いてないので，簡単に説明しとこう。

チャールズ2世はカトリックを擁護・復活させることによって，カトリック大国**フランスのルイ14世との友好関係**をはかり，その支援を受けて**王権を強化**しようとしたのです。事実，1670年に結ばれたドーヴァーの密約で，チャールズ2世はみずからのカトリックへの改宗をルイ14世に約束しました。これは密約でしたが，ばれない秘密など存在しません(笑)。

📖 審査法と人身保護法

こんなチャールズ2世に対して，議会はどうしたのでしょうか。

Ⓠ 1673年，<u>国教徒以外の者の公職就任を禁じた法律</u>をなんと言うか？
——**審査法**

「**非国教徒は公職につけない**」。要するにイギリス国教徒以外の者は官僚にもなれないし，国会議員にもなれないということだ。

当時のイギリス国内にはイギリス国教徒を中心に，カトリック，それにピューリタンなど，いろんな宗派がいました。そんななか，この法令の大きな目的はなんと言っても**カトリックの排除**でした。カトリックが復活して，ルイ14世に支援された王権が強化され，議会の権利が侵害されるのを，議会の面々は恐れたようです。これも教科書には書いてないけどね。

さらに，**1679年**にも重要な法律が制定されました。

Ⓠ 法律によらない逮捕・拘禁を禁じた法律をなんと言うか？
——**人身保護法**

これによって議員の身柄と，議会を国王から守ろうとしたのでした。この法律は“**第二のマグナ=カルタ**”とも呼ばれたようです。

▶議会の２派閥

当時のイギリスの議会を見てみると，**トーリ党とホイッグ党**がいますね。トーリ党は地主が中心。親王的で，これがのちの**保守党**になります。

ホイッグのほうは国王に批判的な人々が多かったようです。また支持基盤は商工業者が中心……，とは言ってるけど，これはかなり便宜的な区別です。ホイッグ党にも地主はいるし，トーリ党にも商工業者はおります。そのホイッグ党はのちの**自由党**になります。正誤問題の誤文では，自由党はよく「のちの労働党（×）です」になっています。これには注意。

📖 ジェームズ２世

さて，1685年にチャールズ２世は亡くなり，弟がジェームズ２世として即位しました。

オスッ，おいらジェームズ，オスッ，おいらカトリック

ジェームズ２世
（位1685〜1688）

彼は信仰寛容宣言というのを発して，**カトリックの復活**を広言しました。またそのほかにも，議会を無視して多数の常備軍を組織したり，王位継承を主張した先王チャールズ２世の息子を残酷に処刑したりしたため，民心はジェームズ２世から離れてゆきました。

📖 名誉革命

そして **1688年**，議会は，**ジェームズ２世の娘**メアリの夫でプロテスタントだった**オランダ総督のオラニエ公ウィレム３世**に対して，イギリス国王になることを要請しました。するとウィレムは５万の大軍を率いて，イギリスに上陸。抵抗不可を悟ったジェームズ２世は，**フランスに亡命**することになりました。これを名誉革命と言います。ピューリタン革命と違って，大きな流血がなかったことが，“名誉”だった理由です。

■ ウィリアム3世とメアリ2世

ウィリアム3世
（位 1689～1702）

メアリ2世
（位 1689～1694）

（ジェームズ2世）
おとうさんは、
かわいそうだけど…

おとうさんは、
かわいそうだけど…

　　　　　　　　オラニエ公ウィレム3世はイギ
リス国王ウィリアム3世に，メア
リはメアリ2世として王位につき
ましたが，その前後の経過を確認
しましょう。

▶名誉革命前後の国際情勢

　　　　　　名誉革命が起こった**1688年**と
いう年は，ファルツ戦争が始まった年です（→ p.320）。確認しとこうか。こ
の戦争は，ルイ14世のドイツへの領土拡張に対して，**イギリス・オランダ・**
ハプスブルク家が連携して戦った戦争ですね。

　ちなみに，イギリスとオランダは1674年までは**第3次英蘭戦争**で戦って
いましたね。しかし，その後は**フランスの強大化に対抗**するべく，**イギリ**
スとオランダは連携の道を選択しました。そのために，1677年に2人は結
婚したのでした。

▶「権利の宣言」と「権利の章典」

　さてハナシを名誉革命に戻しましょう。

　議会は，**1689年**2月にウィリアムとメアリに「**権利の宣言**」を提出し，2
人はこれを承認して王位につきました。さらに同年12月に，議会は「権利の
宣言」を「**権利の章典**」として法律化しました。英語で"Bill of Rights"ですね。
　権利の章典には，**立法や財政**に関して，**議会の権限**が**国王大権**に**優越**す
ることが明記されました。こうして，

> **権利の章典，およびそれを生んだ名誉革命によって，**
> 　　　　**議会主権と立憲体制が確立した。**

と言えます。また，議会における**言論の自由**や，**国民の生命・財産の保護**
も明文化されました。

■ 立憲体制のメリットは？

ところで，諸君，「立憲体制（りっけんたいせい）」とは，憲法に従（したが）って政治を進めること。じゃあ，

Ｑ 立憲体制（立憲政治）のメリットはどこにあるのか？

答えはズバリ，政治で大失敗をしない，というところにあるのです。**立憲政治**，すなわち**憲法に従った政治**が，常にめざましい成功を収（おさ）めるというわけではありません。しかし，憲法に準（じゅん）じた政治には大失敗がきわめて少ないのです。……もう少し説明しようね。

まず，そもそも**憲法**とは，**国家・社会を運営するための基本的ルール**のことを言います。そしてその憲法には何が記（しる）されているかというと，過去における**政治上の大失敗の経験**と，**"同じミスはしないようにしよう"**という**戒（いまし）め**の文章が書き連ねてあるのです。

嘘（うそ）だと思うのなら，**世界の憲法を読んでみい！** 条文（じょうぶん）の多くは否定形の文章ですよ。"…してはならない"の文がなんと多いことか。要するに，

　憲法とは権力者が好き勝手できないように，権力者の手を縛（しば）るもの。

でもあるのです。

憲法に従って，（イギリスの場合は形式上だが）国王が政治を行う体制を**立憲王政（おうせい）（立憲君主政）**と言いますが，図解にすると次ページのような感じです。**たとえ王様が無能でも，憲法に従って政治をやってくれれば，国家は滅（ほろ）びない**。これが立憲王政の基本的な考え方ですね。

『世界憲法集』（岩波文庫）
日本国憲法をはじめ，**世界初の成文憲法であるアメリカ合衆国憲法**，**直接民主主義を基底とするスイス憲法**，隣国である韓国や中華人民共和国の憲法などが収められている。では「イギリス国憲法」は？ 大学に行ったら必読！

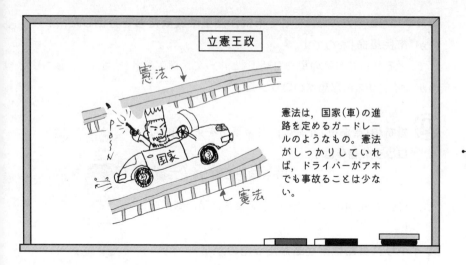

立憲王政

憲法は，国家（車）の進路を定めるガードレールのようなもの。憲法がしっかりしていれば，ドライバーがアホでも事故ることは少ない。

📖 市民革命とは何か？

　それから，イギリス革命を「市民革命」と位置づける見方があります。

　ここで「市民革命とは何か？」も含めて，説明しとこう。

　まず「市民」って何だ？　これは福岡市民，大阪市民という場合の「市民」とは違うよね。ヨーロッパ史で「市民」という場合は，「都市民」という意味だ。すなわち，中世以来，都市を中心に商工業に従事してきた商工業者のこと。要するに，ものをつくったり（つくらせたり）売ったりして，金儲けをやってる連中のことだね。

▶市民革命，青木による怒りの説明

努力しないヤツ，大キライ！

　単に土地を所有し，それを農民に貸して，たいした努力もせずに地代を徴収している貴族や坊主とは違うんだ。そう，それに対して商工業者は努力する人たちなの。

　ところが，その努力して金儲けやっている市民（商工業者）に対して，何の経営努力もしていない国王や貴族や坊主どもが，……何かだんだんテンション上がってきたな（笑），まあとにかくそんな連中が「いちゃもん」をつけるんだね。商工業者に対して，「お前らだけ税金払え」「儲けの一部よこせ」とか言ってね。

　それに頭にきた商工業者が，「いい加減にしろ！」。でも，国王や貴族た

ちはやめなかったのね。そこで**市民が国王や貴族たちを打倒した**，というのが「**市民革命**」なのです。

で，「それって当然の権利だぜ！」と言って，商工業者（や地主）を励ましたのが，イギリスの思想家の**ロック**だ。

Q 抵抗権（革命権）を掲げ，名誉革命を正当化したロックの著作は？
—『**市民政府二論（統治二論）**』

これは 1690 年の発刊だから，名誉革命後の話だね。

（岩波文庫）

▮ イギリス革命は市民革命だったのか？

さて，以上の説明で，わたくしは市民革命とは**商工業者中心の革命**であるということを強調したかったわけです。

一方で，イギリス革命の場合はというと，たしかに**経済活動の自由**や，**私有財産の不可侵**など，**市民たちの要求は達成**されました。その点で，たしかに「**市民革命であった**」と主張することは可能です。

しかし，東インド会社なんていう特権商人団体は，あいかわらず幅をきかせているし……。

また，イギリスの場合，**革命の主体**はどう見ても**ジェントリ・ヨーマン**で，「**それに加えて市民（商工業者）も**」って感じなんだよね。だから，イギリスの場合は，「市民革命とは言えないじゃないか」という見方も成立するわけだ。これは，教科書の脚注レベルにも載っている情報です。一応，念のために。

④ イギリス議会政治の発展

📖 別冊プリント p.113 参照

　さて，革命で**議会主権は確立**しましたが，このあとの**イギリスの議会政治の発展**についても見てまいりましょう。

■ウィリアム3世時代——政党政治の始まり

　1694 年に**メアリ2世**が亡くなり，**ウィリアム3世の単独統治の時代**に，**イギリスの下院（庶民院）で多数を占めた政党が内閣を構成して行政を担当する**という慣行が始まりました。この慣行を**政党政治**と言います。

　ウィリアム3世ってもともとオランダ人で，メアリとのあいだには世継ぎは生まれませんでした。そこで，メアリ2世の妹の**アン**が王位を継ぐことになっていました。そんなこともあってウィリアム3世って，イギリスの政治に対して一所懸命という感じではなかったようです。

　そこで，**本来は法律を制定するために議会に登場した政党**が，「じゃあ，**行政も担当しますか**」ということになったのです。

　それから **1694 年**には**イングランド銀行も設立**され，**財政制度の整備（財政革命）**も進みました。**財政革命**は，イギリスが**植民地抗争**で勝ち抜く決定的な背景となります。これについてはいずれまた（→ p.378）。

　また 1689 年には，**寛容法**という法律も制定され，**国教徒以外のプロテスタント諸派の信仰の自由**が保障されました。ということは，**カトリック**はダメなのですね。それから，寛容法は，**フランス**で弾圧された**ユグノーの亡命**を受け入れる契機ともなりました。

■アン女王

　さて，ウィリアム3世も亡くなると，メアリ2世の妹である**アン女王**が即位しました。彼女の治世**1707 年**に，**スコットランドとイングランドが合併**し，**グレートブリテン王国が成立**します。

■ハノーヴァー朝成立

さて，アン女王は結婚はしましたが，世継ぎには恵_{めぐ}まれず亡くなりました。これで**ステュアート朝は断絶**_{とうぜん}し，彼女の遠縁にあたるドイツ人貴族の**ハノーヴァー選帝侯**がジョージ１世として即位しました。

こうして**ハノーヴァー朝が成立**しました。これは現在のイギリス王朝**ウィンザー朝の前身**ですね。

名前が変わった理由ですか？　それは**第一次世界大戦**_{ぼっぱつ}の勃発でした。大戦でイギリスとドイツが戦うことになり，「ハノーヴァー」というドイツ風の名前はまずい，ということになったのです。またウィンザーとは，イギリス王室の離宮_{りきゅう}の所在地です。これにちなんで，ウィンザー朝となりました。

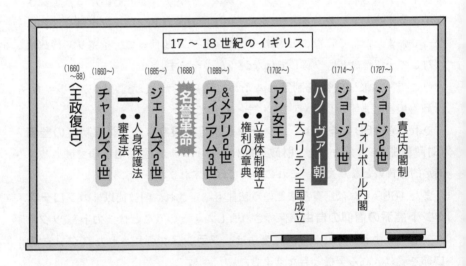

17〜18世紀のイギリス

(1660〜88)　〈王政復古〉　チャールズ2世

(1660〜)　ジェームズ2世　・人身保護法　・審査法

(1685〜)　名誉革命

(1688)　ウィリアム3世＆メアリ2世　・立憲体制確立　・権利の章典

(1689〜)　アン女王　・大ブリテン王国成立

(1702〜)　ハノーヴァー朝

(1714〜)　ジョージ1世　・ウォルポール内閣

(1727〜)　ジョージ2世　・責任内閣制

■責任内閣制

さて，ハナシはジョージ１世ですが，英語はしゃべれんわ，さらにウィリアム３世以上にほとんど政治にはタッチしませんでした。そこで，議会多数派の**ホイッグ党**が**内閣**をつくり，国王にかわって**行政**も行いました。首相は，ホイッグ党の党首**ウォルポール**でした。ところで，

Q ホイッグ党のウォルポールの下で基礎ができた政治制度をなんと言うか？

——責任内閣制

責任内閣制（≒議院内閣制）って知ってる？

責任内閣制とは，議会で多数を占めた政党を中心に内閣が組織され（**議院内閣制**），その**内閣が議会に対して責任を負い**ながら行政を担当する政治システム（**責任内閣制**）のことです。

議会とは，**国民の代表が集って話し合いをする場**だよね。ということは，**内閣は議会を通して間接的にではありますが，国民に対して責任を負いな**がら行政行為を行う，ということになるわけです。

▶ウォルポールの決断

責任内閣制が成立した瞬間の事情も説明しておきましょう。

1741年に，**ウォルポール率いるホイッグ党**は選挙で敗北し，それを受けて，ウォルポールは首相職の辞任を表明しました。国王**ジョージ2世**は慰留しましたが，ウォルポールは辞任してしまいました。ここは，本人に聞いてみましょう。じゃあ，ウォルポールさん，どうぞ。

簡単な話ですよ。**国王陛下の信任よりも，選挙で示された国民の信任のほうが，私にとっては重要**なのです。国民がホイッグ党を信任していない以上，ホイッグ党と私は，内閣にとどまるべきではありません。

ウォルポール
（首相：1721～1742）

なーんか俺の顔つぶされた気がする…

ジョージ2世
（位1727～1760）

こらえて下さい陛下

▶イギリスの選挙制度について

責任内閣制は，**議会制民主主義を支える2本の柱の1つ**です。

そしてもう1つの柱は**普通選挙制**です。国民が差別されることなく，1票を行使できるかどうか。しかし残念ながら，当時のイギリスは**普通選挙制ではありませんでした**。当時のイギリス議会の選挙権は，**土地所有者に限ら**

第42回 ピューリタン革命と名誉革命

367

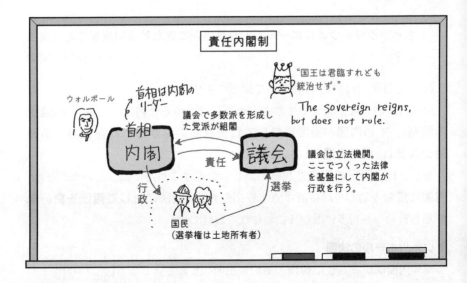

責任内閣制

ウォルポール

首相は内閣の
リーダー

首相
内閣

行政

議会で多数派を形成し
た党派が組閣

責任

選挙

国民
（選挙権は土地所有者）

議会

"国王は君臨すれども
統治せず。"

The sovereign reigns,
but does not rule.

議会は立法機関。
ここでつくった法律
を基盤にして内閣が
行政を行う。

れていて，有権者は国民の 10％にも満たなかったと言われます。また**秘密投票制ではなかった**ため，有力者によって選挙が左右されやすかったのでした。

▶国王の立場

それから国王ですが，責任内閣制が定着し，**立法**は**議会**が，**行政**については**内閣**が行うようになると，国王はもう存在するだけのものになります。これを象徴的に示す言葉が，「**国王は君臨すれども統治せず**」です。

▶イギリスには「イギリス国憲法」はない!?

またイギリス立憲制の特色として，日本やアメリカのような**成文憲法が存在しない**ことがあげられます。……そう，イギリスには「イギリス国憲法」なんてものは存在しないよ。

じゃあ，何が**事実上の成文憲法**として位置づけられているかというと，歴史のなかで採択された政治上の重要文書，たとえば **1215 年のマグナ=カルタ**とか**名誉革命時の権利の章典**，それに重要な裁判の判例だとかが総合されて，「イギリスはかくあるべきだ」という指針が形成されてきたのです。

イギリスは政治も経験論なのですね（→ p.388）。

以上で，イギリス革命と議会政治のお話でした。

ヨーロッパ諸国の海外進出と植民地抗争

オランダ，イギリス，フランスの抗争

この回では，ヨーロッパの**海外進出**と**植民地抗争**をお話しします。

① オランダの覇権

📖 別冊プリント p.114 参照

1492 年のコロンブスの航海を契機に，ヨーロッパは世界に進出していきました。16 世紀のポルトガルとスペインの動向は，すでに勉強しましたから，ここではまず **17 世紀**に飛躍する**オランダ**の動向を見てまいりましょう。

すでに，ヨーロッパにおけるオランダの経済活動は述べました（→ p.308）。そこで，ここではオランダの海外進出についてお話ししましょう。

🟥 オランダの覇権

17 世紀前半にオランダは国際商業の覇権を握りました。**1602 年**には東インド会社も設立されましたね。

オランダはアムステルダムを中心に世界へ飛躍していきましたが，初めに**アジア**に対する侵略の様子を見てみましょう。

▶オランダのアジア進出

Q 1619 年，オランダがジャワに獲得した拠点は？

——バタヴィア

現在の**ジャカルタ**です。そして **1623 年**にはアンボイナ事件を通じて，**モルッカ（マルク）諸島**，別名**香料諸島**の支配権を確立しました。アンボイナ島はモルッカ諸島にある島で，ここでオランダはイギリス人などを虐殺しました。一方，敗北した**イギリスはインド本土へと方向転換**しました。しかしこれは長い目で見ると成功だったと言えます。……まっそれについてはいずれ。

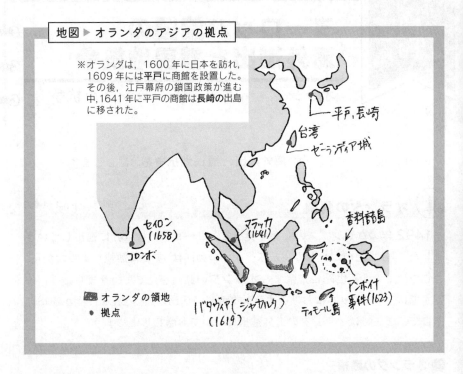

※オランダは，1600年に日本を訪れ，1609年には平戸に商館を設置した。その後，江戸幕府の鎖国政策が進む中，1641年に平戸の商館は長崎の出島に移された。

ついで 1624 年，オランダは台湾を征服しました。

オランダ人は台湾南部に城塞を築き，これをゼーランディア城と名づけました。その後，約 38 年間，明の遺臣鄭成功に奪還されるまで支配します。オランダはこの台湾を拠点に，ポルトガルに続いて日明貿易などの東シナ海貿易にも参入するのでした。

さらにオランダは，ポルトガルから 1641 年にマラッカ（ムラカ）を，1658 年にはセイロンを奪取しました。また，オランダは，鎖国下の日本と貿易を行ったヨーロッパ唯一の国となりました。日本での拠点は長崎の出島です。

▶太平洋地域・アメリカ

一方，太平洋においては，オランダ人の探検家のタスマンがタスマニア島，ついでニュージーランドに到達しました。これは 1642 年のことでした。

次はアメリカです。まず，オランダ東インド会社に雇われたイギリス人ハドソンが，北米大陸の東海岸を探検して，その地をオランダ領ニューネー

デルラントと命名しました。

ハドソン湾に到達したあと、行方不明になりました。

その中心都市は**ニューアムステルダム**でした。ちなみにこのハドソンは，**ハドソン湾**と**ハドソン川**にその名を残す人物です。

なおこの地は1621年に**西インド会社**の管轄に置かれることになりました。この会社は，アジア中心の東インド会社に対して，**アメリカやアフリカの西海岸**を中心に活動する組織です。

しかしここは**第2次英蘭戦争**の直前にイギリスに奪われてしまうのです。ニューアムステルダムは現在の**ニューヨーク**に改名されました。

またオランダ（西インド会社）は，それ以前に**ポルトガル領**のブラジルに攻撃を加えて一部の地域を支配し，そこでポルトガルと同様に**サトウキビのプランテーション**を経営しました。労働力はアフリカから移送した**黒人奴隷**。こうした背景もあって，オランダは**大西洋三角貿易**の一角をしめる**大西洋奴隷貿易**に参入したのです。

▶南アフリカ

一方**1652年**には，東インド会社によって南アフリカにも植民地が建設されました。これが**ケープ植民地**です。現在の**南アフリカ共和国**の一部になります。そしてそこに本国から移民がやってきました。彼らの多くは農民でしたが，この移民のことを**ブール（ボーア）人**と言います。

ここは**1815年**の**ウィーン議定書**によって**イギリス領**になるまで，オランダが保持し続けます。

◤ 覇権国家オランダ

アジア・アフリカ・アメリカだけでなく，ヨーロッパでも**バルト海貿易**などで，オランダは活発に活動しました（→ p.308）。

こうして，**17世紀のオランダ**は，生産・商業・金融の面で他国を圧倒する存在になりました。このように**経済活動**を通じて**スーパーパワーを持った国**を，「覇権国家」と言います。この「覇権国家」の定義は，アメリカの歴史学者**ウォーラーステイン**によるものです。そして，オランダこそ史上初の覇権国家であり，「17世紀はオランダの世紀」でした。

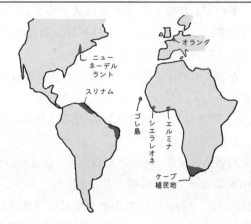

地図 ▶ オランダの新大陸・アフリカの拠点(17世紀半ば)

※アフリカの，ゴレ島，シエラレオネ，エルミナは，いずれも奴隷貿易の拠点だった。ゴレ島は，セネガル共和国の首都ダカールの沖合に浮かぶ島で，1978年にユネスコの世界遺産となった。

ニューネーデルラント
スリナム
オランダ
ゴレ島
エルミナ
シエラレオネ
ケープ植民地

■ オランダの植民地
● オランダの拠点

オランダは**自由貿易と海洋の自由航行**を掲げて世界の海で活動しましたが，その活動を擁護することに貢献した学者がいます。

Ⓠ 『海洋自由論』や『戦争と平和の法』を著して，"国際法の父"と言われるオランダ人は誰か？

——グロティウス

グロティウス

とくに1609年に刊行された『**海洋自由論**』は，1494年に**ポルトガル**と**スペイン**がお互いの勢力範囲を決めた**トルデシリャス条約**などを否定し，"海洋はみんなのものだ！"と主張した著作です。文字どおり，オランダがもっとも必要としていた書物ですね。

ちなみにこのあと覇権は，**イギリス**が**18世紀から第一次世界大戦**あたりまで保持し，その後は**アメリカ**が握ることになります。

16世紀のスペインは覇権国家とは言いません。たしかに軍事力はありましたけど，戦争や王室の贅沢などによって，国家財政は1557年に破産していますからね。……少なくともウォーラーステイン先生の覇権国家の定義には該当しないのです。

スペインは覇権国家じゃないよ

まったく

ウォーラーステイン先生

■ オランダの退潮——英蘭戦争

さて、オランダも、**17 世紀中盤**以降になると**イギリス**そして**フランス**などにも攻撃されて、覇権を失っていきました。

なぜイギリスと戦争が始まってしまったのか？ 発端は、イギリスが**1651 年**に出した航海法（こうかいほう）という法令ですが、

Ⓠ 航海法を発布した当時のイギリス共和政政府のリーダーは？
——クロムウェル

この法令は論述問題で、「**内容**を 1 行で記しなさい」という形でよく出されます。そのときは、

> **イギリスに入港する船を、イギリス船か貿易当事国の船に限（かぎ）った法令。**

と書いておけばよいでしょう。さらに「航海法の**目的**、**結果**（影響）を書け」と要求されたら、

> **中継貿易**で繁栄（はんえい）していたオランダを**排除**（はいじょ）する目的で発布され、英蘭戦争の勃発（ぼっぱつ）という結果をもたらした。

と書きましょう。ちなみに、法令文のなかには「オランダを排除する」という章句はありません。念のため。

さて、この法令発布を契機として、イギリスとオランダの対立が激化し、**1652 年**から**第 1 次英蘭戦争**が始まりました。そし

そうです8
イギリス

イギリスには来るなってことか?!
オランダ人商人

て第 2 回は 1665 年から。この 2 回戦では、オランダが優勢でした。

そして**第 3 回の英蘭戦争**のときには、フランスのルイ 14 世もオランダに攻撃を展開しました。**1672 年**に始まる**オランダ（オランダ侵略）戦争**ですね。70 年代に英仏 2 国から攻められたことは、オランダにとってダメージになりました。

■ オランダが勝てなかった原因

オランダが勝てなかった原因はどこにあったのでしょうか？

まず，オランダが連邦制をとっており，戦争を遂行するのに不可欠な強力な中央集権体制が欠如していたことがあげられます。

また経済力にも弱点を抱えていました。それはオランダが中継貿易・加工貿易に頼っていたことです。要するに，原材料を自国で生産していなかったので，その供給を止められたらアウトですよね。

その点，イギリスは強かった。イギリスの経済力の基盤は毛織物産業ですね。「国民産業」と言われるほどイギリスに根付いた産業でした。そしてその原料である羊毛も自国生産です。これは確かに強いわな。

ただね，これでオランダがボロボロになったわけじゃないんだよね。何せ17世紀に世界を相手に"荒稼ぎ"してたものですから，お金を蓄えていました。それで金融で利益を上げたり，また東インド会社は18世紀になってもあいかわらずアジアとの貿易で稼いでいました。アジアとの貿易額だって，18世紀の後半までは，イギリスよりずっと多額でしたからね。

■ イギリスの対オランダ政策の転換

17世紀の英仏は重商主義政策を取りました。航海法などは，その最たるものです。これは国家主導の経済政策ですが，先行するオランダに対抗するために，国家主導にならざるを得なかったんですね。ですから，17世紀英仏の重商主義は，「対オランダ」の政策だったのです。

しかし，ルイ14世が始めたオランダ戦争(1672〜1678)の途中から，イギリスは強大化するフランスに対抗するために，オランダ支援の側に立ちました。これを契機に英蘭関係は，対立から友好へと転換していくことになります。

具体的には，当時のイギリス国王チャールズ2世の姪メアリが，オランダ総督ウィレム3世と，1677年に結婚したのでした。総督とは，スペイン植民地時代の名称の名残で，事実上オランダの君主でした。ちなみに1677年ということは，オランダ戦争の最中ですね。

② 英仏の植民地抗争

📖 別冊プリント p.115 参照

▣ 第2次百年戦争（1689 ～ 1815）

　オランダとの戦いを優勢のうちに終えたあと，イギリスはフランスとのあいだに，**1689年**から**1815年**までの長きにわたって**植民地抗争**を展開しました。これを**第2次百年戦争**と言います。

　これはイギリスの歴史家シーリーの言葉です。ナポレオンが没落（ぼつらく）するまで戦いは続くのですが，力関係から言うと，**七年戦争**と並行して展開された**フレンチ＝インディアン戦争**の段階で，ほぼ決着はついています。これを含む有名な戦争を，4つ見てみたいと思います。とくに領土の変更があるものについては要注意です。

▶ウィリアム王戦争（1689 ～ 1697）

　まず1回戦が，**1689年**に始まる**ウィリアム王戦争**です。ウィリアム王というのは，名誉（めいよ）革命で即位した英国王**ウィリアム3世**のことで，北米での戦争をイギリスの連中がこう呼ぶんです。ヨーロッパでは**ファルツ（ファルツ継承（けいしょう））戦争**が展開されていますね。

　ファルツ戦争の講和条約はライスワイク条約——これはウィリアム王戦争の講和条約でもあるのですが，ほとんど引き分けだったので，内容は覚えなくてもいいです。

▶アン女王戦争（1702 ～ 1713）

　そして2回戦。ヨーロッパで**スペイン継承戦争**が展開されているときに，英仏は再び新大陸でぶつかりました。これをイギリス人は，当時の女王にちなんで，**アン女王戦争**と言います。

Ｑ 1713年に結ばれた，スペイン継承戦争およびアン女王戦争の講和条約は？　　　　　　　　　　　　　——ユトレヒト条約

　これでフランスから北米の領土を，スペインからヨーロッパの領土を獲得します。これは次ページの地図で確認しましょう。

　ユトレヒト条約の結果。まず**ブルボン朝フランス**から得たところはどこかというと，北米の**A，B，C**の3か所です。

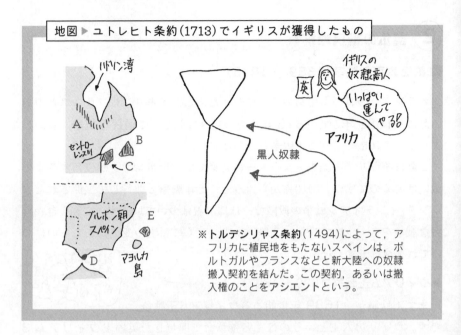

地図 ▶ ユトレヒト条約（1713）でイギリスが獲得したもの

※トルデシリャス条約（1494）によって，ア
フリカに植民地をもたないスペインは，ポ
ルトガルやフランスなどと新大陸への奴隷
搬入契約を結んだ。この契約，あるいは搬
入権のことをアシエントという。

　Aはハドソン湾地方です。続いてBは北米大陸の東側にある島です。これ
がニューファンドランド。Newfoundland。訳せば"新発見島"ですね。

　そして地図中のCがアカディアです。このアカディアを，イギリスは**ノヴァ
スコシア**と呼びました。"新しいスコットランド"という意味のラテン語です。
なぜそう呼んだかって？　だってその南は，マサチューセッツなどがある
ニューイングランド植民地じゃないか。なのでイングランドの北だからスコッ
トランドだよ。この3つの領土は**フランスから獲得**したものです。

　つづいて，フランスとともにイギリスと戦った**ブルボン朝スペイン**から
もイギリスは領土を獲得しました。それがDとE。まずDはジブラルタルで
す。そしてEはミノルカ島です。ジブラルタルは現在もイギリス領ですね。

　それから，イギリスは，**アメリカのスペイン植民地への奴隷の搬入契
約（搬入権）**も獲得しました。この権利をアシエントと言います。

▶イギリスとポルトガルの関係

　それから，ついでと言っては何ですが，この戦争の最中の**1703年**，イ
ギリスはスペインの隣国**ポルトガルと通商条約**を結びました。これをイギ
リスの外交官の名にちなんで**メシュエン条約**と言います。これによって**関税**

は引き下げられ, イギリスの安価な毛織物がポルトガルに流入して, ポルトガルの毛織物産業は壊滅しました。またポルトガル産のワインや, ポルトガルの植民地であるブラジル産の金がイギリスに流入しました。これ以降, ポルトガルはイギリスの経済的従属下に置かれることになります。

▶ジョージ王戦争 (1744 ～ 1748)

さて3回戦はオーストリア継承戦争に呼応して展開されたジョージ王戦争です。講和条約は1748年のアーヘンの和約なんですが, これもだいたい引き分けだったので, 細かい内容は覚えなくていいです。

ただし, フランス国王がルイ14世からルイ15世に代わっている点に注意。さらに, イギリスの王朝もステュアート朝からハノーヴァー朝に代わっているね。戦争当時の国王はジョージ2世です。

▶フレンチ=インディアン戦争 (1754(1755) ～ 1763)

そして, いよいよ事実上の決戦です。ヨーロッパで七年戦争 (1756 ～ 1763) が展開されているときに, 英仏は北米でフレンチ=インディアン戦争を展開しました。そしてフランス敗北。講和条約は1763年のパリ条約です。

同時にインドでもイギリスとフランスはぶつかり, フランスはここでも負けました。ちょっと確認しておきましょうね。

Q イギリス東インド会社の傭兵軍と, フランスとインド地方政権の連合軍が起こした戦いは？　　　　　　　　　——プラッシーの戦い

プラッシーの戦いは1757年で, 場所はベンガル地方ですね。さて,

Q パリ条約でイギリスがフランスから得た領土は, カナダとどこか？
　　　　　　　　　——ミシシッピ以東のルイジアナ

ミシシッピ以西のルイジアナは, フランス領からスペイン領になりました。確認ですがスペインもフランスとともにイギリスと戦いました。

Q そのスペインからイギリスが得た領土は？　　　　——フロリダです。

こうしてフランスは北米大陸の領土を失ったのでした。

▨ イギリスの勝因

　イギリスは勝利しました。当時の国王は**ジョージ3世**。19世紀の初めに，フランスはナポレオンまで繰り出してイギリスに挑みましたが，ダメでした。

　それから100年間，すなわち第一次世界大戦まで，イギリスは「**覇権国家**」として世界に君臨します。いわゆる「**パックス=ブリタニカ」の時代**となるわけです。こうして広大な植民地を有するようになったイギリスは「**イギリス帝国**」と呼ばれるようになりました。

パリ条約でイギリスが獲得した北米の領土（赤字で示す）

■ イギリスの13植民地

　次に，イギリスの勝因についても説明しておこう。

　最大の勝因は戦争に投入できる**資金をたくさん準備できた**ことにありました。じゃあ，なぜ準備できたのか？

▨ 財政革命

　結論から申しましょう。17世紀の**イギリス革命**によって，国王やその取り巻きのやりたい放題だった**国家財政を健全化**し，また**戦争のために必要な資金を，思い切り借金できる体制**ができあがっていたのでした。

　そもそも**財政**とは，国家（≒政治権力）が税などの収入を確保し，それを何かのために支出することを言います。予算を立て，それに従って，橋を架けたり，水道をつくったりね。

　ところが**戦争**になると，**急に大きな額のお金が必要**になりますよね。従来の税収では，スケールの大きな戦費はまかなえません。だれかに**借金をしないと絶対に無理**です。

　そこで**国債の発行**が必要となるのです。**国債**とは，**国がする借金**のこと。国債の発行は，今の日本もやってますね。私？　国債買ってるかって？　買

わないよ，そんなもの！　俺，この国と国民のことは好きだけど，政府のことを，あんまり信用してないもん(笑)。

これに対して，当時のイギリス政府は，安定した税収を担保(たんぽ)にして，国債を買ってくれる人々に対して，元利(がんり)（元金と利子）の支払いを保証しました。こうしてイギリス政府は，きわめて**信頼性の高い国債の発行**が可能だったのです。

信頼あるイギリス国債と，信頼なきフランス国債

ついでに言っちゃうと，政府が国債を発行する際には，**議会の承認(しょうにん)**が必要でした。この手続きは，イギリス国債に**更(さら)なる信用**を与えました。だって，議会（とくに**下院**）に結集している連中って，ジェントリや商工業者だろう？"まじめに努力して金儲(もう)けやってる連中の議会だから，カネの借金を踏(ふ)み倒(たお)させるようなことはしないだろう"という信頼があったのです。

その点で**フランスはダメ**だな。だって財政は**国王**の思いのまま。お金があったら，すぐに**ヴェルサイユ宮殿(きゅうでん)**つくっちゃうんだもん(笑)。

さて，政府が発行した国債は，**イングランド銀行**が引き受けて，イギリス国民や，17世紀に大活躍(だいかつやく)し豊富(ほうふ)な資金を有する**オランダに転売**するようになりました。

こうしてイギリスは莫大(ばくだい)な戦費の調達ができるようになったのです。これを**財政革命**と言います。

③ 大西洋三角貿易（17世紀・18世紀）

📖 別冊プリント p.116 参照

ではこの回の最後に，**17・18世紀の大西洋三角貿易**について，**アジアとの貿易**にも目を配(くば)りながらお話ししましょう。大西洋三角貿易は**16世紀**に成立しましたが，**17世紀半ばから18世紀に全盛期(ぜんせいき)を迎(むか)えました**。また，

商品の内容には変化も生じています。ではまいりましょう。

▌大西洋三角貿易の構造

　ヨーロッパからアフリカに向かって流れる商品は，武器や，ガラスなどの雑貨ですね。また**インド**で生産された**綿織物**は，一部がヨーロッパで消費される一方，**再輸出用商品としてアフリカや西インド諸島**などに運ばれるようになりました。

　これらを渡す相手は，アフリカの黒人部族です。で，それを受け取った黒人部族が，"同胞<ruby>同胞<rt>どうほう</rt></ruby>"に対して奴隷狩り<ruby>奴隷<rt>どれい</rt></ruby>を行い，捕虜を奴隷としてヨーロッパの**奴隷商人**に渡すのでした。

　ヨーロッパの商人たちは黒人奴隷を海岸で船に積み込み<ruby>積<rt>つ</rt></ruby>，新大陸やカリブ海域に向かいます。この航路を**中間航路**と言い，多くの奴隷たちが病死したと言われます。狭い<ruby>狭<rt>せま</rt></ruby>船倉<ruby>船倉<rt>せんそう</rt></ruby>にぎゅうぎゅう詰めにされた奴隷たち。不潔<ruby>不潔<rt>ふけつ</rt></ruby>な環境では，すぐに病気が広がりました。

　"運良く"新大陸に到達した奴隷には，**プランテーション**での労働が待っていました。プランテーションとは，輸出用**商品作物**<ruby>商品作物<rt>しょうひんさくもつ</rt></ruby>**を栽培する大農園**のことを言います。

　この奴隷貿易は**16 世紀**は**ポルトガル**と**スペイン**が行い，**17 世紀**にな

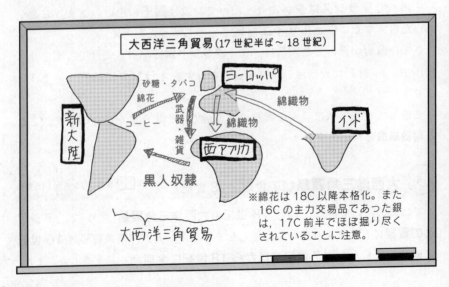

るとポルトガルを中心として**イギリス・オランダ・フランス**も参入してきました。そして**18世紀**には**イギリス**が最大の奴隷貿易国となりました。

📖 各地のプランテーション

では，プランテーションで何を栽培したかというと，まずはサトウキビですね。原産地はニューギニアのあたりだと言われています。

それが7・8世紀以降になって，**アッバース朝**治下の**イラク**，そして地中海沿岸やアフリカの東岸・西岸に伝播しました。エジプトのアイユーブ朝やマムルーク朝では重要な**商品作物**でしたね（→第1巻 p.336）。

そして**16世紀**には，**ポルトガル**が**ブラジル**で，**スペイン**が**カリブ海域**の島々でサトウキビの栽培を始めました。さらに**17世紀**には，**英仏**がカリブ海域の**西インド諸島**で栽培を始めました。とくにクロムウェルの時代に征服された**英領ジャマイカ**や，**仏領ハイチ**などは有名です。またブラジルの一部を支配した**オランダ**もサトウキビ=プランテーションを経営しました。

コーヒーはというと，15世紀までは**イスラーム商人**の独占品でしたが，16世紀に南インドに持ち出され，1699年に**オランダ**がジャワに持ち込み，**18世紀**になって，**サトウキビ**とともに栽培を始めました。ブラジルでコーヒー栽培が始まるのも18世紀に入ってからですね。

さて，各地で生産されたサトウキビは，刈り取られるとすぐにプランテーションに併設された作業場で**砂糖**に**精製**されて，ヨーロッパや北米に輸出されました。

また，**北米大陸の南部**や**西インド諸島**では，タバコや綿花のプランテー

メリメ
（1803～1870）

メリメはフランスの作家。短編小説の名手で，「マテオ=ファルコネ」「ヴィーナスの殺人」など傑作ぞろい。そのなかに「タマンゴ」という奴隷貿易を題材にした作品がある。だまされたと思って一読あれ！　なおメリメは「カルメン」の作者でもある。本当におもしろい。
（作品は岩波文庫に所収）

エトルリヤの壺
他五篇
メリメ作
杉 捷夫訳

赤534-1
岩波文庫

ションも経営されました。

これらの商品はヨーロッパに送られるわけですが，とくに砂糖や綿花は「白い商品」と呼ばれて重視されました。これに対して黒人奴隷は「黒い商品」と呼ばれていたとのことです。

一方，16世紀にはアメリカから大量の銀がヨーロッパに流入しました。しかし，**17世紀半ば以降**になると**急激に生産は減少**し，ほとんどの銀山でいったんは掘り尽くされたようです。

「黒い商品」だなんて、ヒドイ話です！

▧ アフリカはどうなったのか？

さて，アフリカには，**奴隷貿易で"栄える"国**が登場しました。ポルトガルとの関係が深かった**ベニン王国**，それに**ダホメ王国・アシャンティ王国**などですね。いずれも**ギニア湾**の沿岸にできた国です。

ダホメ王国なんて，国王が住民に対して生殺与奪の権限を持っていたと言います。要するに，国王はやりたい放題なわけ。住民のあいだにスパイ網をつくり，反発を抑えました。徹底した恐怖政治を行って，奴隷狩りという"不健全"な利益追究の体制を防衛しようとしたのです。

このような大量の人員の収奪は，**アフリカの伝統社会を崩壊**させてしまいます。「大量」と言いましたが，19世紀までに，少なくとも**2000万人**がアフリカから奪われました。しかも，奴隷狩りの対象はどうしても青年たちが中心となります。多くの若い力を突然奪われてしまった各地の黒人社会が，どれほど疲弊したかは想像にあまりあります。

また，"狩る側"，"狩られる側"の対立を中心に，**黒人部族間の対立**も激しくなりました。さらにはアメリカに流入した黒人たちには，激しい労働とともに，忌まわしい**人種差別**が待っていました。それは，残念ながら今日まで残存していると言わざるをえません。

▶「低開発諸国（地域）」の誕生

これまで，欧米や日本などの**「先進工業国」**は，**アジア・アフリカ**やラテンアメリカなどを**「発展途上国」**とか**「後進国」**と呼んできました。

しかし，これらの地域は，「発展」の「途上」でも，「後」から「進」んでくるわけでもないのです。そうではなく，ヨーロッパによって，**最初から「発展**

382

の芽を摘み取られて，長いあいだ，「低開発」の状態に留め置かれてきたのです。そしてひたすら，ヨーロッパにとっての，原材料供給地，生産物を販売する市場，さらにはアフリカのように奴隷という労働力の供給地として機能させられてきたのです。

とくに原材料供給地では，ヨーロッパの産業に資する特定の産物（農産物・鉱産物）の生産をなかば強制されました。これを「モノカルチャー化」と言います。日本語だと，「単一商品の生産地として特化」となりますね。

■ ヨーロッパは繁栄する

▶イギリスの商業革命

こうしたアフリカやラテンアメリカなどの「犠牲」の上に，ヨーロッパは繁栄したのです。じゃあ，その「繁栄」について，もう少し説明しておきましょう。

まずイギリスのリヴァプールやブリストル，フランスのボルドーやナントといった港町が，三角貿易の拠点として発展しました。

とくにイギリスは，17世紀から18世紀には大西洋三角貿易の中心勢力となり，アフリカ・南北アメリカ大陸・西インド諸島との貿易が飛躍的に拡大しました。さらには，アジアとの貿易も発展しました。これらを「イギリスの商業革命」と言います。

この商業革命と植民地抗争の勝利によって，イギリスは順調に資本を蓄積し，また原材料供給地や将来の市場を確保することによって，来たるべき産業革命を準備できたのでした。

▶生活革命

さらにアメリカからもたらされたコーヒーや砂糖，それにタバコ，そして中国から入ってきた茶は，ヨーロッパの食生活を大きく変化させました。たとえば，ティータイムが大事な癒しのひとときとして，日常生活のなかに組み込まれていきました。ヨーロッパ人もこのあたりから「お茶する」ようになったのです（笑）。またインド産の綿製品も重要な衣料品となりました。このような生活の変化を生活革命と言います。

それから，コーヒーが出てきたので，もう一言。

▶コーヒーハウスの誕生

　イギリスでは**コーヒーハウス**，フランスでは"**カフェ**"ですが，要するに喫茶店ね。ここに集う人たちの会話ははずみました。18世紀に**新聞や雑誌の発刊**が活発になったことも重なり，コーヒーハウスは**世論（公論）を形成**する舞台の1つになりました。

　議論が盛り上がる場所といえば，貴族の夫人が主催することが多かったサロンもそうでしたね。

　また，ここでの会話，人的関係が基礎となってイギリスの科学者の協会である**王立協会（ロイヤル=ソサエティ）**ができたのは有名なハナシ。また，海上保険で知られる**保険会社ロイズ**も，もともとはコーヒーハウスに集う人々がつくった会社ですよね。

　次回は，17・18世紀のヨーロッパ文化です。

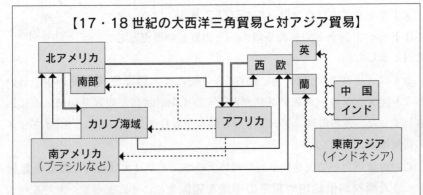

【17・18世紀の大西洋三角貿易と対アジア貿易】

● 大西洋三角貿易

　① ── **工業製品**など：武器・雑貨・綿織物（綿布，インド産）

　　 ── 北米➡カリブ海域…武器・雑貨

　② ┄┄ **黒人奴隷**　　＊彼らを移送する大西洋航路を「中間航路」という。

　③ ── 工業原材料・嗜好品など：砂糖・コーヒー・**綿花**

　　　　　　　　　　　＊銀は17世紀半ばに，いったん掘り尽くす。

● 対アジア貿易

　④ 〰〰 イギリス←中国：イギリスの輸入品…茶・**陶磁器**　対価は銀

　　　　 イギリス←インド：輸入品…綿織物（綿布）

　　　　 オランダ←東南アジア（ジャワ島など）：輸入品…コーヒー・**砂糖**

17・18世紀の
ヨーロッパ文化

哲学，政治，経済，自然科学，芸術

今回は17・18世紀のヨーロッパ文化について。まずは哲学から。ここには**現代文にも登場する術語**がたくさん出てきます。

青木が何か言いたそうなので，聞いてやってください。

しっかり読め！

> この回は，近代社会の基底をつくるような言葉がいっぱい出てきます。要するに，「今の社会」を知るために不可欠な事項がたくさん登場するのです。というわけで，いつにも増してしっかり聞く（読む）ように！　いいですかあ，じゃ最初は哲学のお話から。

① 哲学思想

別冊プリント p.118 参照

■ 認識論

近代哲学の大きなテーマに「認識論」というものがあります。これは，「どうすれば，人間は**正しい認識ができるのか？**」，言いかえれば「どうすれば**正しく分かる**ことができるのか？」ということを突き詰める議論のことです。

中世までだったら，神様がいて，神の御意志が世界を動かしている，と考えられていました。ところが，**アリストテレス**の思想などに触れることによって，人間にもそれなりの「分かる能力」があるようだ，ということがだんだん明らかになっていきました。

では，どうすれば正しく分かることができるのか？　17世紀のヨーロッパには2つの分かり方（認識論）があったようです。

認識論の2つの流れ

①大陸合理論（フランス合理論）
②イギリス経験論

■ 大陸合理論：デカルト

　まず**大陸合理論**から説明しましょう。最初に登場するのは**デカルト**です。彼は**理性**に**基づく演繹法**によって真理を認識しようとしました。

Q "我思う，故に我在り"という有名な言葉が出てくるデカルトの著書は？
　　　　　　　　　　　　　　　──『**方法序説**』(『**方法叙説**』)

　さて「**我思う，故に我在り**」というのはどういう意味でしょうか？

■ 我思う，故に我在り

　ラテン語だと「**コギト，エルゴ・スム**」(Cogito, ergo sum.)。

　デカルトによると，彼は**すべての存在を疑う**ことを行ったそうです。デカルトが言う「思う」とは，「**疑う**」ということなんですね。するとどうしても存在が否定できないものにぶち当たりました！　それは「疑う」という行為をしている"**理性**"の存在でした。デカルトはこの確実に存在する**理性の働き**によって正しい認識を**獲得**していこう，というのです。

■ デカルトの人間観・宗教観

　その一方でデカルトは，**肉体的な感覚**はしばしば**錯覚**を引き起こし，人を誤った認識に陥らせる，としました。この立場から，デカルトは，**理性をもつ精神と，肉体は別個の存在だ**としました。

　かつての実教出版の『世界史A』では，デカルトのこのような考え方は，"肉体をただの物体だ"とする姿勢を生み，"肉体を科学的に探究する近代医学を準備した"と言及をしています。

　またデカルトは，**信仰と，理性に導かれて行われる学問研究とは，別次元のものだ**，という立場をとりました。これは，中世のトマス＝アクィナスが信仰と理性の調和をめざしたり，ルネサンス期の人々が，みずからのキリスト教への信仰と科学的な学問研究との折り合いをつけることに苦労したのとは対照的ですね。

デカルト
(1596～1650)

デカルトはフランスの小貴族の家に生まれ，ポワティエ大学では，医学と法律を学んだ。信仰心厚いカトリック教徒であったが，**三十年戦争**では，まず新教側の兵士となり，後にカトリック側の兵士となった。二十歳代のデカルトは，「世間という大きな書物」で経験を積むことに価値を置いていたらしい。

（ちくま学芸文庫）

📖 パスカルとスピノザ

続いての登場はパスカル。彼の代表的著作といえば『**パンセ（瞑想録）**』。「**人間は考える葦である**」というフレーズで有名ですね。

デカルトから大きな影響を受けたのが，**オランダ**の**ユダヤ系**の哲学者**スピノザ**です。スピノザはいろいろな作品をいっぱい書いているけど，世界史で出るのは『**倫理学**』，ラテン語で『**エチカ**』です。

パスカルが描かれたフランスの旧紙幣
今はユーロに統一されているが，かつてのフランスの最高額紙幣の肖像はパスカルだったのだ。

彼の思想は，よく**汎神論的**だと表現されます。これは，神を何らかの**超越的人格**としてとらえるのではなく，世界を神そのものととらえる発想です。これは見方を変えれば，「無神論」にもつながりうる危険な思想でした。

大陸合理論の系統の哲学者がもう1人います。

Q 『**単子（モナド）論**』を著したドイツ人の哲学者は？

——ライプニッツ

ライプニッツは，教科書では「キリスト教と自然科学の調和をはかった」的な表記がしてあります。彼によると，宇宙の本質は，古代ギリシアの自然哲学者デモクリトスが言った物質的な**アトム（原子）**ではないとのこと。代わりに「**モナド（単子）**」という概念をもってきます。これには，アトムと違って精

神が宿っているというのです。

▨ イギリス経験論

　さて，大陸合理論に対して，**認識論**のもう一方の流れは**イギリス経験論**です。

　この立場では，認識の根拠を「**理性**」ではなく「**経験**」に置きます。そして真理には帰納法によって到達しようとします。

　じゃあ，大陸合理論の**演繹法**とは，どう違うのか？　簡単に両者の違いについて述べておきましょう。

そんなに難しいハケシじゃありません

▨ 帰納法と演繹法

　では，帰納法のほうからいきましょう。まず「**個別の事実**」を集めてきて，そこから「**一般的な真理**」に到達しようとする考え方が帰納法です。

　それに対して演繹法のほうは，だれもが認めざるを得ないような絶対的な真理を前提として，そこから**個別の事実**を説明しようとする考え方のことを言います。

　具体的に言うとこうですよ。青木裕司は頭がでかい。耕平（私の長男）も頭がでかい。哲平（次男）も頭がでかい（笑）。というような事実を集めてきたうえで，一般的真理として「青木一族は頭がでかい」というのが導き出されてくる（笑）。

　これに対して，**大陸合理論**のほうは違います。まず「**青木一族はそもそも頭がでかくあらねばならない**」という**絶対的真理**（?!）が前提となります（笑）。そこから親父も長男も次男も頭がでかいという個別の事実が出てくる（笑）。要するに**認識の方法がまったく逆**なんですね。

▨ 認識論の違いは何に由来するか

　わずか38キロのドーヴァー海峡を隔てて，なぜ考え方がこんなに違うのか？　私の考えでは，**歴史の違い**が原因だと思います。歴史の違いが認識方法の違いを生んだと思うのです。図解で説明しましょう。

　イギリスの歴史は次ページのような図になります。

388

イギリスは**島国**なのでほかの国や民族から**侵略**されたり，攻撃されたりしにくかったため，**歴史の変動の振幅が少ない**のです。だから，11世紀に起こったできごとと17世紀のできごとのあいだには，さして**偏差**がないのです。だから，**いろいろな事実（経験）を集めてきて，それを総合すれば**，**いつの時代にだって通用する真理（≒基準）**が見えてくるのです。

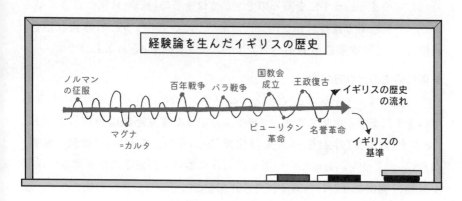

▌フランスは大変だ

　ところが，フランスなどはこんな感じです。

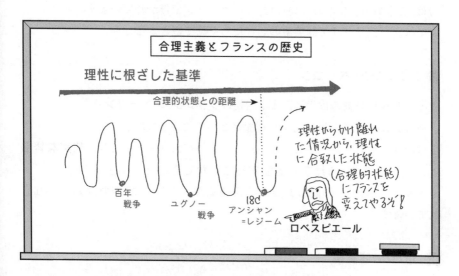

　とくにフランスなんか，いろいろな国家と境を接しているし，いつも**侵略**

したり，侵略されたりですよね。昨日まで真理だったことが明日にはもう真理ではない，ということも起こりうるのです。

　そんなふうだから，**具体的な事実を寄せ集めて平均値を出しても，そこに普遍性は見出せない**。じゃあ，どうするか？

　現実の歴史とは別に「基準」を設けて，それに照らして１つひとつの事実を吟味してゆくという手法を取るのです。では，その「基準」は何に立脚させるか？　これはもう理性しかない。人間が持っている「**もっとも確実な理性**」に照らして，「**本来こうあるべきだ**」という基準が設定されるわけです。

▶英仏の法のあり方の違い

　この違いは，イギリスと大陸（とくにフランス）の法体系の違いにも反映しています。まずイギリスには，フランスのような**成文憲法は存在しません**。「マグナ=カルタ」(1215)や，**人身保護法**(1679)，それから「権利の章典」(1689)のような，おのおのの歴史的局面において制定された法律や，重要**な裁判の判例**などが総合的に判断され，そこに一定の基準が形成されて，憲法的な役割を果たしているのです。

　これに対してフランスなどではどうか？　「**フランス人権宣言**」(1789)を見てください。その内容は非常に一般的で，「本来人間は（あるいは政治権力は）こうあらねばならないのだ」というトーンで貫かれています。

　では次に，イギリス経験論の論者たちを見てゆきましょう。

📖 フランシス=ベーコン

　イギリス経験論の哲学者，まず最初は**フランシス=ベーコン**です。

　彼はジェームズ１世に司法長官などとして仕えました。

　彼の残した名言に，「知は力なり」というのがあります。これは**確実な経験的知識を持てば，自然をも支配することができる**という意味です。

　著作としては，『学問の進歩』や『**新機関論**（**ノブム=オルガヌム**）』が知られています。

📖 ロックの認識論

　『**市民政府二論**』（『**統治二論**』）で知られる**ロック**は，イギリス経験論の立

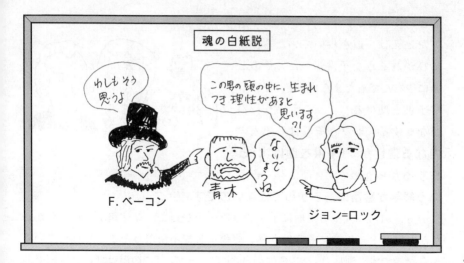

魂の白紙説

わしもそう思うよ

この男の頭の中に、生まれつき理性があると思います？！

ないでしょうね

F.ベーコン

青木

ジョン=ロック

場に立って『人間悟性（知性）論』という論文も著しています。そのなかで彼は，人間は生まれ落ちた段階では，「魂（≒人間の頭のなか）はまっ白だ」と言っています。これが魂の白紙説です。彼は「タブラ・ラサ」という言葉を使ってますがね。これは「平板な板」という意味のラテン語です。

ロックは，"生まれた瞬間から人間には理性が備わっている"なんてのはウソだ，と言うのです。人間の頭はもともとは平板な板のようにツルツルで，そこに経験が加わることによって，物事を認識する能力が備わっていくのだ，と主張します。

もう１人，経験論を完成させたと言われるのがヒュームです。彼は，"人間が外界から得られる認識は，すべて感覚器官を通じて獲得されるものであり，デカルトが言うように理性によって得られるものではない"と主張しました。そのヒュームには『人性論（人間本性論）』という著作があります。

📘 ドイツ観念論——カントの登場

対立する大陸合理論とイギリス経験論を統合したと言われるのがドイツ観念論です。この思想の基礎を築いたのが，カントですね。

カントによると，正しく認識するためには，理性も経験も必要だ，とのことです。片一方だけではダメだというのですね。

道徳的なことは理性にもとづき，感覚的なものは経験が判断の源泉にな

るという主張です。

たとえば，道を歩いていたら，車にひかれそうな子供がいた。そのときにやもたてもたまらず，走っていって子供を助ける……。こういう行為をなぜするのか？　それはその人の**内なる理性**が，「**子供を助けよ**」と**命（めい）ずる**からなのです。なにも，**そういう経験が豊富にあるからではないのです**（笑）。

一方，風呂（ふろ）に入って湯船（ゆぶね）に手をつけたら熱かった。なぜ熱かったとわかったかというと，以前にそういう熱い経験をして不快（ふかい）だったことを覚（おぼ）えているからなのです。別に“内なる理性の命令”によって，「この湯は熱いと判断せねばならない。よって熱いのだ」（笑）なんて考えのもとに熱いわけではないのです。

「**理性，経験，両方必要ですよ**」，これがカントの主張でした。そしてこれが，「**大陸合理論とイギリス経験論を統合した**」という教科書の記述の意味するところです。

また，この点から彼は，とくに**理性万能（ばんのう）的な大陸合理論への批判**を展開しました。ドイツとフランスは近いし，カントもイギリスよりはこっちを意識したんだろうね。

この観点から，彼は『**純粋理性批判**（じゅんすい）』，『**実践理性批判**（じっせん）』，『**判断力批判**』という三大批判書を著しました。彼の哲学に**批判哲学**という呼称（こしょう）がつけられているゆえんです。

それから彼には『**永遠平和のために**』という著作もあります。短い論考（ろんこう）ですが，興味深いフレーズがしばしば登場します。ここはカント先生自身に語っていただきましょう。

「対外紛争のために国債を発行してはならない。借款によって戦争を起こす気安さ，また権力者に生来そなわった戦争好き，この二つが結びつくとき，永遠の平和にとって最大の障害となる。」

（『永遠平和のために』集英社　池内紀訳）

📖 フィヒテ

そのカントの系統を継ぐのがフィヒテです。このフィヒテとヘーゲルは，19世紀に活躍した人ですが，話の流れの関係で，ここで説明しておきます。

フィヒテは「ドイツ国民に告ぐ」という講演によって，ナポレオンに敗北したドイツ人に精神的な激励を与えようとしました。当時はまだドイツという統一国家はありませんでしたがね。彼はのちにフンボルト（注：高名な地理学者の兄）がつくったベルリン大学の初代総長にもなっています。

📖 ヘーゲル

19世紀前半に活躍し，ドイツ観念論を大成したと言われるのがヘーゲルでした。

彼には『精神現象学』のような著作や，『哲学史講義』『歴史哲学講義』など，多くの講義録があります。この講義録は，市井の哲学者長谷川宏先生の訳で読むことができます。訳文は「です・ます調」で訳されており，まさしく「ヘーゲル講義の実況中継」の感があります。

📖 弁証法というものの見方

さて，ヘーゲルの主張で重要なのは，弁証法でしょう。

「弁証法」。聞いたことはあるだろう，この言葉。でも理解している人は少ないんじゃないかな!?　教科書などでは，弁証法のことを次のように記しています。

ヘーゲル
(1770〜1831)

「家族においては，自然の情が共同体の倫理の形をとるし，市民社会では，特殊な目的が力を発揮し，個人は特殊な目的にしたがって活動します。となると，個人は社会に依存し，共同体との統一も，強制力のもとではじめて実現されます」。ヘーゲルの声が聞こえてくるような訳だ。
（長谷川宏訳，『法哲学講義』，作品社）

ものごとは自己の内部にたえず矛盾をうみだし，それをより高い次元で統一して解決しながら発展していくと考える哲学の理論。

（山川出版社『詳説世界史』旧課程版）

なんだか難しいですねえ。これをちょっと言いかえると，

"あるものが**発展**すると，その**内部にそれを否定**するようなものも**発展**していって，ついにはそれに取って代わられる"ということなのです……。まだワカランね（笑）。じゃ具体例で説明しよう。

実は**君たち自身**が，今まさしく**弁証法的発展**をしているのですよ。

君たちは「受験生」です。一所懸命に勉強してるわね。ヘーゲル的に言うと「受験生として発展」している！　すると君たちの内部に，「大学生」という，「受験生」としての存在を否定する要素も拡大していきます。

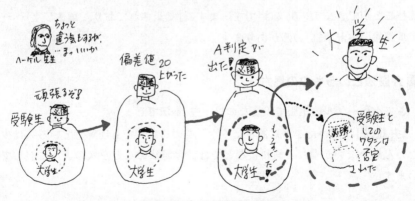

受験生の弁証法的発展

そして「受験生」として完全に発展を遂げたとき，君たちは大学に合格します。その瞬間に，君たちは「受験生」としては否定され，「大学生」へと変化するのです。……まっ，ときどきは，弁証法的発展をしない受験生もいて，4月にまた受験勉強が始まる人もいますけれどね。この恐ろしい事態は「輪廻」といいます（笑）。

② 政治思想

📖 別冊プリント p.119 参照

次は 17・18 世紀の政治思想です。

ボーダンの国家主権論と，ボシュエたちの王権神授説はすでに説明しましたね（→ p.298）。そこでこの節では，近代自然法（国際法）の説明からまいりましょう。

自然法とは？

まず自然法という言葉から復習してみようか。

自然法とは，民族や歴史，風土，慣習の違いを超越し，人間であるならば，だれにだって適用されうるような法体系（原理・原則）のことをいうのです。英語では"natural law"なのですが，この場合，"natural"は「自然」と訳すよりは「本性的・本質的」と訳したほうが適切な気がします。この自然法に対して，特定の時代の制約のなかで制定された法体系もまた存在します。こちらは実定法と言います。

さて，自然法の議論は 17 世紀あたりになって初めて生まれたわけではありません。ずっと昔からありました。

まずはヘレニズム期のストア派に自然法的発想が見られます。ストア派の発想の根本は，コスモポリタニズム（世界市民主義）でしたよね。人間はみな同等・同質だ！　では，なぜ同等かというと，

　　　"みんな理性を持っているからだ。理性を持っている人間としてみんな同質だったら，それら全体を拘束する法律があってしかるべきである"

という議論になるのです。

■ ローマ法・中世カトリシズム

このコスモポリタニズムや自然法の影響を受けたのがローマ法でした。と

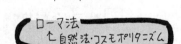

ローマ法の"効力"

くに地中海世界を征服した後のローマ法ね。支配者のローマ人にとって，民族の違いを超えて適用できる法律は必要不可欠だったのです。

そして，中世においては西欧のカトリック教会に継承されました。これにも必然性が認められます。というのも西ヨーロッパの中世は政治的にバラバラ（割拠状態）でしたよね。そのようななか，カトリック教会が中世西ヨーロッパ世界の精神的・

宗教的な中心の位置を占め，西ヨーロッパ世界に君臨しえたのも，自然法的発想が教義のなかにあったればこそです。ちなみにカトリックというのは「普遍的な」という意味です。

このように西ヨーロッパに受け継がれてきた自然法の思想が17世紀に復活するのです。そこにもやはり必然性がありました。その辺をからめて説明してみましょう。

■ 国際法の形成

この自然法の発想を，国家間に適用しようとしたのが国際法でした。民族・歴史の違いを越えて，どこの国にも適用されうるルール，それが国際法です。近代自然法とも言います。

そして"国際法の父"と呼ばれたのが，オランダのグロティウスでしたね（→ p.372）。

グロティウスの主著としては『海洋自由論』(1609)と『戦争と平和の法』(1625)があります。2つとも17世紀の前半に書かれました。

17世紀前半といえば，三十年戦争のころで，絶対主義諸国が覇権争いをやっている時代です。あるいは海外の植民地抗争が，まさに始まろうとしているときです。こういうときに，スペインから独立を果たしたのがオランダでした。

グロティウス
(1583〜1645)

グロティウスはラテン名。オランダ名はハイフ=デ=フロートという。8歳でラテン語の詩を書き，11歳でライデン大学に入った。16歳でオランダ外交使節の1人としてフランスに。またその年から弁護士を開業する。主権国家体制を支えるルールは彼の頭脳のなかで形成された。推定IQ233。ちなみにモーツァルトが230という。

▶なぜオランダに生まれたか

　オランダは**貿易立国**ですから，三十年戦争中だろうが，いろんな国と貿易をしなくてはなりません。また海外植民地をめぐって，ほかの国々との対立も予想されます。

　このようななか，オランダは安心して貿易に**専念**したいがために，たとえ戦争中であろうとも各国に守らせたい国際的ルールを必要としていたのです。

　民族や歴史の異なる各国の人々を，ねじ**伏**せるような**圧倒的な論理**！これをオランダは**渇望**していたのです。

▶超天才の登場

　まさしくこのとき，史上最強の天才がオランダに登場しました。それがグロティウスでした。まさに「天の**配剤**」でした。

　『**海洋自由論**』は **1609 年**に出版。この年はオランダが**宗主国**スペインと休戦条約（**ハーグ協定**）を結んで**事実上の独立**を果たした年です。まさにオランダの"**船出**"の年ですね。そして『**戦争と平和の法**』は三十年戦争の真っ**最中**の 1625 年に公刊されています。

■ 社会契約論の目的

　続いて，社会**契約**論。まず最初に確認したいのが，「そもそも**社会契約論とは何なのか？**」ということ。

　この議論の主題は「**政治権力，あるいは国家とは何か**」ということです。とくに「なぜ政治権力はわれわれを統治しうるのか？」ということに答えるのが目的と言ってよいでしょう。

ホッブズ

この問題に対して最初に答えを出したのが，ホッブズでした。

Ｑ ホッブズの社会契約論が展開されている主著をあげよ。

——『リヴァイアサン』

では，彼の社会契約論の出発点は何か？

ホッブズによると，まず人間は「自然権」を有している，と言うのです。これはわれわれがいう**基本的人権**と思えばいいでしょう。数ある自然権のなかでもっとも重要なものを，ホッブズは，「生存権（生命保存権）」と規定しました。要するに**生きる権利**さ。

しかし“**三十年戦争**や**ピューリタン革命**のような混乱が，この権利を危くしている”，とホッブズは言うのです。では，なぜそうなるのか？

ホッブズ
（1588〜1679）

（岩波文庫）

“リヴァイアサン”とは『旧約聖書』に出てくる怪物。ホッブズは，圧倒的なパワーを持つ怪物に平和を守ってくれる国家（国王）をなぞらえた。この本の原稿はピューリタン革命中に亡命先のフランスで書かれ，**1651年**に発刊された。また『人間論』や『物体論』では唯物論を展開した。

「万人の万人に対する闘争」

結論は，“人間の欲望に限りがないからだ！”ということでした。みんなが**自然権**の充足を無制限に主張したため，限られた生活物資を奪い合うこととなり，「**万人の万人に対する闘争**」に陥ってしまったのだ！ これが，ホッブズの言う「**自然状態**」でした。

では，そうならないようにするためにはどうすればいいか？

ホッブズが言うには，まず各自の持っている**自然権**を，**平和を維持**できるような**有力者**あるいは**有力な組織**に対し，「**契約**」を通じて**譲渡**する。そしてその有力者の力によって，**平和を確保**する。それが結局は人々が「生

存権（生命保存権）」を全うする一番の近道なのだ……。

　そして、"混乱したイギリスを鎮めることができるのは、結局のところ国王しかいないんじゃないか……"。

　というわけで、ホッブズの議論は結果として国家主権の絶対性を主張し、1660年以降の王政復古体制を擁護することになりました。

◤ またまたロック

　そのあとに出てきたのが、ロックです。代表作はなんと言っても『市民政府二論』（『統治二論』）です。ホッブズとの違いは、彼が自然権のなかに財産権を加え、財産権もまた不可侵の権利である、としたことです。

　さらに彼は、各自の自然権は、「契約」を通じて統治機関に委譲されはするが、

> もし統治機関が人民に対して背信行為を行った場合には、人民はこれを改変することができる。

としました。これを抵抗権（革命権）と言います。

　この点も、「契約は改変不能」としたホッブズとの大きな違いですね。ホッブズの場合は、"革命なんかやったら、また混乱が起こって命（≒自然権）が危

ホッブズとロックの違い

主権者（≒政治権力者）

ホッブズ
1度 主権者に譲りわたしたものは取り戻すことはデキンよ！

人民

ロック
人民に害を成すような権力は打倒していいサ！

孟子
ワシもそう思う…。

なくなる！"というところでしょう。

　ロックの**抵抗権（革命権）**の思想は，**1776**年のアメリカ独立宣言に盛り込まれ，**1789**年のフランス人権宣言にも影響を与えました。ロックとは，まさしく「17世紀に身を置きながら，18世紀を支配した思想家」でした。これは政治学者丸山真男の言葉です。……丸山真男ってだれですか？知らんのか。そりゃ恥ずかしいぜ。自分で調べなさい。

丸山真男
(1914〜1996)

■ 啓蒙思想

　次は啓蒙思想。これはとくに**フランス革命**の導火線になった思想です。

　まず，「啓蒙」という言葉ですが，「蒙き」を「啓く」という意味があり，要するに理性の光でさまざまな不合理を照らし出して，これを改め，未来に向かって前進するのだ，ということなのです。そのような意味で，啓蒙思想のことを**"光の哲学"**と表現することもあるようです。

　このような姿勢のもとに，啓蒙思想は，政治・経済などさまざまな分野に影響をおよぼしました。

　で，実際に理性の光によって批判されたのは，フランスの**アンシャン＝レジーム（旧体制・旧制度）**でした。

■ モンテスキュー

　代表的人物としては，まずモンテスキューです。ボルドーの高等法院長であり，1721年には小説『**ペルシア人の手紙**』を著しました。これは書簡形式の小説で，架空のペルシア人ユスベクの目を通して，フランスの社会・政治・風俗などを批判するという内容です。

　ですが，モンテスキューの主著は，なんと言っても『**法の精神**』でしょう。発刊が1748年。これは**オーストリア継承戦争**の終結と同じ年ですね。たまたまですが。

　この著書では三権分立が主張されました。これは，イギリスの議会と王権の関係に例をとりながら，**行政・立法・司法**の三権に政治権力を分立させることによって，**王権の制限**を狙ったものでした。

400

ついでですが，三権分立の理念を最初に明文化した憲法は，**アメリカ合衆国憲法(1787年)**です。

📖 ヴォルテール

　次はヴォルテール。『**哲学書簡(イギリス通信)**』など，いろんな著作があります。彼の批判の矛先(ほこさき)は，国王や**教会**に向けられました。また『寛容論(かんようろん)』という著作では，信仰や言論の自由を説きました。

　それからヴォルテールとくれば，プロイセン国王**フリードリヒ2世**に招(まね)かれて，**サンスーシ宮殿**に行ってますね(→ p.335)。

　フリードリヒ2世は，**啓蒙専制君主**に数えられます。彼には『反マキァヴェリ論』という著作があり，そのなかで，君主たるものは，「**国民の第一の下僕(げぼく)**」でなければならない，と書いてあります。

📖 ルソー

　次は**ルソー**です。(ジャン=ジャック=)ルソーはフランス人ですが，スイスの**ジュネーヴ**の生まれです。主著はなんと言っても『**社会契約論**』。その出だしの部分は，

> 　人間は**自由**なものとして生まれたのに，いたるところで**鎖につながれている**。
> 　　　　　　　　　　　　(ルソー『社会契約論』中山元訳，光文社古典新訳文庫)

　この『社会契約論』では，**人民主権**の立場から政治権力を分析(ぶんせき)しました。これは後に**ロベスピエール**らの**ジャコバン派**に影響を与えます。

　さらに『**人間不平等起源論(きげん)**』では，「人間は生まれ落ちたときには善であるが，だんだん悪に染(そ)まっていく……(要約)」と主張します。じゃあ，悪の原因は何であるかと言うと，**私有財産制**である，というのが彼の考えです。

▶特異な啓蒙思想家ルソー

　彼は啓蒙思想家のなかではやや特殊(とくしゅ)な存在でした。というのも，必ずしも**理性万能(ばんのう)だとは考えていない**のです。

　モンテスキューやヴォルテールなどは，**理性**に基づく**文明の発展**を無条件に信頼しているフシがあります。しかし，ルソーの場合は，**文明の発展は，**

モンテスキュー

ヴォルテール

ルソー

ミシュレ

「モンテスキューは，権利について書き，解説した。ヴォルテールは，権利のために泣き，叫んだ。そしてルソーは，権利を建設する。……」
（ミシュレ『フランス革命史』，桑原武夫ほか訳，中公文庫）

人間に害悪をもたらすものだとして，人間に**本来的に（自然に）備わっている善性に信頼**をおいています。

ほかにも有名な本があります。『**告白**』です。「一人の人間を自然のまったくの真実のままに描きたい」という言葉で始まる赤裸々な自己の告白です。それまでの文学には例を見ない作品で，ルソーはこの作品によって**ロマン主義の先駆者**として位置付けられます。ロマン主義とは，**理性**よりも個性や感情を重視する思潮（→第3巻）。このあたりも，"啓蒙思想家ルソー"の異質なところですね。

あと1冊，

Q ルソーの教育論が展開されている本は何か？　　　　　　──『エミール』

これは「子供を発見した」書物として知られています。それまでの子供は，単に「大人の小さいもの」としてとらえられていました。こうした見方は誤りであるとして，独自の教育論を述べたものです。

📘 百科全書

18世紀の半ばには，大百科事典の刊行が始まりました。

その名は『**百科全書**』。本文17巻，図版11巻，執筆者は264人におよび

ます。そのなかには，ヴォルテール，モンテスキュー，ルソーなどが含まれており，**啓蒙思想の集大成**という感じの事典です。さらには，思想のみならず，当時の科学，技術についての記事も載せられていて，当時のヨーロッパの"知識と技術の集大成"という感もありますね。

　時代の節目_{ふしめ}には，その時代を総括_{そうかつ}するような大著_{たいちょ}が出ます。ローマ帝国が分裂_{ぶんれつ}した後の5世紀前半に出た**アウグスティヌス**の『**神の国**』，13世紀の**トマス=アクィナス**による『**神学大全**』，20世紀だと**トインビー**の『**歴史の研究**』かな。そして18世紀は『百科全書』。

■ ディドロ

　『百科全書』編集の中心は，ディドロと**ダランベール**の2人ですね。

　ディドロには『ラモーの甥_{おい}』という著作があります。彼はロシアの**エカチェリーナ2世**によって，ペテルブルクに招_{まね}かれました。彼女も啓蒙専制君主と呼ばれますね。

ディドロ　百科全書の編纂は，大変でした　ダランベール

③ 経済思想

📖 別冊プリント p.120 参照

　次に経済思想を見てみましょう。

■ 重商主義

　まず最初は**重商主義**。これについては，299 ～ 300ページに詳述_{しょうじゅつ}しているので，ここではくわしくは述べませんが，ポイントだけ確認しておきます。まず，その3つの形態ですが，

重商主義のポイント

①重金主義　②貿易差額_{さがく}主義　③国家による商工業の保護

　こんなところでしょう。それから，①～③に共通している基調として重要なのは，「**国家（政治権力）が経済活動に介入_{かいにゅう}する**」という点です。

🔖 重農主義

　重農主義は，この**重商主義**を**批判**するなかから生まれてきました。じゃあ，どこが違うのかがポイントですね。

　重農主義者の基本的発想は「**土地と農業生産が富の源泉である**」というものです。重商主義は主として**流通過程**でもうけようとする経済思想だったのに対して，重農主義は経済活動の出発点である**生産活動の発展**を第一義に考える経済思想だったのです。さらに，

Ⓠ 経済活動に対する重農主義者の態度を端的に表す標語を，フランス語でなんと言ったか？　　　　　　　　　　　——レッセ・フェール

日本語だと「なすに任せよ」となります。要するに，

> 経済には経済独自の法則があるのだから，政治権力は経済活動に対して介入するな！　放っておいてもうまくいくのだ！

というのです。これを**自由放任主義**と言い，この考え方は，のちに出てくる**古典派経済学**のアダム＝スミスやリカードらによって継承されます。

Ⓠ 『**経済表**』という作品を書いた重農主義の学者の代表は？　　　　　　　——ケネー

　ケネー以外では，**テュルゴー**も重農主義者として知られています。ルイ16世の時代に**財務総監**となって**財政改革**を行った人物です。挫折しましたけどね。

ケネー
(1694～1774)

🔖 古典派経済学

　フランスの重農主義を**批判的に継承**したのが，イギリスの**古典派経済学**でした。ここで言う「古典」とは，古代ギリシア・ローマという意味ではなく，「近代的な経済学の基礎となった」という意味です。

▌アダム=スミス

Q 『諸国民の富(国富論)』を著した古典派経済学の学者は?
　　──アダム=スミス

アダム=スミス
(1723〜1790)
スコットランド
生まれ。

わたしたち古典派以前には、経済に関して「経済学」と呼べるような体系的学問は存在しない。

　彼も重農主義者の「レッセ・フェール」という発想を受け継ぎますが，彼は，経済には神の「見えざる手」が働くのだ，という表現をします。

　すなわち，"経済活動というものは，政治権力が介入しなくても，市場の働き(＝見えざる手)によって均衡が保たれてうまくいくのだ"という見解です。

　そしてこの観点から，**政治権力による経済活動への介入を厳しく批判**しました。"経済は政治に対して**自由**であるべきだ"，この視点を強調して，スミスたち古典派を，**自由主義経済学**と呼ぶこともあります。

　この指摘は，**重商主義へのきびしい批判**でした。この点では，**重農主義**と同じなのですが，両者のあいだには重要な相違点もあります。

▌重農主義への批判

　教科書の表現では，古典派経済学の連中は，「重農主義の狭い見解を打破した」とあります。重農主義の狭い見解というのは，重農主義者たちが，"富の源泉を**土地と農業生産だけに限定した**"，という点です。

　これに対してスミスやリカードは，「価値を生み出す行為は農業や土地だけではない。商業・農業・工業生産における**労働が価値を生み出す**のだ」，ということを指摘したのですね。

　この辺が，「批判的に継承した」といわれる理由です。

　でも，だからといってケネーたちをあまり非難できないですよね。だって，フランスの場合はイギリスみたいに**産業革命**が進行しているわけではなく，目立った産業といったら**農業しかない**のです。工業が本格化していない以上，農業しか見えなくても仕方ないですよね。

405

▇『諸国民の富』

アダム=スミスの代表的な著作は『諸国民の富（国富論）』で，出たのが1776年です。1776年という年は，**アメリカの独立宣言**の年でしょう。本国イギリスはアメリカに対して**重商主義政策**を展開していました。その重商主義を批判する書物が，イギリス人の手によって1776年に発刊されたというのは，皮肉ですね。

こののちスミスたちの議論は，**19世紀の経済的な自由主義改革**の理論的根拠になります（これらについては第3巻で詳述する）。

▇リカード

③巻も買って
下さいね　ヨロシっ！

アダム=スミスの議論を継承したのがリカードでした。

Q スミスなどの学説で，著書『経済学および課税の原理』のなかでリカードが発展・確立させた学説は何か？　　　　　　　——労働価値説

労働価値説とは，「**富の源泉は何か**」，あるいは「**商品の価値は何で決まるか**」という議論に対する彼らの答えだと考えてください。

> 　　**近代資本主義社会**というのは，人間と人間が，**商品と貨幣を媒介**にして関係をもつ社会

なのです。残念ながら「愛」ではないみたいね（笑）。……なに，イメージがわかないって⁉　ならば次ページの図解をご覧ください。

じゃあ，その人間と人間を媒介している商品の値段はいったい何によって決められるのだろう？

スミスやリカードは，その商品をつくるために社会的に必要とされた労働の量がそれを決定すると指摘しました。これが**労働価値説**です。

▇マルサス

古典派の最後に，マルサスに登場してもらいましょう。

貨幣と商品によって人間が結びつけられる
近代資本主義社会

資本主義社会の
人間関係

リカード
(1772〜1823)

貨幣
$

商品

なるほど、商品と
貨幣こそ、近代
資本主義社会
の"血液"
だな。じゃに
れから分析
しよう。

マルクス

Q 食料の増加率に比べて，人口増加率の方がまさっているので，人口抑制が必要なことを説いた，マルサスの主著は何か？

——『人口論』

　人口抑制の方法としては，婚期を遅らせることだそうです。今，人口抑制といったら，産児制限，すなわち避妊と人工妊娠中絶などですが，マルサスは宗教上の理由から産児制限は唱えていませんでした(注：リカードとマルサスは19世紀に活躍した人々であるが，説明の流れ上，この回に入れた)。

　以上，17・18世紀の諸思想でした。

④ 自然科学　　　　　　　　　　　　　📖 別冊プリント p.121 参照

▌科学革命

　続いては，**近代の自然科学**についてです。

　ルネサンスの時代から，自然科学も**宗教**の束縛を脱していこうとします。その出発点にあるのは，実験と観察，そして**推論**という**実験的方法**と，**数学的論証**という手法。さらに，その根底にあったのは理性や経験によって物事を判断する**人間への揺るぎなき信頼**でした。

　このような前提のもとに，**17世紀**を中心に，科学の飛躍的発展が見られ

ました。これを科学革命と言います。

▶科学革命の背景

　この科学革命は，ルネサンス期の科学の延長線上にあることは間違いないのですが，それに加えて「**17世紀**」という時期も大きく関連しているようです。ひとことで言うと「**17世紀の危機**」という事態ですね。この危機の概要は，以前，話しましたよね（→ p.323）。

　この不安な時代に，人々はよりいっそう**確実な知識**を根拠に，厳しい現実に立ち向かおうとしました。これも科学の発達を促した背景です。

　また科学の発展が，**軍事力の強化**や**産業の発展**にもつながることから，各国では**王立の研究機関**が設立されました。それが**イギリスの王立協会**や，**フランスやプロイセンの科学アカデミー**と言われる機関です。

　では天文学から，具体的に見ていきましょう。

📖 天文学・物理学

　17世紀前半の天文学者**ガリレイ**とドイツ人の**ケプラー**については，ルネサンスのところで話しましたね。

　17世紀後半には，イギリスに**ニュートン**が登場します。

　業績はなんと言っても**万有引力の法則**の発見ですね。主著は『**プリンキピア**』。"プリンキピア"とはラテン語で，英語ではプリンシパル，要するに「（自然界の）原理」についての本です。

Queen のギタリストのブライアン=メイにそっくりですね

てか，よく言われる…。メイが私に似ているのだけれど

ニュートン
(1642～1727)

　また，オランダの**ホイヘンス**は，**光の波動説**を唱えました。さらに，イタリアの天文学者**ガリレオ**が発見した振り子の等時性を応用して，**振り子時計**を設計しています。

　続いて，18世紀のフランスに登場したのが**ラプラース**。彼は**宇宙**は星雲から発生したんだという「**星雲説**」を主張し，**宇宙の進化**について論究しました。

　実はドイツ人哲学者の**カント**もこの説に立脚しているので，宇宙は星雲か

ら成ったという議論を「カント・ラプラース説」と言います。

　なお，多くの教科書に指摘してある事実なのですが，ニュートンは錬金術の研究も行っていました。惑星運行の法則を発見したケプラーも占星術に興味があったようで，このころの「科学者」はまだ，不可思議なものを信じる前近代的な側面も持っていたようです。

　それからイギリスのボイル。ニュートンと同じく王立協会の会員として活躍した人物で，気体の体積と圧力の関係を研究し，「ボイルの法則」を導き出しました。この業績で彼は「近代化学の父」と呼ばれることになります。

　18世紀の末に活躍したイタリア人のヴォルタは，電池の発明に貢献しました。電圧の単位ヴォルトは，彼に由来しています。

←ヴォルタを描いた10000リラ。

EUの通貨ユーロが使用される前のイタリアの紙幣。なお2000リラはマルコーニ，5000リラはオペラ作曲家のベリーニであった。

　では，

Q 燃焼における酸素の役割の解明，質量不変の法則の発見などで有名なフランスの化学者はだれか？　　　　　　——ラヴォワジェ

　この人，フランス革命期にジャコバン政権によって処刑されています。

生物学・医学など

　動植物の分類（博物学）で知られるのはリンネですが，

Q リンネはどこの国の出身か？　　　——スウェーデン

　この人は出身国がよく問題になります。また，彼が考案したのが「二名法」という分類法でした。

　次は医学です。

リンネ
（1707～1778）

Q ジェームズ1世・チャールズ1世の侍医で，血液循環理論を実証した人物は？ ——ハーヴェー

ハーヴェー
(1578〜1657)

彼はこう言いました，「心臓というのは，結局ポンプだね」。これはすごい衝撃を与えました。それまで心臓というのは人間の魂が宿るところだというのがキリスト教的な発想だったんですが，これ以降，人体をも**唯物論**的に見られるようになったのです。

■ ジェンナーの功績

天然痘は，天然痘ウイルスによって引き起こされる感染症です。感染するとからだじゅうに湿疹が出て，多くの罹患者が高熱に苦しみながら亡くなりました。とにかく致死率の高い恐ろしい病気だったのです。

そんななか，イギリスの医師だったジェンナーは，牛痘（牛がかかる天然痘）に感染した雌牛の乳搾りをしている女性たちが，天然痘にかからない，といううわさを聞きました。

ジェンナーは，牛痘に感染した女性にできた水疱（みずぶくれ）の液を少年に接種しました。時に1798年のことでした。その後その少年に人の天然痘を接種させたところ，少年は天然痘を発症しなかったと言われます。牛痘を接種したことで，少年の体には人の天然痘に打ち勝つ「**抗体**」が形成されていたのですね。こうして種痘法という天然痘の予防法が誕生したのです。

ジェンナー
(1749〜1823)

……ん？，「人体実験じゃないかって?!」。たしかにその批判は免れないよね。ところで，抗体をつくるために接種する**弱毒化した病原体**のことを「**ワクチン**」と言いますね。これは19世紀のフランスの医学者パストゥールが命名したものです。雌牛を意味するラテン語の「Vacca（ヴァッカ）」が語源です。このワクチン接種が功を奏して，1980年に，**世界保健機関（WHO）**は，「**天然痘は根絶された**」と宣言しました。ジェンナー先生と少年と牛に，ありがとうと言っておきましょう(笑)。

⑤ 文学

📖 別冊プリント p.121 参照

▤ 古典主義

次は文学。**啓蒙思想**の**理性重視**の風潮（ふうちょう）は，文学にも影響をおよぼし，**規則**（き）と**調和**を重んずる**古典主義**と呼ばれる流れを生みました。ギリシア・ローマ時代の文芸・演劇（えんげき）がまさしくそうだったので，そういう「古典」に学んだという意味合いがあります。

これを代表するのが，フランスの悲劇作家である**ラシーヌ**と**コルネイユ**です。では，

Q 『町人貴族』『守銭奴』（しゅせんど）などの作品で知られる喜劇作家は？　——モリエール

Q 『賢者ナータン』（けんじゃ）の作者として知られる 18 世紀ドイツの詩人・劇作家はだれか？　——レッシング

作品は**第 3 回十字軍**のころの話で，「ナータン」はユダヤ人の豪商です。彼と**サラディン**の対話などを通じて，ユダヤ教・キリスト教・イスラーム教の相互理解（そうご）を説いたものです。

「文明の衝突」（しょうとつ）などというどうしようもない議論が声高（こわだか）に叫（さけ）ばれている今，読み返されるべき作品だと思いますね。ちなみにこの作品は，ナチス時代には上演が禁止され，レッシングの作品は「焚書」（ふんしょ）の対象にもなりました。

▤ ピューリタン文学

一方，17 世紀イギリスには**ピューリタン文学**が起こります。
ピューリタンの信条，たとえば**敬虔な信仰心**（けいけん）や**禁欲的生活**（きんよく）などを反映（はんえい）した文学をピューリタン文学と言うようです。

Q "ピューリタン文学における『神曲』"と言われる
『失楽園』の作者は？　　　　——ミルトン

ミルトン
（1608〜1674）

天使と悪魔の壮大な戦い，そしてそれに翻弄され
つつも人類としての一歩を踏み
出すアダムとイヴ。まさしく壮
大な叙事詩です。

Q 同じピューリタン文学で，『天路歴程』という作品
を書いたのは？

——バンヤン（もしくはバニアン）

（岩波文庫）

■ デフォーとスウィフト

では次。『ロビンソン=クルーソー』の作者はデ
フォーですね。

さてこのロビンソン，無人島に漂着すると，厳し
く自分を律して規則正しい生活を始めます。しばら
くすると，囲いをつくって羊の飼育を始めるのです。
で，これってイギリスという国の経済史そのものじゃ
ないか。だからこの漂流記って，悲惨な男の話では
なくて，ある意味イギリス人の理想の生活をモチー
フ（主題）にしたものなのですね。そういう点で，こ
れをイギリスの**市民文学**の作品とする見方もあります。

『ロビンソン・クルーソー』
（岩波少年少女文庫）

Q 『ガリヴァー旅行記』を書き，当時の社会を辛辣に風刺した小説家はだ
れ？　　　　　　　　　　　　　　　　　　　——スウィフト

18世紀の後半，ドイツには**ゲーテ**と**シラー**が登場しました。彼らは19
世紀を席巻する**ロマン主義の先駆**とされています。彼らについては，第3
巻でお話しします。

⑥ 美術

 別冊プリント p.122 参照

■ バロックの時代

この回の最後は美術です。まずは 17 世紀を中心とした**バロック様式**について。バロックの美術は「**豪壮，華麗，絢爛**」という形容詞で表現されることが多いですね。当時の**王侯貴族や台頭する市民階級たち**の気運の反映と考えていいでしょう。

じゃあ，最初はスペインから。16 世紀の後半から 17 世紀初頭のスペインには，**宗教画**で知られる**ギリシア人のエル＝グレコ**が出ました。彼は，しばしば**バロック式絵画の先駆**に位置づけられます。

Q 「ラス＝マニナス（女官たち）」の作者として知られる**スペイン宮廷画家と**言えば？

——ベラスケス

「王女マルガリータの肖像」も知られていますね。

次も同じスペインですが，**「シラミをとる少年」**という作品のように，下層民衆を描いた人物が**ムリリョ**です。両者の作品を見るために，マドリードのプラド美術館に行きましょう。

ⓒ植村

ベラスケス**「ラス＝マニナス」**
マドリード，プラド美術館。この美術館には，ゴヤの絵も数多く所蔵されている。

ⓒ植村

ムリリョ**「シラミをとる少年」**
ルーヴル美術館。ムリリョの作品はひたすらにやさしい。

413

■📖 ルーベンス

Q 「マリー＝ド＝メディシスの生涯」を描き，バロック様式の第一人者と言われる画家はだれか？
　　　　　　　　　　　　　　　　　　　　　——ルーベンス

　マリー＝ド＝メディシスはフランス国王**アンリ4世**の皇后です。

　ルーベンスは南ネーデルラントの**フランドル**出身で，彼も「**フランドル派**」と呼ばれることがあります。フランドル派の"先輩"には**ファン＝アイク兄弟**や**ブリューゲル**がいますね。

　南ネーデルラントでは，**オランダ独立戦争**（1568〜1609）のさなかに，聖像や聖画など偶像崇拝を嫌う新教の人々による**聖像破壊**などが横行しました。それで，戦後に聖像や教会の祭壇を飾る聖画などを復興しようという気運が高まります。

　こうしたこともあって，ルーベンスのアトリエ（注：「工房」と言った方がいいかもしれない）には，注文がひきもきらなかったのです。

　ところでルーベンスには，もう1つ有名な絵があります。それが「**十字架から降ろされるキリスト**」。この絵を見たくて見たくてしょうがなかったのがネロ少年です。『フランダースの犬』の主人公ですね。

「十字架から降ろされるキリスト」

　さて，ルーベンスの門弟で，

Q イギリス王宮に仕えた肖像画家で，「狩猟服のチャールズ1世」で有名な人物は？
　　　　　　　　　　　　　　　　　　　　——ファン＝ダイク

　チャールズ1世と言えば，ピューリタン革命で処刑された国王でしたね。

414

■ レンブラントとフェルメール

Q 「光と影の画家」とか，「巧みな陰影表現」などと形容され，「夜警」という作品で知られる画家はだれか？
——レンブラント

「夜警」

彼はオランダの人で，宗教画も残していますが，なんといっても彼の真骨頂は肖像画の分野ですね。まあこれは，彼に限ったことではなく，オランダはそうだろう。

新教国のオランダでは，**聖画崇拝**などはあんまり"はやらない"し，また一方では**商工業**が発展していて**市民が台頭**しています。で，そういう人たちが「わしの顔を描いてくれ」と言ってくるのです。

それから，**陶器**の生産で有名な**デルフト**という町では**フェルメール**が活躍しました。柔らかな，それでいてコントラストの効いたなんとも言えない光のなかで，人間の（とくに女性の）さりげない日常の一瞬を切り取る……。なんかそんな感じの画家です。……好きです，この人の作品。とくに「真珠の耳飾りの少女」の青い色が印象的ですね。

第 **44** 回
17・18世紀のヨーロッパ文化

「取り持ち女」

「真珠の
耳飾りの少女」

（フェルメール？）

※上のイラストは，彼の作品「取り持ち女」に描かれた男性で，フェルメールの自画像だという説がある。

▐ バロック建築

　バロック建築と言えば，まずはヴェルサイユ宮殿でしょう。**ルイ 14 世が親政**を開始した 1661 年から，建設が始まりました。建物の設計は**マンサール**，庭園の設計は**ル=ノートル**が担当しました。

　もう 1 つは**シェーンブルン宮殿**。ウィーンにあるハプスブルク家の宮殿です。全体が黄色で，これはハプスブルク家の家の色（ハウスカラーとでも言のかな？）だそうです。ただし内部は，**ロココ様式**の絵画・彫刻で飾ってあります。

©青木

©植村

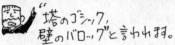

“塔のゴシック，
壁のバロック”と言われます。

©植村

（上）ヴェルサイユ宮殿
（右上）シェーンブルン宮殿
　　　中央は植村先生
（右）シェーンブルン宮殿内部

▐ ロココの時代

　続いて，ロココ様式の時代。その盛時は，18 世紀中葉以降です。しばしば「**繊細・優美・技巧的**」という形容詞が与えられますね。

　画家では有名な人が 2 人います。フランスの**ワトー**とフラゴナール。代表的作品はワトーの「**シテール島への船出**」。

　宮殿では**サンスーシ宮殿**を**フリードリヒ 2 世**がつくらせました。これはベルリン郊外の**ポツダム**にあります。

©植村

「シテール島への船出」
ワトー作，ルーヴル美術館

©青木

サンスーシ宮殿

3つともたしかに「繊細」で「技巧的」。
ロココってるネ。

©青木

サンスーシ宮殿の室内装飾

　なお，音楽史は第3巻の「19世紀の文化」のところでお話しします。バッハ，ヘンデル，待っててね。

　ということで，第2巻はこれで終わりです。第3巻では，18世紀と19世紀を中心にお話しします。いよいよ，われわれが生きている時代に近づいてきました。乞うご期待！

ナポレオン　ビスマルク　李鴻章

待っててネ～

索　引

【あ】

アイヌ ……………………184
アイユーブ朝 ………45, 47
アインハルト ……………15
アヴィニョン ………86, 254
アウグスティヌス ……9, 101
アウクスブルク ……54, 210,
　274, 302, 320
アウクスブルク同盟戦争
　………………………320
アウクスブルクの和議 …280,
　315, 325-326
アウラングゼーブ帝 ……219
アカディア（ノヴァスコシア）
　………………………376
アカデミア ………………249
アカデミー＝フランセーズ（フ
　ランス学士院）………317
アカプルコ …………181, 203
アカプルコ貿易 ……181, 203,
　209
アクバル帝 ………………218
アグラ ………………218-219
『アーサー王物語』………114
アジア内貿易 ……………198
アシエント ………………376
足利義満 …………………178
アシャンティ王国 ………382
アステカ王国 ……………201
アゾフ海 …………………346
アゾレス諸島 ……………195
「アダムが耕しイヴが紡いだと
　き，だれが貴族であったか」
　…………………………74
アダム＝シャール（湯若望）
　………………………184
アダム＝スミス …………404
アッコン …………47, 49
アッシジ …………………95
アッティラ ……………4, 6
アッバース1世 …………224
アッバース朝 ……………151

「アテネの学堂」…………258
アドリアノープル（エディルネ）
　………………………225
アドリアノープルの戦い …4
アナーニ事件 ……………85
アフガニスタン …………217
アフガン人 ………………225
アフメト3世 ……………233
油絵 ………………………262
アベラール ………………106
アーヘン …………14, 101
アーヘンの和約 …………336
アマルフィ ………………107
アミアン大聖堂 …………118
アム川 ……………………216
アメリカ合衆国憲法 ……401
アメリカ独立宣言 ………400
アメリゴ＝ヴェスプッチ …200
厦門 ………………………245
アヤソフィア ……………233
アユタヤ朝タイ …………181
アラゴン王国 ……………199
アラゴン家 ………………100
アラス同盟 ………………307
アリー ……………………223
アリウス派 …………………7
アリクブケの乱 …………152
アリスタルコス …………268
アリストテレス …………105
アリストテレス哲学 ……102
有田焼 ……………………308
アルクイン（アルクィン）
　………………………101
アルザス（地方）……329, 338
アルタン（＝ハーン，ハン）
　………………………173
アルバニア ………………67
アルビ ……………………84
アルビジョワ派（カタリ派）
　…………………83, 95
アルフレッド大王 ………23
『アルマゲスト（天文学大全）』
　………………………102

アルマダ（無敵艦隊）……305,
　311
アルマリク ………………152
アルメニア教会 …………225
アレクサンデル6世 ……204
アレクシオス1世 ………42
アンカラの戦い ……215, 226
アングロ＝サクソン人 …7-8,
　23
アングロ＝サクソン朝 ……76
アンシャン＝レジーム（旧体
　制・旧制度）…………400
アンジュー地方 …………78
アンジュー家 ……………100
アン女王 …………………365
アン女王戦争 ……………375
アンセルムス ……………106
アンダーソン ……………55
アンティオキア公領 ……44
アンデルセン ……………55
アントウェルペン（アントワー
　プ）………210, 302, 307-308
アンナ ……………………23
アンボイナ事件 …………369
アンリ3世 ………………315
アンリ4世 ………………315

【い】

イヴァン3世 …65, 160, 342
イヴァン4世 ……65, 343
イエズス会 ………………290
イェニチェリ …228, 230, 233
イェルサレム ……43-44, 47
イェルサレム王国 ‥44-45, 49
イェルマーク ……………343
『医学典範』…………102, 113
イギリス経験論 …………385
イギリス国教（会）………287,
　289, 351
「イギリスの商業革命」…383
イクター制 ………………219
イグナティウス＝ロヨラ …290
イコノクラスム …………61

418

イコン(聖画像) ……………61
イサベル ……………199-200
イスタンブル ………63, 226
イスファハーン ……………225
イスマーイール1世
………………………223-224
イスラーム神秘主義(スーフィ
ズム) ……………………220
イタリア政策 ………21, 90, 99
イタリア戦争 ………256, 259,
273, 295, 302, 304
異端取締法 …………………288
一条鞭法 ……………181, 242
市制 …………………………137
一世一元の制 ………………165
『一般祈禱書』………………288
囲田 …………………………136
「祈り，働け」…………………9
イプセン ……………………55
イブン=シーナー ……102, 113
イブン=バットゥータ ……158
イブン=ルシュド ……………103
イベリア半島 ………43, 102
イマーム ……………………223
入会地(共有地，共同利用地)
………………………………34
イル=ハン国(フレグ=ウルス)
………………………152, 161
石見銀山 ……………………180
インカ帝国 …………………201
イングランド王国 ……………7
イングランド銀行 …365, 379
印刷術 ………………………159
院体画 ………………………190
インド=イスラーム文化 …220
インド航路 …………………196
インド人商人 ………………138
インノケンティウス3世
…………………46, 78, 93
インムニテート ……………33
陰陽五行説 …………………140

【う】

ヴァイキング ………………22
ヴァスコ=ダ=ガマ …………196
ヴァルトゼーミュラー …195,
200
ヴァルトブルク城 …………277

ヴァルナ(種姓) …………221
ヴァレンシュタイン ………328
ヴァロワ朝 …………………87
ヴァンダル王国 ………6, 27
ヴァンダル人 …………………6
ウィクリフ ………87, 111, 271
ウイグル ……………………120
ウイグル人商人 ……………121
ウイグル文字 …123, 154, 241
ヴィジャヤナガル王国 …221
ヴィスコンティ家 …………99
ウィットフォーゲル ………122
ウィリアム(ギヨーム) …24,
77
ウィリアム1世 ……………77
ウィリアム王戦争 …………375
(ウィリアム=オブ=)オッカム
………………………………108
ウィリアム3世 …361, 365,
375
ウィレム3世(オラニエ公)
………………………360, 374
ウィーン議定書 ……………371
ウィンザー朝 ………………366
ウィーン包囲(第1次) …228
ウィーン包囲(第2次) …233,
338
ウェストファリア条約 …295,
308, 329
ウェセックス王 ………………7
『ヴェニスの商人』…………266
ヴェネツィア …46, 53, 62, 99,
117, 157
ヴェネツィア商人 …………193
ウェルギリウス ……………253
ヴェルサイユ宮殿 …………416
ウェールズ …………79, 287
ヴェルダン条約 ……………18
ヴェルデ岬 …………………195
ウォーラーステイン ………207,
371
ヴォルガ川 …………152, 342
ヴォルタ ……………………409
ヴォルテール …186, 335, 401
ウォルポール ………………366
ヴォルムス協約 ……………93
ヴォルムス大聖堂 …………117
ヴォルムス帝国議会 ………276

ウクライナ …………………344
ウクライナ人 ………23, 64
ウズベク人 …………………216
内モンゴル …………………235
圩田 …………………………136
ウフィッツィ美術館 ………255
ウマイヤ朝 …………………6
海の道 ………26, 159, 162
ウラディミル1世 …………23
ウラマー ……………………232
ウラル語 ……………………25
ウルグ=ベク(ベグ) ………216
ウルドゥー語 ………………220
ウルバヌス2世 ……………42
雲南地方 ……………………127

【え】

『永遠平和のために』………392
衛所制 ………………………167
英宗(正統帝) ………………173
『永楽大典』………172, 191
永楽帝(成祖) …168, 216, 238
英蘭戦争 ……………………357
英蘭戦争(第2次) …………371
英蘭戦争(第3次) …320, 361,
373
エウクレイデス ………102, 184
エカチェリーナ2世 ………226,
339, 345, 403
エグバート ……………7, 76
エセン(=ハン) ……………173
蝦夷 …………………………184
『エチカ』……………………387
『エッダ』……………………114
エディルネ(アドリアノープル)
………………………………225
エデッサ伯領 ………44-45
江戸幕府 ……………142, 183
エドワード1世 ……………79
エドワード3世 ……79-80,
87-88
エドワード6世 ……………288
エドワード黒太子 …………88
『エミール』…………………402
エラスムス …………263, 271
「エラスムスの肖像画」…264
エリザベス1世 …265, 311
エル=グレコ …………………413

エルベ川 ……………43, 49, 212
燕雲十六州 ………………121
演繹法 ………………386, 388
燕王(朱棣) ………………168
遠隔地商業 …………………40
沿岸航路 ……………………159
遠近法 ………………………255
燕京(中都) ………………125
エンゲルス …………………207
エンコミエンダ制 …………201
円明園 ………………………185
エンリケ(航海王子) ……196

【お】

オアシスの道 ……26, 159
オイラト(オイラート) …172
王安石 ……………131, 144
王羲之 ………………………161
王権神授説 ……298, 350, 395
王実甫 ………………………161
王重陽 ………………………126
王守仁(王陽明) …………187
王昭君 ………………………161
「王女マリガリータの肖像」
 …………………………413
王政復古 ……………………298
王直 …………………………179
応天府 ………………………163
王党派 ………………………353
応仁の乱 ……………179, 183
王の広場 ……………………225
王のモスク …………………225
王蒙 …………………………161
欧陽脩 ………………133, 144-145
王陽明(王守仁) …………143, 187
王立協会(ロイヤル=ソサエ
 ティ) ……………384, 408
王立マニュファクチュア
 …………………………300, 318
王令審査権 …………………317
大内氏 ………………………179
オクスフォード大学 ………111
オゴデイ(オゴタイ) ……149,
 152
オストマルク辺境伯領 ……338
オーストリア ………………66
オーストリア継承戦争 ……336,
 377

オスマン帝国 ………63, 66
オスマン=ベイ ……………225
『オセロ』 …………………266
オッカム ……………………111
オットー1世 ………20, 90
オドアケル ……………3, 5-6
オラニエ公ウィレム ………306
オランダ(オランダ侵略)戦争
 …………………320, 373-374
オルレアン …………………88
恩貸地制 ……………………30

【か】

カアン(大ハン, 大ハーン)
 …………………149, 152
海関 …………………………245
会館・公所 …………………177
海禁政策(海禁) ……168, 171,
 178, 182, 236, 245
海禁政策の緩和 ……179-180
外交革命 ……………………337
厓山の戦い ……135, 153
解試(州試) ………………129
会子 …………………………138
階層制組織(ヒエラルヒー)
 …………………94, 279, 284
海賊禁止令 …………………180
カイドゥ(ハイドゥ)の乱
 …………………152, 157
華夷の別 ……………141, 165
開封(汴京) ………127, 134
開放耕地制 …………………35
『海洋自由論』 ……372, 396
海陵王 ………………………125
下院(庶民院) ……313, 365
カエサル ……………………3
科学アカデミー ……………408
価格革命 ……………210-211
科学革命 ……………………407
科挙 …………………129, 156
郭守敬 ………………………159
岳飛 …………………………135
「格物致知」 ………………142
革命権(抵抗権) ……364, 399
『学問の進歩』 ……………390
夏珪 …………………………146
カザン=ハン国 ……………343
瓦市 …………………………137

カジミェシュ(カシミール)大王
 …………………66, 113
カシュガル …………………217
家人の礼 ……………………122
カスティリオーネ(郎世寧)
 …………………………185
カスティリャ王国 ……195, 199
カースト制 …………………221
カスピ海 ……………………152
カタラウヌムの戦い …………4
カタリ派 ……………………84
活版印刷機(術) ……267, 277
カッペルの戦い ……………282
カーディー …………………232
カトー=カンブレジ条約
 …………………304, 314
カトリーヌ=ド=メディシス
 …………………………314
カナダ ………………………377
カーヌー二ー(立法者) ……232
カーヌーン …………………232
懐良親王 ……………………178
カノッサの屈辱 ……………93
カピチュレーション ………228
カビール ……………………221
カフェ(コーヒーハウス)
 …………………………384
『家父長制論』 ……………298
カブラル ……………………198
カーブル ……………………217
貨幣経済 ………38, 40, 71, 140
貨幣地代 ……………………71
カペー朝 ……………………19
火砲(大砲) ……………75, 267
火薬 …………………75, 159, 267
カラ=キタイ ………………122
カラコルム …………149, 158
カラハン(カラ=ハン)朝 …122,
 217
カラホト ……………………125
『ガリア戦記』 ………………3
『ガリヴァー旅行記』 ……412
カリカット ……………196, 221
カーリサー …………………218
ガリレオ(=ガリレイ) ……53,
 269, 408
カール(カール大帝) ……13, 101
カルヴァン …………………282

カルヴァン派 ……………280
『ガルガンチュアとパンタグ
　リュエルの物語』…112, 264
カール 2 世 ……………………18
カール 4 世 ……………………97
カール 5 世 ……228, 260, 272,
　276
カール 6 世 …………………336
カール 12 世 …………………344
『カール大帝伝』……………15
カールの戴冠 …………………15
カルパチア山脈 ………………63
カール=マルテル ……………11
カルマル同盟 …………………55
カルロヴィッツ条約 ……233,
　339
カルロス 1 世 ……200, 272,
　274, 301
カルロス 2 世 ………………321
カレー ……………81, 88, 288
ガレオン貿易 ………………203
カレル 1 世 …………………113
カロリング家 …………………2
カロリング朝 ……11, 19, 31, 83
カロリング=ルネサンス …15,
　102
漢化政策 ……………………122
『漢宮秋』……………………161
漢軍八旗 ……………………241
勘合貿易 ………173, 178-179
韓山童 ………………………165
漢人 …………………………156
『カンタベリ物語』…………265
カント ………………………391
カンバリク（大都）…………157
韓愈 …………………………144
寛容法 ………………………365
韓林寺 ………………………165
翰林図画院（画院）…………145

【き】

生糸 ………………………180, 183
議院内閣制 …………………367
キウィタス ……………………3
キエフ（キーウ）……………152
キエフ公国（キエフ=ルーシ）
　……………………………23, 64
キェルケゴール ………………55

議会派 ………………………353
『幾何学原本』………102, 184
騎士 ………………………31, 34
騎士修道会（宗教騎士団）…49
騎士戦争 ……………………277
騎士道物語（騎士道文学）
　……………………………114
キジルバシュ ………224, 228
ギース公 ……………………315
季節風（モンスーン）………162
徽宗（宋）………134, 145-146
毅宗（崇禎帝）………………175
キタイ（契丹）………………120
北ヨーロッパ（北海・バルト海）
　商業圏 ……………………54
魏忠賢 ………………………174
喫茶（飲茶）の習慣 ………136
契丹（大契丹国）……120-121
契丹文字 ……………………123
絹織物 …………………54, 173
帰納法 ………………………388
羈縻政策 ……………………240
キプチャク=ハン国（ジョチ=
　ウルス）…64, 150, 160, 341
ギベリン（皇帝派）……99, 254
ギベルティ …………………255
喜望峰 ……………………196, 309
キャサリン …………………285
キャフタ条約 ………………238
ギュイエンヌ地方 ……………80
仇英 …………………………190
休耕地 ………………………35
九十五カ条の論題 …………275
旧体制・旧制度（アンシャン=
　レジーム）…………………400
救貧法 ………………………310
旧法党 ………………………133
キュリロス ……………………23
教会大分裂（シスマ，大シスマ）
　……………………………86
教区 …………………………284
教皇子午線 …………………203
「教皇のバビロン捕囚」……86
教皇派（ゲルフ）………99, 254
『共産党宣言』………………207
郷紳 ……………………81, 177
「居敬窮理」…………………142
御史台 ………………………165

ギヨーム ………………24, 77
魚鱗図冊 ……………………166
ギリシア正教（会）……23, 26,
　66
『キリスト教綱要』…………282
『キリスト者の自由』………276
キリル文字 ……………………23
キルギス ……………………121
ギルド …………………………51
金印勅書 ………97, 113, 333
禁軍 …………………………128
キンザイ（杭州）……………157
禁書令 ………………………241
銀船隊 ………………………311
欽宗（宋）……………………134
近代自然法 …………………396
近代世界システム論 ………207
『金瓶梅』……………………190
金陵（応天府，南京）………163

【く】

クイロン ……………………221
『愚神礼賛』…………263, 271
クスコ ………………………201
グスタフ=アドルフ …………328
グーツヘルシャフト（農場領
　主制）………………213, 335
グーテンベルク ………267, 277
クヌート（カヌート）………76
クビライ（フビライ）………135,
　147, 151-152
グユク ………………………158
公羊学 ………………………189
公羊学派 ……………………189
『公羊伝』……………………189
クラクフ ………………66, 347
クラクフ大学 …………66, 113
グラゴール文字 ………………23
グラナダ ……………………199
グリーグ ………………………55
クリスティアン 4 世 ………327
クリミア半島 ………………346
クリム=ハン国 ………226, 346
クリュニー修道院 ……………92
クリルタイ …………………148
グルジア教会 ………………225
グレゴリウス 1 世 ……………8
グレゴリウス 7 世 ……91-92

クレシーの戦い …………88
グレートブリテン王国 …365
クレメンス7世 …………86
クロアティア …………339
クロアティア人 …………66
クローヴィス …………10
グロティウス ………372, 396
クローブ …………197
クロムウェル ………354, 373
軍役義務 …………29
軍役免除金(軍役代納金) …81
軍管区制(テマ制) ……59-60
軍機処 …………237
君主国(モナルキア) ………45
君主(皇帝)独裁 …………129
『君主論』 …………260

【け】

景教 …………144, 159
経済外的強制 …………37
『経済学および課税の原理』
…………406
経済都市 …………50
『経済表』 …………404
倪瓚 …………161
形勢戸 …………129, 145
景徳鎮 …………137, 177
啓蒙思想 …………400
啓蒙専制君主 …………339
慶暦の和約 …………124
結婚税 …………36
ゲーテ …………412
ケネー …………186, 404
ケープ植民地 …………371
ケプラー …………270, 408
ゲルフ(教皇派) ……99, 254
『ゲルマニア』 …………3
ケルン大聖堂 …………118
祆教 …………144
元曲 …………161
『賢者ナータン』 …………411
現物経済 …………38
ケンブリッジ大学 …………111
建文帝 …………168
元末四大家 …………161
権利の章典 …………361
権利の請願 …………351
権利の宣言 …………361

乾隆帝 ……189, 191, 238, 245

【こ】

ゴア …………197, 204
ゴイセン(カルヴァン派)
…………285, 306
弘安の役 …………153
後ウマイヤ朝 …………13, 114
航海法 …………357, 373
『康熙字典』 …………191, 241
康熙帝(聖祖) ……186, 191, 236
後期倭寇 …………173, 179, 182
後金 …………234
紅巾の乱(白蓮教徒の乱)
…………163
興慶 …………124
黄公望 …………161
交子 …………138
杭州 …………135, 157
広州 ……138-139, 159, 245
甲首戸 …………166
交鈔 …………155, 160
行省 …………154
洪昇 …………190
考証学 …………188
孔尚任 …………190
工場制手工業 …………300
後晋 …………121
香辛料 ……54, 139, 181
「江浙(蘇湖)熟すれば天下足
る」 …………136, 176
江浙地方 …………176
高宗(康王, 南宋) …………134
黄宗羲 …………188
黄巣の乱 …………138
江蘇省 …………136
皇帝教皇主義 …………26
皇帝独裁 …………129
皇帝派(ギベリン) ……99, 254
高等法院 …………317
江南軍 …………153
貢納 …………36
『幸福への知恵』 …………217
洪武帝(太祖) ……164, 178
黄帽派 …………240
高明 …………161
康有為 …………189
『皇輿全覧図』 …………185

高麗 …………127, 153
高麗船 …………139
香料諸島(モルッカ, マルク
諸島) …………193, 197
『紅楼夢』 …………190
顧炎武 …………188
コーカンド=ハン国 …………216
呼韓邪単于 …………161
五経 …………143
『五経大全』 …………172, 191
「国王は君臨すれども統治せ
ず」 …………368
国債 …………378
国際法 …………395
黒死病(ペスト) …………73
黒人奴隷 …………382
国土回復運動 …………43
国土再征服運動(レコンキス
タ) ……43, 194, 301
『告白』 …………402
五軍都督府 …………165
呉敬梓 …………190
顧憲成 …………174
「湖広熟すれば天下足る」
…………176
護国卿 …………357
『古今図書集成』 ……191, 241
コサック …………343
呉三桂 …………235-236
ゴシック式 …………117
コジモ=デ=メディチ …………252
湖州 …………136, 177
コシューシコ …………347
呉承恩 …………190
コスモポリタニズム(世界市
民主義) …………395
コズロフ …………124
コソヴォ地方 …………67
コソヴォの戦い ……67, 226
五代十国 …………127
呉鎮 …………161
『国家論』 …………298
古典主義 …………411
古典荘園 …………34, 70
古典派経済学 …………404
コバルト …………159, 177
コーヒー …………381
コーヒーハウス(カフェ)

　　　‥‥‥‥‥‥‥‥‥384
ゴブラン織り ‥‥‥‥‥‥300
古文復興 ‥‥‥‥‥‥‥‥144
コペルニクス ‥‥‥‥113, 269
コミューン運動 ‥‥‥‥‥52
コムーネ(自治都市) ‥‥‥52
コモンウェルス ‥‥‥‥‥357
コリニー提督 ‥‥‥‥‥‥315
コルテス ‥‥‥‥‥‥‥‥201
コルドバ ‥‥‥‥‥‥‥‥103
コルネイユ ‥‥‥‥‥‥‥411
コルベール ‥‥‥‥‥‥‥300
コロナートゥス ‥‥‥‥‥28
コロヌス ‥‥‥‥‥3, 28, 35
コロンブス ‥‥‥‥‥194, 200
「コロンブス交換」‥‥‥‥202
コンキスタドール(征服者)
　　　‥‥‥‥‥‥‥‥‥201
コンスタンツ公会議‥‥86, 326
コンスタンティノープル ‥26,
　46, 59, 62, 226, 342
『坤輿万国全図』‥‥‥‥184
コンラート1世 ‥‥‥‥‥20
コンラート3世 ‥‥‥‥‥45

【さ】

「最後の審判」‥‥‥257-258
「最後の晩餐」‥‥‥257-258
宰相 ‥‥‥‥‥‥‥‥‥‥164
財政改革 ‥‥‥‥‥‥‥‥404
財政革命 ‥‥‥‥365, 378-379
再洗礼派 ‥‥‥‥‥‥‥‥278
ザイトン(泉州) ‥‥‥‥157
再版農奴制 ‥‥‥‥‥‥‥212
細密画(ミニアチュール)
　　　‥‥‥‥‥‥‥159, 220
財務総監 ‥‥‥‥‥‥‥‥300
『西遊記』‥‥‥‥‥161, 190
サヴォナローラ ‥‥‥‥‥256
『サガ』‥‥‥‥‥‥‥‥‥114
堺商人 ‥‥‥‥‥‥‥‥‥179
ザクセン(サクソン)人 ‥‥13
ザクセン地方 ‥‥‥‥‥‥274
ザクセン朝 ‥‥‥‥‥‥‥90
冊封(関係) ‥‥‥121, 135, 151,
　173, 182
鎖国 ‥‥‥‥‥‥‥‥‥‥183
ササン朝ペルシア ‥‥‥27-28,

58, 102
雑劇 ‥‥‥‥‥‥‥‥‥‥144
サツマイモ(甘藷) ‥‥‥‥244
薩摩島津氏 ‥‥‥‥‥‥‥182
サトウキビ ‥‥‥195, 198, 381
サファヴィー朝ペルシア
　　　‥‥‥‥‥‥‥‥‥193
サマルカンド ‥‥‥‥‥‥215
ザミンダール ‥‥‥‥‥‥219
鮫皮 ‥‥‥‥‥‥‥‥‥‥183
サライ ‥‥‥‥‥‥‥‥‥152
サラディン ‥‥‥‥‥‥‥45
ザリエル家 ‥‥‥‥‥‥‥91
サレルノ ‥‥‥‥‥‥‥‥53
サレルノ大学 ‥‥‥‥‥‥112
サロン ‥‥‥‥‥‥‥‥‥384
山海関 ‥‥‥‥‥‥‥‥‥235
産業革命 ‥‥‥‥‥‥‥‥383
ザンクト=ゴットハルト峠
　　　‥‥‥‥‥‥‥‥‥98
三権分立 ‥‥‥‥‥‥‥‥400
三国間戦争 ‥‥‥‥‥‥‥352
『三国志演義』‥‥‥161, 190
サンサルバドル島 ‥‥‥‥200
三司 ‥‥‥‥‥‥‥‥‥‥128
三十年戦争 ‥‥‥‥‥295, 324
サンスーシ宮殿 ‥‥‥335, 416
山西商人 ‥‥‥‥‥‥‥‥177
『三大陸周遊記』‥‥‥‥158
サンタ=マリア(聖マリア)大
　聖堂 ‥‥‥‥‥‥‥‥‥255
サンティアゴ=デ=コンポステラ
　　　‥‥‥‥‥‥‥‥‥44
サン=ドニ聖堂 ‥‥‥‥‥118
サンバルテルミの虐殺 ‥‥315
三藩の乱 ‥‥‥‥‥‥‥‥236
サン=ピエトロ大聖堂 ‥‥256,
　258
三部会 ‥‥‥‥‥‥‥‥‥85
三部会(全国三部会)の停止
　　　‥‥‥‥‥‥‥‥‥316
三圃制 ‥‥‥‥‥‥‥‥‥69

【し】

詞(宋詞) ‥‥‥‥‥‥‥‥144
市易法 ‥‥‥‥‥‥‥‥‥132
シェークスピア ‥‥‥‥‥266
ジェノヴァ ‥‥‥53, 99, 194, 200

ジェノヴァ商人 ‥‥‥‥‥193
ジェームズ1世 ‥‥‥298, 312,
　349
ジェームズ2世 ‥‥‥‥‥360
ジェームズ6世 ‥‥‥‥‥349
ジェントリ(郷紳) ‥‥81-82,
　287-288
ジェンナー ‥‥‥‥‥‥‥410
シェーンブルン宮殿 ‥‥‥416
塩漬けのニシン ‥‥‥‥‥56
鹿皮 ‥‥‥‥‥‥‥‥‥‥183
史学(清朝考証学) ‥‥‥189
「自画像」(デューラー) ‥‥264
色目人 ‥‥‥‥‥‥‥‥‥156
紫禁城 ‥‥‥‥‥‥‥‥‥238
シク教(徒) ‥‥‥‥‥219, 221
『時憲暦』‥‥‥‥‥‥‥‥185
『四庫全書』‥‥‥‥‥191, 241
市参事会 ‥‥‥‥‥‥‥‥51
『資治通鑑』‥‥‥133, 143, 145
『資治通鑑綱目』‥‥‥‥143
四書 ‥‥‥‥‥‥‥‥‥‥142
四書五経 ‥‥‥‥‥‥131, 188
『四書集注』‥‥‥‥‥‥143
『四書大全』‥‥‥‥‥172, 191
システィナ礼拝堂 ‥‥‥‥257
シスマ ‥‥‥‥‥‥‥‥‥86
ジズヤの廃止 ‥‥‥‥‥‥218
ジズヤの復活 ‥‥‥‥‥‥219
自然経済 ‥‥‥‥‥‥‥‥38
自然国境説 ‥‥‥‥‥‥‥319
施耐庵 ‥‥‥‥‥‥‥‥‥190
士大夫 ‥‥‥‥‥‥‥131, 145
私拿捕船(私掠船) ‥‥‥‥311
七王国(ヘプターキー) ‥7, 76
自治都市(コムウネ) ‥‥‥52
七年戦争 ‥‥‥‥‥336, 377
シチリア ‥‥‥‥96, 99, 102
シチリアの晩鐘 ‥‥‥‥‥100
実在論 ‥‥‥‥‥‥‥‥‥104
『実践理性批判』‥‥‥‥392
実定法 ‥‥‥‥‥‥‥‥‥395
『失楽園』‥‥‥‥‥‥‥‥412
質量不変の法則 ‥‥‥‥‥409
「シテール島への船出」‥‥416
私闘 ‥‥‥‥‥‥‥‥30, 94
シトー修道会 ‥‥‥‥‥‥69
シナモン ‥‥‥‥‥‥‥‥221

索引

死の舞踏 …………………251
シノワズリ(中国趣味) …186
市舶司 ……………………139
司馬光 …………133, 144-145
シパーヒー ………………230
シビリアン・コントロール
　………………………129
シビル=ハン国 …………343
ジブラルタル ……………376
ジブラルタル海峡 ………195
シベリウス ………………55
死亡税 ……………………36
市民(商人，手工業者) ……40
『市民政府二論(統治二論)』
　………………364, 399
シモン=ド=モンフォール …79
シモンの議会 …………79-80
シャー ……………………223
社会契約論 ………………397
『社会契約論』……………401
ジャガイモ(馬鈴薯) ……244
ジャカルタ ………………369
ジャーギール ……………218
シャー=ジャハーン ……219
社団国家 …………………297
ジャック=クール ………89
ジャックリーの乱 ……74, 86
写本 ………………………15
ジャマイカ ………………381
ジャムチ(站赤，駅伝制)
　………………154, 159
ジャムナ川 ………………218
シャリーア ……………231-232
シャルトル大聖堂 ………118
シャルル7世 …………88-89
シャルル8世 ………259, 273
シャルル9世 ……………314
ジャンク船 …………138-139
ジャンヌ=ダルク ………88
上海 ………………………245
シャンパーニュ地方 ………57
朱印状 ……………………183
朱印船 ……………………183
宗教騎士団 ………………49
重金主義 ………299, 403
州県制 ………………123, 125
州試(解試) ………………129
「十字架から降ろされるキリ

スト」……………………414
十字教 ……………………159
十字軍(第1回) …………44
十字軍(第2回) …………45
十字軍(第3回) …45, 49, 96
十字軍(第4回) ………46, 62
十字軍(第5回) ………46, 96
十字軍(第6・7回) ………47
従士制 ……………………30
自由主義経済学 …………405
重商主義 ………299, 374
重装騎兵 …………………32
従属理論 …………………207
修道院の解散 ……………287
自由都市 …………………52
周敦頤 ……………………140
『自由な国の君主の法』…298
「17世紀の危機」…323, 408
十二イマーム派 …………223
十二カ条要求 ……………278
12世紀ルネサンス …49, 103
重農主義 …………………404
重農主義者 ………………186
獣皮 ………………………181
十分の一税 ………………36
周辺(周縁) ………………206
自由放任主義 ……………404
重量有輪犂 ………………69
朱熹(朱子) ………140-141, 143,
　165, 191
主権国家 …………………292
主権国家体制 ………292, 331
朱元璋(洪武帝) …………163
朱子 ………………………165
ジュシェン ………………175
朱子学 ……………141, 165, 187
授時暦 ……………………159
種姓(ヴァルナ) …………221
『守銭奴』…………………411
「受胎告知」………………257
シュタウフェン朝 ……96, 99
首長法(国王至上法)
　………………287-289
朱棣(燕王) ………………168
種痘法 ……………………410
ジュート人 ………………7
ジュネーヴ ………………282
シュパイアー ……………278

シュマルカルデン戦争 …279,
　302, 325
シュマルカルデン同盟 …279
首里 ………………………182
「狩猟服のチャールズ1世」
　…………………………414
『儒林外史』………………190
ジュルチン(女真) …125, 175
シュレジエン地方 …336, 338
ジュンガル ……………236-237
巡察使(ミッシ=ドミニキ)
　…………………………14
『春秋』……………………189
純粋荘園(地代荘園) …70-71
『純粋理性批判』…………392
順治帝(世祖) ……………235
巡撫 ………………………239
ジョアン2世 ……………196
荘園 …………………2, 29
荘園制の崩壊 ………68, 210
商業革命 …………………210
使用強制 …………………36
商業ルネサンス(商業の復活)
　…………………40, 49
松江 ………………………177
紹興の和約 ………………135
省試 ………………………129
尚氏 ………………………182
尚書省 ……………………128
小説 ………………144, 161
商人ギルド ………………51
少年十字軍 ………………46
尚巴志 ……………………182
常備軍 ……………………300
『書簡集』…………………106
職業召命観 ………………283
贖宥状(免罪符) …………273
徐光啓 ……………………184
ジョージ1世 ……………366
ジョージ2世 ………337, 367
ジョージ王戦争 …………377
『叙情詩集(カンツォニエーレ)』
　…………………………254
女真(女直，ジュシェン，ジュ
　ルチン) ………134, 175, 234
女真文字 …………………126
ジョチ(ジュチ) …………150
ジョチ=ウルス(キプチャク=

ハン国) ……………………150
女直 …………………175, 234
ジョット(ジオット) ………254
叙任権闘争 …………………43
庶民院(下院) ……79, 313, 365
庶民文化 ……………144, 161
ジョン王 ……………78, 83, 93
ジョン=ボール ……………74
ジョン=リルバーン ………355
シラー ………………………412
「シラミをとる少年」………413
シーリー ……………………375
私掠船(私拿捕船) …311, 313
シル川 ………………………216
新安商人(徽州商人) ………177
新運河 ………………154, 159
秦檜 …………………………135
『神学大全』…………………107
新型軍(ニューモデル軍，新
　式軍) ……………………355
『新機関論(ノブム=オルガヌ
　ム)』】………………………390
新疆(省) ……………………239
『神曲』………………253, 277
「信仰か，理性か」…………105
信仰義認説 …………………275
信仰統一法 …………………289
信仰擁護者 …………………285
『人口論』……………………407
『新五代史』…………144-145
審査法 ………………………359
新式軍 ………………………355
「真珠の耳飾りの少女」……415
人身保護法 …………………359
『新生』………………………253
『市民政府二論』(『統治二論』)
　………………………………390
神聖ローマ帝国 ……65-66, 89
神聖ローマ帝国の成立 ……20
『人性論(人間本性論)』…391
真宗(宋) ……………………121
神宗(万暦帝，宋) …132, 174
心即理 ………………143, 187
浸透王朝 ……………………122
『新唐書』………133, 144-145
晋唐文化 ……………………145
人文主義 ……………………250
新法 …………………131-132

新法党 ………………………133
瀋陽 …………………………234

【す】

『水滸伝』………………161, 190
『随想録(エセー)』…………265
水平派(平等派) ……………355
スウィフト …………………412
スウェーデン(王国) …25, 55
崇禎帝(毅宗) ………175, 235
『崇禎暦書』…………184-185
枢密院 ………………………128
スカンディナヴィア半島 …21
スコットランド国教会 …289
スコットランドの反乱 …351
スコラ学 ……………………102
スズ(錫)鉱山 ………………246
スタイン ……………………124
ステュアート朝 ………349, 366
ステンカ=ラージンの反乱
　………………………………344
ステンドグラス ……………118
スピノザ ……………………387
スーフィズム(イスラーム神
　秘主義) ……………………220
スペイン王国 ………………199
スペイン継承戦争…320, 334,
　375
スムータ(大動乱の時代)
　………………………………344
スラヴ人 ……………………58
スリランカ …………………196
スレイマン1世 ……228, 302
スロヴァキア人 ……………65
スロヴェニア人 ……………66
スンダ海峡 …………………222

【せ】

聖(サン=)ヴィターレ聖堂
　………………………………116
西夏(大夏) …………124, 148
青花(染付) …………159, 177
青海 …………………………239
生活革命 ……………………383
西夏文字 ……………………125
清教徒(ピューリタン) …285
盛京 …………………………234
靖康の変 ……………133, 141

青磁 …………………………146
星室庁裁判所 ………………287
製紙法 ………………………267
聖職叙任権 …………………91
聖職売買 ……………………91
聖書中心主義(福音主義)
　………………………87, 271, 279
『精神現象学』………………393
成祖(永楽帝) ………………168
聖祖(康煕帝) ………………236
世祖(順治帝) ………………235
聖宗(遼) ……………………121
『西廂記』……………………161
聖像禁止令(聖画像禁止令)
　…………………………11, 60
聖像破壊運動(イコノクラス
　ム) …………………………61
性即理 ………………………143
聖ソフィア聖堂 ……………116
聖地巡礼 ……………………43
製陶業 ………………………177
製糖業 ………………………246
政党政治 ……………………365
正統帝(英宗) ………………173
靖難の役(変) ………125, 168
青苗法 ………………………132
征服王朝 ……………………122
征服者(コンキスタドール)
　………………………………201
「聖フランチェスコの生涯」
　………………………………254
「聖母子像」…………………258
聖マルコ聖堂 ………………117
「清明上河図」………………145
『性理大全』…………………172
西遼(カラ=キタイ) ………122
セイロン(スリランカ) …196,
　221, 370
セウタ ………………………195
世界史の成立 ………………206
世界市民主義(コスモポリタ
　ニズム) ……………………395
世界商業 ……………206, 208
『世界史論』…………………298
世界の一体化 ………………206
『世界の記述』(『東方見聞録』)
　……………………………157, 194
責任内閣制 …………………367

『赤壁賦』 …………………144
世宗(雍正帝) …………237
浙江省 ………………………136
絶対主義(絶対王政) ……296
節度使 …………………128, 137
『説文解字注』 …………189
セビリヤ …………………210
ゼーランディア城 ………370
セリム1世 ………………228
セリム2世 ………………229
セルジューク朝 …42, 45, 62, 148
セルバンテス ………267, 305
セルビア(王国) …62, 226
セルビア人 ………58, 66
澶淵の盟 …………………121
遷界令 ……………………245
選挙王政(王制) ……20, 346
全国会議 …………………343
千戸制(千人隊) ………148
泉州 ……………139, 157, 159
禅宗 ………………………140
全真教 ……………………126
陝西 ………………………175
『戦争と平和の法』 …372, 396
銭大昕 ……………………189
選帝侯 ……………………97
尖頭アーチ ………………118

【そ】

宋学 ………………………140
曾鞏 ………………………144
草原の道 …………………159
宋詞 ………………………144
宗氏 ………………………184
曹雪芹 ……………………190
宋銭(銅銭) …138, 140, 155
総督(オランダ) ………374
総督(清) …………………239
双務的契約 ………………32
俗語 ………………………114
俗人叙任 …………………91
「蘇湖熟すれば天下足る」
 …………………………136
蘇州 …………………136, 177
蘇洵 ………………………144
蘇軾 …………………144-145
蘇轍 ………………………144

外興安嶺 …………………236
外モンゴル ………………236
ソフィア …………………65, 342
染付(青花) ……………159, 177
租調役制(租庸調制) ……242
ソリドゥス金貨 …………26

【た】

第1次囲い込み …266, 310
『太尉の娘』 ………………346
大運河 ……………………154
大越国 ……………………127
大開墾時代 ………………69
『大学』 ……………………143
大諫奏(大諫義書, 大抗議文)
 …………………………352
『大義覚迷録』 …………240
大義名分論 …………142, 165
『太極図説』 ……………140
大空位時代 ………97, 338
大元ウルス ………………148
大憲章 ……………………78
大抗議文 …………………352
対抗宗教改革 ………184, 290
「第3のローマ」 …………65
戴震 ………………………189
『大清一統志』 …………189
大西洋三角貿易 …209, 371, 379, 383
大セルビア王国 …………66
太祖(洪武帝) …………164
太祖(ヌルハチ) ………234
太宗(金) …………………125
太宗(ホンタイジ) ……234
大都 …………………153, 157
大動乱の時代(スムータ)
 …………………………344
第2次百年戦争 …………375
第2次民族大移動 ………26
「第2のローマ」 …………342
太平洋 ……………………200
大編纂事業 …………172, 241
大モンゴル=ウルス ……148
大モンゴル国 ……………148
太陽中心説 ………………268
大理 …………………127, 151
大陸合理論(フランス合理論)
 …………………………385

台湾 …………180, 245, 370
「ダヴィデ」 ……………257
ダ=ヴィンチ …251, 255, 257
ダウ船 ……………………138
ダキア ……………………5
タキトゥス ………………3
拓跋氏 ……………………122
托鉢修道会 ………………95
タージ=マハル廟 …219-220
タスマニア島 ……………370
タスマン …………………370
ダーダネルス・ボスフォラス
 海峡 ……………………63
タタール(韃靼) ………173
「タタールのくびき」 …64, 341
種子島 ……………179, 197
タバコ ……………………381
タブリーズ …152, 223, 225
ダホメ王国 ………………382
魂の白紙説 ………………391
ダライ=ラマ ……………240
ダランベール ……………403
ダルガチ …………………154
短期議会 …………………352
段玉裁 ……………………189
タングート人 ……………124
『単子(モナド)論』 ……387
ダンテ …………………253, 277

【ち】

治安判事 …………………313
チェック人 ………………65
知恵の館(バイト=アル=ヒク
 マ) ……………………249
地球儀 ……………………195
知行合一 …………………187
地条 ………………………34
地税(中国) ……………243
地代荘園 …………………70-71
地中海商業圏 ……………54
地丁銀(制) ………181, 242
地動説 ……………………268
「知は力なり」 …………390
チベット仏教 ………154, 160
チマブエ …………………254
チャガタイ=ハン国(チャガタイ
 =ウルス) …148, 161, 215
茶の栽培 …………………136

チャールズ1世 …………350
チャールズ2世 …358, 374
チャルディラーンの戦い
　……………………228, 230
チャンパー(占城) …………153
中核 ……………………206
中間航路 ………………380
中国趣味(シノワズリ) …186
中国人町 ………………246
中書省 ………128, 154, 164
中部フランク ……………18
『中庸』 …………………143
チュニス …………………47
字喃(チュノム，チューノム)
　……………………………153
チューリップ時代 ………233
チューリヒ ……………282
長安 ……………………137
長期議会 ………………352
長弓隊 ……………………88
趙匡胤 …………………127
張居正 ……………174, 243
朝貢貿易 ………………171
『長生殿伝記』 …………190
朝鮮人参 …………181, 246
張澤端 …………………145
『町人貴族』 ……………411
趙孟頫(趙子昂) ………161
長老制度(長老主義) ……284
長老派 …………………354
チョーサー ……………265
チョーラ朝 ……………221
チョンピの乱 ……………99
致良知 …………………188
チンギス=カン(ハン) …147-
　148
鎮・市 …………………137
陳朝(ベトナム) …153, 169

【つ】

ツァーリ …………65, 342
ツヴィングリ ……278, 282
対馬 ……………………184
ツングース系女真(女直，ジュ
　シェン，ジュルチン) …125
ツンフト闘争 ……………51

【て】

ディウ沖海戦 …………196
定額の貨幣地代 …72-73, 211
定期市 ……………………50
抵抗権(革命権) …364, 399
程顥・程頤 ……………140
帝国都市 …………………52
丁税 ……………………243
鄭成功 ………236, 245, 370
ディドロ …………345, 403
ティマール制 …………230
ティムール帝国[朝] ……152,
　161, 215-216
鄭和 ………………170, 181
デヴシルメ ……………231
テオドリック ………………8
『デカメロン』 ……254, 266
デカルト …………………386
デカン地方 ……………219
『哲学書簡(イギリス通信)』
　………………………401
鉄騎隊(鉄騎兵) …………355
鉄製農具 …………………69
鉄砲伝来 ………………197
テノチティトラン ………201
デフォー ………………412
テムジン ………………148
テューダー朝 ………82, 265
デューラー ……………264
テュルゴー ……………404
デリー …………………218
デリー=スルタン朝 ……217
デルフト …………308, 415
佃戸(制) ……131, 136, 155
殿試 ………………129-130
『伝習録』 ……………188
デーン人 …………………24
電池 ……………………409
「天地創造」 ……………257
デーン朝 ……………24, 76
天動説 …………………268
天然痘 …………………410
テンプル騎士団 …………49
テンペラ画 ……………262
デンマーク(王国) ……25, 55
『天文学大全』 …………102
天文台 …………………216
『天文対話』 ……………269
典礼問題 ………………186
『天路歴程』 ……………412

【と】

ドイツ観念論 …………391
ドイツ騎士団 …49, 66, 332
ドイツ騎士団領プロイセン
　………………………332
「ドイツ国民に告ぐ」 …393
ドイツ農民戦争 ………277
「ドイツはローマの牝牛」
　………………………274
ドーヴァーの密約 ………359
統一法(信仰統一法) …289
『桃花扇伝奇』 …………190
道観 ……………………132
董其昌 …………………190
「桃鳩図」 ………………146
トゥグルク朝 …………215
唐三彩 …………………146
湯若望(アダム=シャール)
　………………………185
東廠 ……………………172
同職ギルド ………………51
銅銭(元) ………………155
党争 ………………133, 174
唐宋八大家 ……………144
『統治二論(市民政府二論)』
　……………………364, 399
『東方見聞録(世界の記述)』
　……………………157, 194
「東方三博士の来訪」 …254
東方植民活動 ……43, 49, 332
東方貿易(レヴァント貿易)
　……………………47, 248
トウモロコシ(玉蜀黍) …244
東林書院 ………………174
東林派 …………………174
トゥルイ …………151-152
トゥルバドゥール ……115
トゥール・ポワティエ間の戦い
　……………………………11
トゥングー(タウングー)朝
　………………………181
ドゥンス=スコトゥス …108
徳川家康 ………………183

読書人 ……………131, 145
独立自営農民 ……………72
独立派 ……………354
都察院 ……………165
トスカナ語 ……………254
トスカナ地方 ……………252
トスカネリ ……………194
特許状 ……………52
徒弟制度 ……………51, 53
ドナウ川 ……………3, 5
ドナテルロ ……………255
ドニエプル川 ……………23, 63
トプカプ宮殿 ……………233
土木の変 ……………173
トマス=アクィナス ……………106
トマス=モア ……………286
ドミニコ ……………95
ドミニコ修道会 ……………95, 107
ドミニコ派 ……………186
トムセン ……………55
豊臣秀吉 ……………174, 180
トランシルヴァニア ……………339
トリエント公会議 ……261, 279
トーリ党 ……………360
取引税 ……………155
トリボニアヌス ……………28
トリポリ伯領 ……………44
トルコ=イスラーム文化 …217, 233
ドルゴン ……………235
トルデシリャス条約 ……204, 372
奴隷貿易 ……………382
ドレーク ……………311, 348
トレド ……………6, 48, 250
『ドン=キホーテ』 ……………267
屯田兵制 ……………60

【な】

内閣 ……………237
内閣大学士 ……………172
長崎(県) ……………370
長篠の戦い ……………228
ナスル朝 ……………199
ナツメグ ……………197
ナーナク ……………221
7自由学科 ……………110
那覇港 ……………182

ナポリ ……………53
ナポリ大学 ……………112
鉛製の活字 ……………267
南懐仁(フェルビースト)
……………185
南海大遠征 ……………170
南曲 ……………161
南京 ……………163
南宗画 ……………190
南詔 ……………127, 151
南人 ……………156
ナント ……………383
ナントの王令(勅令) ……………315
ナントの王令の廃止 ……318, 334
南明 ……………245
南洋 ……………246
南洋華僑 ……………171, 246

【に】

二期作 ……………136
ニケーア帝国 ……………46, 63
ニコポリスの戦い ……………226
西インド会社 ……………370
西ゲルマン人 ……………7
西ゴート人 ……………3, 5
西チャガタイ=ハン国 ……………152
西フランク王国 ……………18
西ポンメルン ……………329
二重真理説 ……………108
二重統治体制 ……………122, 125
『二十二史考異』 ……………189
西ヨーロッパ世界の成立 …16
西ヨーロッパ文化 ……………17
西ローマ帝国の滅亡 ……………5
日明貿易 ……………180, 370
日宋貿易 ……………140
『日知録』 ……………188
『ニーベルンゲンの歌』 ……………114
日本国王 ……………178
二名法 ……………409
二毛作 ……………136
ニューアムステルダム …371
ニューイングランド植民地
……………376
ニューモデル軍 ……………355
ニュージーランド ……………370
ニュートン ……………408-409

ニューネーデルラント …370
ニューファンドランド …376
ニューヨーク ……………371
『人間悟性(知性)論』 ……………391
『人間の尊厳について』 …252
『人間不平等起源論』 ……………401
寧波 ……………139, 159, 245
寧波の乱 ……………180

【ぬ】

ヌルハチ(太祖) ……234, 241

【ね】

ネストリウス派 ……………158
ネーズビーの戦い ……………355
ネーデルラント連邦共和国
……………307
ネルチンスク条約 ……………236

【の】

ノヴァスコシア(アカディア)
……………376
ノヴゴロド ……………23, 56
ノヴゴロド国 ……………23
農場領主制(グーツヘルシャ
フト) ……………213, 308, 335
農奴制の崩壊 ……………210
農民解放(農奴解放) …72, 340
農民保有地 ……………34, 70
ノックス ……………289
ノートルダム大聖堂 ……………118
ノーベル ……………55
ノミスマ ……………26
ノルウェー(王国) ……………25, 55
ノルマン・コンクェスト(ノル
マンの征服) ……………24
ノルマン=シチリア王国 …25
ノルマン人 ……………21, 25, 30
ノルマン朝 ……24, 76-78, 99
ノルマンディー ……………78
ノルマンディー公国 ……………24
「ノルマンの征服」 ……24, 77

【は】

ハイチ ……………381
牌符 ……………154
ハインリヒ1世 ……………20
ハインリヒ4世 ……………91-92

ハーヴェー ……………410
パウルス 3 世 ……………290
馬遠 ……………146
博多商人 ……………179
パガン朝 ……………153
ハギア(聖)ソフィア聖堂
……………116, 233
伯(管区長) ……………14
伯管区(州) ……………14
白磁 ……………146
白進(ブーヴェ) ……………185
バクティ信仰 ……………220
パクパ(パスパ) ……………154
パクパ(パスパ)文字 ……………154
覇権国家 ……………371, 378
播州の乱 ……………174
バシリカ式 ……………115
バシレイオス 1 世 ……………62
パスカル ……………387
ハスキンズ ……………49, 104
パストゥール ……………410
バスラ ……………224
バーゼル ……………282
バーゼルの和約 ……………282
バタヴィア ……………369
馬致遠 ……………161
八旗 ……………234, 241
パックス=ブリタニカ ……………378
バトゥ ……………64, 150
ハドソン ……………370
ハドソン湾地方 ……………376
パナマ地峡 ……………200
羽仁五郎 ……………258
パーニーパットの戦い ……………217
ハノーヴァー朝 ……………337, 366
ハプスブルク家 …97-98, 282
ハプスブルク朝スペイン
……………301
バーブル ……………217
『バーブル=ナーマ』 ……………218
『ハムレット』 ……………266
バヤジット 1 世 ……………226
パラグアイ ……………291
バラ戦争 ……………81-82, 310
ハーラル王 ……………25
パリ条約 ……………377
パリ大学 …106-107, 109, 111, 290

バルト海貿易 ……………371
バルトロメウ=ディアス …196
ハルハ ……………237
バレアレス諸島 ……………100
パレルモ …25, 48, 53, 250
パロス ……………200
バロック様式 ……………413
半円アーチ ……………119
ハンガリー王国 ……………228
ハンザ同盟(ハンザ, 都市ハ
ンザ) ……………54, 308
パンジャーブ地方 …219, 221
汎神論 ……………387
『パンセ(瞑想録)』 ……………387
バンダレ=アッバース ……………225
『判断力批判』 ……………392
バンテン王国 ……………222
万人祭司主義 ……………279
「万人の万人に対する闘争」
……………398
パンノニア平原 ……………4
『反マキャヴェリ論』 ……………401
万民法 ……………28
バンヤン ……………412
万有引力の法則 ……………408
万里の長城 ……………169
万暦赤絵 ……………177
万暦帝(神宗) ……………174, 243

【ひ】

ヒヴァ=ハン国 ……………216
「ピエタ像」 ……………256
ヒエラルヒー ……………94, 279
東インド会社(イギリス)
……………224, 312
東インド会社(オランダ)
……………308, 369
東インド会社(フランス)
……………318
東ゲルマン人 ……………7
東ゴート王国 ……………6, 27
東ゴート人 ……………3, 6
東トルキスタン ……………239
東フランク王国 ……18-19, 66
東廻り航路 ……………196
東ローマ帝国 ……………6
光の波動説 ……………408
ピコ=デラ=ミランドラ …252

ピサ ……………53, 269
ピサ大聖堂 ……………117
ピサロ ……………201
ビザンツ式 ……………115
ビザンツ(東ローマ)帝国 …6,
63, 102
ビザンツ帝国の滅亡 …89
ビザンティオン ……………59
飛銭 ……………138
批判哲学 ……………392
ピピン(ピピン 3 世) ……………11
百年戦争 ……81, 86-87, 226
白蓮教 ……………160
白蓮教徒の乱(紅巾の乱)
……………160, 163
『百科全書』 ……………402
ヒューマニズム ……………250
ヒューム ……………391
ピューリタン(清教徒) …285,
289
ピューリタン革命 ……………348
ピューリタン文学 ……………411
廟堂 ……………156
平等派(水平派) ……………355
ピョートル 1 世(大帝) …344
ピョートル 3 世 ……………338
平戸 ……………197-198
ピルグリム=ファーザーズ
……………350
ピレネー条約 ……………321
『琵琶記』 ……………161
ヒンディー語 ……………220

【ふ】

ファーティマ ……………223
ファーティマ朝 ……………45
ファルツ(ファルツ継承)戦争
……………320, 361, 375
ファン=アイク兄弟 …262, 414
ファン=ダイク ……………414
フィチーノ ……………252
フィヒテ ……………393
回回砲 ……………153
フィリップ 2 世 …45, 78, 83,
93
フィリップ 4 世 …49, 84, 86-
87, 95
フィリップ 6 世 ……………87

フィリピン ……………204
フィルマー ……………298
フィレンツェ ………99, 252
『フィレンツェ史』………261
フィン人 ………………25
賦役 …………35-36, 71, 73
賦役黄冊 ………………166
フェリペ2世 …………288
フェリペ5世 …………301
フェルディナント2世 …326-327
フェルディナント3世 …330
フェルナンド …………199
フェルビースト(南懐仁) ……………185
フェルメール …………415
不可触民 ………………221
福音主義(聖書中心主義) ……………87, 271, 279
不在地主 ………………357
プーシキン ……………346
フス …………87, 271, 326
フス戦争 ………………326
武装中立同盟 …………346
部族制 …………………123
普通選挙制 ……………367
フッガー家 ………274, 302
プトレマイオス ……102, 268
ブハラ=ハン国 ………216
フベルトゥスブルク条約 ……………338
普遍論争 ………………104
不輸不入権(インムニテート) ……………33
フランソワ1世 ………228
フラゴナール …………416
ブラジル ………………198
ブラジル産の金 ………377
プラッシーの戦い …338, 377
プラトン=アカデミー …252
プラノ=カルピニ ………158
プラハ大学 ……97, 113
ブラマンテ ……………256
フランク王国 ……2, 6, 10
フランシスコ=ザビエル …290
フランシス=ベーコン ……390
フランス学士院(アカデミー=

フランセーズ) …………317
フランス合理論(大陸合理論) ……………385
フランス人権宣言 …316, 400
フランソワ1世 …………260, 264-265, 282, 301
プランタジネット朝 …77-78
フランチェスコ修道会 ……95, 108
フランチェスコ派 …158, 186
ブランデンブルク=プロイセン公国 ……………333
ブランデンブルク辺境伯領 ……………333
フランドル(地方) ……56, 73, 80, 262
フランドル派 ……263, 414
振り子時計 ……………408
ブリストル ……………383
ブリタニア ………………7
フリードリヒ(ザクセン公) ……………277
フリードリヒ1世(神聖ローマ皇帝) ……45, 57, 96, 112
フリードリヒ2世(神聖ローマ皇帝) ……46, 53, 96, 99, 112
フリードリヒ1世(プロイセン国王) ……………334
フリードリヒ2世(大王, プロイセン国王) …335, 339, 401, 416
フリードリヒ5世 ………327
フリードリヒ=ヴィルヘルム(大選帝侯) ……………333
フリードリヒ=ヴィルヘルム1世 ……………335
ブリューゲル ……263, 414
ブリュージュ ……………56
『プリンキピア』………408
ブルガリア帝国(第1次) …58, 62
ブルガリア帝国(第2次) …62
ブルガール人 ……………58
ブルクハルト …………249
ブルグンド王国 …………11
ブルグンド人 …………114
ブルゴーニュ公 ……88, 282
ブルゴーニュ地方 ………6

ブルゴーニュ派 ………88
ブルサ …………………225
ブール(ボーア)人 ……371
ブルネレスキ …………255
ブルーノ ………………269
ブルボン朝スペイン ……321
プレヴェザの海戦 …230, 302
フレグ(フラグ) ……151-152
フレスコ画 ……………262
プレスター=ジョンの国 …194
プレスビテリアン …285, 351
フレンチ=インディアン戦争 ……………338, 375, 377
プロイセン公国 …………333
『プロテスタンティズムの倫理と資本主義の精神』……284
プロテスタント …………279
プロノイア制 ……………62
フロリダ ………………377
フロンドの乱 …………317
文永の役 ………………153
フン人 ……………3, 6
文人画 ………146, 161, 190
文治主義 ………………127
フンボルト ……………393
文民統制(シビリアン・コントロール) ……………129

【へ】

平準法 …………………132
ヘイスティングズの戦い …24
米芾 ……………………145
北京 ………169, 173, 235
ベク ……………………240
ヘーゲル ………………393
ペスト(黒死病) …73, 89, 251, 254
ヘディン ………………55
ペテルブルク …………345
ベトナム ………………183
ベニン王国 ……………382
ベネディクト修道会 ……69
ベネディクトゥス …………9
ベネディクト派 ……9, 92
ベハイム ………………195
ヘプターキー(七王国) …7
ベーメン(ボヘミア)王国 …65, 326

ベーメンの反乱 ·········325
ヘラクレイオス1世 ·····59
ベラスケス ···········413
ヘラート ·············216
ベーリング ········55, 344
ベルゲン ·············56
ペルシア語 ···········220
『ペルシア人の手紙』 ···400
ベルナルドゥス ······45, 70
ベルリン大学 ·········393
汴京(開封) ··········127
弁証法 ···············393
編年体 ···········133, 145
辮髪令 ···············241
ヘンリ2世 ···········78
ヘンリ7世 ·······82, 310
ヘンリ8世 ···266, 285, 310
『ヘンリ4世』・『ヘンリ5世』
··················266

【ほ】

ホイッグ党 ·······360, 366
ホイヘンス ···········408
ボイル ···············409
ボイルの法則 ·········409
貿易差額主義 ·········403
封建制国家 ···········292
封建制(周) ··········32
坊制 ················137
宝船 ················170
封土 ················29
『法の精神』 ··········400
『方法序説』(『方法叙説』)
··················386
北魏 ················122
北元 ················164
北宗画 ···········146, 190
北虜南倭 ·············172
保甲法 ···············133
ボシュエ ·········298, 395
蒲松齢 ···············190
ホスロー1世 ··········28
細川氏 ···············179
ボーダン ·····292, 298, 395
ボッカチオ ···········266
北曲 ················161
ポツダム ·············416
ボッティチェリ ·······255

ホッブズ ·············398
北方戦争 ·············344
ポトシ銀山 ·······203, 210
ボニファティウス8世 ·····85
ボヘミアの乱 ·········174
保馬法 ···············133
ホラズム=シャー朝(ホラズム
朝) ···············148
ポーランド王国 ········65
ホラント州 ···········307
ポーランド人 ··········65
ポーランド分割 ········346
ボルドー ·········80, 383
ホルバイン ···········264
ホルムズ島 ·······197, 221
ボローニャ ············53
ボローニャ大学 ··66, 109, 112
ポワティエの戦い ·······88
ホンタイジ(太宗) ·····234

【ま】

マカオ(澳門) ········198
マガリャンイス(マゼラン)
··················200
マキァヴェリ ·········260
マキシミリアン1世 260, 273
マグナ=カルタ(大憲章) ···78,
81, 351
『マクベス』 ··········266
マケドニア朝 ··········62
マサッチョ ···········255
マザラン ·············318
マジャパヒト王国 ···153, 181
マジャール人 ·····19-20, 25-26,
30, 65, 338
増田義郎 ·············192
マーストンムーアの戦い
··················355
マゼラン(マガリャンイス)
··················200
マゼラン海峡 ·········309
マックス=ヴェーバー ·····284
松前藩 ···············184
マテオ=リッチ(利瑪竇) ···184
マドラサ ·············232
マニ教 ···············84
マニラ ·······198, 201, 203-204,
305

マムルーク朝 ·······47, 196
マヨルカ島 ···········100
マラーター王国(マラーター
同盟) ·············219
マラッカ(ムラカ) ·····204
マラッカ(ムラカ)王国 ····171,
181, 197, 222
マラッカ海峡 ·········222
マリア=テレジア ······336
「マリー=ド=メディシスの生
涯」 ··············414
マリンディ ·······171, 196
マルク諸島 ···········193
マルクス ·············207
マルグレーテ ··········55
マルコ=ポーロ ···156-157, 194
マルサス ·············407
マルタ島 ·············49
満漢併用制 ···········241
マンサブ ·············218
マンサブダール制 ·······218
マンサール ···········416
マンジケルトの戦い ······62
満洲 ················234
満洲文字 ·············241

【み】

「見えざる手」 ········405
ミケランジェロ ·····256-257
『ミケルアンジェロ』(岩波新
書) ··············258
ミシュレ ·············249
ミッシ=ドミニキ ·······14
ミッレト ·············232
南ネーデルラント継承戦争
··················320
ミニアチュール(細密画)
··············159, 217, 220
ミノルカ島 ·······100, 376
ミハイル=ロマノフ ·······344
ミュンツァー ··········278
ミラノ ·········53, 57, 304
ミラノ公国 ············99
ミルトン ·············412
弥勒下生 ·············160
弥勒信仰 ·············160
民族大移動 ···········2-3
ミンネジンガー ·········115

【む】

ムガル絵画 …………220
無錫 …………174
ムスリム商人 …………138, 248
無敵艦隊（アルマダ）…………305, 311, 348
ムムターズ=マハル …………219
ムリリョ …………413
室町幕府 …………178-179

【め】

メアリ1世 …………288, 304
メアリ2世 …………361, 365
『明夷待訪録』 …………188
明州（寧波）…………139, 159
名目論 …………104
メキシコ …………209
メシュエン条約 …………376
メッカ …………222
メッカ巡礼ルート …………222
メディチ家 …………256
メディナ …………222
メトディオス …………23
メフメト2世 …………63, 226
メランヒトン …………264
メルセン条約 …………18
メロヴィング家［朝］…………10-11
免役銭 …………132
綿織物 …………380
免罪符（贖宥状）…………273

【も】

猛安・謀克制 …………126, 148
蒙古衙門 …………235
蒙古襲来絵詞 …………267
蒙古八旗 …………241
『孟子』 …………143
モスクワ …………152
モスクワ大公国 …………65, 160, 341
「モナ=リザ」 …………257, 265
モナルキア …………45
モハーチの戦い …………228, 278
模範議会 …………79
モラヴィア王国 …………65
モリエール …………411
モーリッツ …………279
モルッカ（マルク）諸島（香料諸島）…………193, 369
モンケ（憲宗）…………151, 158
モンゴル帝国 …………148
モンゴル文字 …………154, 234, 241
文字の獄 …………188, 240
文殊菩薩 …………234
モンスーン（季節風）…………162
モンタネッリ …………266
モンテ=カシノ修道院 …………9
モンテ=コルヴィノ …………158
モンテスキュー …………400
モンテーニュ …………265
モンペリエ大学 …………112, 265

【や】

薬用人参 …………234
「夜警」 …………415
ヤゲウォ（ヤゲロー）朝 …………66, 113, 333, 346
山田長政 …………183
耶律阿保機 …………121
耶律大石 …………122

【ゆ】

唯名（名目）論 …………104
遊牧ウズベク …………217
ユーグ=カペー …………19, 83
ユグノー戦争 …………314
ユスティニアヌス帝 …………6, 27-28, 116
ユダヤ人商人 …………54
『ユートピア』 …………266, 286
ユトランド半島 …………22
ユトレヒト条約 …………321, 375
ユトレヒト同盟 …………307
ユンカー …………212, 334-335

【よ】

雍正帝（世宗）…………186, 191, 237
陽明学 …………186-187
羊毛産業 …………80
ヨーク …………354
ヨーク家 …………81-82
余剰生産物 …………40, 50
ヨーゼフ2世 …………339
四つの口 …………184
予定説 …………283
ヨハネ騎士団 …………49
ヨハネス12世 …………20
ヨーマン …………73
「四使徒」 …………264

【ら】

『礼記』 …………143
ライデン …………308
ライプチヒ神学論争 …………276
ライプニッツ …………387
ライン川 …………7
ラヴェンナ …………6, 116
ラヴォワジェ …………409
羅貫中 …………190
「楽園追放」 …………255
ラクスマン …………346
ラシーヌ …………411
ラージプート絵画 …………220
ラージプート諸侯 …………218
ラシュタット条約 …………322
羅針盤 …………194, 268
ラス=カサス …………202
「ラス=マニナス（女官たち）」 …………413
ラテン語への翻訳活動 …………48
ラテン帝国 …………46, 63
ラファエロ …………257-258
ラプラース …………408
ラブラブ …………201
ラブレー …………113, 264
『ラモーの甥』 …………403
ランカスター家 …………81
ランゴバルド王国 …………13
ランゴバルド人 …………6, 8, 12, 58

【り】

『リア王』 …………266
『リヴァイアサン』 …………398
リヴァプール …………383
リカード …………404, 406
陸九淵（象山）…………143, 187
リーグニッツの戦い（ワールシュタットの戦い）…………150
六部 …………164
六諭 …………167
李元昊 …………124
里甲制 …………166
李贄（李卓吾）…………187
李自成の乱 …………175, 235, 324

リシュリュー ……………316
リスボン ……………………210
リチャード(護国卿)………358
リチャード1世 …………45, 78
リチャード3世 ………………82
里長戸 ………………………166
李朝朝鮮国 …………142, 181
李朝(ベトナム)……………127
リトアニア=ポーランド王国
 …………………66, 333, 344
理藩院 ………………235, 238
リマ …………………………201
琉球王国 ………182, 184, 240
隆慶帝 ………………………174
柳宗元 ………………………144
リュッツェンの戦い ………328
リューベック …………………55
リューリック(リューリク,
 ルーリック)………………23
遼 ……………………………121
『聊斎志異』…………………190
両シチリア王国(ノルマン=シ
 チリア王国)…………25, 102
領主裁判権 ……………37, 72
領主制(農奴制)の崩壊……69,
 210
領主直営地 …34-35, 70-71, 73
両税法 ………………181, 242
両属体制 ……………………183
領邦 ……………………………98
領邦議会 ……………………98
領邦教会制 …………………281
領邦国家 ……………………281
緑営 …………………………242
里老人 ………………………167
臨安 ………………134, 153
リンネ ………………55, 409
『倫理学』……………………387

【る】

ルイ7世 ……………………45
ルイ9世 …………47, 83, 158
ルイ15世 ……………………322

ルイジアナ …………………377
ルーヴル美術館 ……………265
ルクセンブルク家 ……………97
ルーシ(ルス)………………23
ルソー ………………………401
ルソン ………………………180
ルター ………………………184
ルッジェーロ2世 ………25, 99
ルートヴィヒ1世 ……………18
ルートヴィヒ2世 ……………18
ルドルフ1世 …………97, 338
ルネサンス ……………………41
『ルネサンスの歴史』………266
ル=ノートル ………………416
ルブルック …………………158
ルーベンス …………………414
ルーム=セルジューク朝 …225
ルーン文字 ……………………25

【れ】

黎朝 …………………………170
レヴァント貿易 …47, 54, 248
レオ3世 ……………………15
レオ9世 ……………………61
レオ10世 …………256, 273
レオポルト1世 ……………334
レオン3世 ……………11, 60
レガスピ ……………………305
レコンキスタ(国土回復運動,
 国土再征服運動)……43, 102,
 194, 199, 250, 301
レジス(雷孝思)……………185
レッシング …………………411
「レッセ・フェール」………404
レニャーノの戦い ……………57
レパントの海戦 ……233, 305
レヒフェルトの戦い …………20
錬金術 ………………………409
レンブラント ………………415

【ろ】

ロイヒリン …………………263
ロイヤル=ソサエティ(王立協

会)……………………384
郎世寧(カスティリオーネ)
 …………………………185
老荘思想 ……………………140
労働価値説 …………………406
ロココ様式 …………………416
ロシア人 ……………………23
ロシア正教会 ………………342
ロシア文字 …………………23
ロジャー=ベーコン …108, 111
ロタール(1世)……………18
ロック ………364, 390, 399
ロディー朝 …………………217
ローヌ川 ………………………86
『ロビンソン=クルーソー』
 …………………………412
ロベール=ギスカール ………25
ローマ=カトリック教会 ……16
『ローマ史』…………………261
ロマネスク式 ………………117
ロマノフ朝 …………………344
ローマ法 ……………28, 112
『ローマ法大全』……………28
『ローランの歌』……………114
ロレーヌ地方 …………19, 304
ロロ …………………………24
ロンバルディア同盟 …………57
ロンバルド人 …………………6

【わ】

惑星運行の法則 ……………270
ワクチン ……………………410
ワグナー ……………………114
ワット=タイラーの乱 ………74
ワトー ………………………416
倭の五王 ……………………178
ワルシャワ大公国 …………347
ワールシュタットの戦い(リー
 グニッツの戦い)………150
「我思う, 故に我在り」…386

青木 裕司 *Hiroshi AOKI*

- 1956 年，スターリン批判の年に，福岡県久留米市に生まれる。
- 福岡県立明善高等学校を経て，九州大学文学部史学科卒。
- "世界史は日本史より面白い！" と断言してはばからない先生である。その周到に準備された講義に対する生徒の信頼は厚い。また，その問題意識と好奇心は，過去の事実にとどまらず，激動する「今」にも向けられている。年に一度解放される春には，海外に飛ぶことも多い。アビスパ福岡と福岡ホークス，それにジャズと U2 をこよなく愛する 2 男 1 女の父。
- 主な著作

『世界史探究授業の実況中継 1 ～ 4』（語学春秋社）

『青木裕司のトークで攻略世界史 B Vol.1・Vol.2』（語学春秋社）

『1 日 1 実況 歴史に学ぶ 365 日の教訓』（KADOKAWA）

『知識ゼロからの現代史入門』（幻冬舎）

『知識ゼロからの日本・中国・朝鮮近現代史』（幻冬舎）

『サクサクわかる現代史』（メディア・ファクトリー）

『サクサクわかる世界経済の仕組み』（メディア・ファクトリー）

＊ YouTube：「青木裕司，中島浩二の世界史 ch」というチャンネルを開設しました。
タレントの中島浩二さんとやってます。よろしく！

福岡の KBC（九州朝日放送）ラジオスタジオにて。KBC 近藤鉄太郎アナウンサー（右），フリーアナウンサーの石崎佳代子さん（左）。ニュースワイド番組「アサデス。ラジオ」のオンエアー前に撮影。…ラジオは楽しい！

世界史探究授業の実況中継 2

2024 年 3 月 30 日　初版発行

著　者　青木　裕司

発行人　井村　敦

編集人　藤原　和則

発　行　（株）語学春秋社
東京都新宿区新宿 1-10-3
TEL 03-5315-4210

本文・カバーデザイン　（株）アイム

印刷・製本　壮光舎印刷

ISBN 978-4-87568-837-2

落丁・乱丁本はお取り替えいたします。

世界史探究
授業の実況中継

［中世ヨーロッパ・中国・ルネサンス・大航海時代・
　宗教改革・主権国家体制・イギリス革命 ］

授業プリント

世界史年表

2

語学春秋社

世界史探究
授業の実況中継 2

授業プリント

世界史年表

語学春秋社

「世界史年表」と「授業プリント」の使い方

(1)「**世界史年表**」は**ダウンロード音声**とセットです。音声には，**各巻の授業内容のアウトライン**が年表に沿った形で録音されています。当然ですが録音の声は，**青木本人**です。**青木って，こんな声なのです。**復習のよい手がかりになると思いますから，ダウンロードして，いつでも，どこでも，どこからでも，繰り返して聴いてください。

(2)「**授業プリント**」は，**青木が授業で実際に使用しているプリント**をベースに作成したものです。「世界史年表」とともに，試験前などに授業内容を短時間で確認するツールとして活用してください。

　　なお，このプリントには，数は少ないですが，**新課程になって教科書の記述から消えた事項**も入っています（それについては，原則として本冊の方では触れていません）。これらについては，入試対策上まったく無視することもできませんので，**ところどころに登場させています。**

　　では，はじめましょう。

授業音声『世界史年表トーク』ダウンロードのご案内
　別冊 p.1 〜 23 に掲載の「世界史年表」の音声ファイル（mp3 形式）を無料ダウンロードできます（パソコンでのご利用を推奨いたします）。

手順①	語学春秋社ホームページ（https://www.goshun.com/）にアクセスし，「実況中継 音声ダウンロード」のページからダウンロードしてください。
手順②	音声ファイル（mp3 形式）は，パスワード付きの zip ファイルに圧縮されていますので，ダウンロード後，お手元の解凍ソフトにて，解凍してご利用ください。なお，解凍時にはパスワード C9hBeRgn をご入力ください。

　※お使いのパソコン環境によって，フォルダ名・ファイル名が文字化けする場合がありますが，音声は正しく再生されますので，ご安心ください。

目　次

世界史年表（トーク）
中世ヨーロッパ・中国・トルコ・イラン・インド・ルネサンス・大航海時代・宗教
改革・主権国家体制の形成・イギリス革命‥‥‥‥‥‥‥‥‥‥‥‥‥‥‥‥‥ 1

授業プリント

第24回　西ヨーロッパ世界の形成
①民族大移動期のヨーロッパ‥‥ 24
②フランク王国の発展と分裂‥‥ 26
③ノルマン人の活動‥‥‥‥‥‥ 29
④ビザンツ（東ローマ）帝国
　　の歴史‥‥‥‥‥‥‥‥‥‥ 30

第25回　西ヨーロッパの封建制度と
　　　　　荘園制
①西ヨーロッパの封建社会‥‥ 31
②荘園制‥‥‥‥‥‥‥‥‥‥‥ 31

第26回　西ヨーロッパ世界の変質・
　　　　　十字軍・中世都市
①中世西ヨーロッパ世界の
　　変容‥‥‥‥‥‥‥‥‥‥‥ 34
②十字軍の遠征
　　（11世紀～13世紀）‥‥‥‥ 34
③中世都市の発達‥‥‥‥‥‥‥ 36

第27回　ビザンツ帝国と
　　　　　東ヨーロッパ世界
①ビザンツ帝国
　　（6世紀～15世紀）‥‥‥‥ 39
②東ヨーロッパの情勢‥‥‥‥ 40

第28回　西ヨーロッパ封建社会の
　　　　　崩壊
中世封建社会の崩壊‥‥‥‥‥ 43

第29回　中世各国史と
　　　　　ローマ=カトリック教会
①中世イギリス史‥‥‥‥‥‥ 45
②中世フランス史‥‥‥‥‥‥ 47

③中世ドイツ史
　　（およびカトリック教会）‥ 48
④中世イタリア史‥‥‥‥‥‥ 50

第30回　中世ヨーロッパの文化
①中世の神学‥‥‥‥‥‥‥‥ 51
②大学・教育‥‥‥‥‥‥‥‥ 52
③文芸‥‥‥‥‥‥‥‥‥‥‥ 53
④教会の建築様式‥‥‥‥‥‥ 53

第31回　アジア諸地域の諸国と
　　　　　宋王朝
①アジア諸地域の国々‥‥‥‥ 55
②宋（北宋）‥‥‥‥‥‥‥‥ 57
③宋の混乱・滅亡‥‥‥‥‥‥ 57
④宋代の社会・経済‥‥‥‥‥ 58
⑤宋代の文化‥‥‥‥‥‥‥‥ 60

第32回　モンゴル帝国と元
①モンゴル民族の統一と
　　征服活動‥‥‥‥‥‥‥‥ 62
②モンゴル人の中国支配‥‥‥ 63
③東西交流の活発化と
　　モンゴル人支配の終焉‥‥ 64

第33回　明の治世と明を中心とした
　　　　　交易
①明の成立・発展‥‥‥‥‥‥ 66
②明の衰退・滅亡‥‥‥‥‥‥ 67
③明代の社会・経済‥‥‥‥‥ 69
④大交易時代の東アジア・
　　東南アジア‥‥‥‥‥‥‥ 69
⑤イエズス会宣教師の来航‥‥ 71
⑥明清の文化‥‥‥‥‥‥‥‥ 72

**第34回　ヨーロッパの海洋進出と
　　　　　アメリカ大陸の変容**
　①海洋進出の背景・動機……74
　②ポルトガルの動向…………74
　③スペインの動向……………75
　④ヨーロッパの海洋進出の結果・
　　影響…………………………76

**第35回　イスラーム世界の諸帝国
　　　　　（14世紀〜18世紀）**
　①ティムール朝
　　（ティムール帝国）…………79
　②ムガル帝国（ムガル朝）……79
　③サファヴィー朝……………81
　④オスマン帝国（オスマン朝）…81

第36回　清朝の興亡
　①清の成立・発展……………84
　②清の社会・経済……………86

第37回　ルネサンス
　①イタリア=ルネサンスの
　　展開…………………………87
　②イタリア=ルネサンスの
　　終焉…………………………89
　③諸国のルネサンス…………89
　④ルネサンス期の科学・技術…90

第38回　宗教改革
　①16世紀前半のヨーロッパ…92
　②ルター登場…………………93
　③ドイツの動揺………………93
　④スイスの宗教改革…………94
　⑤イギリスの宗教改革………95
　⑥対抗宗教改革（反宗教改革）…96

**第39回　主権国家体制・16世紀の
　　　　　スペイン・オランダの独立**
　①主権国家，主権国家体制とは
　　何か…………………………97

　②絶対主義，絶対王政とは
　　何か？………………………97
　③スペイン……………………98
　④オランダの独立……………99

第40回　イギリスとフランスの情勢
　①イギリス……………………100
　②フランス……………………101

**第41回　三十年戦争，ドイツ・北欧，
　　　　　ロシア・東欧**
　①三十年戦争
　　（1618〜1648）………104
　②プロイセン王国の台頭……105
　③オーストリア………………106
　④ロシアの発展………………107

**第42回　ピューリタン革命と
　　　　　名誉革命**
　①ピューリタン革命の前史…110
　②ピューリタン革命の展開…111
　③王政復古と名誉革命………112
　④イギリス議会政治の発展…113

**第43回　ヨーロッパ諸国の海外進出
　　　　　と植民地抗争**
　①オランダの覇権……………114
　②英仏の植民地抗争…………115
　③大西洋三角貿易
　　（17世紀・18世紀）…116

**第44回　17・18世紀の
　　　　　ヨーロッパ文化**
　①哲学思想……………………118
　②政治思想……………………119
　③経済思想……………………120
　④自然科学……………………121
　⑤文学…………………………121
　⑥美術…………………………122

世界史年表トーク

〈注〉右端に記したのは，同時期に他の地域で起こった主な出来事。
　（英）はイギリス，（仏）はフランス，（独）はドイツ，（ポ）はポルトガル，
　（蘭）はオランダ，（ネ）はネーデルラント，（ス）はスペインを示す。

中世ヨーロッパ史

① ゲルマン人の移動

375	西ゴート人の移動開始　フンの西進　アッティラ	
493〜555	東ゴート王国　テオドリック大王	
415〜711	西ゴート王国	
429〜534	ヴァンダル王国	
443〜534	ブルグンド王国	
568〜774	ランゴバルド王国	ユスティニアヌス帝　隋，中国統一

> ゲルマン人の移動経路，ゲルマン人国家の位置は地図で確認。

② フランク王国の発展と分裂

481〜751	フランク王国・メロヴィング朝	北魏，孝文帝
496	クローヴィスの改宗	
732	トゥール・ポワティエ間の戦い	
	カール=マルテル	
751〜	カロリング朝	アッバース朝成立
	ピピン（ピピン3世）　ラヴェンナ地方寄進	
	カール大帝　ザクセン人征服　スペイン辺境伯領	
	アヴァール人	
800	カールの戴冠　教皇レオ3世	
843	ヴェルダン条約	
870	メルセン条約	黄巣の乱
	〈フランス（西フランク）〉	
987	カペー朝	ガズナ朝成立
〜1328	パリ伯ユーグ=カペー	
	〈ドイツ（東フランク）〉	
911〜918	フランケン朝　選挙王政	唐滅亡
919〜1024	ザクセン朝	高麗建国
	ザクセン公ハインリヒ1世	

> フランク王国が分裂して，現ドイツ，フランス，イタリアの原型をつくる。

1

962	オットー1世，神聖ローマ皇帝に	宋の建国
	教皇ヨハネス12世	
	神聖ローマ帝国（962～1806）	

③ ノルマン人の活動

9C後半	ノヴゴロド国　　リューリック　　ルーシ（ルス）	
	キエフ公国　　ウラディミル1世（10C末）	
9C～	デーン人のイングランド進入	
	アルフレッド大王が撃退	
911	ノルマンディー公国	唐滅び，五代十国時代 王安石，新法
	ノルマンの征服（1066）	
1130～1194	両シチリア王国（ノルマン朝）　　ルッジェーロ2世	西遼建国

④ ビザンツ帝国（東ローマ帝国）

395～1453	ビザンツ帝国		
6C半ば	ユスティニアヌス帝	ビザンツ帝国の衰退に，どういう勢力が関わったか，また，西欧と何が異なるか，がポイント。	サンサン朝全盛（ホスロー1世）
	地中海世界の再征服		
	『ローマ法大全』		
7C前半	ヘラクレイオス1世　　テマ（軍管区）制実施（？）		唐成立
8C前半	レオン3世　　聖像禁止令（726）		玄宗
11C後半	セルジューク朝の進入　　プロノイア制		カノッサの屈辱
1202～1204	第4回十字軍		チンギス=カン即位
1453	オスマン帝国に滅ぼされる　　メフメト2世		百年戦争終結

⑤ 東ヨーロッパ世界とスラヴ人の活動

9C～13C	キエフ公国　　ウラディミル1世　　ギリシア正教	
9C初頭～906	モラヴィア王国	
	チェック人・スロヴァキア人	
10C	ベーメン（ボヘミア）王国	
1386～	リトアニア=ポーランド王国	李朝朝鮮国
	ヤゲロー朝（1386～1572）	レパント海戦
1001～	ハンガリー王国　　カトリック	
	〈バルカン半島〉	
	クロアティア人，スロヴェニア人　　カトリック	

11C 半ば～	ブルガリア王国　　トルコ系ブルガール人 セルビア王国　　ギリシア正教受容	

⑥ 西欧封建社会

	●封建制 　恩貸地制　　従士制　　封土　　軍役義務	
	●荘園(古典荘園) 　領主　　農奴　　領主直営地 　農民保有地　　共有地(入会地) 　賦役　　貢納　　領主裁判権 　三圃制　休耕地	

⑦ ローマ=カトリック教会の発展

	五本山　レオ１世　グレゴリウス１世	
	ベネディクトゥス　モンテ=カシノ修道院	
	教会刷新運動　クリュニー修道院　叙任権闘争	
1077	「カノッサの屈辱」	王安石の新法
	グレゴリウス７世　ハインリヒ４世	
1122	ヴォルムス協約	北宋滅亡
12C 末～13C 初	インノケンティウス３世	

⑧ 十字軍

	＊中世農業革命　　＊商業の復活	
11C～	レコンキスタ活発化	
1095	クレルモン宗教会議　　教皇ウルバヌス２世	
1096	第１回十字軍	
1099～1187	イェルサレム王国　　十字軍の聖地奪回は第１回と第５回。	金建国
1147～1149	第２回十字軍	
1189～1192	第３回十字軍　　リチャード１世　サラディン	鎌倉時代始まる
1202～1204	第４回十字軍　　ヴェネツィア　ラテン帝国	モンゴル帝国成立
1228～1229	第５回十字軍　　フリードリヒ２世	
1248～1254	第６回十字軍　　ルイ９世	

1270	第7回十字軍　　ルイ9世	元朝成立
1291	アッコン陥落	スイス独立運動
	＊宗教騎士団…ヨハネ騎士団　テンプル騎士団	
	ドイツ騎士団	

> ●中世都市の発達
> 北海・バルト海商業圏…生活必需品を売買
> 　ハンザ同盟…リューベック，ハンブルク
> 地中海商業圏…香辛料など
> 　ヴェネツィア，ジェノヴァ，
> 　フィレンツェ
> 　ロンバルディア同盟…ミラノなど
> シャンパーニュの大市

⑨ 中世封建社会の崩壊

	地代支払いの変化…労働地代・生産物地代	
	→貨幣地代	
	黒死病(ペスト)…14C半ば　農奴解放	
	独立自営農民(ヨーマン)　封建反動	
1358	ジャックリーの乱	紅巾の乱
1381	ワット=タイラーの乱	リトアニア=ポーランド王国

⑩ 中世各国史

	〈イギリス〉	
1066	ノルマン朝	王安石の新法
～1154	ウィリアム1世	
1154	プランタジネット朝	
～1399	ヘンリ2世	
	ジョン王…大憲章(1215)	
	ヘンリ3世　シモンの議会	
	模範議会(1295)…エドワード1世	
1339	百年戦争	鎌倉幕府滅亡

～1453	エドワード３世	ビザンツ帝国滅亡
1455～1485	バラ戦争　　ランカスター家　ヨーク家	応仁の乱
1485	テューダー朝	
～1603	ヘンリ７世	

> ●イギリス王朝の変遷
> ア・サ→デ→ア・サ→ノ→プラ→ラ→ヨ→テ
> →ス→ハ→ウ
> ①アングロ=サクソン朝　②デーン朝
> ③アングロ=サクソン朝　④ノルマン朝
> ⑤プランタジネット朝　⑥ランカスター朝
> ⑦ヨーク朝　　　　　　⑧テューダー朝
> ⑨スチュアート朝　　　⑩ハノーヴァー朝
> ⑪ウィンザー朝

	〈フランス〉	
987	カペー朝	フランス中世史は王権強大化の歴史。
～1328	フィリップ２世　ルイ９世　アルビジョワ十字軍	
	フィリップ４世　三部会	
1303	アナーニ事件　　ボニファティウス８世	
1309～1377	教皇のバビロン捕囚	
1328～1589	ヴァロワ朝　フィリップ６世	
1339	百年戦争	
～1453	エドワード黒太子　ジャンヌ=ダルク	
	シャルル７世	
	〈ドイツ〉	
12C末	フリードリヒ１世	第３回十字軍
		ドイツ中世史は帝権弱体化の歴史。
1254(56)～1273	大空位時代	
1273	ハプスブルク家登場	
1356	金印勅書　　カール４世	紅巾の乱

2 中世ヨーロッパ文化

① 中世の神学・哲学

8C	＊中世のキリスト教神学 　教会・修道院附属の学校（スコラ）で展開される アルクイン	
	●普遍論争（11C～14C） 実在論…普遍的概念は個物に先行して存在 唯名（名目）論…個物は普遍に先行する 　　　　　　　←アリストテレスの哲学の影響	
11C～12C	アンセルムス（英）　　「スコラの父」 ロスケリヌス　　唯名論 アベラール（仏）　　エロイーズとの『書簡集』	十字軍開始 商業の復活
13C 半ば	トマス＝アクィナス 　「スコラの大成者」,『神学大全』 ロジャー＝ベーコン（英）　　実験と観察	
14C	ドゥンス＝スコトゥス（英） オッカム（英）　　「信仰と理性の分離」	教皇権衰退

② 大学・教育

大学教育	「大学4科」　　神学・医学・法学・哲学 「哲学は神学の下僕」 7 自由科 　下級3学　　文法・修辞学・弁証法（論理学） 　上級4学　　算術・幾何学・天文学・音楽	
各大学	神学 　パリ大学（12C）　オクスフォード大学（12C） 　ケンブリッジ大学（13C） 法学 　ボローニャ大学（11C） 医学 　サレルノ大学（11C）　モンペリエ大学	大学の"看板学部"は 要注意！

	その他の大学	
	ナポリ大学　クラクフ大学	
	プラハ大学　トゥールーズ大学	
	大学形成	
	パリ大学型　ボローニャ大学型	

③ 中世の文芸

叙事詩	俗語	
	イギリス	
	『ベオウルフ』(8C〜)	
	『アングロ=サクソン年代記』	
	北欧	
	『エッダ』　『サガ』…アイスランド	
武勲詩	フランス	
	『ローランの歌』(11C〜)	『源氏物語』
	イギリス	
	『アーサー王物語』(12C〜)	
	ドイツ	
	『ニーベルンゲンの歌』(13C〜)	
叙情詩	吟遊詩人	
	トゥルバドゥール(仏)　　ミンネジンガー(独)	

④ 建築様式

4C〜	バシリカ式	
	側廊のある長方形の平面	代表的な建築物は覚えておこう！
6C〜13C	ビザンツ式	
	ドーム・内部のモザイク壁面	
	ハギア=ソフィア聖堂	
	聖ヴィターレ聖堂　聖マルコ聖堂	
11C〜12C	ロマネスク式	
	長十字の平面　ピサ大聖堂	
12C〜15C	ゴシック式	フランス王権の強大化
	北フランス　高い塔　ステンドグラス	

パリのノートルダム大聖堂　ケルン大聖堂

3 | 中国史（5）：五代十国・宋

① 五代十国

907	五代十国	
～979	五代…後梁・後唐・後晋・後漢・後周	
	十国…江南に建国，北漢（華北）	

② 宋

960	宋（北宋，南宋）	神聖ローマ帝国成立
～1276(79)	趙匡胤　都…開封　太宗　文治主義　殿試	
	形勢戸　官戸　中書省（行政）　枢密院（軍事）	
916	遼（契丹）	高麗建国
～1125	モンゴル系契丹人　耶律阿保機	
	燕雲十六州	

> 宋の文治主義の内容は論述問題のテーマとしても重要。

1004	澶淵の盟	
1038	西夏	
～1227	チベット系タングート（党項）人　李元昊	
	慶暦の和約（1044）	
1115	金　ツングース系女真人　完顔阿骨打	
～1234	猛安・謀克制	

> ●王安石の新法
> 神宗　青苗法　市易法　募役法
> 司馬光（旧法党）…『資治通鑑』

1126～1127	靖康の変	ヴォルムス協約
1127	南宋	
～1276(79)	都…臨安（杭州）　岳飛と秦檜	
	和平条約（1142），淮河	

> 南宋が金に臣下の礼をとったことに注意。

●経済
占城稲…長江下流
紙幣…交子(北宋),会子(南宋)
鎮(市),行(商人ギルド),
作(手工業者ギルド)
市舶司(唐代には広州のみ)
　　…広州・杭州・泉州

4 中国史(6):モンゴル帝国・元

年代	項目	世界の動き
1206〜	モンゴル帝国(大モンゴル国)	第4回十字軍
1206	チンギス=カン	奴隷王朝成立
〜1227	クリルタイ	教皇インノケンティウス3世
	ナイマン部…タリム盆地,トルコ系部族	
	ホラズム=シャー朝…トルコ系イスラーム王朝	マグナ=カルタ
	西夏…甘粛・遼寧地方のタングート人	
1229〜1241	オゴデイ	
	金(華北)を滅ぼす(1234)	
	都…カラコルム 「カアン」の称号	
	ワールシュタットの戦い(1241) バトゥ	
	キプチャク=ハン国 サライ	
1246〜1248	グユク	マムルーク朝成立 大空位時代
1251〜1259	モンケ(4代目)	
	大理滅亡 アッバース朝滅亡(1258)	
	高麗服属(1259)	

● 3ハン国
1227〜: チャガタイ=ハン国…中央アジア
1243〜: キプチャク=ハン国…南ロシア
1258〜: イル=ハン国…西アジア

| 1260〜1294 | クビライ ハイドゥの乱 | |

1271	元　　都…大都	
～1368	南宋を滅ぼす（1276（79））　パガン朝を滅ぼす	
	元寇…文永の役（1274），弘安の役（1281）	
	マジャパヒト王国　陳朝	

> ●行政
> ジャムチ（駅伝制）　新運河　沿岸航路
> 色目人…財務官僚　漢人　南人

> ●東西交流の活発化
> プラノ=カルピニ　ルブルック
> モンテ=コルヴィノ…カトリック布教，
> 　　　　　　　　　　大都大司教
> マルコ=ポーロ（ヴェネツィア）
> 　『東方見聞録』，キンザイ（杭州），
> 　　　　　　　　　ザイトン（泉州）
> イブン=バットゥータ…『三大陸周遊記』

	元の衰退　チベット仏教　交鈔の乱発	
1351～1366	白蓮教徒の乱（紅巾の乱）	
	弥勒信仰　明…朱元璋	

5　中国史（7）：明

1368	明	
～1644	朱元璋（洪武帝）　都…南京（金陵）　中書省の廃止	
	魚鱗図冊（土地台帳）　賦役黄冊（租税台帳）	
	里甲制　六諭　衛所制　海禁政策	
1399～1402	靖難の役（変）　建文帝	
1402	永楽帝	コンスタンツ公会議
～1424	南京→北京　鄭和，南海大遠征	
	内閣大学士の設置	
	北虜…モンゴル系オイラト・タタール　南倭	

1435	正統帝（英宗）		
〜1449	モンゴル系オイラト　　土木の変（1449）		
	鄧茂七の乱（1448〜1449）		
16C半ば	モンゴル系タタール　　アルタン		イヴァン4世
1567	海禁政策を緩和		ユグノー戦争
1572〜1620	万暦帝		
1631〜1645	李自成の乱　　明の滅亡		ピューリタン革命

6 ┃ 中国史（8）：清

1616	清	明・清の海禁政策は，昨今のはやりのテーマ。	三十年戦争始まる
〜1912			
1616〜1626	ヌルハチ（太祖）　女真の部族統一　八旗（制・兵）		
1626〜1643	ホンタイジ（太宗）		英チャールズ1世
	清（1636）　チャハル支配　理藩院		
1643〜1661	順治帝（世祖）　呉三桂　緑営		三十年戦争終わる
1661	康熙帝		英，王政復古 ルイ14世親政
〜1722	三藩の乱（1673〜1681）		
	鄭成功一族の抵抗		
	ネルチンスク条約（1689）		名誉革命
	ジュンガル撃破		
	ハルハを支配		
1722	雍正帝　　軍機処		北方戦争終わる
〜1735	キャフタ条約（1727）		
1735	乾隆帝　　領土最大		第3回ポーランド分割
〜1795			

●明・清の社会・経済

税制…一条鞭法，地丁銀

商工業の発達

　　…山西商人・新安商人（安徽省出身）

海禁政策…明（1371～1567），清初

　　南洋華僑の増大

　　開港場を広州に限定（1757）

7　中国文化史：五代十国～清

① 儒学

北宋～南宋	宋学
	宇宙・哲理の研究　仏教（禅宗）の影響
	●宋学の系譜 周敦頤（北宋）－程顥・程頤－朱熹（南宋） 　　　　　⇔陸九淵（象山） 「華夷の別」，「大義名分論」 「四書」を重視
明	王陽明　　「知行合一」　『伝習録』
	李卓吾（李贄）
明末清初	考証学　　黄宗羲　　『明夷待訪録』
	顧炎武　　『日知録』
清	銭大昕

明末清初の右欄：デカルト『方法序（叙）説』　パスカル『パンセ』

② 中国文学史

宋	詞が流行
元	元曲（雑劇）…演劇
	「北曲」
	『西廂記』（王実甫）
	『漢宮秋』（馬致遠）
	「南曲」

王朝を代表する文学
漢文　唐詩
宋詞　元曲

明・清	『琵琶記』(高明)	デフォー『ロビンソン=クルーソー』
	＊小説	
	『西遊記』(呉承恩)　『紅楼夢』(曹雪芹)	
	『儒林外史』(呉敬梓)	
	『金瓶梅』　『聊斎志異』(蒲松齢)	
	＊戯曲	
	『長生殿伝奇』(洪昇)	
	『桃花扇伝奇』(孔尚任)	

③ 歴史学

宋代	『新唐書』『新五代史』　紀伝体　欧陽脩	
	『資治通鑑』(司馬光)　編年体	

④ 中国の美術史（絵画・書道を中心に）

宋代	米芾(北宋)	
	張澤端(北宋)　「清明上河図」	
	徽宗(北宋)　「桃鳩図」　画院　院体画	
元	趙孟頫(元初)	
	「元末四大家」：王蒙・倪瓚・呉鎮・黄公望	ボッカチオ『デカメロン』
明	董其昌　南宗画(文人画系)	ダ=ヴィンチ『最後の晩餐』
	仇英	
清	カスティリオーネ　　円明園	

⑤ 道教史

金	全真教　金支配下の華北で広まる　王重陽	
南宋	正一教　南宋で広まる	
	道教寺院　道観　道蔵	

⑥ 外来の宗教

キリスト教	カトリック(十字教)　　モンテ=コルヴィノ	
イスラーム教	清真教	

⑦ 中国の技術史

宋代	膠泥活字　北宋の畢昇	
	陶磁器生産　江西省景徳鎮	

元代	授時暦　郭守敬	
明代	「実学」の発展	
	『本草綱目』(李時珍)	実学の著作は頻出事項!
	『農政全書』(徐光啓)	
	『天工開物』(宋応星)	
	＊明・清時代の宣教師の活動	
明末清初	マテオ＝リッチ(利瑪竇)　　『坤輿万国全図』	対抗宗教改革
	アダム＝シャール(湯若望)　　『崇禎暦書』	
清	フェルビースト(南懐仁)	
	ブーヴェ(白進)，レジス(雷孝思)	
	『皇輿全覧図』の作成	
	カスティリオーネ(郎世寧)　　円明園を設計	

8 トルコ・イラン・インド世界の展開

① 14・15世紀

	〈中央アジア・西アジア〉	
1370	ティムール朝(帝国)	
～1507	都…サマルカンド　トルコ系ウズベク人	
1299	オスマン帝国	
～1922	バヤジット1世　ニコポリスの戦い(1396)	
	アンカラの戦い(1402)	
	メフメト2世　ビザンツ帝国を滅ぼす(1453)	
	〈東南アジア〉	
14C末～1511	マラッカ王国	デリー＝スルタン朝の時代に，イスラーム教はインドに浸透する。
	〈北インド〉	
	ハルジー朝(1290～1320)	十字軍終結
	トゥグルク朝(1320～1414)	コンスタンツ公会議
	サイイド朝(1414～1451)	
	ロディー朝(1451～1526)	バラ戦争

② 16世紀～

1299	オスマン帝国	

～1922	セリム1世…1517年にマムルーク朝を滅ぼす	ルターの宗教改革
	スレイマン1世　プレヴェザの海戦(1538)	
	レパントの海戦(1571)	
1501	サファヴィー朝ペルシア	ブラジル発見
～1736	シーア派(十二イマーム派)	
	アッバース1世　都…イスファハーン	
1526	ムガル帝国	
～1858	バーブル	
	アクバル　ジズヤ廃止　アグラ	
	シャー=ジャハーン　タージ=マハル	
	アウラングゼーブ　領土最大	

9　ルネサンス

	イタリア・ルネサンス	
	フィレンツェ　メディチ家　ヒューマニズム	
14C	ダンテ…『神曲』　ペトラルカ	
	ボッカチオ…『デカメロン』	ペスト流行
	ジョット…「東方三博士の来訪」	
15C	ブルネレスキ…聖マリア大聖堂	
	ボッティチェリ…「春」「ヴィーナスの誕生」	
15C～16C	ダ=ヴィンチ…「最後の晩餐」「モナ=リザ」	
	ミケランジェロ…「最後の審判」(システィナ礼拝堂)	
	「ダヴィデ像」	
	ブラマンテ…サン=ピエトロ大聖堂	
16C	マキァヴェリ…『君主論』	イタリア戦争
	ネーデルラント	
	ファン=アイク兄弟　ブリューゲル	
	エラスムス…『愚神礼賛』	
	イギリス	
14C	チョーサー…『カンタベリ物語』	百年戦争
16C	トマス=モア…『ユートピア』	

	シェークスピア	
	スペイン	
16C〜17C	セルバンテス…『ドン=キホーテ』	レパント海戦
	フランス	
16C	ラブレー…『ガルガンチュアと 　　　　　　パンタグリュエルの物語』	
	モンテーニュ…『随想録』	ユグノー戦争
	ドイツ　　ロイヒリン　メランヒトン	
	＊三大発明：火薬・羅針盤	
	活版印刷術…グーテンベルク（15C）	
16C〜17C	地動説　コペルニクス　ジョルダーノ=ブルーノ 　　　　　ガリレオ=ガリレイ	

10 大航海時代（ヨーロッパの海洋進出）

	ポルトガル	
	マルコ=ポーロ…『東方見聞録』　香辛料貿易	
	エンリケ航海王子	
1488	バルトロメウ=ディアス…喜望峰　ジョアン２世	
1498	ヴァスコ=ダ=ガマ…インド航路，カリカット	
1510・1511	ゴア，マラッカ	
1500	カブラル…ブラジル	サファヴィー朝 成立
	スペイン	
1479	スペイン王国の成立	
1492	コロンブス…イサベル	ナスル朝滅亡
	アメリゴ=ヴェスプッチ　マゼラン	
	コルテス…アステカ帝国　ピサロ…インカ帝国	
	商業革命　価格革命	

11 宗教改革

	ウィクリフ…聖書英訳　フス　エラスムス	

1517	ルター…「九十五カ条の論題」　　レオ10世	マムルーク朝滅亡
1521	ヴォルムス帝国議会　　カール5世	
1524〜1525	ドイツ農民戦争　　トマス=ミュンツァー	
1526・1529	シュパイアー国会	ムガル帝国建国
	オスマン帝国の脅威　スレイマン1世	
1530	シュマルカルデン同盟	イギリス国教会 成立
1555	アウクスブルクの和議	
	ツヴィングリ…チューリヒ	
	カルヴァン…ジュネーブ,『キリスト教綱要』	
	勤労・蓄財の肯定	
1509〜1547	ヘンリ8世	
1534	首長法(国王至上法)　イギリス国教会	イエズス会結成
	エドワード6世　メアリ1世	
1559	統一法(信仰統一法)　　エリザベス1世	
1545〜1563	トリエント公会議	
	反宗教改革	
	イエズス会…イグナティウス=ロヨラ	

12　主権国家体制の形成

① スペインとオランダ

	〈スペイン〉	
1516〜1556	カルロス1世(カール5世)　　　ハプスブルク家	マムルーク朝滅亡
1521	イタリア戦争の再燃　　フランソワ1世(仏)	スレイマン1世即 位
1538	プレヴェザの海戦	
1556〜1598	フェリペ2世	アクバル帝即位
1559	カトー=カンブレジ条約	
1571	レパントの海戦	張居正
1580〜1640	ポルトガル併合	
	〈オランダ〉	
1568	オランダ独立運動	海禁の緩和
〜1609/48	オラニエ公ウィレム　ユトレヒト同盟(1579)	

> 2人の君主の事蹟を区別できるようにしておこう。

17

1648	ウェストファリア条約	明滅亡

② イギリスとフランス

	〈イギリス〉	
1588	スペイン無敵艦隊撃破	
1600	東インド会社	関ヶ原の戦い
	〈フランス〉	
1562〜1598	ユグノー戦争	
1572	サンバルテルミの虐殺	ヤギェウォ朝断絶
	カトリーヌ=ド=メディシス	
1589〜1610	アンリ4世　ブルボン朝　ナントの王令(1598)	
1610	ルイ13世	ヌルハチ即位
〜1643	宰相リシュリュー　三部会停止　三十年戦争	
1643	ルイ14世　宰相マザラン　財務総監コルベール	順治帝即位
〜1715		
1648〜1653	フロンドの乱	
1661	親政開始	康熙帝即位
1701〜1714	スペイン継承戦争　ユトレヒト条約(1713)	

③ 三十年戦争とプロイセン・オーストリア

1618	ベーメン反乱		
	グスタフ=アドルフ　ヴァレンシュタイン		
1648	ウェストファリア条約		チャールズ1世(英)処刑
	領邦国家体制　ブルボン家伸長	ウェストファリア条約でヨーロッパ主権国家体制は確立する。	
	主権国家体制の確立		
1701	プロイセン王国		スペイン継承戦争
〜1918	ドイツ騎士団領　ブランデンブルク辺境伯領		アン女王戦争
	フリードリヒ1世		
1740〜1748	オーストリア継承戦争　フリードリヒ2世		ジョージ王戦争
	マリア=テレジア　シュレジエン		
1756〜1763	七年戦争　外交革命		フレンチ=インディアン戦争

④ ロシア

13C 半ば	モンゴル人の侵攻 キプチャク=ハン国の支配下	
1480	モスクワ大公国の自立 　イヴァン3世　ツァーリ	
16C 半ば	イヴァン4世 　シベリア侵出	
1613〜1917	ロマノフ朝　　ミハイル=ロマノフ	清朝成立
1670〜1671	ステンカ=ラージンの反乱	
1682〜1725	ピョートル1世　　アゾフ地方	
1700〜1721	北方戦争　　カール12世　ペテルブルク	
1762〜1796	エカチェリーナ2世	
1773〜1775	プガチョフの反乱　武装中立同盟(1780)	アメリカ独立戦争
1772・1793	ポーランド分割	
・1795	コシューシコ(コシチューシコ)	

⑤ 植民地抗争

	〈オランダ〉 　バタヴィア(ジャカルタ)　アンボイナ事件(1623) 　ケープ植民地	
1652〜1674	英蘭戦争	
	〈英・仏〉	
1688〜1697	ファルツ継承戦争 　ウィリアム王戦争(1689〜1697)	名誉革命
1702〜1713	アン女王戦争 　ハドソン湾地方　アカディア地方 　ニューファンドランド 　ミノルカ島　ジブラルタル	
1744〜1748	ジョージ王戦争	カーナティック戦争
1755〜1763	フレンチ=インディアン戦争 　パリ条約(1763)　ミシシッピ以東のルイジアナ	
1757	プラッシーの戦い	

13 イギリス革命

1603～1714	ステュアート朝	江戸幕府成立
1628	ジェームズ1世　チャールズ1世…権利の請願	
1639	スコットランド反乱　大諫奏（大諫義書）	
1642(40)	ピューリタン革命	
～1649	反国王の議員逮捕　独立派…クロムウェル	
	長老派　水平派…ジョン=リルバーン	
1644	マーストンムーアの戦い　鉄騎隊	明滅亡
1645	ネーズビーの戦い　新型軍	
1649	共和政　　国王処刑	フロンドの乱
1651	航海法	
1653	護国卿	
1660	王政復古　　チャールズ2世	アウラングゼーブ帝即位
1673	審査法	
1679	人身保護法	
1688～1689	名誉革命　ジェームズ2世	ネルチンスク条約
1689	ウィリアム3世，メアリ2世　権利の章典	
	アン女王	
1707	グレートブリテン王国	
1714	ハノーヴァー朝	スペイン継承戦争
～1917	ジョージ1世	
	責任内閣制　ホイッグ党…ウォルポール	

どの国王のときに，どういう事件が起こったのかがポイント。

14 17・18世紀のヨーロッパ文化

① 近代の哲学思想

	「認識」の学	
	＊大陸（フランス）合理論　　演繹法	
17C	デカルト　　『方法叙（序）説』	
	スピノザ（蘭）　　『エチカ』	
	ライプニッツ（独）　　『単子論』	

	パスカル 『パンセ(瞑想録)』	
	*イギリス経験論　帰納法	
16C～17C	フランシス=ベーコン 『学問の進歩』	
17C	ロック 『人間悟性論』	
18C	ヒューム 『人性論』	
	*ドイツ観念論	
18C	カント 『純粋理性批判』『実践理性批判』	
18C～19C	フィヒテ 「ドイツ国民に告ぐ」	
18C～19C	ヘーゲル 『精神現象学』『歴史哲学』	
	「弁証法」を確立	

② 政治思想

	*国家主権概念と王権神授説	
16C	ボーダン(仏)	ユグノー戦争
17C	ジェームズ1世, フィルマー(英)　ボシュエ(仏)	
	*近代自然法(国際法)	
17C	グロティウス(蘭)	
	『海洋自由論』	
	『戦争と平和の法』	三十年戦争
	*社会契約論	
17C	ホッブズ 『リヴァイアサン』	
	ロック 『市民政府二論(統治論二篇)』	
	*啓蒙思想	
18C	モンテスキュー 『法の精神』(1748)	アーヘンの和約
	ヴォルテール 『哲学書簡(イギリス通信)』	
	ルソー 『社会契約論』『人間不平等起源論』	
	『告白』『エミール』	
	ディドロ, ダランベール 『百科全書』	

③ 経済思想

	*重商主義	
	重金主義・貿易差額主義・産業保護政策	
	政治権力の経済への介入	

21

18C	*重農主義 　アンシャン=レジーム批判 ケネー　　『経済表』 テュルゴー	
18C~19C	*イギリス古典派経済学 アダム=スミス　　『諸国民の富(国富論)』(1776) リカード　　『経済と課税の原理』　労働価値説 マルサス　　『人口論』	アメリカ独立宣言

④ 自然科学

16C~17C	*天文学 ケプラー(独)　　惑星運行の法則発見	マテオ=リッチ『坤輿万国全図』
18C~19C	ラプラース(仏)　　星雲説	
17C	*物理 ホイヘンス(蘭)　　振り子の研究　光の波動説	
17C~18C	ニュートン(英)　　万有引力の法則 　　　　　　　　　　『プリンキピア』(1687)	
17C	ボイル(英)　　「ボイルの法則」「近代化学の父」	
18C~19C	ヴォルタ(伊)　　電池	
18C	*化学 ラボワジェ(仏)　　元素の概念　質量不変の法則	
18C	*生物学 ビュフォン(仏)　『博物誌』	
18C~19C	ラマルク(仏)　　『動物哲学』	リンネは出身国に注意!
18C	リンネ(スウェーデン)　　動植物の分類	
16C~17C	*医学 ハーヴェー(英)　　血液循環の理論	
18C~19C	ジェンナー(英)　　種痘法	

⑤ 文学

古典主義	*フランス	
17C	ラシーヌ　　『アンドロマク』	
17C	コルネイユ　　『ル=シッド』	

17C	モリエール	
	『タルチュフ』 『守銭奴』 『町人貴族』	
	*ドイツ	
18C	レッシング 『賢者ナータン』	
	*ピューリタン文学	
	ミルトン 『失楽園』	
	バンヤン(バニアン) 『天路歴程』	
17C~18C	デフォー 『ロビンソン=クルーソー』	
17C~18C	スウィフト 『ガリヴァー旅行記』	

⑥ 美術

バロック	「豪壮」, 「華麗」, 「絢爛」	
	エル=グレコ(ス)	
	ベラスケス(ス) 「女官たち(ラス=マニナス)」	
	ムリリョ(ス) 「キリスト生誕」	
	ルーベンス(ネ) フランドルの画家	
	「マリー=ド=メディシスの生涯」の連作	
	ファン=ダイク(ネ)	
	「狩猟服姿のチャールズ1世」	
	レンブラント(蘭) 「光と影の画家」 「夜警」	
	フェルメール(蘭)	
	リゴー(仏) 「ルイ14世の肖像」	
	ヴェルサイユ宮殿	
	シェーンブルン宮殿…ハプスブルク家の宮殿	
ロココ	「繊細」, 「技巧的」, 「優美」	
	ワトー(仏) 「シテール島への船出」	
	フラゴナール(仏) 「水浴の女たち」	
	サンスーシ宮殿 フリードリヒ2世	

第24回

西ヨーロッパ世界の形成

【西欧中世史の概観】

● ローマ帝国の衰退（3C ～）：地中海商業の衰退　帝国の東西分割（395）。

ゲルマン民族の大移動（4C ～ 6C）

イスラーム教徒の地中海進出（7C・8C ～）を契機に，地中海商業が衰退。

　◎結果：アルプス・ピレネー山脈以北の地域が，本格的な農業社会に。

　　　　　各地に農業生産の拠点として荘園が形成される。

フランク王国による西ヨーロッパ世界の統一（8C・9C 半ば）

　　　：イスラーム勢力の地中海進入を契機に，北西ヨーロッパの開発が進み，フランク王国の発展を促した。

フランク王国の分裂，中世封建社会の成立（9C ～ 11C）

　● 主因：各地の農業生産力が発展し，荘園の支配者として諸侯が台頭。

　◎結果：西部ヨーロッパ地域の分権化が進行。

---

① 民族大移動期のヨーロッパ

本編解説 p.2 ～ 10

古ゲルマンの世界（移動前のゲルマン人）

タキトゥス

　● 史料：カエサル『ガリア戦記』（BC1C）

　　　　　…キケロ『国家論』と並ぶラテン語散文の名文。

　　　　　タキトゥス『ゲルマニア』（AD1C）：頽廃したローマ人に対する警告。

　● 原住地：バルト海沿岸　牧畜・農業で生活。先住ケルト人を圧迫しつつ拡大。

　● 社会：部族国家（キウィタス）…貴族・平民から成る民会で決定。

　● ローマ帝国との交わり：コロヌス・傭兵・官吏として，平和的に移住。

民族大移動の開始

　● 原因：人口増加にともなう土地・食料不足。

フンには苦労したぜ

東ゴート

　● 契機：**フン人**が東ゴート人を征服。

　● 移動開始（375）：フン人の圧迫が，西ゴート人の移動を誘発。

　　　➡ **ドナウ川**を越えてローマ帝国内に侵入（376）

　　　➡ ローマとアドリアノープルの戦い（378）…➡ ゲルマン諸族の侵入を誘発。

ゲルマン人各民族の活動

民族名	原住地	最終建国地	滅亡させた勢力，その他	備考
西ゴート	ドナウ北岸	**イベリア半島**	ウマイヤ朝（711）	**ローマ略奪**（410）
東ゴート	ドニエプル川下流域	イタリア	**ビザンツ帝国**（555）	**テオドリック**首都ラヴェンナ
ブルグンド	オーデル川流域	ガリア東南部（現**ブルゴーニュ**地方）	**フランク王国**（6世紀半ば）	
ヴァンダル	オーデル川流域	北アフリカ（現チュニジア・アルジェリア）	**ビザンツ帝国**（534）	最長の移動
ランゴバルド	パンノニア平原	北イタリア（現**ロンバルディア**地方）	**フランク王国**（774）	移動の開始が**6世紀**
アングル，サクソン，ジュート	エルベ川流域・ユトランド半島	ブリタニア		七王国を建設829年に**エグバート**が統一
フランク	ライン川右岸	ガリアを中心に，西ヨーロッパを統一	9世紀に分裂	8世紀後半に西ヨーロッパを統一

その後の情勢

- フン人：大王アッティラ，西ローマ・ゲルマン連合軍に，カタラウヌムの戦い（451）で敗北。
- **西ローマ帝国の消滅**（476）：ゲルマン人傭兵隊長オドアケルが，西ローマ皇帝を廃位し，帝権を東ローマ（ビザンツ）皇帝に返上させる。
- 東ローマ帝国とゲルマン諸国の関係：ゲルマン諸王は，王国の権威付けのために東ローマ皇帝による王位承認を求め，東ローマ皇帝に対して政治的に従属。
- ゲルマン諸族の宗教：多くは**アリウス派**を信仰

ローマ教会（ローマ＝カトリック教会，西方教会）の活動

- **教父の活動**：カトリックの教義確立に尽力したキリスト教学者。
  - **アウグスティヌス（4C 〜 5C）**：「最大の教父」
    :『**神の国（神国論）**』…世界の終末と神の国の実現をとく。
- **教皇**：もとはローマ司教　西部ヨーロッパの教会組織を統率。
  - **教皇レオ 1 世（5C）**
    :アッティラやヴァンダルのローマ侵入を，説得で退ける。
  - **教皇グレゴリウス 1 世（6C 末）**
    :ゲルマン人指導層などに対して，積極的な布教。
- **修道院の創建**：地方へのキリスト教布教の前進基地として機能。
  - **モンテ＝カシノ修道院の創建（529）**
    :ベネディクトゥスが創建した西欧最初の修道院。
  - **標語**：「祈り，働け」　戒律：**清貧・服従・貞潔**
  - **活動**：布教や辺境開発の前進基地として，キリスト教世界の拡大に貢献。

---

 (2)　**フランク王国の発展と分裂**　　　📖 本編解説 p.10 〜 21

フランク王国の成立・発展（4C 末〜 8C）

フランク王国の成立
- **クローヴィス**：メロヴィング家による統一（**メロヴィング朝**成立）。

クローヴィスの改宗（496）
- **概要**：ローマ＝カトリック教会の正統教義アタナシウス派に改宗。
- **影響**：旧ローマ帝国系の住民との融和がもたらされ，またローマ＝カトリック教会とも協調関係が生まれる。
  - **結果**：フランク王国の支配の安定化をもたらす。
- **首都パリ**：中部ガリアを征服した段階で，首都をパリとする。
- **発展**：534 年に，後継者がブルグンド王国を滅ぼして東部ガリアを手中に。

カロリング家の伸長(8C)：生産力の高いライン・ロワール河間を支配。

- 宮宰カール＝マルテル

  ：**ウマイヤ朝**をトゥール＝ポワティエ間の戦いで撃退(**732**)。

カロリング朝の成立(751 〜 10C)

- 経過：カール＝マルテルの息子ピピンが，メロヴィング朝から王位奪う。
- ローマ教皇のクーデタ承認：動機…有力者ピピンとの提携(ていけい)の必要性。
  - (1) 北イタリアのランゴバルド人の南下による脅威。
  - (2) **イスラーム勢力**の脅威…とくに地中海岸。
  - (3) ビザンツ皇帝レオン 3 世発布の聖像禁止令(**726**)をめぐる対立。
    - ➡ゲルマン人に対する**キリスト教の布教**の際に聖像が必要なため。
- ピピンの寄進：北イタリアのラヴェンナ地方を寄進(初の教皇領)。

カール大帝(シャルルマーニュ)による西ヨーロッパ統一

＊「シャルルマーニュ」はフランス語

外征

- **ランゴバルド王国を滅ぼす**(774)。
- イスラーム王朝後ウマイア朝を撃退：スペイン北部を奪還。
- 異教(非キリスト教徒)のザクセン人を服属させる。
- 東方から侵入したモンゴル系のアヴァール人を撃退。

内政──中央集権体制をめざす

- 首都：**アーヘン**
- 州に分割：有力豪族を伯(グラーフ)として支配させ，**巡察使**が監督。
- **古典文化**の復興(「**カロリング＝ルネサンス**」)
  - 神学者アルクインをブリタニアより招聘(しょうへい)し，神学を講じさせる。
  - **ラテン語**を基礎とした文芸・学問の奨励。
  - アルファベットの小文字の形成➡**写本**のため。

カールの戴冠(たいかん)(800)

- 概要：教皇レオ 3 世が，ローマ皇帝(西ローマ皇帝)帝冠を戴冠。
- カール戴冠の意味：**ビザンツ帝国からの政治的・宗教的自立**の象徴。
  - 政治：西部ヨーロッパが，政治的に東ローマ帝国から自立。
  - 宗教：フランク王国に支持された**ローマ教会**が，東ローマ皇帝から自立。
- 西欧文化圏の形成：3 要素…**古典古代の文化**(ローマ(ラテン)文化)，

  ローマ＝カトリック，ゲルマン文化。

フランク王国の分裂

- 経緯：カール大帝の息子ルートヴィヒ，3 子に領土を分割相続。
  - ←長兄ロタール不満。
- ヴェルダン条約(843)：王国の 3 分割を長兄ロタール(1 世)が承認。
- メルセン条約(870)：ロタール王国のカロリング朝断絶に乗じ，アルプス以北の地が東西フランク王国によって分割される。
  - ＊分割された領土の一部は，ロタールの名にちなんで，「ロレーヌ」。
- 結果：西欧 3 国(フランス・ドイツ・イタリア)の原型ができる。

西欧三国(仏・伊・独)のその後

西フランク王国(フランス)：カロリング朝断絶(987)。
- カペー朝(987 〜 1328)：パリ伯ユーグ=カペーが王に即位。
- カペー朝：**王権は弱体**←諸侯の割拠　＊中世初期の王権…軍事指導者。

中フランク王国(イタリア)：帝位を継承したものの，分裂と混乱続く。
- 外敵の侵入：イスラーム，ノルマン人，ビザンツ帝国，東フランク王国などの侵入続く。
- カロリング朝断絶(869)➡分裂状態強まる。

東フランク王国(ドイツ)
- カロリング朝断絶(911)。
- 結果：選挙王制始まる…有力諸侯による選挙で国王を選出。
- 諸国王：フランケン公コンラート 1 世➡**ザクセン公ハインリヒ 1 世**。
- **オットー 1 世**：王位を世襲。
  - レヒフェルトの戦い(955)：**マジャール人**を撃破。
    - ：政情不安のイタリアに遠征して，ローマ教皇を助ける。
- オットー 1 世の戴冠：教皇ヨハネス 12 世がローマ帝冠を戴冠。
  - (「**神聖ローマ帝国の成立**」，962)
  - 「**神聖ローマ皇帝**」：ドイツ国王が「ローマ皇帝」の称号を引き継ぐ。
- イタリア遠征(イタリア政策)
  - 結果：ドイツ・イタリアの分裂を促進。

③ ノルマン人の活動

本編解説 p.21 〜 26

ノルマン人：北方ゲルマン人（デーン，スヴェン，ノルウェー人）

どうせ
おれたち
悪者だよ

- ●原住地：**スカンディナヴィア半島，ユトランド半島**。

  「ヴァイキング」…“入江の民”を意味する呼称。

- ●移動開始（8C 末〜）：人口増加・耕地不足。

  交易や略奪を行いつつ全欧に展開。

ノルマン人各民族の動き

ロシア

- ●ノヴゴロド国：ルーシの首長リューリク，東スラヴ人を支配して建国。

  - ●ノヴゴロド：毛皮交易などの中心地。

- ●キエフ公国：ノヴゴロド国の一部が，ドニエプル川を下り建国。

  - ●キエフ：ノヴゴロドと並んで，バルト海・黒海を結ぶ商業路の要地。

  - ●東スラヴ人（**ロシア人・ウクライナ人**）を支配➡同化も進む。

- ●ウラディミル 1 世（10C 末）：ビザンツ皇帝の妹アンナと結婚。

  - ●政策：ビザンツ帝国的な**専制君主政**を採用。

    ギリシア正教を受容し国教化。

- ●キリル文字の浸透

  - ●文字の形成：ギリシア正教会の宣教師キュリロス・**メトディオス**が，

    ギリシア文字を母体に**グラゴール文字**を考案。

  - ●ギリシア文字をもとに，キリル文字がつくられる…➡現在のロシア文字。

イングランド

- ●前史：ウェセックス王（七王国の 1 つ）のエグバートによる統一（829）。

    …➡イングランド王国の起源。

- ●デーン人の侵入（9C）：アングロ=サクソン人の大王アルフレッドが撃退。

- ●デーン朝（1016 〜 1042）：首長クヌート（**カヌート**）が創建。

              ◀アングロ=サクソン人が滅ぼす（1042）。

西フランク（フランス）

- ●ノルマンディー公国：首長ロロ，西フランク王国から割譲される（911）。

- ●ノルマンの征服（1066）

  - ●ノルマンディ公**ウィリアム**（**ギヨーム**）が，イングランドを征服。

  - ●ヘイスティングズの戦い：アングロ=サクソン人の国王・貴族を撃破。

地中海方面

- ●**ロベール=ギスカール**：ノルマンディー出身のノルマン人。
  - ●征服活動：イタリア人貴族の傭兵として，南イタリアで台頭。
- ●**両シチリア王国**（12C 前半）：ルッジェーロ 2 世が建国。
  - ●首都パレルモ：イスラーム文化受容の拠点。

北欧諸国

- ●**ノルウェー王国，スウェーデン王国**
- ●**デンマーク王国**：ハーラル王（青歯王）
- ●**フィンランド王国**：ウラル語系の**フィン人**←スウェーデンが併合。

ノルマン人活動の意義

- ●意義：西欧に動揺を与え，西ヨーロッパの封建社会**形成の契機**をつくる。

④ ビザンツ（東ローマ）帝国の歴史

 本編解説 p.26 ～ 28

全盛期——ユスティニアヌス帝（6 世紀半ば）

征服活動

- ●地中海世界の再征服：ゲルマン人の 2 王国（ヴァンダル王国，東ゴート王国）を滅ぼす。
- ●ササン朝ホスロー 1 世との抗争
- ●外征の影響：地中海世界の大半を支配➡長期の戦争により国力は被弊。
- ●『**ローマ法大全**』の編纂：法学者トリボニアヌスらが編纂。
- ●目的：広大な領土と多様な民族の統治のため，地域や民族の差異を越えた普遍的法体系が必要に。

経済

- ●農業：帝政ローマ時代以来の**コロナートゥス**（コロヌス制）が存続。
- ●絹織物業の発展：中国から技術と原材料の蚕卵を得る。

第25回

西ヨーロッパの封建制度と荘園制

① 西ヨーロッパの封建社会

📖 本編解説 p.29 〜 34

● 概要：諸侯間（あるいは国王一諸侯間，諸侯一騎士間など）に成立した，軍役義務と封土（知行）の授受を仲立ちに成立した**君臣関係**。

西欧における封建制度成立の背景

● 普及の動機：西ヨーロッパの混乱が激化するなかで，外敵やほかの領主から所領を守る。
 ● 外敵：**ノルマン人**，**イスラーム勢力**，**マジャール人**の侵入。
 ● 私闘：領主間の所領をめぐる争い。

封建制度の起源

● 恩貸地制：ローマ世界が起源　主君➡家臣…土地

　　　　　　　　　　　　　　　家臣➡主君…様々な奉仕

● 従士制：ゲルマン世界が起源　主君➡家臣…さまざまな恩賞

　　　　　　　　　　　　　　　家臣➡主君…軍役義務

主従関係もいろいろですね！

封建制度の成立の契機

● 目的：**ウマイヤ朝の侵攻**や勢力拡大のために，**重装騎兵**を確保したい。
● 成立過程：フランクの宮宰であった**カール=マルテル**が，各地の諸侯に，軍役と引き替えに土地所有権を承認する。あるいは没収した**修道院**の領地などを，諸侯に分配。こうして，土地と軍役義務が結び付いた「封建制度」が成立。

西ヨーロッパ封建制度の特色

● 中国の周の封建制のように，必ずしも血縁が媒介する関係ではない。
● 主従関係の構築：主君と家臣のあいだには，双務的契約関係が取り結ばれる。
 ● 特色：**複数の主君・家臣**を持つ重層的関係。

② 荘園制

📖 本編解説 p.34 〜 39

諸侯と農奴

● 封建諸侯：荘園と呼ばれる所領（複数の場合も多い）と，領民（農耕に従事する農奴など）を支配する地域の実力者。武装して領民を保護。

- 農奴の起源：帝政ローマ時代の**コロヌス**，**解放奴隷**の子孫，
  没落ゲルマン人農民など。
- 農奴の境遇：**移動の自由・職業選択の自由**はなく，結婚・相続も制限。
  家族の形成，道具・家屋の保有は認められる。
  農村共同体を単位に，生産活動・相互扶助。

荘園における耕作

◎**古典荘園**：荘園の初期形態（12C 以降登場する「純粋荘園」に対する呼称）。
  8 世紀にライン・ロワール河間地方に最初に成立。
- **地条型の耕地**：**鉄製の重量有輪犂**による耕作に適する耕地の形。
- **開放耕地制**：各耕地間に垣根（かきね）はなく，直営地や保有地が混在し，各耕地は荘園
  の農奴が総出で**共同耕作**（家族単位の耕作は困難）。
- **三圃制**：地力の回復のため，耕地を 3 分して休耕地を設ける。
  ＊鉄製有輪犂と三圃制の普及は，ともに 11 世紀以降。

荘園の構造

- **領主直営地**：農奴が労働奉仕をする領主の土地
  ➡生産物はすべてが領主の所有に。
- **農民保有地（宅営地）**：農奴に分割貸与された土地。
  ➡生産物の一部は領主のものに。
- **入会地（共有地）**：家畜の放牧などを行う森林，牧草地，沼沢（しょうたく）。

領主による農奴支配

(a) **農奴の負担**

◎**地代**：領主に対するさまざまな経済的負担の総称。
- **賦役**：領主直営地における労働奉仕のこと。
- **貢納**：農民保有地などから収奪される生産物。
- **結婚税**：結婚にともなう**労働力の移動**に対する補償。
- **死亡税**：相続税にあたるもの。
- **使用強制**：領主が水車やパン焼きかまどを独占し強制的に使用させる。

◎**経済外的強制**
- **領主裁判権**：領民は領主の司法権に服する。

(b) **教会と農奴**

- **十分の一税**：**教会**に支払われる負担。
- **教区**：教区を単位に，教区司祭が信者を統括（とうかつ）。

西欧中世社会の概括的イメージ(7C・8C 〜 11C)

(a) **政治的イメージ**

- ●**国王・皇帝の力は弱く**名目的な存在にすぎない。
- ●**不輸不入権**：各地の諸侯には，自己の所領に対する国王(or 皇帝)による課税の
　　　　　拒否権(**不輸権**)，および国王(皇帝)の役人の立ち入りの拒否権(**不
　　　　　入権**)があった。

(b) **経済的イメージ**：商業は振るわず。

- ●地中海地方：**イスラーム教徒**(7C 〜)により，ヨーロッパ勢力は駆逐され，地
　　　　　中海商業は衰退(とくに地中海西部の海域)。
- ●アルプス以北：農業は発展途上。
- ●不便な交通：大森林，盗賊の横行　＊河川のみが有効な通路であった。
- ◎結果：自給自足を基本とする社会。

(c) **シンプルな社会構造**

- ●３種類の人間：**戦う人(王侯貴族)**，**働く人(農奴)**，**祈る人(聖職者)**の３身分。

第 26 回

西ヨーロッパ世界の変質・十字軍・中世都市

① 中世西ヨーロッパ世界の変容

 本編解説 p.40～42

政治：諸侯が割拠する分権的**状態**を脱して，**国王**による統一が進展。

経済・社会：**農業生産力の発展**などが，**商業ルネサンス(商業の復活)**を促進。

- **自給自足**的な**現物経済**から，貨幣経済への移行。
- **貨幣経済の影響**：遠隔地商業や，**中世都市の発展**を促す。

　　　　　　　　　市民の台頭，**荘園制(領主制)の崩壊**をももたらす。

文化：聖職者を担い手とした**キリスト教**中心の文化から，人間中心的な文化。

　　　各地に市民を担い手，あるいは支持者とした国民文化を育んでいく。

- 中世後期は，近代の序曲。

② 十字軍の遠征(11世紀～13世紀)

 本編解説 p.42～49

遠征の契機

セルジューク朝のビザンツ帝国への侵攻：小アジア占領(1071)。

　➡ビザンツ皇帝**アレクシオス1世**，西欧世界に救援の依頼。

ローマ教皇ウルバヌス2世が，フランスで**クレルモン公会議**を召集(1095)。

遠征の背景

主因：西欧の農業生産力の発展・**商工業の発展**，人口増加。

西欧世界の膨脹

(a) **対イスラーム十字軍**

(b) **レコンキスタ(国土回復運動)**：イベリア半島でイスラーム教徒を駆逐。

(c) **ドイツ騎士団**を先頭とする東方植民活動。

　　：**エルベ川**を越えて，**スラヴ人**などに対して展開。

政治・経済的な動機

- **ローマ教皇**：神聖ローマ皇帝(ドイツ国王)との叙任権闘争を優位に。

　　　　　　東西教会統一の主導権を獲得したい。

- 皇帝・国王・諸侯・騎士：西アジアにおける領地，財宝などの獲得。

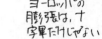

ヨーロッパの膨張は，十字軍だけじゃない

- 商人：**地中海商業**の覇権獲得。

- 宗教的な情熱の高まり。

- **聖地巡礼**の情熱：三大巡礼地…**ローマ**，**イェルサレム**，

　　　　　　北スペインの**サンティアゴ=デ=コンポステラ**。

遠征の経過

第 1 回（1096 ～ 1099）：参加者…ロレーヌ公ゴドフロワなどの仏諸侯中心。

- 結果：イェルサレム奪回➡イェルサレム王国の建設（1099）。

- 十字軍が建設したほかの国家：エデッサ伯領，アンティオキア公領など。

第 2 回（1147 ～ 1149）：神聖ローマ皇帝コンラート 3 世，仏国王ルイ 7 世。

第 3 回（1189 ～ 1192）：英国王リチャード 1 世，仏国王フィリップ 2 世，

　　　　　　　　　　神聖ローマ皇帝フリードリヒ 1 世。

- 契機：**アイユーブ朝**の君主サラディンが，イェルサレム王国を占領。

- 結果：キリスト教徒による**イェルサレム巡礼**は認められる。

第 4 回（1202 ～ 1204）

- 北イタリアの都市ヴェネツィア主導。

　　：ビザンツ帝国の**コンスタンティノープル**を占領➡ラテン帝国建設。

- ローマ教皇インノケンティウス 3 世：十字軍全軍を**破門**。

- **少年十字軍**の遠征：途中で奴隷（どれい）として売られる。

第 5 回（1228 ～ 1229）：神聖ローマ皇帝フリードリヒ 2 世

　　　　　　　　　　ムスリムとの交渉によって，イェルサレムに入城。

第 6 回（1248 ～ 1254）：仏国王ルイ 9 世がエジプトに侵入するも，

　　　　　　　　　　エジプトのマムルーク朝に撃退される。

第 7 回（1270）：仏国王**ルイ 9 世**が，北アフリカのチュニスを攻撃。

- 十字軍活動の終焉（しゅうえん）（1291）：最後の拠点アッコンが陥落（かんらく）。

十字軍の影響

政治的影響

- 初期の成功：教皇の権威は一時的に伸張。

　　　　　➡神聖ローマ皇帝との**叙任権闘争**で優位に立つ。

- 最終的な失敗：**ローマ教皇の権威失墜**。

　　：諸侯・騎士の没落を促進，一方で国王権力は伸張。

経済的影響：**地中海**を舞台とした東方貿易（レヴァント貿易）を軸として，西欧（と

くに**北イタリア諸都市**）の商業活動が活発化。

➡中世都市の形成・発展を促進。

文化的影響：**イスラーム世界・ビザンツ世界**に継承されていた**人間中心的**なギリシア文化が西欧に伝播。

● **騎士修道会の結成**：聖地巡礼者，十字軍国家などを防衛するために結成。

● **ヨハネ騎士団**（11C〜）：十字軍終焉後は，キプロス島・ロードス島を経て**マルタ島**に移動。

● **テンプル騎士団**（1119〜）：イェルサレムで結成。

仏国王フィリップ4世が解散させる。

● **ドイツ騎士団**（1189〜）：アッコンで結成…➡東方植民活動の先頭に。

---

③ 中世都市の発達

📖 本編解説 p.49〜57

中世都市の成立・復活

● 都市の機能：中世都市の多くは，軍事都市・宗教都市・政治都市ではなく経済都市として機能。

海港都市の復活：**十字軍**などを機に**地中海商業**が活性化し，**都市**も復活。

内陸の都市：農業生産力発展➡余剰生産物の発生➡市の成立➡定期市化

…➡常設化され，周囲に城壁を巡らし，

商工業者（**市民**）が居住。

● 建設地：領主の居城や教会・修道院を中心に，あるいはその近辺に建設。

都市内部の社会

ギルド（組合）：商人や手工業者が，**相互扶助や生産の制限，技術の独占**などのために結束。

● **手工業者ギルド**（同職ギルド，ドイツ語で**ツンフト**）

：当初は商人ギルドに従属。

● **徒弟制度**：職人間の厳格な身分序列。

親方—職人—徒弟　親方のみがギルドの成員。

市政，「市民の自由」について

● 市参事会：当初は商人ギルドが市政を牛耳る　独自の都市法も制定。

● **ツンフト闘争**：商人支配下にあった手工業者の自立，市政参加のための闘争
とくにドイツで活発に展開。

- 農奴の流入：荘園から逃亡　＊諺…「都市の空気は（人を）自由にする」。
- ◎「自由」の限界：都市の自治（自由）とは，都市全体の外部の権力（王侯，教会）に対する自由であり，都市内部では，職人・徒弟・奉公人などは，特権的な支配層（大商人・親方）の厳しい規制の下にあり，近代的な個人の自由はなかった。

都市の自治・自治権，外部の権力との関係

- 北フランス：コミューン運動という自治獲得の闘争を領主などに展開。
- ドイツの帝国都市：諸侯に対抗するために，神聖ローマ皇帝から自治の特許状を取得した都市…➡後に「自由都市」と呼ばれる。
- イタリア：外部権力（司教など）からの自立を果たし，自治都市（伊でコムーネ）と呼ばれ，近隣の農村まで支配して，「都市国家（都市共和国）」へと発展するものあり。

都市同盟の結成

ハンザ同盟：盟主リューベック…諸侯や北欧（デンマークなど）諸国に対抗。
- 北欧諸国の対応：デンマークの君主マルグレーテ中心に，ノルウェー・スウェーデンとのあいだにカルマル同盟結成（1397）。
- 在外「四大商館」：ロンドン，ノヴゴロド，ブリュージュ，ベルゲン。

ロンバルディア同盟：ミラノが中心。
- 動機：神聖ローマ皇帝のイタリア政策に対抗して結成。
  レニャーノの戦い（1176）で，皇帝フリードリヒ1世を撃破。

遠隔地商業の発展

北ヨーロッパ商業圏（北海・バルト海商業圏）。

北ヨーロッパ商業圏は、日用品が中心ですネ8

- 北海沿岸地方（魚介類）：塩漬けのニシンなど。
- スカンディナヴィア（木材）：ベルゲンへ集積。
- 東ヨーロッパ（穀物・毛皮）：ダンツィヒ・ノヴゴロドへ集積。
- フランドル地方（毛織物）：ブリュージュ・ガンなどで生産・集積。
- ◎主要商品：日用品（“かさばるもの”と呼ばれる）

地中海商業圏
- 概況：イタリア商人が，ムスリム商人とレヴァント地方を通じて貿易。
- 十字軍とムスリムの戦闘中は，ユダヤ人商人が仲立ちをすることも。

◎主要商品：アジア産の**奢侈品**（香辛料，絹織物，宝石）を輸入。

南ドイツの**アウクスブルク産**の銀を，アジアに輸出。

シャンパーニュの大市：北フランスにあり，２つの商業圏を結合。

ビザンツ帝国と東ヨーロッパ世界

第27回

① ビザンツ帝国（6世紀～15世紀）

📖 本編解説 p.58～63

帝国領土の縮小とそれへの対応（6C～7C）

6C後半：ランゴバルド人が北イタリアを奪取。アヴァール人も侵入。

　　　：南スラヴ系セルビア人がバルカン半島進出…➡王国の成立（12C）。

7C初頭：トルコ系ブルガール人の移住➡第1次ブルガリア帝国（7C末）。

　　　：イスラーム教徒が，シリア・エジプトを奪う➡食料危機・軍事危機。

軍管区制（テマ制）：皇帝ヘラクレイオス1世が導入（?）。

　　　　　　　　　　＊導入時期についても異説あり。

- **概要**：全国を軍管区に分割し，将軍（軍司令官）とそれが率いる屯田兵を配置し，彼らに軍役を課して農業の任にも当たらせる。
  - **屯田兵制**：没落自作農やスラヴ人に，兵士保有地を与え軍役を課す。
- **結果**：自作農の数が増加して彼らが帝国を支える基盤となり，それを掌握した皇帝を頂点とする中央集権体制が強化される。

イスラーム勢力の侵攻と聖像禁止問題（8C）

- **ウマイヤ朝の首都攻撃**（718）：皇帝レオン3世が反撃（新兵器ギリシア火）。
- **聖像禁止令**（726）

レオン3世

  - **背景**：イスラーム教徒・ユダヤ教徒による偶像崇拝批判。
  - **聖像，聖画**（イコン）：イエスや聖母マリア，聖人の偶像。
  - **東西教会の対立を促進**：ローマ教皇レオ9世と，コンスタンティノープル総主教が，お互いを破門（**1054**）。
    - ➡**ローマ=カトリック教会とギリシア正教会の分裂**。

マケドニア朝の下での繁栄（9C～11C）

- **バシレイオス1世**（9C後半）：南イタリアを支配。シリア・クレタ島奪回。
- 第1次ブルガリア帝国の領土拡大（10C初め）。

衰退（11C末～）

- **帝権の弱体化**：スラヴ人・ブルガール人の自立，豪族の割拠。
- **プロノイア制の導入**

《注》 山川出版社『新世界史』では，プロノイアを「軍役義務をともなう封土」と記している。

- ●概要：地方の有力者に，**皇帝が一代限りで国有地の管理権（プロノイア）**を与え，軍役を課すシステム。　＊皇帝のみが忠誠の対象。
- ◎結果：有力者はプロノイアを世襲（せしゅう）するようになり，また商工業の発展にともなう没落農民の土地の集積も進め，大土地所有者として地方でさらに大きな勢力に…**➡帝国の分裂**を進める。
- ●**セルジューク朝**：**マンジケルトの戦い（1071）**を経て小アジアの大半を失う。
  - ●対応：皇帝**アレクシオス 1 世**が，西欧世界に救援を依頼。
    - **➡十字軍の派遣（1096 ～）**。
- ●**第 2 次ブルガリア帝国**の独立（12C 末）。
- ●**第 4 回十字軍（1202 ～ 1204）**：イタリア都市ヴェネツィアの策動（さくどう）で，コンスタンティノープルが占領される。
  - ●十字軍はコンスタンティノープルに**ラテン帝国**を建設。
  - ●ビザンツ帝国の残党は，**ニケーア帝国**を建てる…**➡首都奪回（1261）**。
- ●**オスマン帝国**：メフメト 2 世の征服により滅亡（1453）。

ビザンツ帝国と西欧世界との比較

私が滅ぼしたのだ

×フメト2世

- ●政治：**皇帝権が強力**（～ 11C ころまで）…巨大な官僚制維持。
  - 皇帝は，聖俗の首長を兼ねる…西欧から「**皇帝教皇主義**」と呼ばれる。
- ●経済：**コンスタンティノープル**を中心に，**地中海貿易**が長らく繁栄。
  - ：**ノミスマ金貨**が決済手段…金の純度が高く，信頼性高い。
    - **←**コンスタンティヌス帝期のソリドゥス金貨を継承した金貨。

② 東ヨーロッパの情勢

📖 本編解説 p.63 ～ 67

- ●原住地：カルパチア山脈付近から，ドニエプル川の上流域。
- ●分裂：東スラヴ人・西スラヴ人に分裂。
  - **➡**一部がバルカン半島へ（**➡南スラヴ人**）。

ポイントは、宗教、つくった国家、そして誰に支配されたか？

西スラヴ人

◎宗教：カトリックを受容。

モラヴィア王国（9C 前半）：西スラヴ人の**チェック人・スロヴァキア人**創建。

- ●モラヴィア王国は原始信仰の時期長い。
- ●滅亡：**マジャール人**の侵入で滅亡（10C 初頭）。

ベーメン(ボヘミア)王国(10C)：モラヴィア王国の遺民**チェック人**が建国。

- **スロヴァキア人**は，マジャール人の支配下。
- **ドイツ人の支配**：11世紀以降，**神聖ローマ帝国**の支配下に入る。

ポーランド王国(10C)：西スラヴ系ポーランド人。

- **王国創建**(10C～)：**カトリック**を受容。
- **カジミェシュ(カシミール)大王**(14C)：最盛期の王　クラクフ大学創建。
- **リトアニアとの連合**(1386)：**リトアニア＝ポーランド王国**
  - **形成の背景**：ドイツ騎士団の侵略に対抗して連合国家を建設。
  - **ヤゲウォ(ヤゲロー)朝の支配**：首都**クラクフ**

（手書きメモ）西スラヴ人のいじめっこは，マジャールとドイツ

東スラヴ人

- **ロシア人，ウクライナ人**：9世紀に，**ノヴゴロド国・キエフ公国**の支配下。

キエフ公国：全盛期ウラディミル1世(10C末)

モンゴル人の支配(13C半ば～1480)：キプチャク＝ハン国

- **"タタールのくびき"**：モンゴル人支配下の200年。

モスクワ大公国の自立(1480)

- **イヴァン3世**：皇帝を意味する「ツァーリ」を称する。

  モスクワは「第3のローマ」

  ←論拠：**ビザンツ帝国最後の皇帝の姪**ソフィアと結婚。
- **イヴァン4世**(16C半ば)：ツァーリの称号を正式採用。

南スラヴ族

スロヴェニア人：南スラヴ人のなかで，もっとも北に居住　＊国家建設できず。

- **西欧諸国の支配**：東フランク王国・神聖ローマ帝国の支配。
- **宗教**：カトリック受容。

クロアティア王国(10C)：宗教は**カトリック**を受容。

　　　　　　　　　　12世紀以降，ハンガリー王国に支配される。

セルビア王国(12C)：**ギリシア正教**を受容。

- **オスマン帝国の侵攻**(14C)：コソヴォの戦いで敗北(1389)。

　　　　　　　　　領土の南半を喪失➡アルバニア系住民が移住。

非スラブ系民族の国家

ハンガリー王国（10C 末）：パンノニア平原に建国。

- マジャール人：ウラル語系　9 世紀にパンノニア平原に定住。
- ドイツ侵攻：**レヒフェルトの戦い**で，東フランクの**オットー 1 世**に敗北。
- **カトリック受容**（11C）

ブルガリア帝国（7C）

- 建国：トルコ系**ブルガール人**がバルカン半島に建国。
- スラヴ人との同化進む。
- **ギリシア正教**を受容（9C）。
- 第 1 次ブルガリア帝国（7C 末〜 1018）
- 第 2 次ブルガリア帝国（1187 〜 1393）：ビザンツ帝国から自立する。
- オスマン帝国に併合される（14C 末）。

第28回

西ヨーロッパ封建社会の崩壊

 中世封建社会の崩壊　　　　　📖 本編解説 p.68〜75

- 封建社会の崩壊の概観：諸侯・騎士が没落し，国王による統一が進展。

荘園制（領主制）の崩壊

- 荘園制の崩壊とは：荘園における領主・農奴の支配関係の崩壊。

農業生産力の発展とその影響

- 背景：三圃制の普及，重量有輪犂などの鉄製農具，水車の利用。

　　　シトー修道会などを中心とする大開墾運動の進展➡耕地拡大。
- 派生的結果：商工業生産の活発化…➡貨幣経済が農村にも浸透。

荘園の構造変化

- 古典荘園（7C・8C〜）：（領主）直営地，（農民）保有地が混在。
- 純粋荘園（12C・13C〜）：領主が直営地を農民に貸し出し，保有地化。
  - 結果：直営地・賦役が無くなる…原因：直営地における生産効率の悪さ。

地代支払い方法の変化

- 賦役（労働地代）中心から，貢納（生産物地代）中心の時期を経て，

　貨幣経済の浸透とともに，貨幣地代が主流に。

農民の地位向上（農民解放，農奴解放）

- 原因(1)：貨幣経済の浸透によって，農民の富の蓄積が可能となる。
  - 自由獲得：領主に対して，解放金を支払う。

　　　　　➡独立自営農民の登場（英…ヨーマン）。
  - ◎独立自営農民：領主に対しては，定額の貨幣地代を支払うのみ。

　　　　　　　人格的支配（領主裁判権や移動の自由の制限など）は稀薄。
- 原因(2)：ペスト（黒死病）大流行（1346〜）
  - 結果：農民の数が激減し，農民の待遇改善の契機に。

封建反動と大農民反乱

- 封建反動：領主が，農民に対する束縛を強化し，負担を重くする動き。
  - 背景：農民労働力の減少，領主の困窮化（14C）。
- ジャックリーの乱（1358）：フランスに起こる。
- ワット=タイラーの乱（1381）：イギリスに起こる。

ワット=タイラー

- 国王リチャード2世が鎮圧。
- 指導者：ジョン=ボール（下級聖職者）

　　　　　「アダムが耕しイブが紡いだとき，誰が貴族であったか！」

　　　◎結果：両乱とも鎮圧はされるが，その後の農民解放を促進。
- イギリスで起こったインフレーション
  - イギリスから，フランドル地方に羊毛が輸出され，大量の貨幣がイギリスに流入➡インフレ起こる➡農民の定額の貨幣地代を実質的に軽減。

国王による統一の進展

- 支援勢力：市民（とくに大商人）が，市場の統一と商業ルートの安定を期待。
- 諸侯，騎士の没落：一部は地主化し，一部は廷臣（宮廷で国王に仕える家臣）となる。
- 促進要因：火砲・火薬の実用化…領主が支配する城塞への攻撃を容易にし，また，一騎打ち戦術を変化させ，騎士の存在意義を低下させる。

中世各国史とローマ=カトリック教会

第29回

① 中世イギリス史

📖 本編解説 p.76 ～ 82

◎前史
- アングロ=サクソン人の**七王国(ヘプターキー)**。
- **エグバート**による統一(829)…➡**イングランド王国**成立。
- **デーン朝**成立(1016):首長**クヌート(カヌート)**
  …➡アングロ=サクソン人がデーン朝を打倒(1042)。
- **ノルマンの征服(1066)**:ノルマンディー公**ウィリアム**,ノルマン人の**騎士**を
  率いて,**ヘイスティングズの戦い**で勝利。

ノルマン朝(1066 ～ 1154)

- **ノルマン朝**:**ウィリアム1世**(位1066 ～ 1087)から始まる王朝。
- 特色:征服により成立し,フランスのカペー朝などに比べて王権は「**強力**」。
- 支配:フランス(大陸)の封建制度を導入して,各地の諸侯を支配。

プランタジネット朝(1154 ～ 1399)

ヘンリ2世

王朝成立
- **ヘンリ2世**(位1154 ～ 1189):仏西部を支配する大諸侯**アンジュー伯アンリ**。
- 実態:**アンジュー地方・ノルマンディー地方**などを支配するフランス人の大諸
  侯が,イギリスをも支配した王朝。
- **リチャード1世**(位1189 ～ 1199):**第3回十字軍** 「獅子心王」。

マグナ=カルタ(大憲章)の制定(1215)

リチャード1世

- **ジョン王**(位1199 ～ 1216)
  - 失政:仏王**フィリップ2世**に領地(アンジュー・ノルマンディー)を奪われる。
    教皇**インノケンティウス3世**に破門される。
- 大憲章の内容:国王による**恣意的な課税の禁止**,都市・教会の特権擁護,
    法律に基づかない逮捕・拘禁の禁止,
    国王に対する抵抗権の規定,商人の自由交通。
- 意義:イギリス立憲政治の**基礎**を築く。

シモンの議会の成立（1265）

- 背景：国王ヘンリ3世（位1216～1270）が大憲章を無視。
  - ←貴族シモン=ド=モンフォールらが反乱。
- 議会成立：高位聖職者・大貴族のみだった**封臣会議**に，
  - 新たに，**騎士**と**都市代表**を加える。
- 意義：**イギリス議会の起源**となる。
  - とくに騎士と都市代表が結集した部分は，**下院**（庶民院）の起源に。

模範議会の成立（1295）

- 成立：国王エドワード1世（位1272～1307）
- 議会：大貴族・聖職者以外に，**各州2名の騎士**と**各都市2名の市民**も参加。
- 二院制（14C半ば）：国王エドワード3世（位1327～1377）
  - 貴族院（上院）・庶民院（下院）に分離。

イギリス議会の起源です

エドワード3世

百年戦争（1339～1453）…経過は後述

- 本質：フランドル地方（**毛織物業**）…仏国王が進出はかる。
  - ギュイエンヌ地方（ワインの産地）…フランス南西部
    - …中心都市**ボルドー**　当時はイギリス王領，仏国王が没収宣言。
- ◎「**騎士（中小貴族）**」：軍事的性格を失って，**地主に純化**しつつあった階層。
  - ➡のちに「**ジェントリ（郷紳）**」と呼ばれ，羊毛業などで財を成す。
  - ➡以後，地方の実力者に。

バラ戦争（1455～1485）

- 概観：王位継承をめぐる内乱➡多くの大貴族も両派に分かれて参戦。
- 対決：ランカスター家（赤バラ），ヨーク家（白バラ）両家が中心。
- 結果：テューダー家の**ヘンリ**が，
  - **ボズワースの戦いでヨーク朝リチャード3世**を破る。
  - テューダー朝**ヘンリ7世**（位1485～1509）。
- ◎影響：**大諸侯のほとんどが没落**➡国王による**集権化**を促進。

② 中世フランス史

本編解説 p.83 ～ 89

カペー朝(987 ～ 1328)

成立：パリ伯**ユーグ=カペー**が初代国王　王権は弱い。

国王フィリップ 2 世(位 1180 ～ 1223)
- アルビジョワ十字軍：**南仏の諸侯**の保護を受けたアルビジョワ派を攻撃。
  ➡南仏に国王直轄領を拡大。
- アルビジョワ派：イランの宗教マニ教の影響を受けた異端。

国王ルイ 9 世(位 1226 ～ 1270)：**第 6, 7 回十字軍**
アルビジョワ派を征服。

国王フィリップ 4 世(位 1285 ～ 1324)：カペー朝の最盛期。
- 支配の概要：国内の**教会**を支配下に置き，王権の強化をめざす。
- **教会への課税**(1298)：**教皇ボニファティウス 8 世**との対立引き起こす。
- **三部会の召集**(1302)：**聖職者・貴族・市民**の代表を召集。
  - 機能：国王に対する協賛機関
  - ◎中世議会(身分制議会)の特徴：中世議会は，国王などの権力者が身分代表を召集した**身分制議会**であり，近代の議会のように主権を持つ国民の代表機関ではなく，**立法権もなかった**。しかし英の場合は羊毛業・毛織物業の発展に伴う**ジェントリ・市民**の台頭にともない，**下院**が**課税**や**立法に関する協賛権**を獲得して，王権を財政面・法律制定の面から支持，抑制するようになった。
- アナーニ事件(1303)：ボニファティウス 8 世を憤死させる。
- 「**教皇のバビロン捕囚**」(1309 ～ 1377)：教皇庁を南仏のアヴィニョンに移す。

ヴァロワ朝(1328 ～ 1589)

王朝の成立：フィリップ 4 世の甥が即位(フィリップ 6 世)。

百年戦争(1339 ～ 1453)
- 契機：英王エドワード 3 世が，フランスの王位継承権を主張して侵入。
- 動機：フランドル地方(**毛織物業**)…フランス国王が進出はかる。
  ギュイエンヌ地方(ワインの産地)
  …当時イギリス王領，フランス国王が没収宣言。
- クレシーの戦い(1346)，**ポワティエの戦い**(1356)。
  ：ヨーマンからなる**長弓隊**の活躍。

エドワード 3 世の息子エドワード黒太子が指揮。
- 苦境：**ペスト流行**，ジャックリーの乱。
  親英派ブルゴーニュ公を中心とする，ブルゴーニュ
  派登場。
- 戦局の転換：農民の娘ジャンヌ=ダルクの活躍。
  ➡ オルレアンで英軍を撃破し，国王**シャルル 7 世**を支
  える（1429）。
- 勝利：シャルル 7 世のときに英軍を撃退　英は**カレー**以外から撤退。

百年戦争の結果・影響――王権の伸張

- 背景：長期にわたる戦乱などによって，多くの諸侯・**騎士**が没落。
- **常備軍の創設**：シャルル 7 世時に編成。
- **官僚制の整備**：広域にわたる統治のため。

③ 中世ドイツ史（およびカトリック教会）　 本編解説 p.89 ～ 98

◎概観：ドイツでは**大諸侯**の力が強く，**皇帝（国王）権力は弱い**。
　　　　その後皇帝（国王）は，**教皇との叙任権闘争**にも敗北し，いっそう弱体化。

オットー 1 世の政策

- 王朝：ザクセン朝（王位 919 ～，帝位 962 ～ 1024）
- **イタリア政策**：イタリア征服を目指す➡国内統治がおろそかに。
- **帝国教会政策**：有力諸侯に対抗するため，教会を皇帝の支配下に。
  ：皇帝が高位聖職者（司教・修道院長）の任免権（**叙任権**）を保持。
- **教会の腐敗**：聖職者ではなく，俗人が叙任される（**俗人叙任**）。
  聖職売買，聖職者の結婚（**妻帯**）の横行。
- **教会刷新（浄化，改革）運動**：東フランスの**クリュニー修道院**中心の運動。
  - **教皇グレゴリウス 7 世**：聖職売買・妻帯を禁止　叙任権獲得めざす。

叙任権闘争の時代（11C 後半～ 12C 前半）

- 叙任権闘争：高位聖職者の任免権をめぐる皇帝と教皇の争い。
- 時期：**ザリエル朝**（フランケン朝，1024 ～ 1125）の皇帝が登場した時代。
- **カノッサの屈辱（1077）：ドイツ国王（後に皇帝）ハインリヒ 4 世**を，
  教皇グレゴリウス 7 世が破門➡皇帝は教皇に謝罪。
  - その後：皇帝側の反撃➡教皇はローマから逃亡。
- **ヴォルムス協約（1122）**：皇帝ハインリヒ 5 世・教皇カリストゥス 2 世
- 結果①：皇帝は叙任権を喪失（厳密にはその一部が教皇に奪われる）

● 結果②：皇帝権力は弱体化。

　　　　➡ 諸侯の自立化は進み，**教皇権も隆盛**に向かう。

◎ **教皇権の隆盛**

カノッサの城門で赦しをこうハインリヒ4世

● 背景：**十字軍**遠征の(初期の)成功。

　　「神の平和」運動…領主間の**私闘**の仲裁。

● **教皇インノケンティウス 3 世**(位 1198 〜 1216)

　● 仏国王フィリップ 2 世，英国王ジョン王を破門する。

　● **階層制組織**(ドイツ語で**ヒエラルヒー**)の確立。

● 托鉢修道会の形成

　● 托鉢修道会：信者の施しをかてに，積極的に都市や農村に対して布教。

　　　　民衆への布教に尽力。

　● フランチェスコ修道会：イタリアの**アッシジ**で結成。

　● **ドミニコ修道会**：スペイン人ドミニコが結成。

シュタウフェン朝(12C 前半〜 1254)

● **フリードリヒ 1 世**(位 1152 〜 1191)：**第 3 回十字軍**に参加。

　　　　　　　　　　　　　　　小アジアで死去。

　● 息子のハインリヒが，両シチリア王国の王女と結婚➡シチリアを支配。

● **フリードリヒ 2 世**(位 1212 〜 1250)：シチリア育ちでパレルモに居住。

　　　　　　　　　　　　　　第 5 回十字軍。

● 東方植民：ドイツ騎士団などを先頭に，エルベ川を越えて展開。

大空位時代(1256/54 〜 **73**)

● 概要：シュタウフェン朝断絶後，複数の皇帝が並び立った時代。

● 終焉：ルドルフ 1 世(ハプスブルク家)が帝位につき，大空位時代は終結。

金印勅書(黄金文書，**1356**)：皇帝カール 4 世(ルクセンブルク朝)が発布。

● 背景：帝位をめぐる内紛(皇帝・大諸侯間の対立)に終止符を打つため。

● 内容：7 人の選帝侯に皇帝選挙権を認める➡教皇の帝位承認権は否定。

　● 教権：**マインツ，トリール，**ケルンの大司教。

　● 俗権：**ファルツ，ザクセン，ベーメン，ブランデンブルク。**

◎ ドイツ中世史の総括

● 概況：ドイツの**皇帝権が弱体化**し，いっそう政治的分裂が進行。

● 諸侯は，領内の統合を進め，ますます皇帝から自立した独立勢力に成長。

　　このようにして自立性を強めた諸侯の支配領域を「領邦」と呼ぶ。

＊ドイツ全体に関わる懸案は，皇帝が主宰する「**帝国議会**」で討議する。

スイスの情勢

- 13 世紀：アルプスの農村地帯が「**自由と自治**」の獲得競争。

  ザンクト=ゴットバルト峠…南ドイツとイタリアを結ぶ要地。

- 1291：ハプスブルク家に対する独立運動開始。

  独立 3 州（シュヴィッツ，ウンターヴァルデン，ウリ）

  …「スイス国家の起源」

- 15 世紀末：事実上の独立をかちとる。

  「ヴィルヘルム=テル伝説」

④ 中世イタリア史

📖 本編解説 p.99 ～ 100

分裂と混乱（12C ～ 13C）

- **皇帝派**（ギベリン）と，**教皇派**（ゲルフ）の対立。
  - 皇帝派：皇帝と結んで，**イタリア統一**をめざす。
  - 教皇派：皇帝の侵出に反対。

中・南部イタリア

- ローマ教皇領（イタリア中部）
- 両シチリア王国（1130 ～）

  【シチリアの覇権推移】

  ①西ローマ帝国（～ 476）➡②オドアケルの王国（476 ～ 493）

  ➡③東ゴート，ヴァンダル（6C 前半）

  ➡④東ローマ（ビザンツ）帝国

  ➡（…イスラーム勢力）

  ➡⑤ノルマン朝（12C 前半）：ルッジェーロ 2 世

  ➡⑥**シュタウフェン朝**（12C 末）➡⑦アンジュー家（仏）

- シチリアの晩鐘（**1282**）

  ：アンジュー家の支配に対して，シチリア島民が反乱。

- スペインの**アラゴン家**がシチリアを支配。

北部イタリア

- **都市共和国**：ヴェネツィア共和国，ジェノヴァ共和国，

  フィレンツェ共和国。

- チョンピの乱（1378）：フィレンツェで起こった史上初の労働者の一揆。
- **ミラノ公国**：**ヴィスコンティ家**の支配（14C ～ 15C）。

イタリアは
バラバラ
え

乱世が
出るまで
はね

第③巻で
お目にかかり
ましょう！

カヴール

マッツィーニ

第30回

中世ヨーロッパの文化

① 中世の神学

📖 本編解説 p.101 ～ 108

初期の神学（8C ～ 10C）

- **アルクイン**：ブリタニアから**カール大帝**に招（まね）かれ，王国首都のアーヘンの宮廷付学校で，神学を講じる。
- **スコラ学の成立**：教会の権威の確立のため，より精緻（せいち）な理論構築を目的に始まった神学中心の学問。

ギリシア文化（アリストテレス哲学）の衝撃（12C ～）

- **導入**：イベリア半島の**トレド**や**シチリア島**を中心に，**アリストテレスの著作**などの**アラビア語文献（アラビア語に翻訳されたギリシアの文献）のラテン語への翻訳活動**が活発化。
- **影響**：**スコラ学の形成・発展**…より壮大な体系的学問に発展。
- **ロジャー=ベーコン**（英，13C）：フランチェスコ派の修道士。
  - **主張**：**イスラーム科学の影響のもと，実験と観察を重視。**
    …➡近代**自然科学**の基礎をつくる "**驚異的博士**"。

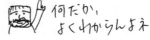

ロジャー=ベーコン

ボク，堅実でしょ

普遍論争（11C ～ 14C）

- **実在論**：普遍的概念は，個々の事物とは別個に存在する。
- **唯名論（名目論）**：普遍的概念は名目（記号）に過ぎず，存在するのは個物だけ。
- **論点**：信仰か，理性か。

何だか，よくわからんよね

神学者たち

- **アンセルムス**（11C，英）：**実在論者**　カンタベリ大司教　"**スコラ学の父**"。
- **アベラール**（12C，仏）：**唯名論者**　理性とヒューマニズムで神学を批判。
  パリ大神学教授　"愛弟子"**エロイーズ**との『**書簡集**』は有名。
- **トマス=アクィナス**（13C）："**スコラ学の大成者**"
  「2 つの立場の調和を果たす」。
  - **主著**：『**神学大全**』『**哲学大全**』　パリ大学神学教授。
- **ウィリアム=オブ=オッカム**（14C，英）
  ：**理性と信仰（哲学と神学）の分離**を唱える。
    ➡理性の学としての「諸学問」が誕生する契機。

映画 "バラの名前" の主人公のモデル

② 大学・教育

西欧における中世初期の学問

- 担い手：聖職者
- 活動：**キリスト教神学の深化**と，**ラテン語の習得**が基本。
- 拠点：教会付属の学校。

  修道院…古典の写本などを通じて，古代の文化を保存。
- 神学の優位：「哲学は神学の下僕」

ギリシア文化の流入

- 背景：**十字軍**や**地中海貿易の発展**を契機に，**イスラーム世界・ビザンツ世界**を通じて**人間中心的**な**ギリシア文化**が西欧に流入。

  ➡ **12世紀ルネサンス**…**理性**を持つ人間の素晴らしさを重視する傾向強まる。

大学の創建

- 経済的背景：**商業の復活**にともない**都市が発展**するなか，神学のみならず，人間に関するより専門性の高い学問を探究する場が必要となる。

- **法学**の知識の必要性増大。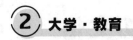
  - 背景：**都市**の成立。

    王権の伸張（12C~）のなか，広大な領土を支配する必要性から。

広大な領土を支配するためには必要ネ！
国王

諸大学の成立と学問の内容

- 大学の形成：**パリ大学型**…**教授の組合（ウニウェルシタス）**が中心。

  ボローニャ大学型…**学生の組合**が中心。
  - 基礎教養：「[哲学の]**七自由科**」：下級三学…**文法・修辞・弁証法**（論理学）

    上級四学…**算術・幾何・天文・音楽**
  - 専門科目：**神学・法学・医学**
- **パリ大学（12C）**：アベラール，トマス＝アクィナス，教授となる。
- **オクスフォード大学（12C）**：イギリス最古の大学。

  ロジャー＝ベーコン　ウィクリフ。
- **ケンブリッジ大学（13C）**：**エラスムス**も教鞭をとる（16C）。
- **プラハ大学（14C）**：ベーメン王カレル1世（後の神聖ローマ皇帝カール4世）が創建。15世紀初頭に，総長としてフス登場。
- **法学**：**ボローニャ大学（11C）**…ローマ法の研究。
- **医学**：サレルノ大学（南イタリア）　モンペリエ大学（南フランス）

③ 文芸

📖 本編解説 p.114 ～ 115

聖者の記録など

叙事詩・民族伝承（11C ～）

- ●特色：多くは**ラテン語**ではなく，俗語（**各地の言語**）で書かれる。

　　　　主題も神や聖人についてではなく，人間の活動・感情を描く。

- ●**イングランド**：『**ベオウルフ**』　アングロ＝サクソン人の奇異な伝説集。
- ●**北欧**：『**エッダ**』

　　　　『**サガ**』…13C に成立した**アイスランド**を中心とするノルマン伝説集。

武勲詩（騎士道物語）

- ●特色：騎士の活躍を謳^{うた}ったもの　11 世紀以降に成立。
- ●**フランス**：『**ローランの歌**』…**カール**の**スペイン遠征**が題材。
- ●**イングランド**：『**アーサー王物語**』…元来は**ケルト民族**の英雄の物語。
- ●**ドイツ**：『**ニーベルンゲンの歌**』…ブルグンド人の伝説。

叙情詩：吟遊詩人^{ぎんゆうしじん}（仏…**トゥルバドゥール**，独…**ミンネジンガー**）が担^{にな}い手^てで，恋愛

　　　　などを歌う。

動物説話：『**狐物語**^{きつね}』…12 ～ 13 世紀の**フランス**に成立。

　　　　当時の社会情勢を風刺^{ふうし}。

④ 教会の建築様式

📖 本編解説 p.115 ～ 119

様式名	特色	建築物
バシリカ式 （4C ～）	側廊のある長方形の平面。 古代ローマ時代の公共建築物に由来。	聖マリア＝マッジョーレ聖堂 （ローマ）
ビザンツ式 （6 ～ 13C）	**ギリシア十字形**の平面図。 **円屋根（ドーム）**。 内部を飾るモザイク壁画。	**ハギア（聖）ソフィア聖堂** 　（コンスタンティノープル） **聖マルコ聖堂** 　（ヴェネツィア） **聖ヴィターレ聖堂** 　（ラヴェンナ）

ロマネスク式 (11 ~ 12C)	北イタリアからフランスへ。 **ラテン十字形**の平面。 **重厚，荘重**な外観。 **窓が小さく，暗い室内。**	**ピサ大聖堂**（北イタリア） **ヴォルムス大聖堂**（ドイツ）
ゴシック式 (12 ~ 15C)	北フランスに生れる。 **塔，窓を飾るステンドグラス。** **伸長する王権**や商工業者の意 識を反映した意匠。	**サン=ドニ聖堂** **パリのノートルダム大聖堂** **アミアン大聖堂**（仏） **ケルン大聖堂**（独） **ミラノ大聖堂**（伊）

アジア諸地域の諸国と宋王朝

第31回

① アジア諸地域の国々

📖 本編解説 p.120 〜 127

遼（契丹）（916 〜 1125）

政治史

◎民族：モンゴル系の契丹（キタイ）人　遊牧生活

● 部族統一（916）：族長…耶律阿保機　● 首都：上京臨潢府

● 東北地方のツングース系国家渤海を滅ぼす（926）。

● 中国本土獲得（936）：後晋の**石敬瑭**から，中国本土の燕雲十六州を割譲される。

● 国号を**遼**とする（947）。

● 澶淵の盟を締結（1004）：遼・宋間の平和条約。

十六州は戻らなかった…

宋真宗

●● 国境線の現状維持：燕雲十六州は，遼が支配し
続ける。

●● 宋皇帝を兄，遼皇帝を弟とする

➡遼（聖宗）が宋（真宗）から歳幣（銀・絹）を受領。

●● 銀，絹の行方：ウイグル人商人を通じて，イスラーム世界へ転売。

● 滅亡（1125）：宋・金に挟撃され滅ぶ。

➡一部は族長耶律大石に率いられて中央アジアへ。

カラハン朝を滅ぼして，西遼（**カラ＝キタイ**）を建国。

二重統治体制：部族制…契丹などの遊牧民は，部族を単位に支配。

⬅**北面官**が統率。

州県制…漢人などの農耕民は，土地を単位に支配。

⬅**南面官**が統率。

文化：当初はウイグルの文化の影響受ける。

…➡**中国文化**の影響強まり，**仏教**も隆盛に。

契丹文字…ウイグル文字と漢字の影響。

金（1115 〜 1234）

政治史

◎民族：ツングース系女真（**ジュシェン，ジュルチン**）…東北地方で半農半猟生活。

- 部族統一（1115）：族長…完顔阿骨打
- 靖康の変（**1126 〜 27**）：第 2 代**太宗**，宋（北宋）を滅ぼして華北を支配。
- 紹興の和約（**1142**）：宋と金の講和条約➡南宋に臣下の礼をとらせる。
- 海陵王：南宋を攻撃（1161）　●遷都：燕京（**中都**，中都大興，現**北京**）。
- 滅亡（1234）：モンゴルのオゴデイ（**オゴタイ**）に滅ぼされる。

（欄外の手書きメモ）冊封されたのは南宋

二重統治体制

- 州県制：華北の漢人（≒農耕民）に対しては，土地を単位に支配。
- 猛安・謀克制：女真の社会体制　1 謀克（300 戸）から 100 人の兵士を出させ，
  　　　　　　　10 謀克で 1 猛安（千人の兵士）とする。
  　　　　　　　…➡中国社会に同化され崩壊。

経済・文化

◎交鈔という紙幣を発行：濫発したため経済混乱おこる。

◎文化：全真教…**道教，儒教・仏教**の融合　創始者…**王重陽**
　　　　江南では**正一教**広まる。
　　　　女真文字…漢字が母体　＊満洲文字（ウイグル文字が母体）

西夏（大夏，1038 〜 1227）

政治史

◎民族：**チベット系タングート人**（党項）…中国西北の甘粛・遼寧地方で遊牧生活。

- 建国者：李元昊　●首都：興慶
- 慶暦の和約（1044）：宋から冊封を受けて臣下の礼をとり，宋から歳幣を受ける。
- 滅亡（1227）：チンギス=ハンが滅ぼす。

経済：東西交易路をおさえて繁栄。

文化：西夏文字（漢字が母体）　仏教を保護。
　　　　カラホト（黒水城）遺跡：コズロフ，スタインの探索で
　　　　　　　　有名。

（欄外の手書きメモ）西夏は冊封されています！

その他の国々

大理（937 〜 1254）：**雲南地方の国家　南詔**が滅亡した後に建国。
- モンゴル人（**クビライ**，フビライ）に滅ぼされる（1253/54）。

李朝大越国（1009 〜 1225）：ベトナム初の永続的王朝　国号は大越（ダイベト）。
- 南部のチャンパー（占城）に侵攻。

高麗（918 〜 1392）：**王建**が建国　首都：**開城**

② 宋（北宋）

📖 本編解説 p.127 ～ 131

宋の建国・中国統一

太祖

- 建国者：趙匡胤（**太祖**）　後周の武人の出身者が，960 年に建国。
- 首都：開封（汴京）…大運河の結節点の付近（永済渠・通済渠）。
- 太宗：十国の 1 つ北漢を滅ぼして，中国の完全統一（979）。

政治の基調

◎**文治主義**：武人（とくに節度使）の権限を削減し，**文官を重用**。

　　　➡節度使に欠員が出るたびに，文官をあてて兵力や財力を奪う。

- 軍の再編成：節度使配下の軍を，皇帝直属の親衛軍（禁軍）とし，地方には精鋭とはいえない「廂軍」を配置。

　　　　　　…➡異民族の侵入という事態を招く。

◎**君主独裁**：皇帝が独裁的に政治の意思決定を行い，

　　　　　　皇帝に忠実な**科挙官僚**が実行。

　　　＊唐代までは，皇帝の権限を**門閥貴族**などが制限。

- **科挙の整備**：殿試の創設…宮殿における最終試験　皇帝も臨席（出題）。

　　　　　解試（州試）➡省試➡殿試…3 段階選抜。
- **官戸**（官戸形勢戸）：任期中は徭役を免除されるなど，恩典を与えられる。
- 中央官制：中書省…行政の最高の官庁として六部を統括。

　　　　　　＊尚書省ではない。

　　　三司…財政担当　財源は両税法による税収と，

　　　　　　専売制（塩・鉄・茶・酒）。

　　　枢密院…軍事担当　＊この部署の長官もやはり文官。

③ 宋の混乱・滅亡

📖 本編解説 p.131 ～ 135

国家財政の破綻と被支配層の被弊

- 重税：国防費，外交費，軍事費の増大。
- 原因：傭兵・官僚数の増大，**遼・西夏**への歳幣。
- 自作農：国家による重税。
- 小作農（佃戸）：地主が高率の地代を搾取

- 小商人：豪商から搾取される。
- 官戸の特権：徭役や付加税を免除される。

王安石の新法（11C 後半）

王安石には
目をかけたの
だが…。

宋 神宗

◎皇帝神宗

富国策…自作農（小農）や小商人などの保護。

- **青苗法，市易法**：農民・中小商人への**低利融資**➡地主や豪商の利益を奪う。
- **募役法**：官戸・寺観に助役銭を課し，希望者を労役に雇う。
- **均輸法**：豪商による中間搾取の防止が目的（内容は漢代と同じ）。

強兵策…傭兵にかかる費用を削減する。

- **保甲法**：自作農 10 戸（＝1 保）を基礎単位として，兵農一致をめざす。
- **保馬法**：農耕馬・兵馬の飼育を農民にやらせ，軍馬としても使用。

結果

- 地主，豪商への負担転嫁（て ん か）（≒利益収奪）に対する不満増大。
- **旧法党**の形成：司馬光（『**資治通鑑**』の著者）
                  欧陽脩（『**新唐書**』『**新五代史**』の著者）
- 結果：王安石の失脚…➡その後も新法党と旧法党の対立が続き，混乱。

北宋の滅亡・南宋

靖康の変（1126 ～ 27）：金の華北侵入。

                  ➡開封占領…上皇徽宗，皇帝欽宗捕まる。

南宋の成立・滅亡

- 南宋：徽宗の子である康王が皇帝に（**高宗**）　●首都：臨安（**杭州**）
- 政治対立：主戦派（岳飛）◆➡和平派（秦檜）…➡和平派の勝利。
- 紹興の和約（1142）：金との講和条約
  　：淮河という河川が国境線　南宋は金に冊封され，金に**臣下の礼**をとる。
- 南宋の滅亡（1279）：元のクビライ（フビライ）に滅ぼされる　崖山（がいざん）の戦い。

④ 宋代の社会・経済　　📖 本編解説 p.136 ～ 140

農村の状況

江南開発：江南の湖沼（こ しょう）地帯の水田化
- 囲田（い でん）（圩田（う でん））：まわりを堤防で囲み，余分な水を排出して耕地化。

- 占城稲の導入：日照りに強い稲の品種　水利の悪い台地で栽培。

　　　　　　　江南…二毛作（稲・麦）　華南…二期作
- 結果：長江下流が農業生産の中心に。

　　　　「江浙（蘇湖）熟すれば天下足る」。

　　　　　「江浙」…江蘇省・浙江省。

　　　　　「蘇湖（蘇常）」…蘇州・湖州（常州）という江蘇省と浙江省の都市。

　　　　江南の人口が華北を上回る。
- 農村の社会構造：地主に支配される小作人（佃戸）が増加。

　　　　　　　　自作農は重税のため没落➡佃戸化するものが多い。
- 商品作物，商工業の原料の栽培：茶・桑などの栽培さかんに。

商工業の発展

手工業：**絹織物**　＊綿織物業は南宋以降に発展し，明の時代に本格化。

　　　　陶磁器…江西省の景徳鎮，河北省の磁州などが中心。

　　　　　　　　宋の青磁・白磁。

商業：客商…遠隔地商人の活動活発化　坐賈：店をかまえる商人

　　　草市…民間が運営する市の繁栄　＊唐代の都市では官営の「市」が中心。

貨幣経済の進展：銅銭の普及。

　　　　　　　　遠隔地商業では，**金銀の地金**を交換手段で使用。
- 紙幣も登場：交子（北宋），会子（南宋）◀…起源は唐代の約束手形（飛銭）。

行・作：商人（前者）・手工業者の組合形成。

　　　　＊「行」…隋唐では，都市の同業店が集まった地域のことを指すので注意。

都市の繁栄

唐代の都市：政治都市・軍事都市が中心。

　　　　　　市内は整然としたブロックに分割（坊制）。

　　　　　　市内の特定地域でのみ商業活動を許可（市制）。

宋代の新興都市（鎮・市）の形成：経済都市が中心。
- 起源：民間の市場（草市）から**市場町**が発展➡市と呼ばれる都市に発展。

　　　唐代の節度使の軍事拠点（鎮）から発展したもの。

　　　　　➡鎮と呼ばれる都市に発展。
- 都市の様相：唐代では禁止されていた夜間営業も始まる。

　　　　　　瓦市…都市の繁華街　酒楼…料理屋　勾蘭…劇場

海上貿易（唐宋の比較）

唐代

- 形態：**朝貢貿易**が中心。
- 主体：8世紀半ばから，**海の道**を通じてムスリム商人の来航活発化。
  - インド洋では**三角帆**を特徴とする**ダウ船**を駆使。
    - ＊南シナ海では**ジャンク船**に乗り換え。
- 背景：**アッバース朝**の成立にともない西アジアの経済が安定し，交易活発化。
- **蕃坊**：**ムスリム商人**などのために，**広州・泉州**に設定された居住地域。
- 西域の陸上交易路：唐の撤退後（8C以降），諸勢力が進入し衰退。

宋代

- 形態：朝貢貿易は衰え，民間貿易（**私貿易**）が中心となる。
- 主体：中国人商人が，南シナ海やインド洋海域にも進出（10世紀以降）。
- 背景：アッバース朝の衰退・分裂に伴うイスラーム世界の混乱によって，ムスリム商人の活動は一時的退潮に向かい，一方で中国では経済が発展。
- 活動：中国人商人が，ジャンク船で南シナ海・インド洋海域に進出。
  - 主力商品は陶磁器（・絹織物・銅銭）➡「陶磁の道」という言葉。
- **日宋貿易**：博多が拠点。**宋銭**（宋の銅銭）などを輸入。
- 市舶司：**広州・泉州・明州**に設置された貿易管理機関。
  - ＊唐代に初めて設置され，広州のみに設置。

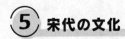

⑤ 宋代の文化

本編解説 p.140～146

宋学の成立

- 宋学：**宇宙や人間の本質（理）を学問的に追究**
  - 背景：「世界帝国」唐の滅亡，周辺諸民族の強大化などが，世界観・宇宙観の変更を中国人に迫る。
- **周敦頤（北宋）**：「宋学の祖」 『太極図説』
- **宋学の大成（朱子学）**：南宋の朱熹（**朱子**）が大成。
- 学問の姿勢：「居敬窮理」…謙虚な気持ちで学問する。
  - 「格物致知」…人間や外界の事物の本質を追究する。
- **大義名分論**：**君臣，父子**などの社会秩序を重視。
- 華夷の別：異民族に対する**中華の優位**を主張。
- 四書を重視：『論語』『孟子』『大学』『中庸』

- 朱子学の官学化：**君主独裁**を正当化する理論として，明清や李朝朝鮮国，江戸幕府が官学化。
- 陸九淵（象山）：朱子学を批判…人間の心には，天の理が内在する（「**心即理**」）
  ➡明代の王陽明が継承。

宋代の文芸

- 宋詞（そうし）：歌妓や一般子女に流行した韻文。
- 「**唐宋八大家**」：唐宋期に活躍した文章家…散文の分野
  - 唐……**韓愈・柳宗元**
  - 北宋…**欧陽脩・蘇洵・蘇轍・曾鞏・王安石**
  - 蘇軾『**赤壁賦**』…書家としても有名。

司馬光
なんで私が入ってないのだ

宋代文化の担い手と特色について

- **士大夫（読書人）**：唐までの**貴族**にかわる新たな文化の担い手。
- 庶民：経済の発展を前提とし，**都市**を中心に**庶民層**が台頭。
- **士大夫（読書人）の文化**
  - 文人画：写実にこだわらず，理想的な心象を描き出す画風。
  - **青磁，白磁**：理知的な美しさが好まれる⬅➡**唐三彩**
- 庶民文化
  - 宋詞：音曲にあわせて歌う韻文。
  - 小説・雑劇の流行　雑劇…中国の演劇
- **国粋的（民族的）文化**：朱子学の「**華夷（かい）の別**」
  - **歴史学の発展：司馬光『資治通鑑』　欧陽脩『新唐書』『新五代史』**

宋代の絵画

- **徽宗（北宋）**：宮廷に画院（翰林図画院）を創設。「風流天子」「桃鳩図」
  - 院体画：画院を中心に発展した**写実的**な画風。
  - 夏珪，馬遠，梁楷などを輩出。
- 文人画系：李公麟，米芾（べいふつ），牧谿（ぼっけい）。

第32回

モンゴル帝国と元

① モンゴル民族の統一と征服活動

本編解説 p.148 ～ 152

チンギス=カン（ハン）（成吉思汗，太祖，位 1206 ～ 1227）

大モンゴル国（モンゴル帝国）の成立

- **テムジン**：モンゴル高原東部の大興安嶺付近で台頭。
- **族長会議クリルタイ**：**カン（汗）**に選出➡モンゴル・トルコ系諸族の統一。
  - モンゴル帝国（**大モンゴル=ウルス**）の成立（**1206**）
- **千戸制**：モンゴル人の社会・軍事組織

征服活動：経済的には**西域のオアシスの道**の沿線を中心に侵攻。

- **ナイマン**：西遼を奪ったトルコ系部族。
- **ホラズム=シャー朝**：イラン・中央アジア西部のトルコ系イスラーム王朝。
- **西夏**：チベット系タングートの国。
- **チャガタイ=ハン国**：チンギス=ハンの第 2 子が基礎をつくる。

オゴデイ（オゴタイ）（太宗，位 1229 ～ 1241）

即位：チンギス=カンの第 3 子 「**カアン（大ハン，大ハーン）**」の称号

- **首都：カラコルム**…バイカル湖の南

征服活動：**定着農耕地帯にも侵略。**

- **華北・東北地方の金を滅ぼす（1234）**：親征によって，華北を支配。
- **ヨーロッパ遠征**：チンギス=ハンの長子ジュチの子バトゥ（拔都）の西征。
  - **ワールシュタット（リーグニッツ）の戦い（1241）**
    ：ドイツ・ポーランドの諸侯軍を撃破。
  - **キプチャク=ハン国の建国**：南ロシアなどを支配　首都：**サライ**

モンケ（憲宗，第 4 代，位 1251 ～ 1259）

即位：チンギス=カンの**末子トゥルイ**の子（3 代目のグユク=ハンは急死）

征服活動

- **クビライ**：大理を滅ぼす（1254）…**雲南地方の国家　吐蕃・青海**も服属。
  朝鮮の**高麗**を服属させる。

- フレグ：アッバース朝を滅ぼし，イル=ハン国を建国　首都：タブリーズ

3 ハン国の分立

- **アリクブケの乱**（1260 ～ 1264）：クビライの弟が，兄の即位に対して反乱。
- **カイドゥ（ハイドゥ）の乱**（1266 ～ 1301）：オゴデイの孫の反乱　ほかのハン国と同盟。
- 乱終息後：元との友好関係は復活し，交易活動も復活。

② モンゴル人の中国支配　　　📖 本編解説 p.152 ～ 156

クビライの外征（位 1260 ～ 1294）

- 「**元**」**の成立**（1271）：首都大都（現北京）
- **遠征**：**南宋**を滅ぼす（1276/79）➡中国の南北統一達成。
  　　　：パガン朝ビルマ（ミャンマー）を滅ぼす。
- 失敗した遠征
  - **日本**：鎌倉幕府　文永の役（1274），弘安の役（1281）。
  - ベトナム：陳朝大越国…チャンパー遠征の援助を拒否したため。
  - ジャワ：マジャパヒト王国が，元の撤退後に建国される。
  - チャンパー

中国支配の展開

行政

- 中央：中書省（行政），**枢密院**（軍事），御史台（監察）
- 地方行政：行省…正式には**行中書省**　ダルガチ…地方長官
- 農村支配：モンゴル人が，**農村の支配者として君臨はできず。**
  　　　　　宋代以来の**地主支配の佃戸制は変化せず**。
- 宗教政策：モンゴル人はチベット仏教を信仰。
  　　　　　キリスト教，仏教，道教，イスラーム教などには寛容。

交通ネットワークの形成

- **新運河の開削**：大都と江南を結ぶ近道として。
- 沿岸航路の開拓：首都**大都**に江南の食料を運ぶため。
- ジャムチ（站赤）の整備：駅伝などの使用許可証（牌符）も制度化。
  　　　　　　　　…**金牌・銀牌**など。

経済政策
- 交易で得た**銀**が基本的交換手段。
- 紙幣交鈔（こうしょう）の発行：**銀**の補助通貨で，当初は**銀との兌換**（だかん）を保障。

民族支配
- 色目人：中央アジア・西アジアの人々が中心，**財務官僚**を形成。
- 漢人：旧**金**支配下の住民　＊"漢人（＝中国人）"だけではない。
- 南人：旧**南宋**統治下の住民
- **科挙の廃止**：漢人の**士大夫層**を排除　儒学も排斥。

　　　　　　　武官や実務官僚は，民族に関わりなく採用。
- 転換：大陸の統治に膨大（ぼうだい）な官僚が必要なために，**科挙復活**（14C初）。

　　　　儒学を学ぶ学院（**廟堂**）（びょうどう）の建設を奨励（しょうれい）。

---

③ 東西交流の活発化とモンゴル人支配の終焉 📖 本編解説 p.156〜161

東西交流の活発化

交流活発化の背景
- 概況（「タタールの平和」）：モンゴル人の征服活動の結果，東西交易路が安定化。
- 交易路の安定：モンゴル人の征服活動や**駅伝制**の整備，また元による**新運河**の

　　　　　　開削，**沿岸航路**の整備によって，3つの東西交易路（**オアシスの道，草**

　　　　　　原の道，海の道）が連結され，交易活動が活性化。

宣教師，修道士
- プラノ=カルピニ：教皇インノケンティウス4世の使節　グユクが謁見（えっけん）。
- ルブルック：フランス国王**ルイ9世**の使節　モンケが謁見。
- モンテ=コルヴィノ：**大都大司教**として，中国で初めて**カトリック**を布教。

　　＊それまで中国のキリスト教は，

　　　唐代に流入した**ネストリウス派**。

大旅行家
- マルコ=ポーロ：北伊のヴェネツィア出身。

　　　　　　　13C末，クビライに仕える。

モンテ=コルヴィノ

　　『東方見聞録（世界の記述）』　**カンバリク**（大都），**キンザイ**（杭州），

　　　　　　　　　　　　　　　ザイトン（泉州…「世界一の港」）。
- イブン=バットゥータ：モロッコ出身のアラブ人　『三大陸周遊記』

文物

- 中国，モンゴルに伝播したもの：イスラーム世界の**数学**，**天文学**
  - **暦法**：授時暦(**郭守敬**の作成)◀イスラームの**天文学・暦学**の影響。
  - 陶磁器：青い絵付けをした**染付**(**青花**)の製作。

    　　　　　　◀イスラーム世界の**コバルト顔料**(青の顔料)。
- イラン，アラブ，(間接的に)ヨーロッパへ：中国の**火薬・武器・印刷術**・陶磁器。
  - **絵画**：**中国山水画の技法**の影響を受けて，**イラン・インドでミニアチュール**(**細密画**)が発達。
- **文字**：ウイグル文字(アラム・ソグド文字系)を使用

    　　　➡一部修正して**モンゴル文字**。

    　　クビライ時代に，**パクパ(パスパ)文字**作成(**チベット文字**母体)…普及せず。

モンゴル人支配の終焉

元の衰退・滅亡

- **交鈔の濫発**➡経済混乱
- **チベット仏教**に対する濫費：とりわけ仁宗期。
- 気候の変動，疫病の流行：世界的な寒冷化，ペスト(**黒死病**)の流行。

    ：**交易ルートの衰退**，飢饉の頻発。
- 白蓮教徒の乱(**1351～1366**)：元は中国本土を喪失➡モンゴル高原に撤退。
  - 白蓮教：南宋以降　弥勒仏が救世主として現れ(弥勒下生)，理想社会を作る。

その他のモンゴル人国家

- キプチャク=ハン国：**モスクワ大公国**の自立(**1480**)。
- チャガタイ=ハン国：東西分裂後，**ティムール**に支配される。
- イル=ハン国：14世紀半ばに分裂➡事実上の滅亡。

元代の文化

- 概況：**庶民文化**の発展。
- 元曲：庶民のあいだで人気があった歌つきの演劇。
  - 『**西廂記**』(王実甫)
  - 『**琵琶記**』(高明)：出世欲にとりつかれた夫と，それを支えた妻の物語。
  - 『**漢宮秋**』(馬致遠)：東匈奴に嫁いだ**王昭君**の悲話。
- **小説**：『**西遊記**』，『**水滸伝**』，『**三国志演義**』の原型。
- 書家**趙孟頫**(趙子昂)：王羲之のスタイルの復活をめざす。
- 「元末四大家」：王蒙・倪瓚・呉鎮・**黄公望**…山水を理想的に描く文人画の系統。

明の治世と明を中心とした交易

 本編解説 p.163～172

① 明の成立・発展

明の建国

- 白蓮教徒（紅巾）の乱（1351～1366）：元の滅亡➡モンゴル勢力撤退。
  - …➡北元の建国。
- 明の建国（1368）：指導者朱元璋（洪武帝，太祖）が建国。
- 首都：金陵（応天府，南京）
- ◎特色：江南からおこって，中国を統一した史上唯一の王朝。
  - 背景…長江流域の農業・商工業生産の発展。

洪武帝の時代——明初の統治政策

行政機構改編

- 基調：皇帝独裁体制，皇帝親政体制の強化めざす。
- 中央：中書省を廃止して宰相の制を止め，六部を皇帝直轄に。
  - 五軍都督府：軍事の統括
  - 都察院：官吏の監察
  - 地方：布政使（行政），按察使（監察），都指揮使（軍事）
- 粛清：功臣を粛清し，かわりに皇族を「王」として，北部などに配置する。
- 朱子学の官学化：君臣関係の厳格化などの思想が，君主独裁に適合。
  - 朱子学：南宋の朱熹が大成…大義名分論，華夷の別を特色とする。
- 科挙の復活
- 大明律・大明令の編纂…唐の律令をアレンジ。
- 一世一元の制：一皇帝につき一元号（元号…洪武）。

農民統治

- 里甲制：納税義務を有する土地所有者110戸で1里とし，輪番で徴税・治安に当たる。
  - 里長戸：「里」全体を統括する資格を保有する農家。
  - 甲首戸：「甲」を統括する資格を保有する農家。
- 魚鱗図冊：土地台帳　土地耕作者を銘記。

- 賦役黄冊：**戸籍・租税台帳**　戸籍を兼ねる　里長・甲首が作成。
- 六諭：農民の教化のための 6 カ条の教え　里老人が教化　**社学**の設置。

衛所制：兵農一致の軍制　**軍戸・民戸**に分け，軍戸に対しては税の免除。

貿易政策（**海禁政策**，1371 ～）

- 概要：海外貿易や海外渡航に対する厳しい統制策。
- 背景：元末に朝貢体制が弛緩し，**倭寇**の活動や**民間貿易（私貿易）**が活発化。

永楽帝の時代（成祖，位 1402 ～ 1424）

靖難の役（靖難の変，1399 ～ 1402）

- 概要：帝位をめぐる内乱。
- 結果：燕王**朱棣**が，第 2 代建文帝（**恵帝**）をたおして，第 3 代皇帝に。
- 「変」の背景：建文帝の集権化政策（一族諸王への抑圧策）に対する反発。
- 首都：**金陵（応天府，南京）**➡北京へ遷都。
- モンゴル高原親征：モンゴル系諸族を圧迫　**万里の長城建設**。
- ベトナム：陳朝衰亡に乗じて北部を支配。

鄭和の南海大遠征（**1405 ～ 1433**，計 7 回）　＊7 回目のみ宣徳帝期。

- **鄭和**：**イスラーム教徒**の宦官が大艦隊を率い，別働隊は**メッカ**や，東アフリカの**マリンディ**まで遠征。
- 目的：**海外貿易に対する統制強化**。
- 結果：インド洋沿岸の諸国が**朝貢**し，朝貢貿易が**進展**。
  東南アジアのマラッカ王国など。

内政

- 宦官の重用：**東廠**と呼ばれる秘密警察を設置。
- 内閣大学士：皇帝を補佐するために設置…その筆頭が事実上の宰相。
  - 影響：これ以後，内閣が最高の行政機関になる。
- **大編纂事業**：（永楽帝に対して批判的な）儒学者を大量に動員して，批判をかわすため。
  - 成果：『四書大全』，『五経大全』，『性理大全』，『永楽大典』

② 明の衰退・滅亡

本編解説 p.172 ～ 175

モンゴル系諸族の圧迫

- **倭寇**の脅威とあわせて「北虜南倭」という。

オイラト(オイラート, 瓦刺, 15C)

- 台頭：モンゴル高原**西部**で台頭。
- 首長エセン(=ハン)：土木の変で**正統帝(英宗)**を捕虜に(1449)。

タタール(韃靼, 16C)

- 台頭：モンゴル高原**東部**で台頭。
- 首長アルタン(=ハン, =ハーン)
    - ：**庚戌の変**で北京包囲(1550)。

侵攻の動機

- **朝貢体制**にともなう種々の貿易制限に不満。
- 結果：アルタンは明から**冊封**を受け, より自由な**交易**も承認される。

    明(絹織物・工芸品) ⟷ (クロテンなどの)毛皮・馬

アルタン
明との貿易は、
とにかく決まり
ごとが多くて。
ワシャもうにむかっ
いたのだ

倭寇の活動

- 前期倭寇(14C〜15C前半)：海禁に不満な**日本人密貿易者**・海賊が中心。
- 後期倭寇(16C中心)：**海禁政策**に不満な**中国人**が中心。

万暦帝(神宗, 位1562〜1620)

首輔(首相)張居正：全国的な**検地**などで, 集権制を強化。

　　　　　←地方出身の官僚の反発。

戦争

- ボハイの乱：モンゴル系の武将の乱。
- **播州**の乱：貴州少数民族の反乱。
- 朝鮮出兵：豊臣秀吉の朝鮮侵犯(**壬辰丁酉の倭乱**, 1592〜1598)に対する援兵。

党争の激化

- 東林派：**顧憲成**が中心　＊東林書院…朱子学を講ずる学校。
- 宦官勢力：宦官**魏忠賢**が中心(**非東林派**)。

明の滅亡

- 女真(ジュシェン, ジュルチン)の圧迫：満洲から中国本土を窺う。
- 李自成の乱：**陝西**に起こった農民反乱。
- 明の滅亡(1644)：乱が北京を陥落させる➡**崇禎帝(毅宗)**の自殺。

③ 明代の社会・経済

📖 本編解説 p.176 〜 177

明代の産業

農業，農村社会
- 主産地：「湖広熟すれば天下足る」：稲作の中心地が，**長江中流**に移動。
- 長江下流：綿織物・絹織物生産が活発となり，**綿花・桑**の栽培が普及。

商工業の発展
- **綿織物業，絹織物業，製糸業，陶磁器生産**の発展。
- 生産都市 {
  - 松江(浙江省)…**綿布**
  - 蘇州(江蘇省)…**絹織物**
  - 湖州(浙江省)…**生糸**
  - 景徳鎮(江西省)…**陶磁器**
}
- **遠隔地商人**の活動
  - **新安商人**：**安徽省徽州府**出身で**塩の売買**で活躍　「塩商」の代表。
  - **山西商人**：新安商人と同様，官僚と結んで，金融・塩の売買で財を成す。
  - **会館・公所**の設置：同業・同郷の商人・手工業者たちが相互扶助のために設立した建物。

④ 大交易時代の東アジア・東南アジア

📖 本編解説 p.178 〜 184

明代の貿易政策

海禁政策(海禁，**1371〜**)
- 概要：貿易・海外渡航に対する厳しい統制政策。
- 目的：国家による貿易利益の独占と，倭寇の禁圧。

勘合貿易
- 概要：明と日本(およびアジア諸国)のあいだに行われた，勘合と呼ばれる割印を押した証明書で，相手を確認しながら行う朝貢貿易。
- 日本：元3代将軍の足利義満を「**日本国王**」として**冊封**。

「一休さん」の義満とはだいぶちがいますね…

足利義満

海禁の緩和(**1567〜**)
- 背景：**後期倭寇**(主として**中国人密貿易者**，一部ヨーロッパ・日本)の活発化。
  ：江南を中心とした商工業の発展。
  - 日本は海禁緩和の対象外。
- ヨーロッパ人の来航：**ポルトガル人**(拠点**マカオ**)，**スペイン人**の来航，17世紀には**オランダ人**も。

海外からの銀の流入

- 日本産の銀：石見銀山（現在の島根県中部）など。
- メキシコ産の銀：**スペイン人**が，ガレオン船でメキシコの**アカプルコ**から

  マニラに運び，中国の**絹織物・陶磁器**と交換。

新税制

一条鞭法：**物納・徭役**などを一括して，**徴税**方法を銀納に一本化。

東南アジアとの貿易

- **マラッカ王国**：鄭和の遠征後，明に朝貢。
- **タイ，トゥングー（タウングー）朝（ビルマ）**：米・獣皮を中国が輸入。
- **モルッカ諸島（マルク諸島，香料諸島）**：中国は香辛料を輸入。

琉球と日本の状況

琉球の状況

- **琉球王国の成立**：3王国の分立➡中山王の尚氏（**尚巴志**）が統一（1429）。

  首都：**首里**
- **明に朝貢**：明に冊封され，朝貢貿易を展開。
- 貿易活動：貿易港…那覇**←福建商人**などが来航。

  日本・東南アジア・明を結んで繁栄。
- 衰退：**後期倭寇**の圧迫，ポルトガル商人の台頭。
- 両属体制：**薩摩の島津氏**に軍事的に支配される。

  明・清に冊封される。

日本の状況

- **応仁の乱**起こる（1467）：戦国時代の始まり。
- **豊臣政権**（16C末）：**関ヶ原の戦い**（1600）で，徳川氏に敗北。
- **江戸幕府**成立（1603）：徳川家康が征夷大将軍。
- 朱印船貿易の展開：貿易許可証（朱印状）を持った船のみ，貿易を許される。
  - 東南アジアとの交易活発化：タイなどに**日本町（日本人町）**も形成。

    山田長政の活躍。
  - 商品：日本からの輸出品…銀・銅

    日本への輸入品　…**生糸**（ベトナムから），**鹿皮**（タイ・ベトナムから），

    鮫皮（東南アジア各地）。
- **鎖国体制**：ポルトガル船の来航禁止（1639）。

平戸の**オランダ商館**を，**長崎**の出島に移す（1641）。

- ●「四つの口」：長崎を含めた，「鎖国」中の対外的な 4 つの窓口。
  - ●**李朝朝鮮国**：**対馬の宗氏**を通じた交易・国交関係　**朝鮮通信使**の来日。
  - ●**蝦夷のアイヌ**：松前藩を通じた関係。
  - ●清・オランダ：長崎
  - ●琉球王国：明・清

⑤ イエズス会宣教師の来航

📖 本編解説 p.184 ～ 186

背景：「**大航海時代**」が始まり，反宗教改革の一環としての活動も活発化。

影響　●**中国への影響**：キリスト教布教。

科学など実用的な知識をもたらす。

- ●**西欧への影響**：儒学（宋学）に基づく**中国の国制・官僚制度**，科挙，
  造園術，**飲茶の習慣**が伝播。
- ●西欧の啓蒙思想（**ヴォルテール**）や重農主義（**ケネー**）などの思想形成に
  影響を与える一方，**中国趣味（シノワズリ）**の風潮（ふうちょう）も生む。

宣教師たち

- ●**マテオ=リッチ（利瑪竇）**（り まとう）：明末『**坤輿万国全図**』（こんよ）…世界地図
  『**幾何原本**』…徐光啓と協力して作成された漢訳本。
- ●**アダム=シャール（湯若望）**（とうじゃくぼう）：『**崇禎暦書**』（すうてい）　欽天監…天文台の館長。『**時憲暦**』（じけんれき）
- ●**フェルビースト（南懐仁）**：天文台副館長　大砲の製造。
- ●**ブーヴェ（白進）**：『**皇輿全覧図**』（こうよ）…康熙帝の命を受けて作成された実測に基づく
  正確な中国地図。レジス（雷孝思）。
- ●**カスティリオーネ（郎世寧）**：**西洋絵画の技法**を伝える…「乾隆帝像」。
  バロック式の庭園・離宮円明園（りきゅう）の設計。

典礼問題と対キリスト教政策

- ●**イエズス会の布教**：中国古来の典礼（**祖先**や，**孔子・天**に対する崇拝・儀式）と
  調和を取りながら布教。
- ●**ドミニコ派・フランチェスコ派**の反発：ローマ教皇に提訴。
  ➡ローマ教皇クレメンス 11 世は，イエズス会の布教方法を禁止。
- ●**康熙帝**：イエズス会以外の布教を禁止。
- ●**雍正帝**：キリスト教布教の**全面禁止**。

6 明清の文化

儒学

朱子学の官学化

陽明学：陸九淵(陸象山，南宋)の「**心即理**」を継承・発展。

- **王陽明**(王守仁)：朱子学のような理の学問的追究よりも，
  実践を尊ぶ(「**知行合一**」)。「**致良知**」。
- **李贄**(李卓吾)：朱子学を偽善として批判し，人欲を肯定　平等主義も説く。
  鋭い社会批判・伝統批判により獄死。

考証学

- 学問成立の背景と手法
  ：**明清交代期という混乱**の時期にあって，空理空論に頼らず**事実に基づく実証的な姿勢で現実を認識**し，**社会の安定**をめざす学問。
- 学問の内容：儒教の経典の精密な校訂作業などを行う。
  - 顧炎武：四書五経の研究　『**日知録**』
  - 黄宗羲：歴史分野で活躍。
    『**明夷待訪録**』…清の支配には批判的　"中国のルソー"。

考証学の変質：清朝による弾圧(**文字の獄**など)もあり，純学問的なものに変化。

- 段玉裁：『説文解字注』…音韻学の研究
- 戴震：古典研究
- 銭大昕：**史学**(清朝考証学)の第一人者　『大清一統志』『二十二史考異』

公羊学

- 公羊学：『春秋』公羊伝を手がかりに，現実の**変革**をめざす　康有為ら。

明清の文芸・芸術

明代の小説

- 『**西遊記**』(呉承恩)：玄奘のインド来訪を大衆小説化したもの。
- 『**水滸伝**』：元末の施耐庵の作品をもとに，明代に編纂。
  宋代の 108 人の豪傑たちの活躍を描く。
- 『**三国志演義**』(羅貫中編)：正史『三国志』を大衆小説化したもの。
- 『**金瓶梅**』(作者不詳)：『水滸伝』の挿話を発展させた作品。

清代小説

- ●『紅楼夢』（曹雪芹）：満洲貴族の没落を描く。
- ●『儒林外史』（呉敬梓）：**科挙**や学歴社会を皮肉る。
- ●『聊斎志異』（蒲松齢）：怪異な話を所収➡日本の上田秋成にも影響。

清代の戯曲

- ●『長生殿伝奇』（洪昇）：玄宗と楊貴妃の悲劇を描く。
- ●『桃花扇伝奇』（孔尚任）：明末の動乱のなかの男女の恋愛。

絵画

- ●董其昌：中国絵画の流れを、「南北二宗」に分類。
  - みずからを文人画の流れをくむ**南宗画**に位置付け。
- ●仇英：写実的な北宗画に位置付けられる画家。

明清の大編纂事業

明代——永楽帝の時代

- ●『五経大全』『四書大全』：朱子の解釈を踏襲した四書・五経の注釈書。
- ●『性理大全』：宋学（朱子学）の学説集。
- ●『永楽大典』：全 23000 巻近くにおよぶ類書（百科事典）。

清代

- ●**事業の動機**：反清思想をもった儒学者を動員し，文化の保護者として任じられることで，批判を封じる。
- ●『康熙字典』：漢字字典。
- ●『古今図書集成』：康熙帝の命により編纂が開始され，雍正帝期に完成した類書。
- ●『四庫全書』：**乾隆帝**の命で編纂された叢書。

ヨーロッパの海洋進出と
アメリカ大陸の変容

① 海洋進出の背景・動機

📖 本編解説 p.192 ～ 195

アジアとの直接貿易の欲求

動機：肉食の普及（ふきゅう）にともなって，香辛料（香料）に対する需要が高まる。

➡イスラーム商人を介さない**アジアとの直接ルート**の模索（もさく）。

『**世界の記述（東方見聞録）**』…マルコ=ポーロが育んだ東方（の金）への憧れ（あこがれ）。

従来の香料交易ルート

- インド洋➡**紅海ルート**（ムスリムの**カーリミー商人**）➡**ヴェネツィア商人**。

  （**アデン**➡**カイロ**➡**アレクサンドリア**）

- インド洋➡**ペルシア湾ルート**➡**バグダード**

  ➡**コンスタンティノープル**➡**ジェノヴァ商人**。

- 既存ルートの衰退：オスマン帝国による**ビザンツ帝国の滅亡**や，**サファヴィー朝**の進出などによって，ペルシア湾ルートが衰退。

- 対応：**ジェノヴァ商人**が**大西洋航路**に期待し，**ポルトガル・スペイン**両国に接近。

航海技術，世界の知識

- 航海技術：快速帆船，**羅針盤**の改良。

- 世界観：**地球（大地）球体説**…フィレンツェの**トスカネリ**。

  地球儀…ベハイム

  世界地図…ヴァルトゼーミュラー（独）

② ポルトガルの動向

📖 本編解説 p.195 ～ 198

ポルトガルの建国・発展

- 国家成立：**カスティリャ王国**から自立（1143）。

- **レコンキスタ達成**（1249）：王権がほかのヨーロッパ諸国に比べて強力に。

- 国王**ジョアン2世**（位1481 ～ 1495）：貴族を弾圧し，中央集権化を進める。

大航海時代へ

- **エンリケ**（**航海王子**，15C前半）：ジブラルタル海峡の**セウタ**（ムスリムの拠点）攻略に参加。

- 成果：エンリケの援助のもと，**アゾレス諸島**，**ヴェルデ岬**に到達。
- **バルトロメウ=ディアス**
  ：国王ジョアン2世の援助で，アフリカ南端喜望峰に到達（**1488**）。
- **ヴァスコ=ダ=ガマ**：国王マヌエル1世の支援で，インド航路の開拓に乗り出す。
  - インド西岸の**カリカット**に到達（**1498**）：インド航路の開拓。
- **ディウ沖海戦**（1509）：エジプトのマムルーク朝の海軍などを撃破。

商業拠点の確保

- セイロン（スリランカ）に到達（1505）
- インド西岸のゴアに総督府設置（**1510**）。
- マラッカ（ムラカ）王国を滅ぼす（**1511**）：マラッカ海峡を支配。
- ペルシア湾口のホルムズ島占領（**1515**）
- **モルッカ諸島**（**香料諸島**）に到達（**1512**）：クローブ（丁子）を確保。
- 種子島に漂着（**1543**）：日本への「**鉄砲伝来**」➡**平戸**に来航（1550）。
- マカオ（澳門）：明から居留を認められる（**1557**）。
  - 日本産の**銀**と中国産の**生糸**を運搬。

新大陸での活動

- ブラジル領有：**カブラル**の南米大陸漂着（**1500**）が起源。
- サトウキビ=プランテーション：**黒人奴隷**を使役。 金鉱の開発（17C〜）。

 スペインの動向　　　📖 本編解説 p.199〜205

スペイン王国の成立（1479）

- 2王国のあいだの婚姻（1469）
  ：**アラゴン王子フェルナンド**，**カスティリャ王女イサベル**。
- **スペイン王国の成立**（**1479**）：アラゴン王国とカスティリャ王国の統合。

レコンキスタ完成（1492）：**グラナダ**を占領し，ナスル朝を滅ぼす。

大航海時代に突入（1492年〜）

- **コロンブス**：北イタリアのジェノヴァの出身。
  西航してインドめざす◀**トスカネリ**の地球球体説。
  ◀スペイン女王イサベルの援助　**パロス港**を出帆。
- **サンサルバドル島**到達（1492）：周辺の島々と合わせ西インド諸島と命名。
- 新大陸の確認：フィレンツェの人**アメリゴ=ヴェスプッチ**の探検によって「新大陸」と判明➡**ヴァルトゼーミュラー**が「アメリカ」と命名。
- **太平洋到達**：スペイン人**バルボア**が，パナマ地峡を横断し"南の海"と命名。

- ●ポルトガル人航海者マゼラン(マガリャンイス)の世界周航(1519～)。
    - ：スペイン国王カルロス1世の援助。
    - 現フィリピンに到達(1521)←現地の首長ラプラプに殺される。
- ●フィリピン支配(1571)：貿易拠点としてマニラ確保。

スペイン人の新大陸征服

- ●メキシコ：スペインの「征服者」コルテスが，アステカ帝国滅ぼす(1521)。
- ●ペルー：スペインの征服者ピサロが，インカ帝国滅ぼす(1533)。
- ◎エンコミエンダ制：征服者たちがスペイン国王から，先住民("インディオ")へ
    - の布教・保護を条件に，住民と土地に対する支配を委託される制度。
        - ●結果：征服者(コンキスタドール)たちは先住民たちを酷使。
- ●先住民の激減：銀鉱山などでの酷使。
    - ヨーロッパ人がもたらした疫病(天然痘・インフルエンザ・ペスト・はしか)などによって先住民が激減。

ポルトガルとの確執

- ●教皇子午線(植民地分界線，1493)：教皇アレクサンデル6世が，勢力境界線を決定。
- ●トルデシリャス条約(1494)：ポルトガル不満➡教皇子午線を西に移動。
- ●サラゴサ条約(1529)：太平洋・アジア地域についても勢力範囲を策定。

スペイン・ポルトガルによるアジア進出，新大陸への進出の比較

- ●アジア進出：商業拠点の確保にとどまり，大規模な植民活動は行われず。
    - すでにアジアで活発に展開されていたアジア内貿易に参入。
- ●新大陸進出：植民活動が展開され，イベリア半島から移民・伝統・宗教が流入
    - して，先住民と融合し，ラテンアメリカ世界の形成を結果する。

④ ヨーロッパの海洋進出の結果・影響 本編解説 p.206～214

世界史的影響：世界の一体化をもたらす➡「世界史」の成立。

- ●世界を結びつけたもの：**世界商業**
- ●結果：世界的な分業体制形成の始まり。
    - ●概要：**西(北西)ヨーロッパ**で商工業が発展し，**ラテンアメリカ・アフリカ・アジアは工業原材料・商品作物・(奴隷)労働力**供給地帯として西欧に従属させられる。

- ●「近代世界システム」：近代に成立した世界的分業体制。
  アメリカの**ウォーラーステイン**などが定式化。
- ●「**中核**」：北西ヨーロッパ（のちに北米も）…工業生産地帯。
- ●「**周辺（周縁）**」：ラテンアメリカ・アフリカ・東欧（16C〜），アジア（18C〜）。

世界商業の実態（16世紀〜17世紀前半）

【世界商業の基本構造】

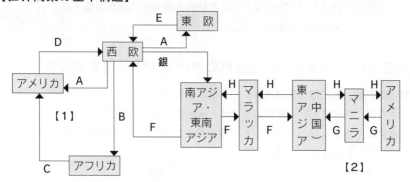

A 毛織物・奢侈品　　D 銀・砂糖　　　G 銀

B 武器・雑貨　　　　E 穀物　　　　　H 陶磁器・絹織物

C 黒人奴隷　　　　　F 香辛料（・綿布）

【1】大西洋三角貿易　【2】アカプルコ貿易（**ガレオン貿易**）

《注》**スペイン**はフィリピン南部の**イスラーム**教徒に南下を阻まれ，**香料諸島**を中心とする貿易に参入できず。

ヨーロッパ経済への影響

商業革命を引き起こした

- ●商業革命の概要
  - ●世界的な規模で多くの商品が大量に取引されて，世界の一体化が進み，ヨーロッパでは，商業の中心がそれまでの**北イタリア諸都市**や地中海に代わって，**大西洋岸の都市**に移っていった。
- ●影響：**北イタリア諸都市**，南ドイツの**アウクスブルク**（銀の供給地）の衰退。
  大西洋岸の都市の繁栄…**リスボン**（ポルトガル），**セビリア**（スペイン），
  南ネーデルラントの**アントウェルペン**（アントワープ）。

新大陸向け毛織物生産が活発化➡イギリス・スペイン・フランドルの繁栄。

価格革命が進行

- 価格革命の概要：ヨーロッパで**貨幣**(≒**銀**)**価値が下落**し，**物価が上昇**したこと。
  - 原因：新大陸からの**銀の大量流入**←南米ボリビアのポトシ銀山などの開発
    (1545 ～)。
- 価格革命が，西ヨーロッパの社会・経済に与えた影響。
  - 影響：価格革命は，**領主制**(**荘園制**，**封建制**)の崩壊を促進。
  - 原因：領主が農民から得ていた定額の貨幣地代の価値が低下。
    - ➡**領主の困窮化**を促進。

東ヨーロッパ(≒エルベ川以東の地)の経済的・社会的変化

経済的影響：西欧向け**輸出用穀物の生産**が活発化。

- 背景：西欧における穀物需要の増大➡穀物価格の上昇。
- 結果：貴族などの有力者たちが**農場領主制**(グーツヘルシャフト)のもとで，穀
  物を生産・輸出。
- 農場領主制
  - 支配(経営)者：貴族(領主，地主貴族，東エルベでは**ユンカー**)。
  - 労働力…貴族らによって，移動の自由や土地を奪われた**農民**たち。
    - ➡西欧ではすでに消滅していた農奴制が，東欧で成立(**再版農奴制**)。
- **結果**：穀物輸出の利益を独占したいユンカーらによって，**都市や商工業の発展が抑
  えられ，それに伴って都市や市民層の台頭も抑制**される。

第35回

イスラーム世界の諸帝国（14世紀〜18世紀）

① ティムール朝（ティムール帝国）

本編解説 p.215〜217

政治史

- 建国：**チャガタイ=ハン国の東西分裂後**に，西チャガタイ=ハン国から興隆。
- 支持者：**東西交易路の安定化**を期待する**オアシス商人**。
- 首都サマルカンド：アム川・シル川の河間　オアシスの道の拠点。
- 発展：**オスマン帝国にアンカラの戦い（1402）で勝利**。
    - **➡明への遠征途上に死す**。
    - イラン・イラク，小アジア東部などを支配。
- 分裂：ヘラートを首都として分離する勢力登場。
- 滅亡：**トルコ系ウズベク人（遊牧ウズベク）の侵入で滅ぶ（1507）**。
- その後の中央アジア西部：ウズベク人の3ハン国成立。
    - ：ブハラ=ハン国，**ヒヴァ=ハン国**，コーカンド=ハン国。

文化

- 概況：イル=ハン国で育まれた**イラン=イスラーム文化**の影響を受け，それがトルコ人の文明と融合して**トルコ=イスラーム文化**が成立。
- 天文学：第4代君主**ウルグ=ベク（ベグ）**が，サマルカンドに天文台建設。
    - **➡暦法の発達**。

② ムガル帝国（ムガル朝，1526〜1858）

本編解説 p.217〜222

建国・発展

- バーブル：チンギス=カンの子孫を名のる　実際は**ティムール朝**の残党。
    - アフガニスタンの**カーブル**を拠点に，インド侵入。
    - **パーニーパットの戦い**で，最後のデリー=スルタン朝**ロディー朝**を破り，ムガル朝創始（1526）。
- 『**バーブル=ナーマ（バーブルの書）**』：トルコ語で書かれた自伝。

第3代アクバル帝（位1556〜1605）

- 首都：デリーから**アグラ**へ遷都。

- ●**中央集権体制**：全国を**検地**して課税し，**カーリサー(君主の直轄地)** を拡大。
- ●**マンサブダール制**：文官・武官に対し，官位(身分，マンサブ)と給与(土地)を
  与え，その給与に見合った数の騎兵・騎馬数を維持させて従軍させる。
  - ●**ジャーギール**：文武官僚に付与された**徴税権**を認められた**非世襲の土地**。
- ●**融和策**：非イスラーム教徒に対する**ジズヤを廃止**。
  非イスラームの**ラージプート諸侯**との**婚姻**を進める。
  - ●『**アクバル=ナーマ**』：ペルシア語で書かれた史書。

シャー=ジャハーン(位 1628 ～ 1658)

- ●**タージ=マハル**：亡き皇后ムムターズ=マハルをしのんでアグラに造営。

衰退の始まり

- ●**概況**：官僚の増大・軍事費，皇帝の浪費が国家財政を圧迫。
- ●**アウラングゼーブ帝**(位 1658 ～ 1707)：**領土最大時**の皇帝。

  ➡南インドにも支配がおよぶ。
  - ●**失政**：厳格なイスラーム教徒(**スンナ派**)の立場に立ち，
    非イスラーム教徒圧迫➡非イスラーム教徒に対する**ジズヤ復活**。
  - ●**反発**：パンジャーブ地方の**シク教徒**，各地の**ラージプート諸侯**の反抗。
    ：**シヴァージー**に率いられた**マラーター同盟(王国)** の反発。
    マラーター同盟…デカン高原を拠点とするヒンドゥー教徒結束。
- ●**ザミンダール**の台頭：農村を支配する領主層。
- ●**イギリス・フランスの進出**
  - ●イギリス：**マドラス，ボンベイ(ムンバイ)，カルカッタ(コルカタ)**
  - ●フランス：**ポンディシェリ，シャンデルナゴル**

文化

- ●**概要**：**インド=イスラーム文化**の発展。
- ●**公用語(宮廷言語)**：**ペルシア語**　民衆は**ヒンディー語**を使用。
  - ●**ウルドゥー語**：ヒンディー語に，**ペルシア語**(一部アラビア語も)が融合。
    ➡**パキスタン**の国語，インドの公用語の１つ。
- ●**ミニアチュール(細密画)** の発達
  - ●**ムガル絵画**：宮廷に発展した絵画。
  - ●**ラージプート絵画**：地方のヒンドゥー教徒諸侯が愛好・保護。

サファヴィー朝（1501～1736）　　📖本編解説 p.223～225

建国

- **建国者：イスマーイール 1 世**　トルコ系スーフィー教団の長で，遊牧トルコ人・イラン人を率いる　イランの伝統的君主の称号「**シャー**」を復活させる。
- 国家：遊牧イラン人の連合政権　首都：**タブリーズ**
- 宗派：オスマンに対抗する観点から，**シーア派（十二イマーム派）**を採用。
- トルコ人騎馬軍団：**キジルバシュ**

アッバース 1 世（16C 後半）：最盛期の**シャー**

- **オスマン帝国との抗争**：アゼルバイジャン，**イラク**（メソポタミア，バグダードなど）をオスマン帝国から奪う。
- **ホルムズ島奪還（1622）**：1514 年にポルトガルが占領した島を支配。
  イギリス東インド会社の支援。
- 交易の発展：イラン産の絹，ヨーロッパ産の**毛織物**。
  バンダレ=アッバース…ヨーロッパやインドの商人が商館を設置。
- 新首都：**イスファハーン**　「**王の広場**」を中心に，「**王のモスク**」や庭園。

滅亡（1736）：アフガン人が侵入し，イスファハーンを占領されて崩壊。

 オスマン帝国（オスマン朝）　　📖本編解説 p.225～233

建国・発展期

- 建国：**小アジア**に建国　初代首長：**オスマン=ベイ**
- 発展：**バルカン半島**に侵入してヨーロッパ軍を撃破。
  - 新首都：**アドリアノープル**（トルコ語でエディルネ）←旧首都ブルサ。
  - **コソヴォの戦い（1389）**：ムラト 1 世，**セルビア王国**などを撃破。
  - **ニコポリスの戦い（1396）**：バヤジット 1 世が，ハンガリー王**ジギスムント**率いるフランス・ドイツ・バルカン諸国連合軍を撃破。
- **アンカラの戦い（1402）**：**バヤジット 1 世**がティムール朝に敗北。

メフメト 2 世

- **ビザンツ帝国**を滅ぼす（1453）：**コンスタンティノープル**占領。
  ➡**イスタンブル**に改称し，新首都に。
- **クリム=ハン国**を服属させる（1475）：黒海北岸のモンゴル系国家。

セリム 1 世(位 1512 〜 1520)

- ●エジプトのマムルーク朝を滅ぼす(**1517**)。
  - ●影響：メッカ・メディナ(**2 聖都**)の保護者として**宗教的権威**を高める。
- ●対サファヴィー朝：**チャルディラーンの戦い**(1514)で，オスマン帝国の常備歩兵軍団イェニチェリが，サファヴィー朝の騎馬軍団**キジルバシュ**を撃破。

スレイマン 1 世の時代(位 1520 〜 1566)

- ●対サファヴィー朝：**イラク**(メソポタミア)を占領。
- ●欧州侵攻：**モハーチの戦い**(1526)…**ハンガリー中・東部を獲得。**

  第 1 次ウィーン包囲(**1529**)

  - ●主敵：ハプスブルク家の**神聖ローマ皇帝カール 5 世**(スペイン国王：**カルロス 1 世**)。
  - ●**フランスとの同盟**：国王フランソワ 1 世

    …西欧でハプスブルク家と対決(**イタリア戦争**)。
  - ●**カピチュレーション**：フランスに，**通商・交易の自由**，**免税**，自国法による領事裁判権などを認める➡セリム 2 世の時に公式なものに。
    - ●余波：後にほかの欧州諸国にも与えられ，19 世紀以降のオスマン帝国の**半植民地化の原因**となる。
- ●**プレヴェザの海戦**(**1538**)：スペイン・ヴェネツィアなどを撃破。

軍制

- ●**ティマール制**：トルコ系の**騎士**(**シパーヒー**)に，ティマール(**土地の徴税権**)を与え，引き替えに**軍役義務**を課す➡非常備軍団を形成。
- ●**イェニチェリ**：スルタンの**常備歩兵軍団**(のちに騎兵なども編成)。

  銃砲の使用に優れる。

異民族支配

- ●**デヴシルメ**(**強制徴用，男子徴用**)
  - ●概要：バルカン半島の**キリスト教徒の少年**を強制的に徴募し，イスラーム教に改宗させて，官僚・軍人・侍従として登用する制度。
- ●**ミッレト**：非イスラーム教徒にも**宗教の自由を認め，宗教共同体**(**ミッレト**)における**自治，独自の伝統・慣習の保持が許容され，**イスラーム教徒との共存はかる。

オスマン帝国の行政・司法システム

- 概要：**絶対専制君主**のスルタンを頂点とする**中央集権体制**。
    - **シャリーア(イスラーム法)**にもとづく支配。
    - **カーヌーン(世俗法)**：シャリーアを補うもので，スルタンの命令などにもとづいて制定。
        ：スレイマン 1 世の時代にさかんに制定。
- ウラマーの採用：彼らを裁判官(法官，**カーディー**)・行政官とする。
- 公用語(行政用語)：アラビア文字で表された**トルコ語**。

衰退の始まり(16C 後半〜)

- レパントの海戦(**1571**)：スペイン(**フェリペ 2 世**)に敗北。
    - 注意：領土喪失はなく，艦隊もほどなく再建される。
- 第 2 次ウィーン包囲の失敗(**1683**)
    ：カルロヴィッツ条約(**1699**)…**ハンガリー**を喪失。
- 豪族層(**アーヤーン**)の台頭：**徴税請負**などを通じて。

オスマン帝国の文化

- ヨーロッパ文化の受容(18C 初頭)：「**チューリップ時代**」…**アフメト 3 世**治世期。
- 建築：トプカプ宮殿
    アヤソフィア…ハギア=ソフィア聖堂をモスクに改修。

第36回

清朝の興亡

① 清の成立・発展

 本編解説 p.234 ～ 242

女真（満洲）族の隆盛

ヌルハチ（太祖，位 1616 ～ 1626）

- 金（後金）建国（1616）：**女真（ジュシェン）**族の建州部を中心に部族統一。
- **八旗**：女真の軍事・行政システム

ホンタイジ（太宗，位 1626 ～ 1643）

- 国号を「清」と改称（1636）：部族名も「満洲」と改称←文殊菩薩
- 内モンゴル（モンゴル系チャハル）の平定
  - 元の印璽（皇帝の印鑑）を獲得➡元の後継者として認められるようになる。
    - ：蒙古衙門の設置➡理藩院と改称…異民族支配機関に。
- 朝鮮侵攻：李朝朝鮮国を服属させる。
- 軍制：満洲八旗以外に，**蒙古八旗・漢軍八旗**を編成。

順治帝（世祖，位 1643 ～ 1661）

- **摂政ドルゴン**：帝が幼少の折の実力者➡1651 年以降は皇帝の親政体制。
- 中国本土の計略：明の降将呉三桂に導かれ，**山海関**を越えて中国本土を占領。
  - 呉三桂らの処遇：ほかの漢人降将とともに王として封じられる（「雲南王」）。

清朝の全盛期

康熙帝（聖祖，位 1661 ～ 1722）

- 三藩の乱（1673 ～ 1681）：**呉三桂**（雲南の藩王）らが起こす。
  - ➡鎮圧後に中国全土を支配。
- 鄭氏台湾を平定（1683）：鄭成功に始まる，代々の**反清復明**運動を撃破。
  - 鄭成功：**オランダ**を駆逐して台湾の支配を開始（1661 ～）。
    「**国姓爺**」…「明帝」から朱姓賜る。
  - 遷界令（1661）：沿岸住民を内陸へ強制移住。
- **ネルチンスク条約**（1689）：**ロシア**との国境線条約　**外興安嶺**が国境線に。
- 外モンゴル（ハルハ）親征
  - ：ガルダン（モンゴル族の首長）の支配を撃破。

雍正帝(世宗，位 1722 ～ 1735)
- ●ジュンガル侵攻：これに並行して**軍機処**を設置。
  …**内閣**に代って最高権力機関に。
- ●**キャフタ条約(1727)**：**モンゴル地方**における露清間の国境線条約。

乾隆帝(高宗，位 1735 ～ 1799)
- ●ジュンガル，回部占領：中央アジア(別称**トルキスタン**)東部を併合。

清朝の中国支配策

清の支配地域
- ●**直轄地(本部)：東北(満洲)地方，中国本土，台湾**
- ●**藩部：内外モンゴル，青海，チベット，東トルキスタン**(後に新疆と呼称)
  - ◎間接支配
    - ●モンゴル：**モンゴル人王侯**を通じた間接支配。
    - ●チベット：**チベット仏教(黄帽派)**の指導者(ダライ=ラマ)を通じた支配。
    - ●新疆：**ウイグル人**の有力者(ベク)を通じた支配を実施。
- ●**属国(朝貢国)**：清朝から冊封された国々…ベトナム，タイ，ビルマ，
  李朝朝鮮国

清朝の支配策：基調…**強硬策**と**柔軟策**を巧みに併用して支配。
- ●**強硬策**
  - ●**文字の獄**：とくに**雍正帝**期に実行された反清思想の弾圧策。
  - ●**禁書令**：反清的な書物に限らず，一般的な言論統制強化　『金瓶梅』など。
  - ●**辮髪令**：満洲風俗の強制。
- ●**柔軟策**
  - ●**大編纂事業**：漢人の学者を厚遇。
    - ●『**康熙字典**』：漢字字典
    - ●『**古今図書集成**』：康熙帝の命で編纂された百科辞典(類書)。
      ➡雍正帝期に完成。
    - ●『**四庫全書**』：乾隆帝の命で編纂　4 つの分野の書物を集成(叢書)。
  - ●**満漢併用制**：主要部署で満洲人と漢人を同数ずつ任用。
    - ●**科挙**実施

軍事力
- ●**八旗**：満洲八旗，蒙古八旗，漢軍八旗
  旗人(軍人)は**軍役に服し，旗地を給与**される。
- ●**緑営**：**漢人で組織された治安部隊**…三藩の乱後に設置。

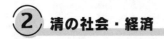

税制の変遷

中国税制の基礎知識

- 基礎の基礎
  - 課税対象は**土地と人間**：土地…地税，人間…丁税(人頭税)
  - 徴税方法：**徭役(労役)**，**生産物**，**貨幣**
- 租調役制(租庸調制，隋・唐)
- 両税法(780，唐代)

新税制

- **一条鞭法**(**明**，16C ～)：**物納・徭役**などを一括して，**徴税**方法を銀納に一本化。
  - ＊事実上**徭役**がなくなる。
- **地丁銀**(**清**，18C ～)：丁税を地銀に繰り込み，**課税**対象を土地に一本化。
  - ＊事実上丁税(人頭税)がなくなる。

清代の貿易

海禁の変遷

- **目的**：清に反抗する**鄭氏台湾**や**明の残存勢力**(**南明**)が，強大化するのを防ぐ。
- **海禁の解除**(**1684**)：契機は**鄭氏台湾の滅亡**(**1683**)。
  - ➡**遷界令**(せんかいれい)も解除(1683)。
  - 海関を設置：貿易管理機関 上海(シャンハイ)・寧波(ニンポー)・廈門(アモイ)・広州(こうしゅう)
  - 対ヨーロッパの開港場を，広州だけに限定(**1757，乾隆帝**)。
  - 公行：海外貿易を独占した特権的商人の組合。
- **華僑**(か きょう)(**南洋華僑**)**の増大**：**広東省・福建省**の人々を中心に，東南アジアへ。
  - 活動：タイ，ベトナムにおける**新田開発**，
    - ジャワの製糖業 マレー半島の**錫鉱山**(すず)。

ルネサンス

 イタリア=ルネサンスの展開 　　　　📖 本編解説 p.248～259

ルネサンス運動の興隆

前史：西欧では，神中心の**キリスト教**文化が中心。

　　　　担い手は**聖職者**，表現手段はラテン語。

新文化の刺激

- 概況：**11世紀**以降，**イスラーム文化**（・ビザンツ文化）との接触によって，

　　　　人間中心的な**ギリシア文化**（アリストテレス哲学など）の影響が

　　　　西欧にも伝播。

- **ギリシア文化の伝播の契機**

　　：**十字軍**の遠征，ムスリム商人との**交易**活動。

　　　イベリア半島の**トレド**，シチリア島の**パレルモ**を中心とする

　　　アラビア語文献のラテン語への翻訳活動。

- ◎「**12世紀ルネサンス**」：新しい思潮が12世紀段階で胎動していたことを示す

　　　　　　　　　　　　　　ハスキンズの言葉。

- ◎**ヒューマニズム**（**人文主義**）の興隆：神中心から，人間中心へ。

- 理想的人間像：「**万能人**」◆◆近代資本主義社会の理想像は「**専門人**」。

イタリア=ルネサンスの隆盛

なぜイタリアに起こったのか

(A) **主因**：**東方貿易**（レヴァント貿易）を通じてイタリアに富が蓄積され，**メディチ家**などが文芸活動を保護。

　　　　：いち早く**都市**も繁栄し，ヒューマニズムが育まれる。

(B) **副次的要因**：ビザンツ帝国の衰退➡**古典学者**（≒ギリシア文化に精通したもの）がイタリアに流入。

　　　　　　　　➡**コジモ=デ=メディチ**がプラトン=アカデミーを設立。

　　　　　　：**古典**（ローマ・ラテン）**文化**の伝統（古代の遺跡の存在も影響）。

フィレンツェのルネサンス（14C）

- **フィレンツェ**：中部の**トスカナ地方**　**金融**（銀行）・**毛織物業**で繁栄。

- ●ダンテ：初期作品『**新生**』 "ルネサンスの先駆者"
  - ●『**神曲**』（14C 初頭）：ダンテ登場　案内者ウェルギリウスなど。
    - ラテン語ではなく，俗語の**トスカナ語**で表現➡現代イタリア語の起源。
- ●ジョット：ダンテの友人　教皇ボニファティウス 8 世が後援。
  - ●"ルネサンス絵画の祖"：「東方三博士の来訪」「聖フランチェスコの生涯」。
- ●ペトラルカ：『叙情詩集（カンツォニエーレ）』『アフリカ』。
  - アヴィニョン教皇庁に出仕　ボッカチオの友人。
- ●ボッカチオ：『デカメロン』←ペストの流行が時代背景。
  - 巷間の人間の赤裸々な姿を描いた「最初の近代小説」。

フィレンツェ（15C）

- ◎メディチ家：**コシモ**（15C 前半），ロレンツォ（15C 後半）。
- ●マサッチョ：15 世紀前半の画家　**遠近法**を駆使　「楽園追放」。
- ●ギベルティ：彫刻家　サン＝ジョバンニ洗礼堂の「天国の門」。
- ●ドナテルロ：彫刻家　「ガッタメラータ将軍騎馬像」。
- ●ボッティチェリ：「**ヴィーナスの誕生**」「春」　ダ＝ヴィンチと同世代。
- ●ダ＝ヴィンチ：「受胎告知」
- ●ミケランジェロ：「ダヴィデ像」
- ●建築家ブルネレスキ：**聖マリア大聖堂**の設計者。

ボッティチェリ

ローマのルネサンス運動

- ●保護者：教皇ユリウス 2 世（位 1503 ～ 1513）。
  - 教皇レオ 10 世（位 1513 ～ 1521，メディチ家出身）。
- ●移動の背景：**イタリア戦争**にともなうフィレンツェの荒廃。
  - ドミニコ派修道士**サヴォナローラ**による神政政治などによる混乱
  - ➡メディチ家失脚。
- ●サン＝ピエトロ大聖堂の修築：建築家ブラマンテ。
  - ➡ラファエロ・ミケランジェロが引き継ぐ。

ルネサンス三大天才

- ●ダ＝ヴィンチ：「モナリザ」　「**最後の晩餐**」…ミラノの修道院の食堂壁画。
- ●ミケランジェロ：「ダヴィデ」…フィレンツェ共和政の守護神。
  - ●「**最後の審判**」「**天地創造**」…システィナ礼拝堂の祭壇画・天井画。
  - ●「ピエタ」…サン＝ピエトロ大聖堂所蔵。
- ●ラファエロ：「聖母子像」「アテネの学堂」

② イタリア=ルネサンスの終焉　📖 本編解説 p.259 ～ 262

経済的要因：地理上の発見（**大航海時代**）とそれに連動した**商業革命**によって，ヨーロッパの海外貿易の中心がイタリア・地中海世界から，**大西洋岸**に移動し，**イタリアの経済力が弱体化**。

イタリア戦争による荒廃
- **イタリア戦争**：ヴァロワ朝フランスと，ハプスブルク家との覇権争い。
- 対決：仏王シャルル 8 世 ⬅➡ 神聖ローマ皇帝マキシミリアン 1 世（1494 ～）。
  　　　仏王フランソワ 1 世 ⬅➡ 神聖ローマ皇帝カール 5 世（1521 ～ 1544）。
- 影響：イタリアの荒廃 ➡ 平和への希求強まる。
  - 副産物：マキァヴェリの『**君主論**』を生む　『フィレンツェ史』『ローマ史』。
  - 主張：イタリアの平和の達成のため，有能な君主によるイタリア統一が必要という観点から，「（平和という）**目的**のためには，**手段**を選ばず」。
    　　　➡ **政治と宗教・道徳の分離**…近代政治学の誕生。

対抗宗教改革（反宗教改革）にともなう文化弾圧
- **トリエント公会議**（1545 ～ 1563）
  ：反ローマ教会，非キリスト教的なものに対する統制の強化。

◎**ルネサンスの限界——宗教改革との比較**
- 論点：ルネサンスは，その保護者が**王侯貴族・教会・上層市民**であったため，**社会体制を批判するものとはなりにくかった**。また，**農民**などの**下層民衆とも無縁**であったため，**社会改革には直接的に結びつきにくかった**。

③ 諸国のルネサンス　📖 本編解説 p.262 ～ 267

◎**概況**：**俗語**（地域の言語）を使用した文学などが，各地独自の**国民文化**形成の契機となる。

ネーデルラント：イタリアについで，ルネサンスが発展（15C 前半～）。
- 背景：**都市**の発達…南北ヨーロッパ商業の中継地。
  　　　北海・バルト海貿易，**毛織物業**で繁栄。
- **ファン=アイク兄弟**：**油絵画法**を完成。
- **ブリューゲル**：16 世紀にフランドル地方で活躍した。「農民画家」。
- **エラスムス**：『**愚神礼賛**（ぐしんらいさん）』　"最大のヒューマニスト"
  　　　　　　王侯貴族，教皇，神学者など，あらゆる権威の欺瞞（ぎまん）・腐敗を批判。

ドイツ

- ●ロイヒリン：ギリシア語・**ヘブライ語**の研究を通じて，聖書やキリスト教の本質に迫る。
- ●メランヒトン：聖書研究　ルターの友人で，よき協力者。
- ●デューラー：多くの「**自画像**」「四使徒」。
- ●クラナッハ：ルターなどの肖像画で有名。

フランス

ラブレー

- ●特色：イタリアと異なり国王が保護者…「王室(宮廷)ルネサンス」
- ●ラブレー：『**ガルガンチュアとパンタグリュエルの物語**』…巨人の親子の奔放な言動を借りて，社会を風刺。
- ●モンテーニュ：『**エセー(随想録)**』　ボルドーの市長。
- ●ダ=ヴィンチ：フランス国王フランソワ1世に招かれ，フランスに滞在。

イギリス：16世紀の**テューダー朝**の時代が最盛期。

- ●チョーサー(14C後半)：小説家　"イギリス国民文学の父"
  - ●『**カンタベリ物語**』：『**デカメロン**』から着想をえ，庶民の姿を描く。
- ●トマス=モア：**ヘンリ8世**に仕える，離婚問題に絡んで処刑される。
  - 『**ユートピア**』…第1次囲い込みを批判。
- ●シェークスピア：ヨーロッパ史上最大の劇作家
  - ●喜劇『**ヴェニスの商人**』
  - ●四大悲劇：『**リア王**』『**マクベス**』『**ハムレット**』『**オセロ**』
  - ●史劇：『**ヘンリ4世**』『**ヘンリ5世**』

シェークスピア

スペイン

- ●セルバンテス：『**ドン=キホーテ**』　"スペイン国民文学の父"
  - **レパントの海戦**(1571)にも参加。

---

④ ルネサンス期の科学・技術

📖 本編解説 p.267～270

いわゆる「**三大発明**」

- ●起源：中国の宋代にすでに実用化　火薬は金・元で実用化。
- ●火薬(**火砲**)の影響
  - ：中世以来の戦術が一変し，**諸侯の居城への攻撃**を容易にし，また**一騎打ち**的な戦術を変化させたため，諸侯や騎士の没落を促進。
    - ➡**封建社会の崩壊**を促進。

- 活版印刷術：ドイツのグーテンベルク（15C）

　　　　　　　　鉛製活字（宋…木製，高麗…金属活字，李朝…銅製）

　- 影響：活版印刷術は，製紙法**の普及**と結びつき，書物の製作を従来の**写本**に
　　　　比べてはるかに迅速・安価にした結果，**ルター**の**ドイツ語訳聖書**など
　　　　の大量印刷が可能となり，**宗教改革**やその他の**新思想の伝播を促進**し
　　　　た。

- 羅針盤：中国からイスラーム世界を経てヨーロッパへ。

　　　　➡遠洋航海を可能にする。

天文学の発達・世界観の変化

- コペルニクス（ポーランド，16C）：クラクフ大学　『天球の回転について』。
　- **地動説**：アリスタルコスの太陽中心説から影響を受け，古代ローマの**プトレ**
　　　　　　マイオス以来の天動説を否定

　　　　　➡『旧約聖書』の天地創造神話と矛盾。

- ジョルダーノ＝ブルーノ：イタリア人で火刑に処せられた（1600）。
- ガリレオ=ガリレイ：ピサ生まれ　教会の異端審問裁判に屈する。
　- 『**天文対話**』：望遠鏡を使って木星の衛星を発見。
- **ケプラー**（17C，独）：惑星運行の法則発見。

第38回 宗教改革

【前史】教会（教皇）批判者の登場

- ●ウィクリフ（英，14C）：福音（聖書中心）主義　聖書の英訳。

    オクスフォード大学。

    イギリス教会の教皇からの自立主張。

- ●フス（ベーメン，15C）：プラハ大学総長。聖書のチェコ語訳聖書。

    コンスタンツ公会議で火刑。

- ●エラスムス（ネーデルラント，16C）：『**愚神礼賛（礼讃）**』で，教会などの腐敗を

    批判。

① 16世紀前半のヨーロッパ

 本編解説 p.271 〜 274

ドイツ情勢

- ●**ドイツ諸侯**：領邦を支配するドイツ諸侯が割拠➡ドイツの**政治的分裂**。
- ●神聖ローマ皇帝（ドイツ国王）

    ：**叙任権闘争**（11C 〜 12C）でも教皇に対して劣勢➡**皇帝権弱し**。

- ●ハプスブルク家の台頭：もともとは，スイス出身の小貴族。

    - ● 13世紀後半に**オーストリア**を領有し，東方に領土を拡大。

    - ● 15世紀半ばから，帝位を事実上**世襲**。

        - ●統一を志向する皇帝と，**ドイツ諸侯**の対立が激化。

    - ● 16世紀初頭：**カール5世**（位 1519 〜 1556）…スペイン国王としてはカル

        ロス1世。

ヨーロッパ情勢

- ●**イタリア戦争**（1494 〜 1559）：**ハプスブルク家**と，フランスの**ヴァロワ家**を

        中心とするヨーロッパの覇権争い。

- ●オスマン帝国の脅威：**スレイマン1世**（位 1520 〜 1566）。
- ●ローマ教皇：免罪符をドイツで販売して，**サン=ピエトロ大聖堂**の修築資金を

    確保。

    「ドイツは**ローマの牝牛**」。

92

② ルター登場

📖 本編解説 p.274 ～ 277

ルターの改革の展開

- ●ザクセンの**ヴィッテンベルク大学**神学教授　アウグスティヌス派修道士。
- ●発端：ローマ教会による免罪符（贖宥状）販売。
- ●**九十五カ条の論題の発表（1517）**：ルター主義の基調を披瀝。
  - ●内容：人間の魂の救済は，善行や儀式によるものではなく，人間の内面の信
    仰によるものである（**信仰義認説**）。
- ●**ライプチヒ神学論争**（1519）：教会当局との論争を通じ，ルターの反教皇・反ロー
    マ的立場が鮮明となる。
- ●『**キリスト者の自由**』発表（1520）：ルターの代表的著作。
- ◎ルター登場の影響：反教皇・反皇帝の**ドイツ諸侯・市民**がルターを支持。
    領主支配に反発する**農民**などにも支持される。

ルターと皇帝との対決

- ●発端：皇帝**カール5世**，ルターを**ヴォルムス帝国議会**に召喚（1521）。
- ●カール5世：諸侯の前で，自分の「手腕」の誇示をはかる。
    ：ルターの存在が，ドイツ諸侯の精神的結集軸になることを恐怖
      （?!）。
- ●対決：カール…「法律の保護外に置く」⬅➡ルター「われ，ここに立つ」。
- ●その後：**ザクセン公フリードリヒ**の居城ヴァルトブルク城で，**聖書のドイツ語
    訳**に尽力。

③ ドイツの動揺

📖 本編解説 p.277 ～ 281

騎士戦争（1522）：困窮した下級貴族（騎士）が，教会領奪取を狙って蜂起。

ドイツ農民戦争とルター

- ●ドイツ農民戦争（1524 ～ 1525）：教会・諸侯の支配に対する農民の戦い。
- ●主導者：ミュンツァー…スイスのツヴィングリらの「再洗礼派」の影響。
- ●「（**シュヴァーベン農民**）十二カ条要求」
    ：農奴制廃止，地代軽減などの農民要求。
  - ●ルターの対応：農民の反諸侯的動きに対して，諸侯に**農民の弾圧**を提唱。
    - ●主張：「キリスト者の自由」とは，あくまでも内面的な自由であり，現世の
      秩序は守らねばならない。

プロテスタントの登場

- **シュパイアー帝国議会**(第 1 回, 1526)：カール 5 世による**ルター派黙認**。
    - ●動機：ドイツ諸侯と和解して，**オスマン帝国**の侵攻に備える。
- **ルター派再禁止**(1529)：第 2 回シュパイエル国会で。
    - ●皇帝に抗議➡「プロテスタント」と呼ばれる。
        - …➡後に，ルター派のみならず非カトリック各派を指す呼称に。
- ◎**新教の特徴**：**福音主義**(聖書中心主義)。
    - **教皇の権威**や，**階層制組織**(ヒエラルヒー)の否定。
    - 聖職者の特権を認めない**万人司祭主義**。

ドイツの宗教戦争

- **シュマルカルデン同盟結成**(1530)：ルター派の諸侯・都市の同盟。
- **シュマルカルデン戦争**(1546 〜 1547)：ドイツの宗教戦争。
    - ➡皇帝，いったん勝利。
- **内乱再発**(1552)：カール 5 世に大きなダメージ。

アウクスブルクの和議(1555)

- ●内容(a)：カトリックかルター派かの二者択一。
- ●内容(b)：「領域を支配するものが宗教を支配する」…諸侯に宗教選択権を認める。
    - ＊限界：カルヴァン派は認められず，また個人の信仰の自由も認められず。
- ●結果：**領邦教会制の成立**…領邦(諸侯の支配地域)の支配者が，"最高の司教"と
    - して自領内の教会を支配。
        - ➡諸侯の権力強化につながる。
    - ➡**領邦の自立**を促進し，神聖ローマ帝国の**政治的分裂**を促進。
    - ➡諸侯が支配する**領邦国家**が，**より強固に**。

④ スイスの宗教改革

 本編解説 p.282 〜 285

スイスの歴史

- ● 1291：ハプスブルク家に対する 3 州の同盟成立…「スイス国家の成立」。
    - 3 州…シュヴィッツ・ウンターヴァルデン・ウリ
- ●同盟拡大：通商路の要地である**峠道**を確保するため，同盟参加の州が増加。
- ● 14 〜 15 世紀：フランスのブルゴーニュ公や，**ハプスブルク家**との戦い。
- ● 1499：バーゼルの和約…**事実上の独立**達成。
- **ツヴィングリ**：**チューリヒ**で活動　公開討論会などを開催しながら，市民の支持を
    - 獲得➡旧教諸州とのカッペルの戦いで戦死。

カルヴァンの活動

- カルヴァン：フランソワ1世の弾圧を避けてスイスに亡命してきた**フランス人**。
- 活動：バーゼルで，主著『キリスト教綱要』著す。

  ジュネーヴで市政を指導し，**神政（神権）政治**を行う。

カルヴァン主義

- 予定説：魂の救済は，神によって予め定められている。
- 勤労と蓄財の積極的肯定

  ：職業は神から与えられたもので（**職業召命観**），その遂行は神の栄光を実現するために神から命じられたものとし，**禁欲的な労働**とその結果としての**蓄財を肯定**。
- 影響：新興の**商工業者（市民層）**に受容され，**近代資本主義の精神的基盤**を形成。
- ◎マックス=ヴェーバー：『**プロテスタンティズムの倫理と資本主義の精神**』
  - 内容：カルヴァン主義が浸透した地域に，資本主義が勃興した。
- 長老制度：信徒代表（**長老**）が牧師と協力して教会を運営。

  ➡教会の階層制を否定。

  ：各教会組織は自立。
  - **カトリックの司教制度**…教皇を頂点に，司教が教区を管理。
  - **ルター派の領邦教会制**：諸侯を最高の司教として，領邦の教会を監督。

カルヴァン主義の波及した地域

- スコットランド…プレスビテリアン　　●イングランド…ピューリタン
- オランダ…ゴイセン　　●フランス…ユグノー

5 イギリスの宗教改革

本編解説 p.285 ～ 289

ヘンリ8世（位 1509 ～ 1547）

- 旧教離脱の契機：王妃**キャサリン**（スペイン王の娘）との離婚問題。

  ←教皇は不許可。
- 首長法（国王至上法）の制定（**1534**）：国王が国内教会の首長となる。

  ➡王権の強化。
  - 結果：ローマ=カトリック教会からの分離➡**イギリス国教会**の成立。
- 修道院の解散：**議会立法**を通じて修道院を解散させて，その**所領を没収**。

  ➡国民（**ジェントリ**など）に払い下げ。

  ➡**毛織物産業**の発展を結果する。
- 星室庁裁判所を整備：貴族などを弾圧する特別裁判所

- ウェールズ併合（1536）：イングランドの西隣

エドワード6世（位1547～1553）：**カルヴァン主義**的な祈禱書を作成。

メアリ1世（位1553～1559，「流血女王（The Bloody Mary）」）
- **カトリック復活**：**国王至上法を撤廃**し，カトリックの復活を画策。
  　　　　　　　：**異端取締法**で新教徒を弾圧。
- 政略結婚：スペイン国王の王太子と結婚（1554，後の**フェリペ2世**）
- **カレー喪失（1558）**：**フェリペ2世**にそそのかされ，フランスに宣戦した結果，
  　　　　　　　　　　　大陸の唯一の拠点を失う。

エリザベス1世の時代（位1559～1603）
- **統一法（信仰統一法）の制定（1559）**：イギリス国教会の礼拝，祈禱の統一を図
  　　　　　　　　　　　　　　　　　る法。
  - 結果：**イギリス国教会**が確立　**首長法**も再度制定　（略称"国教会"）。
- 国教会の特色：教義は，ルター派・**カルヴァン主義**的だが，
  　　　　　儀式は**カトリック**的➡反発した人々が「**ピューリタン**」と呼ばれる。
- スコットランド国教会の発足
  　　：ノックスを中心とした長老制度にもとづく教会。

⑥ 対抗宗教改革（反宗教改革）

📖 本編解説 p.290～291

トリエント公会議（1545～1563）：ローマ教皇パウルス3世，カール5世。
- 内容：教皇首位権の確認➡公会議の権限を制限。
  　　　免罪符の販売中止。
- 体制の再構築：**宗教裁判，異端審問の強化➡魔女狩り**の横行。
  　　　　　　禁書目録の作成。

イエズス会
- 結成：**パリ**（留学先がパリ大学）で結成（1534）。
  　　　　　　⬅ローマ教皇の承認（1540）。
- 組織：軍隊的規律で運営　（「死体の如く」上級者に従順であれ）。
- 組織者：**イグナティウス＝ロヨラ**…スペイン・バスク地方の貴族の出身。
  　　　　フランシスコ＝ザビエル➡日本にキリスト教をもたらす。
  　　　　　　　　　　　　　　　　（1549，**鹿児島**に上陸）
- 失地回復，勢力拡大：ヨーロッパ…**ポーランド**，南ドイツ（バイエルン）。
  　　　　　　　　　　南アメリカ…**パラグアイ**などで活動。

第39回

主権国家体制・16世紀の スペイン・オランダの独立

主権国家，主権国家体制とは何か

📖 本編解説 p.292 ～ 296

主権国家

- 概要：明確な**国境**で囲まれた**領土**と，独立した「**主権**」を持つ国家のこと。
- 「**主権**」：国家の**統治権**　16世紀フランスのボーダンが提唱　『**国家論**』。
    君主が体現する国家主権は神聖不可侵であり，**教皇権・皇帝権**に優越。
- **主権国家体制**：主権国家が形づくる**国際関係**のこと。

主権国家体制（および主権国家）成立の契機，確立

- 契機：**16世紀**前半に展開された**イタリア戦争（1494 ～ 1559）**。
- 確立：**三十年戦争**の結果締結された**ウェストファリア条約（1648）**。
- ほかの契機：**大航海時代の始まりにともなう国王による集権化の進展**。
    オスマン帝国の脅威に対抗するための国家統合の必要性。
    宗教改革による教皇・皇帝の権威・権力の低下など。

絶対主義，絶対王政とは何か？

📖 本編解説 p.296 ～ 300

絶対主義（絶対王政）

- **概要**：16 ～ 18世紀に登場した「**強力な君主政治**」のこと。
- **権力基盤**：官僚…国王の行政権・司法権を行使する。
    常備軍…**傭兵**が主。
- 権力の限界：王権は，臣民1人ひとりを直接支配することはできなかった。
    - **国家（権力）の実態**：貴族・聖職者のような**身分**，**ギルド**のような組織，貴族支配下の**村落**，自治権をもった**都市**など，さまざまな社会集団（**社団**）を通じた間接的支配が限界であった➡**社団国家**。

王権神授説：**ジェームズ1世，フィルマー**（英）
    ボシュエ（仏）…**ルイ14世**に影響　『**世界史論**』。

重商主義：王権がとった経済政策　＊絶対王政だけの経済政策ではない。
    ◎共通点：**国家（政治権力）**による**経済活動への積極的な介入**。

- **重金主義**（ブリオニズム）：貴金属保有量が国富の源泉（16C のスペイン）。
- **貿易差額主義：輸出を強化し，貿易黒字**を増加させることが，国力増強に繋がる。
- 国家による貿易保護**政策**，産業保護**政策**など。
  - コルベールの政策（17C，仏）：王立マニュファクチュアの設立。

③ スペイン

📖 本編解説 p.301 ～ 305

カルロス 1 世時代

- 国王位：1516 ～ 1556，皇帝位：1519 ～ 1556。
- ハプスブルク朝スペイン（1516 ～ 1700）
- **皇帝カール 5 世**：皇帝選挙で仏王**フランソワ 1 世**を破る。
  - ←南ドイツの豪商フッガー家が支援。
- **イタリア戦争**：フランス国王フランソワ 1 世との覇権争い。
- **プレヴェザの海戦**（**1538**）：オスマン帝国（スレイマン 1 世）に敗北。
- **トリエント公会議**（1545 ～ 1563）：対抗宗教改革の主導者。
- **シュマルカルデン戦争**（1546 ～ 1547）
- **政界引退**（**1556**）：弟に神聖ローマ皇帝位を➡皇帝フェルディナント 1 世。
  - 息子（フェリペ）➡**スペイン国王位**などを譲位。

フェリペ 2 世時代

- 国王位：1556 ～ 1598
  - 領土：スペイン，ネーデルラントなど。
- 英女王メアリ 1 世と結婚（王太子時）：イギリスの新教徒を牽制。
- **イタリア戦争の終結**
  - **カトー＝カンブレジ条約**（**1559**）
    - ：仏は，ロレーヌを得るもイタリアの領土を失う。
    - スペイン…ミラノ，南イタリア，シチリアを確保。
  - ◎イタリア戦争の意義：ヨーロッパの**主権国家体制形成の契機**の 1 つ。
- フランスの**ユグノー戦争**に介入：フランス南部のカトリック貴族を支援。
- レパントの海戦で勝利（**1571**）：オスマン帝国に勝利。
- ポルトガル併合（1580 ～ 1640）：「太陽の沈まぬ帝国」
- **無敵艦隊**（アルマダ），イギリス艦隊に敗北（**1588**）
  - ：ホーキンズや，**世界周航**を達成したドレークの活躍。

④ **オランダの独立**　　📖 本編解説 p.305 ～ 309

動機：❶都市への重税や，都市の自治権剥奪に反発。

　　　　➡**経済活動の自由**を求める。

　　　❷**カトリックの強制**に対し，**カルヴァン派**（ゴイセン）反発。

　　　　➡**信仰の自由**求める。

経過

- 独立戦争開始（1568）：**オラニエ公ウィレム（オレンジ公ウィリアム）**中心。
- 南部 10 州の脱落（1579）◆➡北部 7 州は**ユトレヒト同盟**を結成（**ホラント州**が
　　　　　　　　　　　　　　　　　　　中心）。
- 独立宣言（1581）：**ネーデルラント連邦共和国**
- **アントウェルペンの陥落**（1585）：南ネーデルラントの独立派の拠点。
　：スペインによって徹底的_{てっていてき}に破壊され，以後中心は**アムステルダム**に移動。
　　影響：南部から多数の商工業者が北部に避難し，結果として**北部（オランダ）**
　　　　　の経済力が強化される。
- **休戦協定**（ハーグの和約，1609）：**事実上の独立**　＊国際的承認は 1648 年。

独立後のオランダ

◎連邦制国家：強い中央権力を欠いた体制　都市商人と総督の抗争も頻発。

- 産業：**毛織物**（ライデン），**製陶業**（デルフト）◆➡**有田焼**の影響あり。
　　　　造船業，醸造業_{じょうぞう}，大規模な**干拓**_{かんたく}による農業。

交易：バルト海貿易（16C ～）：**塩漬けのニシン**や**毛織物**を輸出。

　　　　東欧の穀物・木材を輸入➡食料価格の安定と，造船業の安定。

　　　　大西洋三角貿易（奴隷貿易）（17C ～）

　　　　ブラジルで**サトウキビ=プランテーション**経営。

東インド会社の設立（1602）：アジア貿易のための企業体。

　　　　　　　　　　　　　「**世界初の株式会社**」。

　　　　　　　　　　　　　：活動領域…**喜望峰～マゼラン海峡**。

イギリスとフランスの情勢

① イギリス

📖 本編解説 p.310 ～ 313

確認（中世末期～）

- バラ戦争（1455 ～ 1485）：**諸侯（大貴族）**の多くが没落。
- ジェントリ層の台頭：騎士（中小貴族）・富裕ヨーマンなどに起源をもつ**地主層**。
  - **牧羊業・毛織物業**で経済的力をつける。
    - ➡**市民（都市の商工業者）**とともに議会で発言権を強める。
- **テューダー朝**（1485 ～ 1603）：**ヘンリ 7 世**が**バラ戦争**を収拾して創建。
  - 集権策：**星室庁裁判所**という特別裁判所を通じ，貴族の残存勢力を弾圧。
- **第 1 次囲い込み**：牧羊場の拡大を目的として，地主（ジェントリ）が農民を暴力的に耕地から追放。
    - ➡結果：**毛織物業**の更なる発展をもたらす。
  - 浮浪者の増大←**救貧法**の制定。
- 宗教改革（旧教離脱）：ヘンリ 8 世～エリザベス 1 世

エリザベス 1 世の時代

対外政策

- **オランダ独立戦争**を支援。
- スペインの**無敵艦隊（アルマダ）**を撃破（1588）。
  - ：司令官ホーキンズ　副提督ドレーク
  - **私掠船（私拿捕船）**：国王から，略奪行為を承認された民間武装船（海賊）。

東インド会社の設立（1600 ～ 1858）

- 概要：**アジア貿易**のために，王権が中心となって設立した組織。
  - 国王から，**対アジア貿易独占権**の**特許状**を付与される。
- 権限：外地における立法権，密貿易者の処罰権，条約締結権，戦争遂行権。
- 性格：国王による**重商主義政策**の 1 つ。
  - スペイン・ポルトガルなどに対抗。
  - 国内の競争を排除して利益を独占。
- 影響：特権を与えられなかった**商工業者の反発**が増大。

イギリス絶対主義の特色

- 概要：**常備軍**と**官僚制**が未発達であり，議会の発言権も大きい。
- 官僚制：地方の実力者である**ジェントリ**を無給の**治安判事**に任命し，**地方行政**を委託(いたく)し，裁判や行政にあたらせる。
- 軍隊：海軍は民間の**私掠船**を流用。
- 議会：**下院(庶民院)**に**ジェントリ**などが進出し，王権に対して強い発言権。

②　フランス

本編解説 p.313 ～ 322

◎ 16 世紀前半までの確認

- **百年戦争(1339 ～ 1453)**：多くの**諸侯・騎士が没落**し，**王権(ヴァロワ朝)**は伸張。
- **イタリア戦争(1494 ～ 1559)**：フランス劣勢(れっせい)のうちに終結。

ユグノー戦争(1562 ～ 1598)

戦争の勃発：王位をめぐる国王・貴族間の対立に，宗教対立が絡んだ大内乱。

- 諸勢力
  - **国王シャルル9世：旧教**　母后カトリーヌ=ド=メディシス
  - **反国王派の貴族：旧教**　←スペイン(国王フェリペ2世)の支援。
  - **ユグノー**(カルヴァン派)：**商工業者**　一部の貴族。
- **サンバルテルミの虐殺(ぎゃくさつ)(1572)**
  - 概要：伸長した**ユグノー**を**カトリック教徒**が大虐殺した事件。
    - ➡戦争の激化。

ユグノー戦争の終結

- **ブルボン朝成立(1589)**：アンリ3世の暗殺により，ヴァロア朝断絶する。
  - **ユグノーのアンリ4世の即位**：シャルル9世の妹婿(むこ)でブルボン家の出身。
  - **アンリ4世のカトリック改宗(1593)**：カトリック勢力を懐柔(かいじゅう)するため。
- **ナントの王令(1598)**：ユグノーに大幅な**信仰の自由**を認める。
  - 個人の信仰の自由も認める。

アンリ4世の内政：中小貴族を**官僚**に登用し，大貴族を抑えたうえ，地方に国王役人(官僚)を派遣して監視し，中央集権化進める。

ルイ13世(位 1610 ～ 1643)

- 三部会停止:ルイ13世(の母后)が召集(1614)。
  - ➡対立で紛糾し,以後未召集(～ 1789)。
- 宰相リシュリュー:枢機卿も務め,貴族・ユグノー勢力を挫く。
  - フランス学士院(アカデミー=フランセーズ)の創設。
    - :文法の確立,辞書の編纂。
      - ➡フランスの国力増強とともに,フランス語が外交用語になる。
- 三十年戦争に介入:ハプスブルク家と対決(1635 ～ 1648)。

ルイ14世(太陽王,位 1643 ～ 1715,"朕は国家なり")

フロンドの乱(1648 ～ 1653)

- 概要:伸長する王権に対する諸勢力の抵抗　パリに起こる。
- 反乱勢力:高等法院に結集する「法服貴族」の反抗➡地方にも波及。
- 宰相マザラン:反乱を鎮圧➡ 1661 年に死去。

親政の時代(1661 ～ 1715)

- ヴェルサイユ宮殿:豪壮・華麗なバロック式。
  - 設計:マンサール,ル=ブラン
- コルベールの重商主義政策:東インド会社の再建(1664)。
  - 造船・海運の奨励。
  - 財務総監(任 1665 ～ 1683)
    - :輸出向け手工業(王立マニュファクチャー)の奨励。
- ナントの王令を廃止(1685):ユグノーからふたたび信仰の自由を奪う。
  - 影響:ユグノーの商工業者が,イギリス・オランダ・プロイセンなどに亡命し,フランスの経済力を弱体化させる結果を招く。

ルイ14世の外征

◎論拠:自然国境説…大河・山脈を国境とする議論➡ライン川などを国境に。

南ネーデルラント継承戦争(フランドル戦争,1667 ～ 1668)

　　　　:オランダ・英などが反発。

- アーヘンの和約

オランダ戦争(オランダ侵略戦争,1672 ～ 1678)…ナイメーヘン条約

- 結果:オランダは英からも攻撃(第3次英蘭戦争,1672 ～ 1674)を受けて衰退。
- 転換:1674 年以後,フランスに対抗するため蘭・英は友好関係に転じる。

- ●終結：戦争途中から，英やスペイン・神聖ローマ皇帝（ハプスブルク家）がオランダの支援にまわり，フランスは若干の領土を得るにとどまる。

ファルツ戦争（ファルツ継承戦争，1688 ～ 1697）

- ：**英・蘭・ハプスブルク家**が，アウクスブルク同盟を結成して対抗。
- ● 100 年におよぶ英仏間の新大陸植民地抗争の始まり（**第 2 次百年戦争**）。
  - ：欧州の戦争に呼応　ライスワイク条約。

スペイン継承戦争（1701 ～ 1713・1714）

- ●契機：スペイン国王カルロス 2 世が，世継ぎを残さずに死去。
- ●**ブルボン朝スペイン**：ルイ 14 世の孫がスペイン王位を継承。
  - ➡国王フェリペ 5 世。
- ●前史：ピレネー条約（1659）…ルイ 14 世がスペイン王女と結婚。
- ●開戦：英・蘭・ハプスブルク家（神聖ローマ皇帝）が反発して開戦。
- ●波及：英・仏は，新大陸で植民地抗争（**アン女王戦争**，1702 ～ 1713）。
- ●**ユトレヒト条約（1713）**：英・蘭との講和。
  - ●内容：仏・スペインが国家として合併しないことを条件に，**フェリペ 5 世**の即位承認。
    - ●領土割譲：イギリスは新大陸の広大な領土をフランスから獲得。
- ●ラシュタット条約（1714）：**南ネーデルラント**，ナポリ，サルデーニャを墺に割譲。

三十年戦争，ドイツ・北欧，ロシア・東欧

◎「17世紀の危機」

- 16世紀：**大航海時代**の展開に連動して経済活動が活発化し，**人口も増加**。
- 17世紀：気候の寒冷化にともなう凶作，疫病（ペストなど）の流行による**人口減少**。

  バルト海などの氷結による**漁業・海運**の衰退。

  アメリカからの銀の流入の減少による，経済活動（海外貿易）の不振。
- アジアにも「17世紀の危機」

 三十年戦争(1618～1648)　　📖 本編解説 p.324～332

戦争の開始

- **概観**：**ドイツ**を舞台とする**宗教対立**を原因とする宗教戦争。

  …➡ 諸勢力の政治的抗争（**ハプスブルク家**と**ブルボン家**）。
- **ドイツの概況**：16世紀の**宗教改革**や**宗教戦争**（シュマルカルデン戦争）を通じて，**皇帝権力は弱体化**し，諸侯が支配する**領邦**や**都市が分立**。
- **戦争の契機**：ベーメンの反乱（現チェコ）
  - **ハプスブルク家**の新ベーメン国王**フェルディナント**が新教徒を弾圧。
    ➡ ベーメン新教徒の反発強まる➡**プラハ王宮窓外放出事件**➡反乱勃発。

諸勢力の介入

- **デンマーク**：国王**クリスティアン4世**

  ← 皇帝側の傭兵隊長**ヴァレンシュタイン**。
- **スウェーデン**：国王**グスタフ=アドルフ**，ヴァレンシュタインと戦う。

  ➡ **リュッツェンの戦い**で，グスタフ=アドルフは戦死。
- **フランス**（国王ルイ13世，宰相**リシュリュー**）の介入。

  ➡ **ドイツの新教徒**を支援。

◎戦いの様相の変化：旧教国フランスが**ドイツ新教徒**を支援し，同じ旧教勢力のハプスブルク家と戦ったことで，**宗教戦争**としての**性格は希薄化**し，国家（王朝）間の**政治戦争**に。

結果——ウェストファリア条約の締結

- **フランス**：アルザス，メッス・トゥール・ヴェルダンの司教領を獲得。
- **スウェーデン**：西ポンメルンなどを獲得（スウェーデンは「バルト帝国」に）。
- **神聖ローマ帝国**：領邦・都市の主権が承認される。
  - ➡ドイツの分裂状態が固定化される（「条約は帝国の死亡証書」）。
- **スイス，オランダの独立**が国際的に承認される。
- 帝国内の**カルヴァン派を公認**　＊個人の信仰の自由は認められず。

結果——三十年戦争（ウェストファリア条約）の意義・影響

◎欧州における**主権国家体制が確立**。

　　：**スイス・オランダの独立**や，**ドイツ諸侯の領邦主権**が承認される

　　など，**国家主権の不可侵性が確認**されたため。

　　普遍的な権力・権威であった**皇帝権・教皇権**は決定的に衰退。

- 欧州の覇権：**ハプスブルク家**に代わって，**ブルボン家**の優位確立。
- ドイツ情勢：ドイツの徹底破壊←傭兵の略奪・暴行などによる荒廃。

---

② プロイセン王国の台頭

📖 本編解説 p.332 〜 338

プロイセン王国の成立

王国の起源

- **ドイツ騎士団領プロイセン**：東方植民活動で支配した領土に建設。
  - **プロイセン公国**（1525 〜）：**ルター派**を受容　リトアニア=ポーランド王国に臣従。
- **ブランデンブルク辺境伯領**：12世紀前半以来，**スラブ人**に対抗しつつ建設される。
  - **選帝侯**に（1356 〜）➡貴族の**ホーエンツォレルン家**が領有（1415 〜）。
- **農場領主制（グーツヘルシャフト）**：農民に**賦役労働**をさせ，西欧向け**穀物**を生産。
- **二領の合併**（1618）：「**ブランデンブルク=プロイセン公国**」の成立。

大選帝侯フリードリヒ=ヴィルヘルム（位 1640 〜 1688）

- **常備軍**を創建。
- **ユンカー**との妥協：**官僚・軍隊**の要職につける　農奴制は認める。
- フランスからの亡命**ユグノー**受け入れ。
  - ：**ナントの王令廃止**を契機に仏から亡命してきたユグノーを歓迎。
  - ➡プロイセンの経済発展。

プロンセン王国の成立・発展

- 王国昇格：**スペイン継承戦争**時に，**神聖ローマ皇帝**を支援。
  - ➡王号を承認（初代国王フリードリヒ1世）。
- **地主貴族**（ユンカー）の勢力大きい：**軍隊**（とくに将校団）や**官僚**の中核を成す。
- 第2代フリードリヒ＝ヴィルヘルム1世（軍隊王）

フリードリヒ2世（「大王」位 1740～1786）

オーストリア継承戦争（1740～1748）

- 口実：ハプスブルク家の家督（領土など）を，女性のマリア＝テレジアが継承。
  - ⟷男子相続の慣例に違反する。
- 前史：皇帝**カール6世**がハプスブルク家の「**家憲**」を修正，バイエルン公などが反発。
- アーヘンの和約（**1748**）：シュレジエン地方をプロイセンが獲得。

七年戦争（1756～1763）：マリア＝テレジアの復讐戦。

- 外交革命：**オーストリア＝ハプスブルク家**と**ブルボン家**の歴史的和解。
- 動機：墺（ハプスブルク家）➡主敵はプロイセン。
- 結果：プロイセン逆転勝利⟵ロシア（ピョートル3世）がオーストリアを裏切る。
  - フベルトゥスブルク条約…シュレジエンはプロイセン領のまま。
- 英仏植民地抗争：フレンチ＝インディアン戦争でも，イギリスが勝利。
- 国内改革：宗教寛容令…非カトリック教徒の信仰の自由を認める。
  - 拷問，出版物に対する検閲の廃止。
- サンスーシ宮殿：**ロココ式建築**　ベルリン郊外ポツダム
  - 啓蒙思想家ヴォルテール（『哲学書簡（イギリス通信）』の著者）の来訪。

◎**啓蒙専制君主**：啓蒙思想を論拠にしながら，君主権の**強化**（≒**中央集権化**）をめざす君主。そのために**貴族**支配下にある農奴（**農民**）の解放をはかり，市民（**商工業者**）の成長もはかる。
  - ＊ほかに，ヨーゼフ2世（墺），エカチェリーナ2世（露）。

③ オーストリア

📖本編解説 p.338～341

オーストリアの起源（10C）：マジャール人に対するオストマルク辺境伯領。

ハプスブルク家の台頭（13C～）：ルドルフ1世が帝位に（1273）。

- オーストリアを相続（13C）：ルドルフ1世の息子アルプレヒト。

- ●ハプスブルク家による**帝位世襲**(1438 ～ 1806)。

16 ～ 17 世紀

- ●スペイン=ハプスブルク朝(1516 ～ 1700)：初代君主**カルロス 1 世**。
- ●第 1 次ウィーン包囲(1529)：ハンガリー西部は，**カール 5 世**が支配。
- ●三十年戦争の影響：戦後は，**東方・南方**に勢力拡大狙う。
    - ●オスマン帝国による**第 2 次ウィーン包囲撃退(1683)**
        ：カルロヴィッツ条約(1699)で**ハンガリー獲得**。
    - ◎「**複合民族国家**」：領域内に，マジャール人(**ハンガリー**)，チェック人(**ベーメン**)・
        クロアティア人など複数の民族を内包(ないほう)。

ヨーゼフ 2 世(位 1765 ～ 1790)：マリア=テレジアの子　**啓蒙専制君主**。

- ●改革：**農民解放**(1781)…貴族の経済基盤を掘り崩す。
    宗教寛容令(1781)…非カトリック教徒に信仰の自由などを承認。
    修道院の解散…土地などの資産を国庫に編入。
- ●挫(ざ)折(せつ)：農民解放は，貴族層の反発で挫折。
    ：少数民族も反発。

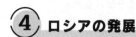

4 ロシアの発展

本編解説 p.341 ～ 347

◎**復習**：「**タタールのくびき(軛)**」(13C ～ 15C)
　　　　…モンゴル系キプチャク=ハン国の支配下。

モスクワ大公国の発展

イヴァン 3 世(位 1462 ～ 1505)

- ●自立(1480)：**キプチャク=ハン国**の支配を脱する。
- ●「**ツァーリ**」：滅亡した**ビザンツ皇帝**の後継者を自任し，使用を始める。
    - ●論拠：最後のビザンツ皇帝の姪(めい)ソフィアと結婚していたことが論拠に。
    - ◎**モスクワは「第 3 のローマ」**：皇帝理念を継承したことの象徴的表現。

イヴァン 4 世(「**雷帝**」，位 1533 ～ 1584)

- ●**ツァーリの称号**を**正式採用**。
- ●中央集権の強化：貴族を弾圧。
- ●ロシア正教(ギリシア正教から派生)の首長にもなる。
- ●**カザン=ハン国**を征服：ヴォルガ川流域のモンゴル系国家。
- ●**シベリア侵出**：コサックの首長**イェルマーク**。

- ウラル山脈を越えて遠征。

  ➡モンゴル系のシビル=ハン国(シベリアの語源)を滅ぼす。
- イヴァン 4 世の死後：スウェーデン・ポーランドの侵入。

  ：**大動乱の時代(スムータ)**
- **農奴制の強化**：農民の移動の自由を奪う➡反発して逃亡するもの多し。

◎**コサック**：**南ロシアの草原地帯**に逃亡した人々を起源とし，

  騎馬戦士集団を形成。

  ：食糧を支給して，**辺境警備**につかせる。

ロマノフ朝ロシア(1613 ～ 1917)

王朝成立

- 初代皇帝**ミハイル=ロマノフ**：小領主・商人の支持。
- **ステンカ=ラージンの反乱**(1670 ～ 1671)：**農奴制の強化**に反発した**コサック**の反乱。

ピョートル 1 世(大帝，位 1682 ～ 1725)

- **西欧視察**：近代化のモデルを探すために，**オランダ**や**イギリス**を視察。
- **シベリア探検**：デンマーク生まれの**ベーリング**(1703 ～次々の探検)。
- **ネルチンスク条約**(1689，清朝：**康熙帝**)との国境線条約。

北方戦争(1700 ～ 1721)：北欧の**スウェーデン**(君主**カール 12 世**)との戦争。

- **目的**：**バルト海**の**制海権**を掌握して，西欧への連絡路を確保。

  戦争中に**新首都ペテルブルク**を建設(「**西欧への窓**」)。
- **結果**：ロシアが勝利し，バルト海の制海権を獲得。

エカチェリーナ 2 世(位 1762 ～ 1796)

- **啓蒙専制君主**
  - **交流**：啓蒙思想家**ディドロ**(『ラモーの甥』の著者，『百科全書』の編纂者)を招く。**ヴォルテール**とは文通。
  - 社会福祉や初等教育の充実に尽くす。
- **プガチョフの乱**(1773 ～ 1775)：大農民反乱。
  - **結果**：反乱の鎮圧後，皇帝の**中央集権化**を認めることを条件に，**貴族**に**農奴制の強化**を認める。

    ＊文学：ロマン主義文学者**プーシキン**『**大尉の娘**』。
- **南下政策**
  - **ロシア=トルコ戦争**(露土戦争，1768 ～ 1774)：オスマン帝国との戦争。

- キュチュク=カイナルジャ条約
  - ：モンゴル系クリム=ハン国の宗主権をトルコから奪う。
  - ➡その後，黒海北岸のクリミア半島を領有（1783）。
- 武装中立同盟の結成（1780）：**アメリカ独立**を側面的に支持。
- **日本**に使節を派遣。
  - ：交易の拡大を求めて，ラクスマンを**根室**へ派遣（1792）。

ポーランドの情勢

ヤゲウォ（ヤゲロー）朝の断絶（1572）

- **結果**：選挙王制始まる➡貴族の対立が激化し，国家の混乱を招く。

ポーランド分割

- **第1回**（1772）：普・露・墺
- **第2回**（1793）：普・露　　◀民族主義者コシューシコの反対運動。
- **第3回**（1795）：普・露・墺　➡ポーランド王国の消滅。

ウクライナの情勢

- リトアニア=ポーランド王国：ウクライナ西部を中心に支配。
- 18世紀：大半を**ロシア帝国**が，西部の一部を**オーストリア**が支配。

ピューリタン革命と名誉革命

① ピューリタン革命の前史

本編解説 p.348 ～ 353

- 前史：議会と王権の対立：**王権（中央権力）**とジェントリ（**議会**に結集する**地方勢力**）。

  王権と一部の**特権的な商工業者**が癒着 ⬅➡ 一般の商工業者の反発。

  テューダー朝期（～ 1603）には，対立は表面化せず。

  ⬅スペインの脅威。

ステュアート朝期の対立

ジェームズ 1 世（位 1603 ～ 1625，スコットランドとイングランドとは同君連合）

- **ステュアート朝**（1603 ～ 1714）：**スコットランド国王ジェームズ 6 世**が，イングランド国王ジェームズ 1 世を兼ねる。

- **国王専制**：**王権神授説**を主唱。

  ：議会の同意なき**課税**，一部商工業者への**特権**の付与。

  非国教徒（とくに**ピューリタン**）を弾圧。

  …➡**ピルグリム=ファーザーズ**のアメリカ移住（1620）。

チャールズ 1 世（位 1625 ～ 1649）：重税，ピューリタンに対する弾圧。

- ◎**権利の請願**（1628）：議会の同意なき課税の禁止，

  法律に拠らない逮捕・拘禁の禁止。

- **議会解散**（1629）の措置：以後 1640 年まで議会を召集せず。

- **スコットランドの反乱**（1639）：**イギリス国教の強制**が原因。

  ➡**カルヴァン派**（プレスビテリアン）が優勢。

  - 議会開催：反乱の鎮定費用捻出のため（1640）。

    ⬅議会は国王の**課税要求を拒否**。

  - 3 週間足らずで**議会を解散**（いわゆる「**短期議会**」）。

- スコットランド軍の進入➡再度議会を召集（1640 ～ 1653「**長期議会**」）。

- **大諫奏を国王に提出**（1641，大諫議書，大抗議文）：国王批判の文書。

- **反王派の議員逮捕**➡**内戦**が始まる（1642）。

110

② ピューリタン革命の展開

📖 本編解説 p.353〜358

対決構造　王党派(騎士派)…国教徒中心　拠点：ヨーク。

　　　　　　議会派(円頂派)…非特権的商工業者，ジェントリ，ヨーマン。

経過

- ●マーストンムーアの戦い(1644)
  - ：**クロムウェル**が率い，ヨーマンを中心とする鉄騎隊が活躍。
- ●**ネーズビーの戦い**(1645)：鉄騎隊をモデルにした「**新型軍(ニューモデル軍，**
  新式軍)」，王党派の軍を破る➡王も捕虜に。
- ●結果：軍とその指導者**クロムウェル**の発言権向上。

議会派──ピューリタン主流

- ●**長老派**：内戦の早期終結を訴え，国王と妥協的な派閥(**立憲君主派**)。
  　　　　　　長老の指導性を強調。
  - ●支持基盤：ロンドンの大商人や，スコットランド人が拠点。
- ●**独立派**：**クロムウェル**ら**共和派**で，軍の主導勢力。共和政を主張。
  - ●支持者：ジェントリ・商工業者　　●信徒の平等を重視。
- ●**水平派**(**平等派，レヴェラーズ**)
  - ●ジョン=リルバーンを指導者とする共和派。
  - ●支持基盤：急進的な兵士・手工業者・小市民など。

議会派の内紛

- ●**長老派の追放**(1648)：長老派抜きの議会…「**尻(臀部)議会**」。
- ●**チャールズ1世の処刑**(1649)
  - ：イギリス唯一の**共和政**の時代(「**コモンウェルス**」)
- ●**水平派を弾圧**(1649)：ジェントリなどの有産者が水平派を脅威に感じたため。
  　　　　　　　　　　　➡独立派(クロムウェル)の独裁へ。

対外戦争

- ●**アイルランド侵略**(**1649**)：王党派の拠点　**カトリックを大弾圧**。
  - ●結果：アイルランド全島がイギリスによって支配される。
    　　　　アイルランド人は，イギリス人**不在地主**に使役される**小作人**に。
- ●**スコットランド征服**(1651〜1660)：王党派と長老派の拠点。
- ●**航海法の発布**(**1651**)：クロムウェル時代の**重商主義政策**。
  - ●内容：中継貿易で繁栄するオランダを排除するために，イギリスに入港する
    　　　　船を，英船か貿易当事国(地域)の船に限定する法律。
  - ●結果：(第1次)**イギリス=オランダ戦争**(**英蘭戦争**)の勃発(**1652**)。

111

クロムウェルの独裁とその終焉

- 独裁の支持基盤：クロムウェル配下の**軍隊（ヨーマン中心）**が独裁を支持。
- 護国卿に**就任**（1653）：それに先立ち長期議会（尻議会）を武力で解散させ，**指名議会**を召集。
- 国民的反発：議会無視の独裁や，禁欲的生活の強制への不満高まる。
- **クロムウェルの死**（1658）：後継者リチャードも無能。

王政復古（1660）：**長老派**と**旧王党派**が妥協し，チャールズ1世の息子を王位に。

---

③ 王政復古と名誉革命

 本編解説 p.358 ~ 364

チャールズ2世（位1660 ~ 1685）：亡命先の**フランス**から帰国。

- **王政復古の実態**：伝統的な**地方自治**と，議会による**王権の制限**を主張。
- 国王の姿勢：**専制政治の復活**と，カトリックの擁護・復活をめざす。

議会の対応

- 議会内の2派閥：貴族・ジェントリが支持基盤。ともに国教徒。
  - **トーリ党**：国王大権を認める。…➡**保守党**。
  - **ホイッグ党**：非国教徒や**商工業者**の立場にも配慮…➡**自由党**。
- **審査法**（1673）：**国教徒以外は公職に就けない**とし，**カトリックの排除**をめざす。
- **人身保護法**（1679）：法律に拠らない逮捕・拘禁を禁止。国王から議会を守る。

名誉革命（1688 ~ 1689）

- **ジェームズ2世**（位1685 ~ 1688）：**カトリックの復活・強制**を広言。
  ➡審査法の廃止も企図。
- 議会による国王の廃位：ジェームズ2世は**フランス**に亡命。
- 新国王：ジェームズ2世の娘メアリと，その夫オランダ総督オラニエ公ウィレム3世を王として迎え入れることを決定。
  ➡**メアリ2世・ウィリアム3世**，2王の共同統治。
- **権利の宣言**（1689）：議会や国民の伝統的な権利や，国王に対する優位を宣言。
  これをウィリアムとメアリが承認することを条件に，国王に即位。
- **権利の章典**（1689）：議会が王に提出した**権利宣言**が法制化されたもの。
  - 内容：国民の**生命・財産**の保護，言論の自由の確認。
    立法・財政における議会の国王大権に対する優越。
    平和時における常備軍保持の禁止。
  - 結果：**議会主権と立憲体制の確立**。
- ◎『**統治二論（市民政府二論）**』：ロック著

④ イギリス議会政治の発展　　📖 本編解説 p.365～368

政党政治の開始：ウィリアム3世の時代に，**下院（庶民院）の多数派**が**内閣**を組織して**行政**を担当する**慣行**が生まれる。

- **寛容法制定(1689)**：国教徒以外の**プロテスタント**の信仰の自由を保障。
  - ●結果：大陸（フランス）からの，**ユグノーの亡命**を受け入れる。
- ●**イングランド銀行の設立(1694)**：イギリスの中央銀行…政府直属の金融機関。

アン女王の時代(位 1702～1714)
- ●**グレートブリテン王国(1707)**
  ：**イングランド王国とスコットランド王国が合併。**
- ●**アン女王戦争(1702～1713)**：スペイン継承戦争に呼応した新大陸の植民地抗争。

ハノーヴァー朝の成立：**ステュアート朝断絶。**
  ➡**ハノーヴァー選帝侯**が即位。
- ●**ジョージ1世**(位 1714～1727)の即位：英語も解さず。
- ●現在のイギリス王室**ウインザー朝**の前身。

議会政治の発達
- ●**責任内閣制**：ハノーヴァー朝の時代に始まる議会制民主主義の柱の1つ。
  - ●概要：**内閣（行政府）**が，議会との信頼関係の下，君主に対してではなく，（国民の代表機関たる）**議会に対して責任を負いながら行政権を行使する体制。**
  - ●画期：**ホイッグ党の首相ウォルポール**の下で確立　国王ジョージ2世。
- ●象徴的存在の国王：「**国王は君臨すれども統治せず**」
- ●**イギリス立憲政治の特色**：成文憲法が存在しない。
  - ●**マグナ=カルタ，権利請願，権利章典や，重大事件の判例**などが憲法的な役割。
- ◎**議会制度の限界**：**参政権**は，土地所有者に限定されており，秘密投票制でもなかったため，選挙結果が有力者に左右されやすかった。
- ●「**世論（公論）**」の形成：**新聞・雑誌の発刊**
  コーヒーハウス…市民の社交場で政治と文化が語られる。

第43回

ヨーロッパ諸国の海外進出と植民地抗争

① オランダの覇権

📖 本編解説 p.369〜374

対アジア

- オランダ東インド会社の設立（1602）。
- ジャワのバタヴィア占領（現ジャカルタ，1619）：対アジア貿易の拠点。
- アンボイナ事件（1623）：**モルッカ諸島**（マルク諸島，**香料諸島**）
  の支配権をめぐって，**イギリス**などを放逐。
  - 影響：敗北したイギリスは，**インド本土**へ方向転換。
- 台湾（1624）：拠点として，台南（南部）に**ゼーランディア城**を築き，
  東シナ海貿易（日明貿易など）に参入◀鄭成功が放逐（1661）。

太平洋地域・新大陸・アフリカ

- 航海者タスマンの探検：タスマニア島，ニュージーランドに到達。
- 北米大陸：**西インド会社**が，北米東岸でニューネーデルラント植民地を運営。
- ブラジル：サトウキビのプランテーションを経営。
- ケープ植民地（1652）：アフリカ南端に建設…東インド（アジア）とオランダの
  中継地。
  - ブール人（ボーア人）：本国からの移民…農業に従事。

オランダの経済発展（「17世紀はオランダの世紀」）

- オランダは，史上最初の「覇権国家」。
- 産業：造船業，製陶業，毛織物業（…ただし原料の羊毛はイギリス産）。
- バルト海，北海の中継貿易
  ：東欧産の穀物・木材，西欧産の毛織物・奢侈品。

イギリス＝オランダ（英蘭）戦争（1652〜1674）

- 契機：航海法の発布（1651）が戦争の契機。
  - 法令の内容：イギリスに入港する船をイギリス船か，貿易当事国の船舶に限
    定。
  - 目的・影響：**中継貿易**で繁栄していたオランダを排除➡**英蘭戦争**の勃発。
- 第1次（1652〜1654）
- 第2次（1665〜1667）

- 第3次(1672 ～ 1674)：**ルイ14世のオランダ(オランダ侵略)戦争**(1672 ～ 1678)に呼応。
- **オランダの敗因**：連邦制をとり，強力な中央集権体制に欠ける国家体制。

  経済的には，**中継貿易**や**加工貿易**に頼る。
- ◎**イギリスの勝因**：国家による経済活動の保護(重商主義)。

  国民産業である毛織物産業などの発展にともなう経済力。

イギリスとオランダの関係改善

- **動機**：両国とも**フランスの脅威**に対抗するために，友好関係に転換。

  イギリス国王チャールズ2世の姪メアリ(後のイギリス国王メアリ2世)が，オランダ総督ウィレム3世(後のイギリス国王ウィリアム3世)と結婚。

② 英仏の植民地抗争

📖 本編解説 p.375 ～ 379

- 「**第2次百年戦争**」：イギリスの歴史家**シーリー**の言葉。

  ：17世紀末の**ウィリアム王戦争**から，19世紀初頭の**ナポレオン戦争**までの抗争。

ウィリアム王戦争(1689 ～ 1697)：ファルツ(ファルツ継承)戦争と並行して展開

  ライスワイク条約。

アン女王戦争(1702 ～ 1713)：スペイン継承戦争と並行して展開。

- **ユトレヒト条約**(**1713**)
  - **フランス➡英**…ニューファンドランド，ハドソン湾地方，

    アカディア(ノヴァスコシア)。
  - **スペイン➡英**…スペイン南端のジブラルタル，ミノルカ諸島。

    …アメリカのスペイン植民地への**奴隷搬入権**(アシエント)。
- **ポルトガル**と**メシュエン条約**(1703)：英・ポ間の通商条約　英に対する**経済的従属**。

  ：イギリスから**毛織物**を輸入➡ポルトガルの毛織物産業は壊滅。

  ポルトガルのワイン，ブラジル産の**金**がイギリスに流入。

ジョージ王戦争(1744 ～ 1748)：**オーストリア継承戦争**と並行して展開　**アーヘンの和約**。

フレンチ=インディアン戦争(1754 ～ 1763)：七年戦争と並行。

  《注》　山川出版社は，フレンチ=インディアン戦争の始まりを「1754年」としているが，東京書籍と帝国書院は「1755年」と記している。

- パリ条約（1763）
  - **フランス➡英**：カナダ，ミシシッピ川以東のルイジアナ。
    ドミニカ（西インド），セネガル（西アフリカ）。
  - **スペイン➡英**：北米大陸東岸の南部に位置するフロリダ。
  - **フランス➡スペイン**：ミシシッピ川以西のルイジアナ。

イギリスの勝因

- 「財政革命」により，豊富な**戦費調達**が可能となったこと。
- ◎**財政革命**：政府発行の借用証書（国債）を，**イングランド銀行が引き受けて民間**
  に転売し，政府に潤沢な資金を準備できるようになった。
- **イギリス国債の高い信用**：**名誉革命**によって，**議会が徴税権を確保して国家財
  政の主導権**を握り，かつ**国債の元利を保証**したため，
  国債の信用は高かった。
- **結果**：オランダなどからも，豊富な資金がイギリスの**国債購入**というかたちで
  流入。

③ 大西洋三角貿易（17世紀・18世紀）

 本編解説 p.379～384

17・18世紀の大西洋三角貿易と，対アジア貿易

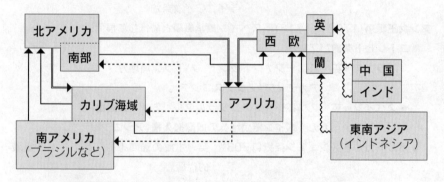

- 大西洋三角貿易
  - ① ── **工業製品など**：武器・**雑貨・綿織物**（綿布，インド産）
    ── **北米➡カリブ海域**…武器・雑貨
  - ② ‥‥‥ **黒人奴隷** ＊彼らを移送する大西洋航路を「中間航路」という。
  - ③ ── **工業原材料・嗜好品など**：砂糖・コーヒー・綿花
    ＊銀は17世紀半ばに，いったん掘り尽くす。

● 対アジア貿易

④ 〜〜〜 イギリス◀中国：イギリスの輸入品…茶・陶磁器　対価は銀

　　　イギリス◀インド：輸入品…綿織物（綿布）

　　　オランダ◀東南アジア（ジャワ島など）：輸入品…コーヒー・砂糖

世界貿易発展の結果

ヨーロッパ

- **貿易港**の繁栄：イギリス西岸…リヴァプール，ブリストル

　　　　　　　　　フランス西岸…ボルドー，ナント

- **「生活革命」**：**コーヒー・砂糖**（西インド諸島・ブラジル，インドネシア），**タバコ**（北米大陸の南部），**中国産の茶，インド産の綿布**の流入などがあいまって，ヨーロッパ人のライフスタイルを変化さす。

- **コーヒーハウス（カフェ）**の誕生：**世論形成**の場ともなる。

「イギリスの商業革命」(17C ～ 18C)

- 概要：ヨーロッパ内を中心としていたイギリスの交易が，**17 世紀**になって**北米植民地やカリブ海域の植民地**，および**アジア諸地域**とのあいだに，急速に発展したこと。

- 結果：**資本の蓄積**を促進し，18 世紀に始まる産業革命を資金的に準備。

- **インド**から輸入した**綿布の再輸出**：**西アフリカ・カリブ海域**向けに再輸出。

アフリカはどうなったのか

- 概要：**奴隷狩り**により多数の労働力を収奪され，**社会的荒廃**がもたらされる。また**黒人部族間の対立**も激化。

- **奴隷狩りで繁栄した黒人王国**

  - **アシャンティ王国**：ギニア湾沿岸にあった，**奴隷狩りで富**を蓄積した黒人王国。

  - **ダホメ王国，ベニン王国**：同様の黒人王国。

北米大陸の南部，西インド諸島，南アメリカは？

- **人種差別問題**：流入した黒人に対する差別。

- **モノカルチャー化**の進行：単一商品の生産として特化

  - 結果：ヨーロッパ（一部北米）向けの**商品作物**の**プランテーション**や鉱業が発達。

第44回

17・18世紀の ヨーロッパ文化

① 哲学思想

 本編解説 p.385～395

- ●**哲学**の新しい主題：認識論…正しい認識に至る方法の追求。

大陸合理論（フランス合理論）

- ◎概要：数学的な論証法を用い，**認識の根拠を「理性」に置き**，演繹法によって正しい認識にいたる。
- ●**デカルト**(仏)：近代認識論を確立した人物　『**方法序説**』『哲学原理』。
  - ：「我思う，故に我在り」(コギト，エルゴ・スム)
- ●**パスカル**(仏)：『**瞑想録（パンセ）**』「人間は考える葦である」。
- ●**スピノザ**(蘭)：**ユダヤ人哲学者**　『**エチカ（倫理学）**』。
  - ●**汎神論**：物心ともに，全ては神から生まれた。
    - ➡無神論との誤解も　「神に酔える人」。
- ●**ライプニッツ**(独)：『**単子（モナド）論**』　キリスト教と自然科学の調和。

イギリス経験論

- ◎概要：事実の**観察**や**経験**を重んじ，帰納法によって一般的法則をみちびきだす。
- ●**フランス=ベーコン**(16C～17C)：エリザベス1世，ジェームズ1世に仕える。
  - ●『**学問の進歩**』：「知は力なり」…正確な知識の獲得による自然の征服。
  - ●『**新機関論（ノブム=オルガヌム）**』：万学の研究の方法として，帰納法を提唱。
- ●**ロック**：『**人間悟性論**』では「魂の白紙（タブラ・ラサ）説」を唱える。
- ●**ヒューム**：「イギリス経験論の完成者」
  - ●『**人性論**』…すべての認識は感覚器官によってえられる。

ドイツ観念論

- ◎概要：**イギリス経験論**と**大陸合理論**を統合。
- ●**カント**：人間の認識能力に根本的な疑問をなげかける。
  - ●『**純粋理性批判**』『**判断力批判**』『**実践理性批判**』➡「批判哲学」という呼称。
  - ●『**永遠平和のために**』
- ●**フィヒテ**：講演「**ドイツ国民に告ぐ**」でドイツ民族意識を高揚。
  - ベルリン大学の初代総長。
- ●**ヘーゲル**：「ドイツ観念論の大成者」『**精神現象学**』。
  - ●**弁証法**：矛盾と対立のなかで，世界は**発展**していくという見方。

② 政治思想

📖 本編解説 p.395〜403

「主権」の概念：国家の統治権…**ボーダン**(仏，16C)が提起。

王権神授説(16C〜17C)：英・仏で展開。

- 機能：教皇や議会による，王権への介入を阻止
  - ←…エウセビオスの**神寵帝理念**。
- 論者：**ジェームズ1世**，フィルマー(17C，英)
  - ●ボシュエ：**ルイ14世**に影響。

近代自然法(17C)

- **自然法の概略**：時代・地域・民族を超越して妥当する，普遍の法。
  【自然法思想の系譜】
    ①ヘレニズム時代(ストア派)➡②古代ローマ(ローマ法など)
    ➡③中世のカトリック教会
    …➡国際法(17C，近代自然法)：国家・民族の相違を越えて妥当する法。
- **グロティウス**(オランダ)
    :『**海洋自由論**』(1609)，『**戦争と平和の法**』(1625)。
- 業績：**自然法**を基礎に，国際社会が守るべき法理論を構築。

ホッブズの社会契約論

◎社会契約論の主眼：政治権力，国家とは何か？
　　　　　　　　　　政治権力の正統性は何に由来するのか？

- 著作『リヴァイアサン』の概要
  (1) 人間はみな「**自然権**(具体的には**生存**(生命保存)**権**)」を有する。
  (2) 人間の自然状態は，「**万人の万人に対する闘争**」
      (a war as is of every man against every man)
  (3) 結論：各自の自然権を，**契約**によって有力者(実際は**王権**)**に譲渡**し安定を
      確保。
      ➡**国家主権の絶対性**を結論…➡**イギリス王政復古体制**(1660〜
      1688)を擁護。

ロックの社会契約論：王政復古時にオランダに亡命➡**名誉革命**で帰国。

- 主著：『**市民政府二論(統治二論)**』で，名誉革命(1688〜1689)を理論的に擁護。
- 概論：各自の自然権は政治機関(政府)に委譲されるが，**もし政治機関が人民に
      対して背信行為を行えば，これを改変することが可能(抵抗権(革命権))**。
- 影響：**アメリカ独立宣言**(1776)，**フランス人権宣言**(1789)に影響。

啓蒙思想(「光の哲学」，仏，18C)

◎概要：「**理性の光**」によって，**アンシャン=レジーム**(旧制度，旧体制)を批判。

●モンテスキュー：『**法の精神**』(1748)…**三権分立**を主張。

➡**アメリカ合衆国憲法**(1787)に明文化。

●ヴォルテール：『**哲学書簡(イギリス通信)**』➡カトリック教会批判。

『**寛容論**』…宗教的寛容を説く。

中国文明を評価。

フリードリヒ2世に招かれ，**サン=スーシ宮殿**へ。

●**ディドロ，ダランベール**：『**百科全書**』…百科事典　18世紀の「知」の集大成。

●ディドロ：『**ラモーの甥**』　**エカチェリーナ2世**と交流。

●ルソー：**人民主権**を提唱。

●『**社会契約論**』：国家は市民の平等な契約によって形成された。

●『**人間不平等起源論**』：**私有財産制**が人間性に害をおよぼした。

●『**告白**』…赤裸々な自己の告白。

●『**エミール**』…教育論(「自然に帰れ」)。

(3) 経済思想

📖 本編解説 p.403～407

重商主義：重金主義，貿易差額主義，産業保護主義

●共通点：政治権力(王権)による経済への介入を肯定。

重農主義(フィジオクラシー，18C，仏)

◎基本的発想：「**土地と農業生産**」が富の源泉である。

●標語：「**レッセ・フェール(なすに任せよ)**」…政治権力の経済不介入を主張。

●ケネー：『**経済表**』

●テュルゴー：財務総監として，**ルイ16世**の**財政改革**にたずさわる。

イギリス古典派経済学(自由主義経済学)

◎特色：富の源泉は土地・農業に限られるものではなく，広く**労働**に求める。

●**アダム=スミス**

●「**見えざる手**」：政治権力の経済介入を批判する象徴的表現。

●『**諸国民の富(国富論)**』(1776)：**分業**と**市場経済**の基礎理論を展開。

●リカード：『**経済学および課税の原理**』…**労働価値説**を確立した。

➡**マルクス経済学**にも影響。

●マルサス：『**人口論**』…社会の貧困の要因を食料生産と人口増加のアンバランスな関係にもとめ，人口の抑制を主張。

④ 自然科学

本編解説 p.407 ～ 410

- 天文学：ガリレイ(伊)，ケプラー(独)。
- **ニュートン**(英，17C)：**万有引力の法則**　王立協会の中心人物。
  - 『**プリンキピア**』：自然の法則(とくに力学)を論じる。
- **ホイヘンス**(蘭，17C)：光の波動説　振り子時計。
- **ラプラース**(仏，18C ～ 19C)：長期にわたる宇宙の変容を解明(宇宙進化論)。
  「カント・ラプラース説」。
- **ボイル**(英，17C)：「**近代化学の父**」　気体の体積と圧力の関係を解明。
  - ニュートンとともに**王立協会**(ロイヤル=ソサイアティー)で活躍。
- **ヴォルタ**(伊，18C)：電池を発明。
- **ラヴォワジエ**(仏，18C)：燃焼の実験から，**質量不変の法則**を発見。
  ジャコバン独裁時代に処刑される。
- **リンネ**(**スウェーデン**，18C)：動植物の**分類学**(博物学)。
- **ハーヴェー**(英，17C)：**血液循環の理論**で，神秘的な生体論を否定。
- **ジェンナー**(英，18C ～ 19C)：**天然痘**の予防法として，**種痘法**を開発。

⑤ 文学

本編解説 p.411 ～ 412

古典主義：ギリシア・ローマ時代("**古典古代**")が模範←啓蒙思想の影響。

- フランス：**ルイ14世**の時代。
- 悲劇作家：**コルネイユ**…『ル=シッド』，**ラシーヌ**…『アンドロマック』。
- **喜劇**作家：**モリエール**…『守銭奴』『町人貴族』『タルチュフ』。
- **レッシング**(独)：『**賢者ナータン**』…ユダヤ人豪商ナータンと**サラディン**などの
  対話を通じて人間の普遍性を描く。

イギリスのピューリタン文学，その他

- ミルトン：『**失楽園**』…神と悪魔の戦いとアダムとイヴの楽園追放を描く。
- バンヤン：『**天路歴程**』…聖書について多く翻訳された作品。
- デフォー：『**ロビンソン=クルーソー**』…近代イギリス人の理想的生活(?)。
- スウィフト：『**ガリヴァー旅行記**』で当時のイギリスの政治・社会を風刺。

美術

本編解説 p.413～417

バロック時代："豪壮，華麗，絢爛"

- ●**エル=グレコ**（ス）：スペインの**トレド**で活動　「**オルガス伯の埋葬**」。
　　　　　　　　　　特異な色彩の宗教画が特色。
- ●**ベラスケス**（ス）：スペイン王宮の宮廷画家。
　　　　　　　　「**王女マルガリータの肖像**」「**女官たち**」。
- ●**ムリリョ**（ス）：「**シラミをとる少年**」「**キリスト生誕**」。
- ●**ルーベンス**（南ネ）：「**十字架から降ろされるキリスト**」
　　　　　　　　「**マリー=ド=メディシスの生涯**」の連作。
- ●**ファン=ダイク**（南ネ，英）：ルーベンスの弟子　**英王室**に仕える。
　　　　　　　　　　　　　「**狩猟服のチャールズ１世**」
- ●**レンブラント**（蘭）："光と影の画家"　「**夜警**」。
- ●**フェルメール**（蘭）：「**真珠の耳飾りの少女**」
- ●**ヴェルサイユ宮殿**：設計…**マンサール**，**ル=ブラン**
　　　　　　　　　　庭園設計…**ル=ノートル**
- ●**シェーンブルン宮殿**：ウィーンのハプスブルク家の宮殿。

ロココ時代："繊細，優美，技巧的"

- ●**ワトー**：「**シテール島への船出**」
- ●**サンスーシ宮殿**：**フリードリヒ２世**　ベルリン郊外の**ポツダム**に創建。

································ MEMO ································

······································ MEMO ····································